근대 기행문 자료집

1

경 성 · 전 국 일 주

일러두기

1. 이 책에 실린 자료는 1910년을 전후한 시기부터 1945년까지 근대 잡지에 실린 기행문이다.
2. 표기법은 원문을 그대로 수록하는 것을 원칙으로 하였다. 그러나 오기가 분명한 경우는 바로
   잡았고, 원문 해독이 어려운 글자는 ●로 표시하였다.
3. 띄어쓰기는 자료 원문의 상태를 그대로 살렸으며, 띄어쓰기가 전혀 되어 있지 않은 경우에만
   현재의 표기법에 따라 교정하였다.
4. 기사, 단편소설 등은 〈 〉, 단행본은 《 》로 표기하였다.
   단, 원문의 강조나 대화에 사용된 「 」『 』등은 그대로 두었다.

한양대학교 동아시아문화연구소 동아시아문화자료총서 2

근대 기행문 자료집

1

경 성 、전 국 일 주

서 경 석 · 김 진 량 : 김 중 철 · 우 미 영

민속원

근대 여행은 개항과 쌍생아이다. 근대 여행자는 그로부터 탄생하였다. 개항의 문은 자기정체성을 향한 내부로의 발길과 타자를 향한 외부로의 발길을 열었다. 이들의 족적이 거대한 글의 숲으로 남았다. 무심히 지나쳤던 그 숲에 들어 나무 하나하나를 살펴보기 시작했다. 개항과 더불어 열린 여행길이 시간과 공간에 대한 인식을 어떻게 바꾸었는지 또 여행자의 내면은 여행과 어떻게 관련되는지를 밝혀보고자 했다. 근대 기행문이 보여주는 세계 재편의 역동성 — 정치, 사회와 문화, 문학 등 — 에 잠겨 여러 해를 보냈다.

근대의 기행문에는 미지의 세계에 대한 호기심으로 가득하다. 이 호기심은 미지, 탐험, 설렘 등의 단어를 연상시키며 여행의 의미를 추가한다. 들추어보면 이는 외피일 뿐이다. 이를 통해 여행의 정치성은 멋지게 포장된다. 사실 여행이란 배움으로 미화된 예속의 길이자 발견과 확장으로 미화된 침탈의 길이다. 두 길 모두 미화된 명분에 유혹된 길임이 분명하다. 근대의 기행 자료들은 여행이 단순한 설렘의 기록을 넘어 타자 — 개인이든 국가이든 — 를 장악하려는 정체성의 정치 행위임을 여실히 보여준다. 이런 점에서 근대의 기행문은 여행(자)이 이 세계와 관계 맺는 방식을 복합적으로 보여주는 소중한 자료이다.

이번에 펴내는 근대 기행문 자료집은 국내 기행문 편이다. 경성과 전국일주, 경기도와 충청도, 금강산을 포함한 강원도와 전라도 및 제주도, 경상도와 황해도, 평안도와 백두산을 포함한 함경도. 해방 이전의 지역 구분에 따라 각 지역을 다섯 편으로 엮었다. 각 편에 실린 해제가 말해주듯 이 시기 기행문은 근대 조선이라는 세계를 창출하고 변화시키는 데 여행자의 발걸음 하나하나가 얼마나 큰 힘을 발휘하는지를 역동적으로 보여준다. 100여 년 전의 그 힘은 지금도 동일하다. 지금 세계를 향해 딛는 우리의 발걸음이 얼마나 무겁고 또 신중해야 하는지를 그 시절의 여행(자)들에서 배운다.

근대 기행문에 관심을 두고 일을 벌인 시점은 2002년과 2003년 사이의 어느 때이다. 그 사이 세상이 크게 달라졌고, 연구자들도 여기에 적응하느라 몹시 분주했다. 여행과 기행문에 대한 생각도 거듭 조절해야 했다. 이런 이유로 전체 5권의 자료집 해제 방식도 서로 상이하다. 오랜 시간을 끌었다고 자료의 완결도가 높아진 것 같진 않다. 여기에 수록하지 못한 자료도, 실린 자료에서 읽어내지 못한 글자도 많다. 이어지는 작업 속에서 우리의 허점이 더 많이 드러났으면 좋겠다. 어설픈 민낯은 관심 속에서만 드러나기 때문이다.

행당산 기슭에서
편자 일동

전국일주 全國一周

해제
근대 미디어의 기획과 지역 발견의 방식
- 1917~40년 잡지를 중심으로

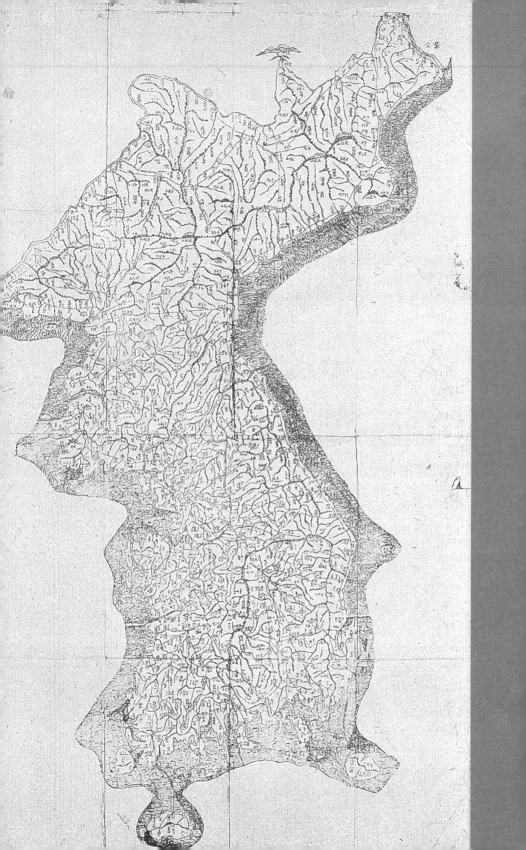

OI

경성

京城

구경거리로서의 근대 도시 경성과 도시(인)의 여행 방식

경성은 현 서울에 대한 일제강점기의 공식 명칭이다. 정확하게 이 명칭은 조선총독부령 제7호 〈부·군의 명치 및 관할구역〉에 의해 경성부라는 이름을 얻게 된 1910년 10월로부터 1946년 10월 서울특별시로 개명될 때까지 사용되었다. 여기에서는 1910년 경성으로 개칭되기 전 해인 1909년부터 해방 전까지의 경성 기행문을 모아 묶었다.

식민지 시대였지만 경성이 당시 조선의 중심이었음은 물론이다. 여행과 관련할 때 경성의 이러한 특성은 중요한 의미를 갖는다. 이 시기 기행문들은 주로 잡지사나 신문사 등 언론매체에 의해 기획된 결과물이었다. 기행문의 필자 또한 매체 관계자인 경우가 많았다. 북한성곽 기행기인 〈반수성기〉의 필자인 최남선이 《소년》의 편집주간이었음이 그 단적인 예이다. 잡지사나 신문사의 소재지는 주로 경성이었으며 기행문과 관련할 때 이는 곧 글이 시작되는 곳 혹은 여행의 출발지가 경성임을 의미한다. 필자가 반드시 매체 관련자가 아니어도 상황은 크게 다르지 않다. 언론 매체의 기자뿐만 아니라 문인, 교사, 학생 등으로 이루어진 기행문의 필자들 또한 대부분 경성에서 활동하는 자들이었기 때문이다. 이러한 까닭으로 근대 기행문에서 경성은 경성역 혹은 용산역의 모습과 더불어 출발지로서 빈번하게 그 얼굴을 드러낸다.

　여행지가 경성에 국한될 때 경성은 출발지로서 스쳐지나가듯 잠깐 언급되는 곳이 아니다. 시작과 도착이 모두 경성에서 이루어진다는 점, 이것이 경성 여행의 여로가 다른 그것과 우선적으로 구별되는 점이다. 여행자들이 주로 경성에 거주하는 까닭에 이들의 여행은 대부분 새벽 혹은 아침에 떠나 저녁 혹은 밤에 돌아오는 하루 일정이다. 그 결과 다른 지역으로 향하는 여행에서와 달리 여기에서는 자동차, 기차, 배 등을 타고 목적지까지 가는 전반부의 긴 여정은 발견하기 어렵다.

　1일권 경성 여행에서 위력을 발휘하는 것은 전차이다. 1898년 서대문-청량리 구간이 개설된 이래 1901년 남대문-구용산 간, 1910년 남대문-신용산 간 운행을 시작으로 경성 시대에는 다양한 전차 노선이 시민들을 실어 날랐다. 근대 경성의 여행은 이들 전차의 개통을 통해 활발해질 수 있었다.

> 차는 콩복듯 몸둥아리를 흔들면서 좁은 궤도를 타고 굽이굽이 돌아간다. 게딱지
> 같은 동대문밖 모옥을 굽어보며 연선에 전개된 푸른빛을 끼고 줄다름친다.
> 가난한 사람들 사는 집이 군대군대 있으니 하로의 산책이나마 유쾌한 맛은
> 없다. 오즉 흘러가는 물 떠가는 구름장이 내 답답한 심정을 위무해줄가?
> 차는 얼마가지 않어 서둑도 동둑도를 지나 종점 유원지에 우리를 나려놓는다.
> 〈둑도〉, 일보, 《조광》, 1935.11.

　위 글에서는 전차에서 내다 본 경성의 풍경을 묘사하고 있다. 동대문에서 출발하여 지금의 뚝섬까지 가는 경성궤도열차를 타고 가면서 본 풍경이다. 경성 궤도 연선을 따라 펼쳐진 당시의 풍경을 가늠해볼 수 있다. 다만 잠깐 잠깐 필요한 구간을 전차를 타고 이동하는 까닭에 그에 대한 기술은 간단하다. 전차에서 머무는 시간은 길지 않은 까닭이다. "탑동 공원 앞에서 전차를

타고 창경원 앞까지 갔다"(차상찬, 〈牛耳洞의 봄을 찾고서〉, 《개벽》, 1926. 5)와 같은 식으로 타고 내리는 지점을 중심으로 짧게 언급하는 경우가 대부분이다.

경성 기행문에서 전차를 타고 가는 구간 구간은 사실 잘 드러나지 않는다. 이런 까닭에 경성여행에서 주된 방식은 전차 여행이라기보다는 오히려 걷기라고 할 수 있다. 경성을 걷는다는 것이 의미하는 것은 무엇일까? 목적지를 정하고 떠나긴 하지만 여정 자체가 여행이다. 출발하는 순간부터 여행은 시작된다. 금강산을 가든, 일본을 가든 경성에서 출발하는 여행자들이 많기 때문에 경성은 언제나 여로의 시작 지점으로 언급될 수밖에 없다. 이 때의 경성은 조선 혹은 경성이라는 도시 전체를 표상하는 추상적인 공간이다. 또는 보내고 떠나는 마음이 교차하는 기차역이 경성을 대신한다. 조선을 대표하거나 경성역이나 용산역으로 축소된 경성은 동리의 모습을 한 구체적인 장소가 아니다. 경성 자체가 여행지가 될 경우에는 사정이 달라진다. 여기에서는 경성이 단순한 출발지가 아니라 그 자체가 온전한 여행지이다. 그 결과 여행자가 내딛고 보는 경성의 곳곳이 여행자의 시선 속에 포착된다.

> 동소문 혜화문을 나서 너르다는 벌판 즉 삼선평을 지나면서 평산목장을 좌편으로 드려다 보고 되넘이 胡蹴峴 마루턱에 이르럿다. 北쪽으로 웃둑 서 잇는 천연 석상에 '남무아미타불, 남무아미타불'이라는 刻字가 참신한데 이것은 아마 엇더한 善男 信女가 행인 과객으로 복전에 하종하라는 관념이다. 歇脚을 이용하야 聖號를 幾回이나 持誦하엿다. 다시 이러서서 목적지로 향하는데 압길의 幾何를 治道人에게 무러보니 아즉도 一里 半 强이나 된다 한다. 의정부로 통한 신작로를 일직선으로 진행하야 무네미 수유리 店에 도착하엿다.

> 小白頭陁, 〈華溪寺에 一夜〉, 《불교》, 1924. 11.

미아리, 수유리 등 동소문 밖의 구체적인 공간이 화계사까지의 여로 속에서 살아난다. 이들은 주로 목적지까지 가는 여정의 선을 따라 드러나기 때문에, 공간 하나하나가 늘 구체적으로 드러나지는 않는다. 다만 여로 자체가 상당히 세부적인 점이 특징이다. 이를 통해 경성은 동리 하나하나 혹은 고개 하나하나의 이름을 통해 구체적으로 드러난다.

역사적 유적지이자 뛰어난 풍광으로서 경성은 조선인들의 사랑을 받는 공간이었다. 뿐만 아니라 근대적 변화의 흐름 속에서 근대적 문물을 갖춘 도시 경성은 그 자체가 견학의 대상이요 구경의 대상이었다. 여기에 모아 묶은 25편의 기행문은 근대 경성의 다양한 특성들을 잘 보여준다. 이를 각각의 기준에 따라 정리해 보면 다음과 같다.

○여행지: 성곽, 유원지, 산, 사찰과 예배당, 방송국 · 방직 공장 등의 근대적
　　　　장소
○여행 수단: 도보, 전차, (비행기)
○여행자: 경성인, 타지역인 · 유학생 · 외국인 등의 비경성인

안창남의 〈空中에서 본 京城과 仁川〉은 비행기를 타고 경성과 인천을 구경한 소감한 적은 글이다. 비행기는 오늘날에는 대중화되었지만 이 시기에는 일반인들이 쉽게 이용할 수 있는 교통수단이 아니었다. 그렇기에 안창남의 경우는 예외적이다.

여기에서는 위의 기준을 토대로 하여 이 시기 경성 기행문들을 몇 가지로 나누어 각각의 특성에 대하여 살펴보고자 한다.

○ 한성성곽 기행

N.S, 半巡城記 (上)(中)(下),《소년》1909.8-10.

이 글은 육당 최남선의 한성 성곽 기행문이다. 오늘날 서울 성곽으로 불리는 이 곳은 서울의 대표적인 관광 명소 중 하나이다. 태조 이성계가 한양으로 수도를 옮기면서 축조하기 시작한 성곽은 숙종조에 이르러 완성되었으며, 북악산-낙산-남산-인왕산을 잇는 성곽의 총 길이는 약 18.2㎞이다. 이 중 육당이 선택한 코스는 지금의 '북악산 서울 성곽 탐방로'에 해당한다. 애초 그는 동소문(혜화문) 밖으로 나서서 성을 끼고 서대문으로 들어올 생각이었다. 이렇게 되면 경복궁 뒤쪽의 성곽 북반부를 오롯이 걷는 셈이다. 성의 절반을 도는 격이 되니 말 그대로 반순성半巡城이다. 기행문상으로는 백악산정까지의 여정은 확인되나 실제 서대문까지 마저 걸었는지는 알 수 없다.

《소년》지에는 〈쾌소년주유시보〉를 비롯하여 〈반순성기〉, 〈평양행〉, 〈교남홍조〉 등 최남선의 기행문 네 편이 실려 있다. 1908년에서 1909년 사이에 쓴 이 글들은 1920년대 그가 쓴 《심춘순례》, 《백두산근참기》와는 달리 읽히는 점이 있다. 1920년대에 이르면 조선의 자연과 영토는 국민의 시선에서 포착된다. 《소년》지에 실린 기행문들은 비교적 그로부터 자유롭다는 점에서 차이가 난다. 〈반순성기〉는 그러한 특성이 가장 잘 드러나는 글이다.

〈반순성기〉는 상, 중, 하 세 편으로 나누어 실렸는데, 육당은 첫 번째 글 말미에 "尋常한 消暢하던 일을 記錄한 것"이라고 적고 있다. "尋常한 消暢"은 시원하게 마음을 풀어냄, 답답한 마음을 풀어 후련하게 함이라는 뜻이다. 육당과 영업부 직원 R군이 신문관 사무실을 나와 동소문으로 향한 시각은 잡지 《소년》의 5월호 편집을 막 끝낸 무렵이다. 봄꽃이 눈을 간질이고 마음을 자극하는 4월의 날들을 육당은 신문관 사무실에서 잡지 편집에 매달려 있었으리라. "때를 만나 내 모양 보시오 하고 낼 수 있는 대로 모양내 핀 꽃"들이 "보아주시오 보아주시오 하는 것을" 무정하고 매정하게도 한 번도 찾지 못했으니 이 제 가서 꽃들의 "매친 마음이나 풀어주고 싶어" 길을 나서노라고 적고 있다. 꽃들의 마음을 풀어준다 함은 곧 일에 지친 자신의 마음을 푼다는 것에 다름 아닐 것이다. "尋常한 消暢"의 의미가 여기에 있다.

이처럼 이 글은 오후 한 나절 시간을 내어 봄 꽃놀이 겸 소풍삼아 다녀 온 성곽 산행길에 대한 감상기이다. 마음이 가벼워서일까? 그의 눈에는 서울 시 내를 거쳐 북악으로 오르는 여정의 풍경들이 있는 그대로 선선하게 들어온다. A자 모양으로 뻗은 버드나무의 풍취, 실같이 흐르는 물이나 꺽이는 목마다 섞어 앉아 빨래질하는 모습 등 여러 풍경들을 그려 담고 있다. 그의 선선한 마음은 결국 한 편의 칠언절구를 낳는다.

꽃 덮고 버들 막은 산 더욱 그윽하니 어느 곳이 속세인지 알지를 못하겠네
花掩柳遮山更幽 渾忘何處是塵區
층층의 바위 다락 졸졸졸 물소리요 자랑하듯 속삭이며 쉬지 않고 흐르누나
層層石閣潺潺水 細語如矜不息流

물론 중, 하 편에 이르면 수도 성곽에 올라 조선의 심장부를 내려다보는 마음, 그가 늘 강조하는 소년 정신, 소소한 행위에서도 깨달음과 연관지으려 는 자세 등을 통해 가벼운 발걸음 속에서도 그의 진지한 자세와 시선들이 드러 낸다. 하지만 〈반순성기〉는 일에 지친 육당이 봄날을 맞아 한성 성곽을 오르 며 무거운 머리를 식혔던 가벼운 산행기 정도로 볼 수 있다. 신문관에 돌아와 보니 그의 손에는 두 줄기 조개꽃(근화)이 들려 있더라는 마지막 문장이 이를 대신 말해준다.

일제시대에도 성곽은 경성에서 찾을 수 있는 중요한 여행지로 소개되었 다. 〈大京城城壁踏査記〉(《별건곤》, 1929. 9), 〈新秋遠足地: 漢城城壁巡禮記〉

《조광》, 1937.10), 〈仲秋遠足地: 漢城城壁巡禮記〉(《조광》, 1937.11) 등이 대표적인 예이다. 이 세 편은 모두 차상찬(1887-1946)이 집필하였다. 그는 33세이던 1920년 개벽사에 입사하여 그 다음 해 주간으로 취임한 뒤 17년간 개벽사 기자로 활동하였다. 식민지 시대 대표적인 잡지사 기자로서 역사와 야담, 유적지 및 명승지에 관한 글을 남겼다. 성벽을 대상으로 한 세 편의 글은 실제 답사나 순례를 한 생생한 기행문은 아니다. 역사적 사실 등에 토대하여 작성한 성벽 소개기이다.

○ 모던 경성인의 하루 나들이 혹은 산책기
　　牛耳洞의 봄을 찾고서, 차상찬, 개벽, 1926. 5.
　　牛耳洞園遊記, 金魚水, 금강산, 1936. 6.
　　둑도, 일보, 조광, 1935.11.
　　臥牛山에 올라, 金永羲, 청년, 1936년
　　作家日記, 外人墓地有感, 咸大勳, 삼천리문학, 1938. 4.

근대의 도시인들은 대부분 직장이나 학교 등에 소속되어 짜여진 일정 속에서 살아간다. 이들에게 시간을 내어 장거리 여행을 한다는 것은 쉬운 일이 아니다. 위의 글들은 이러한 도시인들의 근대적 나들이 방식을 잘 보여준다. 사대문 밖 유원지로의 봄맞이 원족이나 원유회, 동네 뒷산으로의 가벼운 등산, 전차 노선 내의 유원지 산책 등이 그 내용이다. 이는 오늘날 도시인들이 주말을 보내는 방식과도 흡사하다.

〈牛耳洞의 봄을 찾고서〉는 이 글이 실린 《개벽》의 기자인 차상찬의 글이다. 《개벽》은 천도교에서 펴낸 월간잡지로서 '개벽'이란 잡지의 이름은 천도교의 후천개벽사상에서 비롯된 것이다. 이 글은 차상찬과 그의 친구 춘파 박

달성이 청년당과 함께 동행 했던 우이동 원족기이다. 그가 속해 있는 천도교 청년당이 봄을 맞이하여 천도교 3대 교주인 의암 손병희의 유각과 유택이 있는 우이동으로 봄맞이 원족을 떠났던 것이다. 북한산 자락에 자리 잡고 있는 우이동은 봄이면 흐드러지게 핀 앵두나무 꽃을 보기 위해 경성인들이 자주 찾던 유원지였다. 이들이 우이동을 찾은 날은 4월 6일 한식날로 아직은 꽃이 피기 전이었다.

손병희 묘소를 참배하고 봉황각을 둘러 본 뒤 계곡에서 노는 모습 즉, "혹은 溪邊에서 濯足도 하고 庭園에서 花卉구경도 하엿다. 山菜野蔬에 점심밥을 맛잇게 먹"는 풍경은 오늘날 봉황각, 두견정을 찾는 우리들의 모습과 다를 바 없다. 다른 점이 있다면 봉황각이나 두견정을 찾아가는 경로이다. 요즘 이 곳은 북한산 둘레길 중 제1구간인 '소나무숲길'이라는 이름으로 새롭게 단장했다. 차상찬 등이 목적지까지 삼았던 우이동은 오늘날의 우리들에겐 둘레길을 걷기 위한 출발지점이 되었다. 우이동차고지종점에서 하차하여 우이우이령길 입구에서 소나무숲길이 시작되기 때문이다. 이와 달리 차상찬은 탑동공원에서 전차를 타고 창경원 앞에서 내려 청년당과 합류한 다음 여기서부터 걸어서 우이동까지 갔다. 이들은 동소문-미아리-가오리를 거쳐 우이동 입구까지 걸었다. 두견정까지도 물론 걸어서 갔다. 미아리 공동묘지에서 본 한식 명절의 풍경, 수유동 촌가의 술집들을 지나치지 못하고 들고나면서 본 주사들의 희롱과 감회 등은 걷기 여행이 아니었다면 얻지 못했을 것이다.

〈牛耳洞園遊記〉는 학교 춘계원유회에 참석한 학생의 글이다. 소풍이나 수학여행을 기다리는 학생들에게 빠지지 않는 것이 날씨 걱정이다. 이 글에서도 날씨를 살피는 조마조마한 심정이 원유회에 대한 설레임을 대신한다. 필자는 "일즉이 첫 새벽부터 잠이 쌔여서 가만이 이불 속에 숨어누어 窓門틈으로 밧갓 日氣를 살펴보는데 쯧박게도 검은 구름이 하늘을 덥고 굴근 빗방울이 쏘다지는 소리가 들려올 쌔 果然 이 가슴은 씻업시 落望하고 도라누으며 마치 무치 어썬 愛人을 만나려고 約束한 날에 오는 비처럼 몹시도 얄밉고 심술 구진 생각을 하면서 『에 何必 오늘 비가 올 것이 무엇이냐』하는 한마디로써 限업시 하날을 원망하고 가득한 깃붐과 오늘에 만흔 企待를 哀惜하게 삭이면서" 아침을 맞는다. 필자 일행은 동소문 밖 돈암동 버스정류장에서 출발하여 돈암동 흥천사-정릉 청암사-수유동 화계사를 거쳐 우이동 입구에 도착한다. 차상찬 일행과는 다른 경로이다. 우이동에 도착하여 점심을 먹은 뒤 펼쳐지는 원유회의 풍경은 크게 예상을 벗어나지 않는다. 한참을 돌아가면서 노래를 부르다가 사진을 찍고 정리한 뒤 귀가하는 것이다. 이들의 일정은 우이동이 경성인들에게 딱 맞춤의 하루일정이었음을 잘 보여준다. 돈암동에서 걷기 시작하여 우이동에 도착하면 점심 즈음으로 식사를 하고, 오후 한나절 즐겁게 놀다 집에 돌아오면 저녁 혹은 밤이 되는 일정이었다.

〈臥牛山에 올라〉는 산책처럼 다녀온 짧은 산행을 적은 등산기다. 필자는 《좌옹 윤치호 선생 약전》(조선기독교 감리회 총리원, 1934)을 쓴 김영희다. 그는 일요일 오후의 평온함에 기대어 글을 써 보려다가 졸다가 또 책을 읽다가 이미 해가 조금씩 져가는 늦은 5시 반경에서야 떨치고 일어나 문밖을 나섰다. 오후의 나른함과 느릿느릿 걸어 오르는 산행의 편안함이 주변에 펼쳐진 채소밭을 둘러보는 시선 속에서도 느껴진다. 이러한 시선에 포착되어 기술되는 와우산 주변은 오늘날에는 보기 어려운 전원적인 모습을 한 경성이다. 정상에 올라 내려다 본 한강 주변의 황혼 풍경 또한 마찬가지다.

> 눈아래 보히는 江에 잔 물살 일코 붉은 돗을 단 배 하나가 힌 煙氣나는 工場 옆으로 나려가고 下流 먼 곧에는 배들이 鐵橋의 돌기둥 가치도 보혓섯다. 푸릇한 菜園을 새에 두고 소두룩이 안긴 西江洞里에는 저녁 煙氣어리고 넓은 벌판으로 소리치고 가는 汽動車는 實驗室의 車만이나 하여 보혓섯다. 벌판에 소북소북잇는 붉은 당추 없인 집 우에 힌 煙氣 서리어 잇섯다. 논에 공인 물은

琉璃같이 보히고 옆에선 뽀뿌라 나무가 어느 것이 그림자인지 모르겟섯다.

金永義, 〈臥牛山에 올라〉, 《청년》, 1936. 10.

위 풍경과 댓글이 되는 글을 백석에게서 찾을 수 있다. "沙場은 물새가 없이 너무 너르고 그 건너 포푸라의 행렬은 이 개포의 돗대들보다 더 위엄이 있다. 오래 머물지 못하는 돗대들이 쪼껴 달어나는 듯이 하구를 미끄러저 도망해벌인다. 나무없는 건넌 산들은 키가 돗대보다 낮다. 피부빛은 사공들의 잔등보다 붉다. 물 속에 들어간 닷이 얼마나 오래 있나보자고 산들은 물우를 바라보고들 있는 듯하다."(〈마포〉, 백석, 《조광》, 1935.11) 이 시기 한강에서 올려다 본 산들이 민둥산이요 붉은 산이었음을 〈마포〉를 통해 알 수 있다. 김영희가 오른 와우산도 크게 다르지 않았을 것이다.

〈마포〉는 기행문은 아니지만 이에 못지않게 경성 특히 한강의 풍경을 정교하게 보여주는 글이다. 이러한 특성은 백석의 뛰어난 묘사력에 의한 것이긴 하지만 그의 솜씨를 끌어낸 데에는 잡지 《조광》의 기획이 있었다. 《조광》 창간호에는 〈자연의 전당 대경성 풍광〉이라는 제목 아래 〈청량리〉, 〈둑도〉, 〈마포〉, 〈창의문〉 등의 네 편의 글이 실려 있다. 각각의 필자는 김기림, 일보, 백석, 이상호이다. 필자들은 자신들이 보고 체험한 이들 장소들을 관찰하듯 기술하고 있다. 장소를 구체적이고도 생생하게 소개한다는 특징은 있지만 필자의 생생한 여정이 드러나지 않는다는 점에서 기행문의 범주에 넣긴 어렵다. 예외적인 글이 〈둑도〉이다. 이는 소설가 함대훈이 쓴 글로서 둑도 곧 뚝섬의 유원지를 찾아가는 과정을 간단하게 보여준다. 그가 탄 전차는 경성 시내 구간을 운행하는 노선이 동대문-뚝섬을 잇는 경성궤도주식회사의 뚝도선이다.

유원지에는 〈풀〉이 있다. 때마츰 어린이들이 오리떼같이 목욕하고 인조폭포가 떨어지는양 비록 손꼽작난 같으나 도회인의 마음을 위무하기에는 넉넉하다. 그네가 놓이고 미끄럼하는 틀이 보히었으니 이것은 아동용의 유희장! 저 멀리 한떨기 두떨기 따리아가 피를 토하는듯 피여잇고 〈간나〉꽃이 또한 푸른 잎 우에 붉은 꽃을 깃드리고 있다. 아즉도 유원지는 시설이 不備! 나는 그것보다도 모래사장으로 쏘다니며 배 우에 몸을 실고 강상 풍광에 넘오는 것이 무엇보다도 유쾌한 일이였다.

일보, 〈둑도〉, 《조광》, 1935.11.

유원지로 만들어진 지 1년이 조금 넘어 설비가 미비하지만, 뚝섬 수영장은 이 때부터 어린이들에게 인기 있는 곳이었음을 짐작하게 해 준다. 《조광》 1938년 6월호에 실린 노춘성의 〈삼청공원〉이나 박노갑의 〈남산공원〉 또한 경성인들의 산책 겸 휴식지로서의 장소를 잘 보여준다. 소품의 기행문에 속하는 산책기라고 보기에는 어려워 여기에 실지는 않았다.

〈作家日記, 外人墓地有感〉 또한 같은 필자인 함대훈의 글이다. 외인묘지는 현재 마포구 합정동에 있는 외국인 묘지 공원을 말한다. 외인묘지행은 지인의 도쿄행이 불발되면서 충동적으로 결정된 것이다. 그의 일행들이 외인묘지를 떠올린 것은 극예술연구회 활동시절 그 곳으로 소풍을 간 적이 있었기 때문이다. 지금은 지하철 2호선 합정역에서 내려 찾아갈 수 있는데, 당시에는 궤도차인 당인리선을 이용하였다. 외인묘지에 대한 또다른 글인 〈서울 外人墓地 - 唐人里를 차저서 - 〉에서는 그 여정을 좀 더 자세히 설명한다. "경성역에서 北村으로 향하는 궤도차를 타고 교외 晩秋의 풍광을 바라보면서 한참 가느랴면 唐人里역에 다다른다. 거기에서 남으로 新長路를 향하야 약 3町 가량 가면 鼈頭峰이 보이고 그 왼편으로 언덕을 향하야 조금 올너가면 아조 한산한 마을이 있고 그 마을을 곳 넘겨다 키장다리인 숩이 半月形으로 눌너 싸인 언덕이 있으니, 이 곳이 외인 묘지다." 이들은 각자의 목적에 따라 외인묘지를 찾았지만, 이를 수월하게 한 데에는 궤도차라는 근대적 교통수단이 한 못하고 있음을 잘 보여준다.

○ 비경성인, 타자의 시선으로 본 경성

京城小感, 小星, 청춘, 1917. 11.

朝鮮視察記 - 全鮮에 和氣 도는 內鮮一體의 全貌 - , 上海中央宣傳講習
所旅行團 逸凡沈, 삼천리, 1941. 4.

경성을 여행하는 자들이 어떻게 경성인들에게만 국한될 수 있을까? 낯선
타지인들 — 외국 유학 중 귀국한 유학 청년, 견학을 위해 올라온 시골의 아낙
네들, 외국인 등 — 의 시선 속에서 드러나는 경성의 모습은 더욱 현실적이다.

〈경성소감〉은 현상윤이 동경 유학 중에 쓴 글이다. 고향인 평양에 들렀다
가 동경으로 돌아가는 중에 잠깐 본 경성에 대해 적고 있다. 그의 관심은 자신
이 떠나 있던 시간 동안 경성이 얼마나 발전하였는가에 있다. 나흘 저녁 경성
을 둘러 본 그는 "경성은 아직 멀었고나"라는 결론을 내린다. 이어서 그는 다
른 나라의 도시, 문명한 나라의 도시에 견주어 경성이 어떻게 뒤지고 있는지
를 조목조목 짚어가면서 열거한다. 이 때의 비교 기준은 동경이다. 현상윤은
유학을 통해 동경을 체험하면서 경성을 살필 수 있는 비판적 거리를 갖게 된
것이다. 〈경성소감〉은 경성의 발전을 간절히 바라는 젊은 유학생이 경성과
경성인에게 던지는 애정 어린 충고이다. 이 때의 경성은 조선에, 경성인은 조
선인에 해당될 것이다.

현상윤에게는 경성이 뒤처지고 갑갑한 도시였지만 그럼에도 경성은 근대
조선에서 가장 발달한 도시였다. 이러한 점에서 경성은 조선인들에게는 그
자체로 선망의 공간이었다. 하지만 꼭 한 번 가 보고 싶은 곳인 경성은 꼭 한
번 가보아야 할 곳으로 만들어진 곳이기도 하다. 이것은 신문사 등이 주도한

단체 관광를 통해 구체화되었다. 잡지사가 주로 개인적 여행에 관심을 가졌다면 신문사는 단체 여행에 관심을 갖고 기획했다. 신문사에서 주최한 단체 여행은 주로 경주·개성 등의 고도, 금강산 등의 유명산을 대상으로 했다.

그 중 한 부분이 부인 견학이다. 이는 주로 신문사에서 주최하였으며, 이런 까닭에 그에 대한 소식 또한 신문에 실렸다. 본 자료집은 잡지의 글을 중심으로 엮었으므로, 이 글들은 여기에 싣지 않았다. 몇몇을 소개하면 다음과 같다.

- 부인견학단의 감상-경성을 떠나며 마저주신 여러분께, 이協자, 동아일보, 1923.6.10.
- 부인견학감상, 기자부인, 동아일보, 1929.5.7.
- 부인 견학회의 기쁜 날을 지내고(1-2), 부인기자, 동아일보, 1929.5.13.-14.

부인 견학 코스에는 역사유적지나 명산뿐만 아니라 경성 관광도 포함되었다. 이들은 창덕궁을 비롯한 고궁은 물론 총독부의 시설물, 영등포 비행학교, 경성 방직회사 공장, 재판소, 유명 학교 등 경성의 다양한 곳을 구경하였다. 부인 견학의 일차적인 목적은 "가정에서 울침한 생활을 하는" 가정 밖으로 끌어내어 부인들의 견문을 넓히는데 있었다. 이들과 동행했던 한 부인기자는 여성의 입장에서 "살림살이를 공정하고 유리하게 하기 위해 그리고 상식상 남편에게 뒤떨어짐이 없게 하기 위해"서라고 목적을 구체적으로 밝히고 있다. 〈부인견학단의 감상〉을 쓴 이원부인견학단장은 이를 구가정 여자로서 신여자의 문화를 체험하는 것으로 받아들이고 있으며 이러한 맥락에서 숙명여학교, 이화학당과 같은 여성 교육기관 견학에 대해 호감을 표현하였다. 1929년 동아일보 학예부 주최로 열린 부인견학회는 300명을 예상했으나 1,000명에 가까운 부인들이 신청을 하였다고 한다. 신문사는 이들을 모두 받아들여 4월의 부인 견학회를 개최하였다고 하니 당시 부인견학회에 대한 관심을 미루어 짐작할 수 있다. 이 풍경을 부인기자는 "보기에도 드물게 흰 옷 입은 부인들이 넓은 뜰 안에 우로 나란히 식으로 둘씩둘씩 항렬을 지어섰으니 이것은 과연 공로전선에 나서려는 여군대 무리와 같았다."라고 적었다.

〈조선시찰기〉는 중국인이 본 경성에 대해 적고 있다는 점에서 이채롭다. 이는 중국선전강습소 직원, 학생 일행 57명이 한달여 동안 內鮮滿北支를 기행하고 중국의 각 신문에 실은 〈東亞共榮圈的 遊踪〉라는 제목의 글을 실었다. 〈조선시찰기〉는 그 중 '조선부'에 해당한다. 필자 逸凡沈는 중화일보 기자이며 이 글 또한 같은 신문에 실린 것을 번역한 것이다. 한 달여의 일정 가운데 하루하고도 반나절 머물면서 본 경성에 대해 적고 있으니 '조선시찰기'라는 제목은 실제의 내용에 비해 거창한 감이 있다. 하지만 경성시찰기가 아니라 왜 조선시찰기일까? 여기에서 경성에 대한 관용적 의미를 읽어낼 수 있다. 조선을 대표하는 부분으로서 환유적 의미가 바로 그것이다.

제목에 사용된 동아공영권이라는 단어가 암시하듯 이 여행단은 중국과 일본의 공조적 입장을 강조한다. 이 글에서 조선 혹은 경성은 일본의 일부이다. 조선신궁, 중국영사관, 조선 총독 방문 및 총독부 참관 등의 일정 자체에 조선에 대한 여행단의 입장이 반영되어 있다. '총독부 참관'은 경성을 제대로 보고 느낄 수 있는 일정은 아니다. 하지만 총독부 참관 프로그램은 경성 나아가 조선에 대한 시선을 만들어내는 데 결정적인 역할을 한다. 총독부 외사부장의 초대로 조선호텔에서 점심을 먹고 이들은 총독부가 편집한 조선시정 삼십년을 보여주는 2, 3편의 영화를 관람한다. 이를 보고 필자는 이렇게 적었다. "元來 朝鮮은 三十年前에는 이렇다 할 工業도 없고, 何等의 施設도 없는 狹小한 土地였었으나 日韓倂合 以來 過去의 잠으로부터 깨어서 日本의 文化가 交流되었고, 現在는 驚異的인 發展을 보이고 있다." 제국 일본의 시선이 그대로 여행자의 시선이 되고 있다. 이후 여행단이 보게 되는 경성의 것들은 모두 이러한 시선 아래 놓이게 될 것이다. 단체 여행의 시선이 어떻게 만들어지는지를 보여주는 단적인 장면이 아닐 수 없다.

○ 안창남의 비행쇼와 경성부민의 나들이
　　空中에서 본 京城과 仁川, 安昌男, 개벽, 1923. 1.

　안창남은 1922년 12월 10일과 13일 두 차례에 걸쳐 경성과 인천의 상공에
서 비행쇼를 펼쳤다. 10일에는 경성, 13일에는 경성과 인천을 왕복하였다.
〈空中에서 본 京城과 仁川〉은 이 때의 소감과 비행기에서 내려다본 경성과
인천에 대해 그가 쓴 글이다. 비행기에서 내려다 본 조감도 아니 조감문이라
는 점에서 이 시기에는 보기 드문 글이다.
　이 행사는 안창남의 고국 방문 비행으로 동아일보사가 주최하였지만 원
동력이 된 것은 비행교육을 받으면서부터 가졌던 그의 소망이다. 그는 일본에
서 비행을 경험하면서 고국에서도 꼭 날아보고 싶은 소망을 품게 되었다. 그
는 일본 오쿠리 비행장에서 처음으로 비행 교육을 받았다. 〈오구리 비행장에
서〉는 이 시절의 경험을 적은 글이다. 아래의 글에는 이 시기 그가 동경 하늘을
날며 가졌던 마음이 드러나 있다.

　나는 아까도 東京의 空中을 날라단여 왔습니다.
　練習飛行은 그 飛行場 내에서만 하지 市中에 뜨는 것을 禁함으로 별로 밧게는
가보지 못하고 飛行場 내에서만 400米突 500米突 밧게 뜨지 못하는데 이번에
〈아사히버선〉廣告 20만枚를 東京市中에 뿌려 달나는 부탁을 선생이 바닷는
데 오날 그것을 뿌럿습니다. 그때 硏究生이 日本人 셋 나 하나 네 사람인데
특히 나더러 助手로 가티 타자 하야 압뒤에 同乘하고 떳습니다. 가을날은 포
근포근히 비치이는데 푸로페라 소리 느긋이 내이며 날라갈 제 東洋서 제가

第一이라는 複雜한 그네의 市街가 발미테 멀-리 조개껍질 가티 보일 때에 아아 나의 젊은 가슴속이 어떠하얏겟습니까. 無量한 感慨가 가슴에 넘쳐 다만 맑언-한 눈으로 나려다만 보앗습니다. 그러노라니 별다른 생각이 胸中에 불일 듯 하는 것을 억지로 참앗습니다.

안창남, 〈오구리 飛行場에서〉, 개벽, 1920. 12.

동경 하늘을 나는 안창남의 가슴에 일었던 "별다른 생각"이란 무엇이었을까? 그는 희망과 도전의 아이콘으로서 1920년대 신문에 대서특필되는 존재였지만, 단순히 기사의 대상으로만 회자되지는 않았다. 즉 자신이 품었던 생각을 몇몇의 글들을 통해 식민지 조선의 젊은 비행사로서의 갈망과 계획을 반복해서 드러냈다. 그가 가장 안타까워 한 것은 자신이 마음대로 조종할 수 있는 비행기 자체가 없다는 점이었다. 이는 조선이 소유한 비행기가 없다는 말이기도 하다. 1921년 11월 결성된 안창남후원회는 그가 소망하는 비행기 및 비행기 부품 마련을 위해 결성되었다. 이 모임이 동아일보 사내 안창남후원회로 구체화되면서 그의 고국 방문 비행이라는 결실까지 얻게 되었다. 비행기를 사겠다는 목적으로 모인 후원회이긴 했으나 이 목적을 달성하진 못했다. 결국 그는 자신이 소속한 학교에서 빌린 헌 비행기를 타고 고국 상공 비행의 꿈을 실현할 수밖에 없었다. 그마저도 여기저기 헌 기계 부품을 뜯어 맞춘 것이었다. 그는 이를 "누더기 비행기"(안창남수기, 동아일보, 1922.12.10.)라 표현하였는데, 이를 통해 그의 비행 쇼 자체가 얼마나 어렵게 만들어진 결실이었는지를 짐작할 수 있다.

1922년 12월의 고국방문비행은 1920년 안창남이 동경하늘을 날면서 가졌던 마음을 경성 하늘에서 펼친 것이다. 그의 비행은 애초에는 12월 10일 경성과 인천을 왕복하는 것으로 예정되었으나, 바람 등의 기후 문제로 10일에는 경성 비행으로만 그쳐야했다. 14일 다시 비행이 이루어졌고, 이 때에는 인천까지 갔다 올 수 있었다. 한 면에 걸쳐 자세히 보도한 《동아일보》(1922. 12.14.) 기사에 따르면 14일의 비행은 오후 3시 55분경에 여의도 비행장을 출발하여 4시 2분경 경성 하늘에 도착, 경성 시민의 환호 속에서 비행쇼를 펼친 뒤 4시 13분경에 다시 여의도에 도착하여 조금 쉰 다음 4시 23분경 인천으로 출발하였다. 4시 42분에 인천 상공에 도착하여 약 오분 동안 저공 비행을 하며 에어쇼를 펼친 뒤 5시 5분경에 여의도 비행장에 도착하였다. 도합 1시간 10분간의 비행이었다.

이 때의 비행은 〈空中에서 본 京城과 仁川〉이라는 경성과 인천 조감문을 낳았다. 한편 경성부민의 입장에서 그의 비행 쇼는 대단한 볼거리였다. 그 자체가 경성 여행을 낳은 하나의 사건인 것이다. 여의도 비행장을 찾는 자들의 편의를 위해 임시열차를 운행하는가 하면 단체 관람객에게는 열차운임을 할인하였다. 여의도에 모인 군중이 5만이었다. 전차를 타고 움직인 자들만 1만여 명이었으며 혹은 걸어서 혹은 자동차를 타고 여의도로, 여의도로 몰려들었다고 한다. 아래의 기사는 경성부민의 관람 행렬기라고 할 수 있다. 여기에서 경성을 여행하게 만드는 근대적 사건 혹은 경성인들이 여행하는 또다른 방식을 볼 수 있다.

> 오만군중의 환호 - 여의도 벌판에 모인 군중, 조선에서 처음보는 대성황
> 안군의 고국방문비행을 손꼽아 고대하던 삼십만의 경성부민은 너나할 것 없
> 이 모두 그 장쾌하고 의미있는 비행을 구경하기 위하여 혹은 전차로 혹은 기차
> 로 혹은 자동차로 혹은 도보로 의의도 넓은 벌판으로 하야하였는데 오전 열시
> 가 지나고 동 열한 시가 됨에 사면에서 구름같이 모여드는 군중은 그 수효가
> 무려 오만명에 달하여 광막한 여의도 벌판에는 사람으로 성을 쌓고 사람으로
> 바다를 이루게 되었다. 총독부에서는 재등(제등) 총독을 위시하여 기타 여러
> 관리가 출석하였으며 부청에서도 다수한 사람이 부경을 왔으며 기타 경성

안에 있는 각 신문기자와 통신기자는 물론이오 각 은행 회사에서도 다수 내빈이 있어서 경성안에 있는 단체로는 별로이 빠진 곳이 없었고 또 학교측으로는 휘문고보, 중앙고보, 협성 보성 고보, 중동 동광 경신 동덕 여학교로 위시하여 인천에서 온 박문학교와 동소문 밖에서 온 승정학교와 또 고양에서 온 삼산학교와 기타 남녀 소학교를 합하여 학생으로만 하여도 그 수효가 무려 만명에 달하였으며 또 그 외 개인으로 혹은 청년회에서 수많은 사람이 내장하여 그 성황으로 말하면 조선에서 이미 보지 못하던 대성황을 이루었다. 이로 인하여 현장은 매우 복잡하였는데 용산경찰서에서 출장한 다수한 경관과 소년군과 기타 위원들이 극력으로 질서유지에 노력하였다. 시간이 차차 가까워옴에 일반군중들은 얼굴에 긴장한 빛을 띠고 호주머니에서 연방 시계를 끄내보며 비행기의 푸로펠라 소리가 한 번이라도 속히 들리기를 간절히 고대하였더라.

《동아일보》, 1922.12.11.

○ 등산기
　　北岳山의 하로, 蓮玉(京城女子高普 三), 신여성, 1923. 11.
　　勝地行脚, 申琳, 삼천리, 1935. 2.
　　北漢山하이킹記, 趙闰慶(하이. 와이. 클럽), 청년, 1935. 7.
　　北漢의 一日, 문일평, 개벽, 1921. 10.

　서울은 산이 많은 도시이다. 서울 성곽 즉 한양 성곽 안팎이 산으로 둘러싸여 있다. 성곽은 도성의 4대문을 연결하여 쌓은 것인데 네 방위에 산이 있다. 이를 내사산이라 하는데, 북의 백악산, 남의 목멱산, 동의 낙산, 서의 인왕산이 그 넷이다. 백악산은 북악산이라고도 하며 목멱산은 남산을 이른다. 성곽 바깥에도 네 방위에 산이 있는데, 이를 외사산이라 한다. 북쪽의 북한산, 남쪽의 관악산, 동쪽의 아차산, 서쪽의 덕양산을 이른다. 행주산성이 덕양산에 있다. 외사산은 도성 밖에 있는 산들로서 대부분 경기도에 걸쳐져 있다. 이처럼 한양은 성 안팎의 유명산 외에도 산이 많은 도시에 속한다. 그렇기에 경성 기행문에서도 등산기는 많은 양을 차지한다. 산의 지역적 경계는 다양하게 걸쳐져 있는 경우가 대부분이다. 앞에서 적은 대로 경성의 산들 또한 경기도에 걸쳐져 있기가 일쑤이다. 경계를 엄격하게 적용할 경우 경성 소재의 등산기는 북한산기가 대부분이다.

경성 시기 주변의 산을 찾는 계기로 먼저 가벼운 원족을 들 수 있다. 특히 근대 교육제도에 의해 만들어진 학교가 원족 또는 수학여행을 정례화함으로써 1일 왕복 코스의 가까운 산은 각 학교의 원족지로서 많은 사랑을 받았다. 〈北岳山의 하로〉는 경성여자고보 3학년 학생의 원족기이다. 《신여성》 2호 (1923년 11월)에는 〈淸秋의 一日 - 각 학교 여행기〉라는 제목 아래 이와 더불어 여학교 학생의 글을 2편 더 실었다. 한 편은 같은 학교인 경성여자고보 학생의 수학여행기인 〈처음 본 개성〉이고, 다른 한 편은 동덕여학교 1학년생의 원족기인 〈삼막사의 가을〉이다. 1학년과 3학년은 학교에서 가까운 곳으로 원족을, 2학년은 개성 · 금강산 등지로 며칠에 걸쳐 수학여행을 다녀왔다. 편집후기에서 "여행기나 원족기 퍽 흥미있는 것인데 배화나 숙명 진명의 것은 편집기한 안에 되지 못해서 다음 책에 내기로 하였"다고 밝히고 있는 바와 같이 원족기나 수학여행기는 잡지 독자들의 흥미를 불러일으킬 뿐만 아니라 학생들의 글쓰기에서도 중요한 부분을 차지했다. 이 시기 각 학교에서 발행한 교지에서 여행기가 갖는 양적 질적 비중이 이를 말해준다. 한편 편집후기에는 이러한 글도 적혀있다. "여학생으로 이러한 원고를 보내 주신 이의 氏名은 이번부터 순국문으로나 혹은 성없이 이름만 쓰기로 하였습니다. 이것은 각 학교와 부형 측에서 희망하는 것입니다." 각 학교 특히 학부형들이 왜 필자의 정확한 이름 밝히기를 꺼렸을까? 아마도 필자가 여학생이었다는 데에서 그 이유를 짐작해볼 수 있지 않을까? 여성이 자신의 생각을 공적인 잡지에 발표한다는 데에 대한 부모들의 태도를 엿볼 수 있는 대목이다.

〈승지행각〉 또한 원족기이다. 필자는 학생이 아니라 여학교의 원족에 동행한 신림이다. 신림은 천도교 종파 중 하나인 侍天敎 청년당에 참여하였으며 1928년에는 시천교 경성청년회의 집행위원으로 활동한 인물이다. 1930년 3월에서 6월까지 간행된 월간잡지 《대중공론》의 편집겸 발행인을 지냈다. 〈關北紀行〉(《대중공론》, 1930.9)과 〈白鷗가 떠도는 松島海邊〉(《삼천리》, 1935.7) 등의 기행문을 비롯하여 《대중공론》과 《삼천리》 등에 시와 다양한 산문을 실었다.

이 글의 목적지는 현재 은평구 진관동에 위치한 진관사이다. 그는 서대문행 전차를 타고 독립문 앞에서 내려 200여명의 여학생들과 더불어 무학현, 홍제원을 지나 진관사까지 걸어서 갔다. 전차를 타고 집에서 출발할 때의 기쁜 마음은 정작 진관사행 도보가 시작되는 지점에서는 비애감으로 바뀐다.

> 갓처 西大門XX을 바라보면서 걸어가게 될 때 平穩하든 나의 心海에는 한 줄기의 暴風갓흔 亂想이 떠오른다. (間略) 바로 이곳에 잇는 난의 동무가 가진 苦楚를 바드며 꼿피는 봄, 丹楓지는 가을, 이슬 나리는 전역 멋멋 번이나 슮흠에 눈물을 흘엿스며 서름에 한숨을 쉬엿스며 핏끌는 가삼을 쥐여 뜨더슬 것을 생각하니 가삼 압허 난다. 그들은 생각에 생각 回想에 回想으로 하로에도 멋멋 번식 蜃氣樓와 갓흔 空想의 樓閣을 쌋고 잇슬 것이다. 그리하야 지금의 밧갓의 自然景을 그리고 父母와 동무를 그리고 世態가 변하는 것을 에달푸게도 그리고 잇슬 것을 생각하니 그만 눈물이 흘으려는 것을 억지로 禁하엿다.

申琳, 〈勝地行脚〉, 《삼천리》, 1935. 2.

출발지점 가까이에서 바라보이는 서대문 감옥에 대한 감상으로 그의 도보는 시작되었다. 홍제원을 지나 근처 화장터에 이르자 그는 또다시 애통함에 젖는다. 6년 전 화장한 지인이 떠올라서이다. 이렇듯 이 글은 학생들의 생기발랄한 원족기와는 분위기가 다르다. 골골이 새겨진 아픔을 지나칠 수 없기에 그에게는 아름다운 풍경도 그저 기쁘지만은 않다. 홍제원을 지나서야 벌판 공기가 부드럽게 다가온다. "百鬼亂舞하는 서울바닥에서 몰이고 부닥기든 사람으로서는 恨업시 부드러운 이 大自然에 陶醉하지 안을 수 업섯다."라는 표현 속에서 교외 자연의 아름다움보다 먼저 전해지는 것은 경성 도시인의 피곤이다. "진관사는 과연 선경같다"로부터 시작되는 풍경 예찬이 그토록 화려할 수 있는 것은 그가 경성의 도시인이기 때문이 아닐까?

〈北漢山하이킹記〉은 제목 그대로 하이킹기 즉 자전거 여행기이다. 하이킹과 관련된 글은 주로 1930년대에 발견된다. 특히 30년대 중후반에 이르면 매일신보, 동아일보, 조선일보 등에서 경성 부근의 하이킹 코스 소개 기사를 어렵지 않게 발견할 수 있다. 《동아일보》가 37년 9월 17일부터 10월 1일까지 10회에 걸쳐 소개한 코스는 광릉, 삼각산, 남한산성, 소요산, 망월사, 천축사, 도봉산, 용주사, 관악산, 오봉 과 같은 열 곳이다. 하이킹에 대한 제도적 권장은 언론사에만 국한되지 않는다. 《동아일보》37년 10월 6일자에는 하이킹할인 승창권발매에 관한 기사가 실려있다. 이 기차표는 덕양산, 망월사, 도봉산, 수락산, 회룡사, 오봉산, 소요산, 관악산 등의 20여개소에 적용되었다. 할인 봉사라는 명목으로 철도국에서도 하이킹을 권장하였던 것이다. 하이킹 코스의 개발은 경성 부근에서만 이루어지지 않았다. 신문에서는 "내 향토의 하이킹 코스"라는 주제로 각 지역별 코스를 소개하였다. 이러한 기획이 강조하는 것은 국토에 대한 애정이며 구체적으로는 우리의 땅을 우리가 스스로 정복한다는 표어로 구현되었다.

〈北漢山 하이킹記〉에서는 효자동 전차종점에서 출발하여 태고사(현재 경기도 고양시, 북한산성 안에 있음)까지 갔다 돌아오는 코스를 선택했다. 필자는 하이킹이 "참말 필요" 하다는 입장이다. 무엇보다 "몸길음" 즉 신체 단련을 위해 필요하다. 하지만 모든 이들의 생각이 그와 같진 않았던 것 같다. "엇던 이는 캠핑이나 하이킹같은 것은 유한자의 소일거리나 잠고대처럼 알고 있으나 그런 관념은 타파하여야겠다. 씩씩한 건아의 몸기름에 있어 이러한 활동이 필요한 故이다."라는 표현을 통해 당시 하이킹에 대해 가진 자의 취미로 보는 시선들이 있었음을 알 수 있다.

〈北岳山의 하로〉, 〈北漢山하이킹記〉모두 북한산 기행문이다. 〈北漢의 一日〉또한 북한산 기행문이다. 한편은 학교 원족기요 한편은 자전거 여행기라면 〈北漢의 一日〉은 '친구와 함께 한 詩作 산행'이라 할 만 하다. 시를 주고받으면서 오르는 산행이니 만큼 운치가 있다. 필자는 식민지 시기 대표적인 민족주의 사학자인 문일평이다. 동행한 이는 스스로를 단단자라 칭하는 지인이다. 둘은 자하문을 나서 당시 고양군에 속했던 구기동을 지나 승가굴을 감상한 뒤 북한산 비봉 정상에 올랐다가 세검정을 통해 귀가하였다. 무엇보다 이들의 행보는 느긋하고 평온하다.

> 點心準備로 如干한 食料品을 携帶하고 牛步的 發行으로 紫霞門을 出하야 左右 山水를 指點하면서 高陽郡 舊基洞에 이르니, 이곳은 果木이 茂盛하고 北漢山 의 秀色을 背景으로 하야, 十里淸溪에 여긔저긔 點綴한 茅屋草堂이 深碧淺綠 한 樹木사이로 隱隱히 掩映하야 宛然한 活畵圖를 生하는 觀이 잇다.
>
> 문일평, 〈北漢의 一日〉, 《개벽》, 1921.10.

점심 먹거리를 옆에 끼고 소걸음으로 자하문을 출발한다. 부랴부랴 전차를 타고, 시각을 재는 출발이 아니다. 목적지에 도착해서야 여유를 보이는 경우가 적지 않은데 이들은 출발할 때부터 소의 걸음걸이다. 쉽게 발견할 수 없는 예이다. 그렇기에 그들의 눈엔 자하문 길 양쪽의 산수도 보이고 고양군의 과실나무, 그림같은 계곡 사이의 띳집과 초당들도 보인다. 더군다나 구기동은 함께 간 단단자의 고향이란다. 단단자에겐 만나는 이마다 낯익은 이들이라 서로 웃음도 주고 받고, 구미를 당기는 산사과를 친척에게 가서 얻어 오기까지 한다. 그 사이 필자는 계곡에 발을 담근다. 소위 탁족이다. 산사과를 손에 넣고 돌아온 단단자는 동행의 그 모습을 또 한편의 시로 읊는다. 이처럼 이들 산행의 한편을 차지하는 것은 운치와 여유이다.

그것에서 끝나지 않는다. 마냥 희희낙락한 산행만은 아니었다. 이 글에서 발견되는 또 다른 한편은 문일평의 지적 근성과 글쓰기의 자세이다. 한참을 계곡에서 탁족을 즐기던 그들이 다시 산길을 올라 도착한 곳은 승가굴이다. 승가사에 소속되어 있는 승가굴은 현재는 약사전으로 명칭이 바뀌었다. 〈북악산의 하루〉에서 보듯이 학생들은 보통 좁은 굴 속을 통과하기와 약수에 얽힌 이야기를 신기해하는 정도이다. 하지만 문일평이 눈여겨 본 것은 풍경암과 승가굴 내부에 안치된 대사의 상이다. 전자는 현재 보물 215호로 지정된 북한산 구기리 마애 석가여래좌상이며 후자는 보물 1000호로 지정된 승가사 석조 승가대사상이다. 그런데 이를 기술하는 과정에서 문제가 생겼다.

僧伽窟에서 <u>西北</u>으로 <u>百數十步</u>되는 <u>林藪間</u>에 巍然한 石像이 잇서 雲表에 聳立하얏슴을 見할 것이니, 俗稱 風磬巖일다. 그 압헤 가서 審視한즉 天然石에 佛像을 彫刻하얏는데 長이 거의 8, 9尋이 되겟스며, 廣이 數十尺이 되겟스며 頭上에 戴한 遮陽은 그 大가 數間에 達할지오 <u>左右</u>에 風磬이 달렷스니, 아마 이것이 俗名의 起因인 듯 하다. 正宗時의 博學인 李雅亭德懋의 著述한 盎葉記에는 〈三角山僧伽寺石窟有石像, 顔如老嫗, 蒙頭之物恰如儒家幅巾, 背有石障若蓮花, 後刻太平四年甲子, 按高麗史, 顯宗十五年甲子行契丹年號, 卽聖宗隆緖太平四年, 而宋仁宗天聖二年也, 距今庚子十三甲子, 摠八百十七年, 輿地勝覽此乃秀

台道人像,〉이라 하얏스니 此로 觀하면 風磬巖이 高麗時代에 製作한 秀台道人의 像됨이 分明하다.

위 예문에서 밑줄 친 부분은 북한산 구기리 마애 석가여래좌상에 관한 설명이다. 이후의 내용은 승가사 석조 승가대사상에 관한 것이다. 이어지는 단단자의 시 또한 전자에 관한 것이고 보면, 문일평이 설명하고자 한 것 또한 동일하리라 짐작할 수 있다. 하지만 실상은 알 수 없다. 그는 이덕무의 《앙엽기》와 이오의 중수기까지 동원하여 승가대사상의 기원을 추론하고 있기 때문이다. 꼼꼼하고 정확하게 기술하려다 오히려 혼란에 빠진 게 아닌가 싶다. 혼돈은 분명 실수이다. 하지만 가벼운 산행기를 쓰면서도 일일이 대상의 근원을 해명하고자 지식인의 근성이 엿보이는 것은 사실이다. 북한산 비봉 진흥왕 순수비에 관한 기술에서도 자세는 동일하다.

〈北漢의 一日〉에서 돋보이는 것은 역시 문일평과 단단자의 동행했다는 점이다. 역사적 자료를 동원하며 설명에 여념이 없는 승가굴과 비봉 부분보다는 두 사람이 주고받는 시, 두 사람이 향하는 시선 등에서 글의 매력은 빛나기 때문이다. 기행문에서 필자의 자작시 혹은 인용시는 흔히 발견할 수 있다. 하지만 이렇게 주고 받는 시를 적고 있는 예는 드물다. 문일평 역시 "이런 담박한 인사로 더부러 名山水間에 1일동안 嘯吟하며, 서로 흉금을 피력함을 득함은 가장 愉快히 여기는 바라"고 적고 이 날의 산행을 정리한다. 여행에서 중요한 것은 무엇을 보고 어디를 갔는가 라기보다는 누구와 함께 갔느냐 라는 말이 떠오른다.

○ 사찰 및 예배당 순례기

華溪寺에 一夜, 小白頭陁, 불교, 1924. 11.

禮拜堂巡禮, 聖書안들고, YYY, 별건곤 제2호, 1926. 12.

한양 부근의 명산뿐만 아니라 한국의 명산 기행에서 빠뜨릴 수 없는 것이
사찰 기행이다. 산에 가면 절이 있고, 절에 가자면 산을 오르게 되는 것은 한국
에서는 흔히 있는 일이기 때문이다. 지금까지 살펴본 경성 혹은 주변의 등산
기에서도 자주 사찰이 등장했다. 〈華溪寺에 一夜〉는 산이 아니라 사찰 자체
를 목적지로 삼은 글이라는 점에서 그들과 변별된다. 필자 또한 승려이다. 이
처럼 이 글은 일반 관광객의 단순한 등산기 혹은 사찰 구경기가 아니라 불가에
몸을 담고 있는 승려의 관점에서 쓴 사찰방문기라는 점이 특이하다.

필자인 小白頭陁의 여행 목적은 物中地大라는 경성 일대 유람이었다. 삼
각산 화계사는 경성 여행의 마지막 일정인 듯하다. 그의 화계사 방문기에서
먼저 눈에 띄는 것은 경성 시내에서 화계사까지 도보로 가는 여정이다. "하로
는 余의 契友 田景植君을 만나볼가하고 華溪寺를 나가게 되엿다. 東小門〈惠
化門〉을 나서 너르다는 벌판 卽 三仙坪을 지나면서 平山牧場을 左便으로 드
려다 보고 되넘이〈胡踰峴〉마루턱에 이르럿다."와 같은 표현에는 그 여정이
잘 드러난다. 특히 혜화문 - 삼선평(삼선동), 평산목장을 지나 미아리까지의
여로에서 만나는 벌판과 목장 등에 대한 언급에서는 오늘날과 다른 경성의
모습을 발견할 수 있다. 다음으로는 화계사 감상평이다. 그가 사찰 내의 각
방과 전각들을 둘러보고 우선적으로 지적한 것은 현판의 크기와 수이다.

다시 田, 韓, 金 三氏의 案內로 建物 其他를 觀光할새 自近及遠으로 큰 房부터
拜觀하니 家屋制度는 基址에 適合한데 門楣마다 華溪寺라는 三扁과 法海道
化, 三角第一蘭若, 祝聖壽千萬, 象王廻顧, 拈花室, 儼然天竺古蘭若, 華藏樓, 賓

華樓, 鶴捿樓 等 懸板이 多數히 달려잇는 것은 오히려 結搆의 美를 減殺한 듯한 感이 잇다. 그 中에 安淳煥氏의 筆로 華溪寺라는 額面은 山보다 虎狼이가 크다는 格으로 도리혀 보기 실케 되엿나니 通道戒壇法堂에나 海印大寂光殿에나 相當할까한다.

그는 각 전각마다 달아놓은 현판을 거슬려했다. 뿐만 아니라 '화계사'라는 편액의 크기 또한 가가 보기에는 "산보다 호랑이가 큰" 격이다. 이는 통도사나 해인사 정도의 대찰에는 어울리나 화계사의 규모에는 적당치 않다는 것이다. 이러한 세심한 평은 사찰여행 전문가이거나 그 곳에 몸을 담고 있는 자들만이 가능하다. 잡지《불교》에는 이와 같은 승려의 기행문이 많이 실려 있다. 이 글들에서는 小白頭陀와 같은 사찰 평을 얻어 볼 수 있을 것이다.

사찰 순례기는 등산기 등에서도 쉽게 발견할 수 있다. 하지만 성당이나 교회를 구경의 대상으로 삼은 글은 쉽게 발견하기가 어렵다.《별건곤》에 실린〈예배당순례〉는 이처럼 흔치 않은 예에 속한다. 사찰기는 일반적으로 사찰이 소재한 산세와 풍경, 사찰 내의 전각 등에 대한 감상이 주를 이룬다. 이러한 관점에서 본다면 교회 순례기 또한 교회를 둘러싼 풍경이라든가 교회 건축물 등에 대한 언급이 있어야 할 듯하다. 하지만〈예배당순례〉는 교회를 하나의 미적 대상으로 접근하고 있지는 않다. 정확히 말하면 각 교회의 예배에 참여한 뒤 그에 대한 소감을 적은 글이다. 필자는 개벽사의 기자이다. 그는 갑자기 결정된 예배당 순례 기사를 쓰기 위해 일요일 하룻동안 세 교회 — 숭동교회, 정동교회 및 중앙교회 — 의 예배에 참석한다. 그가 보기에 "숭동례배당은 싸움꾼이 모인 무슨 살풍경을 니르키랴는 듯한 용장한 맛이잇고 정동례배당은 인간게를 상관 아니하고 곱고 고흔 천당이나 락원을 만드랴는 긔상이 뵈이고 중앙례배당에는 무엇을 해보랴 하는 듯한 긴장미緊張味가 잇섯다." 각각의 교회를 찾아가는 여정에서 경성의 길목길목이 자세히 드러나긴 하지만

이 글에서 초점을 맞춘 것은 예배를 통해 본 각 교회의 감상이다. 교회나 성당 순례기가 드물다는 점, 교회 방문기가 예배 내용이나 형식 중심이라는 점 등은 기행문의 관점에서 어떻게 볼 수 있을까? 교회 및 성당이 아직까지 미적 대상으로는 인식되지 않다는 데에서 그 의문을 풀 수 있지 않을까? 즉 한국 교회 혹은 성당의 짧은 역사가 그 답이 될 수 있다.

　　오늘날 대도시는 그 자체로 거대한 하나의 볼거리이다. 한국의 수도인 서울 또한 대형 쇼핑몰에서부터 작은 골목 구석구석에 이르기까지 전 장소가 구경거리로 관광지화되었다. 근대의 경성 기행문은 이처럼 도시가 하나의 구경거리가 되기 시작하는 지점 및 도시인으로서 경성인들이 경성을 즐기는 방식을 구체적으로 보여준다. 무엇보다 이들이 보여주는 도시가 역사화된 장소 공 '경성 시대'의 도시, '경성'이라는 점에서 호기심을 자극한다.

우미영

半巡城記(上)

N.S.

《소년》, 1909년 8월

五月 一日 雜誌《少年》의 春期 特別卷 編輯을 겨오 마치고 나니 발서 午前 十時 二十分이 되엿더라. 그러나 솔만흔 南山과 돌만흔 北陌에 九十韶 光에 째를 맞나 내 모양 보시오하고 낼 수 잇난대로 모양내여 피운 쏫은 參考 書冊張뒤져 그 속에 잇난 열매를 한줌 두줌 흠쳐내기에 그러케 懇切하게 보아 주시오 보아주시오 하난 것을 無情도 하고 昧精도 하게 한번 찻지도 못하고 마랏스니 쏫이 만일 感情이 强할 진댄 나를 오죽 怨望하리오. 아모리 只今은 風妬雨打에 紅稀綠暗할지라도 오히려 한번 만나보고 이러저러한 事由나 말 하야 매친 마음이나 풀어주고십흐되 군대가 만만치 아니하니 그 代身 苦行林 에 드러가 罪業을 消滅하난 세음으로 北半部 巡城을 하리라하고 얼는 몸을 이릭혀 입엇던 두루막에 「캡」한아만 집어언지니 裝束이 이믜 完全한지라 이 에 營業部로 가서 내가 花娘子에게로 謝過를 가자고 나섯스니 同行 志願者 가 잇거든 口頭請願으로 나서라한 즉 K君은 『어대로 處所를 定하얏나냐』하 고 R君은 잇다가 『公六의 구경이니 規模밧게 버서나겟나 山이어니 골이어니

논이어니 밧이어니 질거니 마르거니 이마가 맛닷토록 황새거름으로 다라날 터이지』하고 업헤 안졋던 新文舘 內 썰늬버로 聲名이 隆隆하신 C主事는 안 가삼내밀고 이러나면서『얘 구경이 다 무엇이냐 총채 저긔 잇스니 冊 먼지나 썰고 此中 自有好江山이나 외여라』고 嘲弄하난지라 내가 千鍾祿 · 美顔色 等은 잇거니와 好江山이란 것은 어대잇나냐고 反詰하고 십흐나 그만두고 東 小門 外로 나서서 城을 씨고 西大門으로 드러오겟다 하니『그저 그럴줄 알엇 다』하고 滿座가 다 嘲笑하며 다른 사람은 다 마다하고 오직 R君이 싸르난데 몰녀가듯 닷지 아니하여야한단 條件을 부치더라.

正午에 이르러 겨오 門을 나서 順路로 統內로 드러가 左右에 잇난 뷘 營舍 를 變作하야 스파타制로 學生寄宿舍갓흔 것을 만들면 쓸도 넓고 房도 만코 쏘 座處도 조아 돈 아니드리고 有益하게 되겟단 말을 하면서 大韓醫院 압 어 늬 日人의 菓子舖에서 내가 十八錢으로 프랑쓰 麵包 두 조각을 사고 二十錢 에서 二錢 남난 것으로 砂糖을 사려하얏더니 마참 업다하야 웃지할 줄 모르던 次 길 저편을 건너다 본 즉 조고마한 洋食物舖가 잇난지라 R君이 大奮發노 三十錢에「쌈」한 통을 사난데 四錢은 더 주난 줄 알지마는 하난 수 업다하고 들고 나서니 書生의 노리로는 醬設이 너모 宏壯하더라.

그리로 東小門으로 나서니 어대서 가져오난지 寺院門側에 세우난 天王 像을 支揭에 지워 오난데 兒孩들은 그 奇怪한 모양에 놀난 눈을 휘둥거리고 싸르더라. 北으로 썩겨 언덕위로 한참가다가 R君이 昨年에는 偶然한 일에 이곳에 와서 잘 노랏노라하면서 盛히 勾溪洞의 幽僻하고 쏘 風韻이 넉넉함을 일커르니 나는 連方 이 近處에는 그러한 곳이 업슨 즉 놀기는 잘 하얏스려니와 그곳 景致는 변변하지 못하리라하야 서로 쓸 째업시 相持하다가 그러면 實物 을 가지고 判斷하자하고 다시 길을 고쳐 아래로 나려서 勾溪洞을 向할새 조곰 나아간 즉 물업난 시내에 늙어서 그리 되얏난지 바람에 그리 되얏난지 버들나 무 한 株가 속업난 이탈늬體 A 字 모양으로 한쪽은 길고 한쪽은 짜르게 굽으러

져 찍긴 등성마루 날씬하게 이 긋이 휘여서 저 쌍에 다앗난데 左右主幹에 새 가지가 푸르게 도닷스니 그 形貌의 自然으로되고 自然스럽지 아니한 것이 쏘한 趣가 잇난지라. 만일 長霖 쌔가 되야 山谷 中으로서 모래비질하야오난 물이 추얼추얼 흘너 나려와 살짝 고개를 이리로 데여 밀고 쑥 쌔져 나아가면 쏘한 詠物詩人의 詩題가 됨직하다하고 이에 嘉名을 賜하야 柳橋라 하니 大 概 月落烏啼霜滿天할 새에 夜半 鐘聲 到客船하던 楓橋의 모양과 近似한 故 로 楓字만 고침이라. 그러나 알사람나라의 배면 모르되 그러치 아니하면 배 가 다닐 道理는 萬無함은 말할 것 업시 알 일이라. 다시 數十步를 압한 즉 길 右邊에 반듯하게 새로 지은 집이 잇난데 窓살마다 푸른 添을 하고 쏘 琉璃를 씌우고 쓸에 運動틀이 잇슴을 보니 分明한 學校나 生徒들의 노난것은 한아 도 볼수업고 쓸쓸하기 빈집이나 다름업스며 門牌조차 부치지아니하얏더라.

다시 시내를 끼고 올너가니 果木이 簇生한 속마다 精潔한 茅屋에 或 둘 或 셋 반다시 드러안젓스며 실갓흔 물이나 씩기난 목마다 반다시 늙은이 젊은 이 석겨안져 투덕투덕 쌜내질하니 생각이란 우스운 것이라. 이것을 보고 偶 然히 南華經 생각이 나서 저 마나님네들이 한참 隆冬에 손터지지안난 藥이나 가지고 쌜내를 하나 하다가 今時에 쏘 물어난데는 私情이 업슨즉 藥은 잇고 업고 물이 얼어 바리면 쓰난 수도 업게 다하야 空然한 생각을 空然히 이릭키 다가 제 스사로 否認하고서 젹은 防築으로 썩기다가 그 어귀에 우물이 잇고 돌 위에 박아지가 잇슴을 보고 내가 먼쳐 한박을 써서 목마르던 次 甘露갓히 마시고 R君이 쏘한 두어박 기우리니 藥泉은 아니나 이 위에 가서는 다시는 물맛을 보지 못할가 함이라. 막 어귀를 도라서니 右邊 屛風石上에 『勾溪洞 天』네 글ㅅ자를 두렷하게 색인 것이 보이난지라. 이에 거름을 急히 하야 洞口 에 이르러 치여다 보니 일홈 모르난 젹은 나무 속으로 좁으죽 하게 길을 내엿 난데 이리 드러간 즉 다시 左右로 덩굴나무 虹霓가 잇난지라. 먼저 右邊門을 드러서 쓸닌대로 나아가니 곳 勾溪洞天을 색인 石床이 잇난 곳인데 네글ㅅ자

엽헤『辛巳季春海觀書』라 한 것을 보고『田園에 남은 興을 저나귀에 모도싯고 溪山 익은 길노 興치며 도라와서 兒孩야 琴書를 다사려라. 남은 해를 보내리라』를 소리놉혀 부르면서 도라서 左邊門으로 드러간 즉 亭子直이 잇난데 ㄴ듯한 방에는 발을 半만 느럿난데 다듬이 소리가 귀 어지럽게 나며 길이, 조곰 써러지면서 시내ㅅ가 언덕 위에 웃독하게 지은 亭子가 보이난데 집은 成하지는 못하나 過히 허술치도 아니하며 亭子로 드러가난데는 시내 左右에 돌노 築을 싸코 나무로 다리를 노코 欄干을 첫난데 거의다 썩엇스며 다리를 넘어 드러간 즉 나브죽한 담에 門雖設而常關하얏슴으로 드러가 便安히 안져 보지도 못하얏스며 門싹에는 粉筆노『山多藥草山無病 水多銀魚水不貧』의 어린아해작난이 잇스며 水閣에는『黃花四屋 紅葉一床』,『芙蓉秋水比隣』等 秋史의 落欸한 懸板이 잇더라.

이에 둘이 共論하고 第一次 療饑次로 시내를 가하야 조곰 나려와 솔나무 그늘지고 들꼿 향긔 쏨난 곳에 權設食堂을 베풀고 옷버서 노코 먹을 差備를 할새 손을 씨스려한 즉 R君이 이러나면서 瀑布水 잇난대로 가자하난지라. 속마음에 아니꼬운 瀑布水는 어대잇노하고 싸라간 즉 다리 밋헤 바위 한아가 노엿난데 위에서 나려오난 물이 여긔와서는 쑥써러저 줄기져 흐르니 瀑布의 定義가 잇서 거긔 合할난지는 모르되 아직 사람으로 치면 成人못된 모양으로 成瀑이 되지 못한 오좀줄기갓히 물이 써러지난지라. 나는 R君에게 對하야 李太白이는 글 잘하난 탓으로 桃花潭水를 三千尺이라고 부럿거니와 老兄은 말 잘하난 탓으로 이짜위도 瀑布라하나냐고 쏙쏙박고 R君은 昨年 나 왓슬 재에는 長霖 中이라 뭄이 만하 볼만하얏다고 連方 辨明하면서 손을 씻고 도라와 나는 麵包를 썰고 R君은 '쌈'桶을 여니 재에 마참 喜鵲이 머리위에 가리운 가지에서 째액 째액 울어 제자는 '웰컴' '웰컴'하난 듯 하더라.

한참 먹다가 배가 적이 이러섬으로 잇다가 다시 먹을 次로 다 거두어 다시 싸고 옷쎄여 입고서 城을 向하니 해는 발서 未中이 되얏더라.

골목을 나아오다가 건넌山을 치여다 보면서 詩 라고 한 首 지으니 七言絶
句는 平生에 처음이라 되고 안되고

花掩柳遮山更幽 渾忘何處是塵區

層層石閣潺潺水 細語如矜不息流

웅얼거리니 R君은 病身이거든 取材나 보지말나하나 大勇斷으로 이를 이루
다.(以下次卷)

　　이것은 尋常한 消暢하던 일을 記錄한 것이어니와 이 다음부터는 學究的 旅行

　　記를 連續하야 揭載하겟소.

半巡城記(中)

N.S.

《소년》, 1909년 9월

여긔까지는 한번이라도 와본 길이라 서슴업시 차자왓거니와 여긔서부터는 길도 업난 듯하고 또 城이나 씨고 돌면 곱은 곳에는 곱으리고 곳은 길에는 곳게 가면 그만이나 여긔서부터 城까지가자면 그 相去가 또한 迢遠한데 바르게 가는 길도 모르난지라. 서로 길ㅅ공론을 하다가 뒤로 도라서 便하고 갓가운 것을 取함보담도 차라리 압흐로 나아가서 어렵고 먼 것을 격난 것이 少年의 行色이오. 또 뒤로 가면 꼭 갓가울 쭐 알지도 못하난 바인즉 애當初부터 城만 바라고 一直線으로 가자하고 城잇난 곳을 바라본 즉 城이 굽으숨하게 썩기난 곳에 ㄱ 形으로 내여민 곳이 잇난지라. 그러면 저긔를 目標로 하고 山巓이고 水盡이고 골이고 언덕이고 쪽바루만 가자하고 爲先 太陽熱氣에 極度까지 달은 모래언덕 한아를 허덕지덕 넘난데 사람의 通行이 別노 업슴으로 沙汰에 밀녀 나려온 대로 그대로잇서 발이 푹푹 싸지난 것을 바루 아프리카 探險家 스탄리氏가 사하라 大沙漠이나 橫斷하난 세음으로 지내놋코보니 압헤 또 그만한 언덕이 잇난지라. 또 지내고 또 잇스면 또 지내기를 三四次하야도 압헤와 가리느니 모래언덕이라. 하 어이가 업서 이리하야서는 신발은 쑤러지고 해는 써러져가고 城까지 가기도 아직 먼듯하야 신날도 쇠이지 아니한 길에 압길이 茫然한 次에 R君이 連方 신을 버서 바닥을 보면서 허허허허하야 모래에 부스러지난 것을 걱정하야 것흐로 말은 못하나 그만두고 갓스면하난 생각이 歷歷히 얼골에 드러나며 나도 또한 처음보담은 前進할 勇氣가 주럿스나 그러나 암만 그리하야도 길은 가야 업서지난 것이라. 사나의답게 奮勵一番하야 不撓不屈의 少年精神을 發揮할 機會가 이재라하고 되지아는 큰 마음을 먹고 우어차우어차하야 소리로 氣運을 내여 繼續하야 올너가다가 버서드럿던 帽子써러지난 줄도 몰나 三馬塲이나 뒤써름하야 집어쓰니 R君은『帽子는 旣往써러터럿거니와 이 다음 五臟이나 操心하라』하더라. 이에 둘이 서로 붓들고 붓들녀가면서 한숨에 그 中 놉흔 峰으로 올너가니 비로소 감은빗 바윗돌이 겹쳐노여 잇슴을 보겟난데 이모저모 剝落이 莫甚하고 또 크고 적은 窟穴이 無數한데 사이사이에 山躑躅 간드러진 꼿이 제싸는 幽香을 보내난 모양이라. 지나느니 모래밧에 들한아 못보다가 이제 바위란 것을 본 것이 이믜 얼만콤 單純에 배부른 눈을 위로할 만한데 더욱 꼿까지 잇서 錦上添化의 格을 이루엇스니 詩人이면 이에 一首詩가 업지못하리로다. 말만하고 짬난 옷을 푸러 헤치고 萬戶長安을 一指로 指點하면서 街衢의 어디어듸를 알의키면서 여러 가지 걱정은 紛紛히 하니 그 中에는 南山의 體格이 너모 單純한 걱정도 잇고, 멀니 보이난 漢江물이 都城안으로 쇠쑤러나아가지못한 걱정도 잇고, 우리나라 市街가 놉흔 곳에서 盖瓦ㅅ장고랑을 보면 할쑷하되 아래로부터 보면 그러치 못한 걱정도 잇고 堂堂帝國의 首都=世界的大都會에 整齊한 街衢와 宏壯한 建築과 美麗한 市井과 暢濶한 遊園이 업난 걱정도 잇고, 工藝發達의 說明者되난 烟筒이 別노 空中으로 聳起치 못한 걱정도 잇고 越村一區가 거의다 남의 집된 걱정도 잇서 그 옷자락 넓은 걱정이 限量업시 뒤대여 나오난 것을 나는 R君을 抑制하고 R君은 나를 抑制하야 서로 강잉히 몸을 일흐켜 압흐로 나아가기 始初하니 R君모르게 말이지 果然 이 째에 나는 쓸ㅅ대는 잇고 업고 걱정스러운 이약이나 交換하면서라도 앏흔다리를 더 쉬엿스면 생각이 업지 아니하더라.

半巡城記(下)

N.S.

《소년》, 1909년 10월

글노부터는 多幸히 구렁이 등모양으로 생긴 길이 前부터 잇슴으로 길대로만 한참 나아가 ㄱ形 城角을 지나 다시 暫間 勾配느러진 언덕을 올나가본즉 이곳은 景福宮 뒤 白岳山頂인데 쯧밧기라. 오기 前까지는 인제도 彰義門까지 가자면 신날도 쏘지 아니한 세음이려니 하얏더니 참 쯧밧기라. 三溪洞 石坡亭이 咫尺松林 속 나려다보인즉 남어도 얼마 남지 아니함을 可히 推測할지라. 나는 이를 보고 世上 모든 일─士子가 工夫를 함이나 學者가 道를 求함이나 事業家가 일을 經營함이나 다 마치 한가지로 얼만콤은 애썻 힘썻 精誠썻하다가도 「조곰만 더」란 妙理를 모르기 째문에 얼마 남지 아니한 것을 疲困한 기음에 아직도 먼줄만 녁여 그만 中途에 씨그러지고 마난 까닭으로 '失敗'란 辱된 말이 걸핏하면 남의 事業의 곳흘 막난 줄노 생각하니 우리도 만의 저짐쎄 다리좀 앏흔 째에 여기만 바라보고 다시 勇氣를 鼓發치 못하얏더면 참 애는 애대로 쓰고 結果는 우숩게 되고 마럿슬지니 이에 무슨 일에 던지 어렵게 생각되난 째와 은제나 되나하난 생각이 날 째마다 '조곰만 더'란 哲理를

생각하기로 작정하고 조흔 슷헤 쏘 곱흔 배나 채울 次로 가진 麵包와 '쨈'을
우걱우걱 다 집어신 後 여긔서부터는 白岳山의 分水脊이 되어 急峻한 坂路가
된 것을 헐덕헐덕 나려와서 바루 苦戰難鬪나 격근듯 몸을 풀밧헤 집어내던지
다.(以下省略)

　母岳재에 걸녓던 해가 거림자도 업시 업서지고 天地가 바야흐로 다치려
할 쌔 느러진 발ㅅ길노 館에 도라와보니 언제 썩거 가졋던지 조개숯(菫花)
두 줄기가 손속에 드러잇더라.(完)

京城小感

小星

《청춘》, 1917년 11월

東京으로서 歸省하는 길에 暫間 京城에 들넛다. 들닌 目的으로 말하면
別노 일이 잇서서 들닌 것도 아니오 다만 보지 못한 그 동안에 京城이 얼마나
進步되며 얼마나 發展되얏는가하고 그 變就의 程度를 보기 爲하야 들닌 것이
엇다. 그럼으로 나는 할 수 잇는대로 여러 사람과 接하며 여러 가지事物을
보려 하얏다. 그러나 날도 쓰겁고 몸도 困하야 計劃과 가치 그리 되지 못하고
오직 小部分의 멧멧 方面만 보앗다. 그럼으로 지금 이가치 쓰는 것도 무슨
제법한 具體的 感想이 아니오 아조 支離滅裂한 斷片的생각임에 不過한 것은
미리부터 注意하야둔다.

그런데 이번 留京의 印象을 몬저 簡單히 말하자면 자그만이 나흘저녁이
오 차즈며 본 것이 數十時間에 京城도 이만하면 希望이 잇다하고 생각된 것
이 한재 或 두 재라 하면 이 模樣으로는 아모것도 아니다하고 생각된 것이
멧十재 멧百재이엇스니 조려 말하면 『京城은 아직 멀엇고나』하는 것이 그
適當한 對答일가한다. 아아 京城은 아직것 나아가지 못하얏다 아직것 열니

지 못하얏다 아니 그 쑨만 아니라 京城은 나의 보는 所見으로는 적어도 아니
되랴는 京城가치만 보이고 물너 가랴는 京城가치만 보이엇다. 이러케 말하면
或 나를 甚하게 말하는 사람이라 할 이도 잇스리라. 그러나 나는 元來 나아간
京城 잘된 京城을 보려왓던 사람임으로 나의 보는 바도 亦是 조흔 곳 조흔
일만 골나볼 것은 勿論이어늘 무슨 까닭인지는 모르나 나의 눈에 보인 바는
別노 조흔 것이아니오 거의다 조치 못한 것만 임을 생각하면 觀察의 對象인
京城 그 自身이 조치못한것임은 가리우지못할 事實인가한다.

　爲先 京城의 空氣는 다른나라 都會의 空氣에 比하야 무겁고 沉靜하며 弛
緩하고 不活潑한듯이 늣기엇다. 이는 空氣 그 物件이 참으로 그런지 或은 나
의 主觀的 感情이 그런지는 아지 못하나 그러나 左右間 나의 몸이 鐘路갓흔
곳을 거러 단이자면 무엇이 고개를 내려 누로는 것갓기도하고 팔을 당기는
것갓기도하야 활개며 거름이 自然前가치 납신납신하지 못하며 呼吸을한번
하여도 코가 씽씽하리만큼 緊張하고 당글당글한 맛이 업다.

　다시 말하면 京城은 아즉것 競爭의 味를 感할수업고 自奮의 氣를 覺할
수 업다. 어대서어 대를가나 모도다 맛북이 울지 못하고 한쪽이 당글당글하
면 한쪽은 펑드렁펑드렁하며 한 쪽이 도드라지면 다른 한 쪽은 반드시 움푹하
게 게드러 간다. 그럼으로 사람과 사람사이에 競爭이 니러나지 못하고 事業
과 事業사이에 緊張이 생기지 못하야 남도하는데 나도 한다는 氣象이 한아로
보이지 아니하며 世上이 이러하니 나도 이러하여야 하겟다는 自覺이 아직것
徹底하게 보이지 아니한다.

　더 한번 곱잡아 말하자면 京城은 아조 事無訟하고 四方에 無一事한것갓
치보인다. 넘어도 閒暇롭고 넘어도 便安하다. 자기할일을 남이 하여 주려니
하는 듯하다. 남은 發明을하며 發見을하여 世界文明에 貢獻을하노라 惹端
인데 나는 가만이 안자서 그것의 德이나 보자하는 듯하다.

　그래 그런지는 모르나 京城에는 퍽 노는 사람이 만이 잇는듯하다. 아츰

저녁 밥먹을 것은 업스면서도 낮잠자기와 將棋바둑은 依然하게 盛行하는듯 하고 文明한나라 都會로 말하면 日曜日이나 慶節日을 除한 外에는 市街가운 데로 일업시 단이는 사람이 別노업슨模樣이어늘 京城市街에는 一年열두달 어느 날을 勿論하고 흔들흔들 일업시 단이는 사람이 멧 百 멧 千으로 計치 안을 날이 別노 업는듯하다. 그리하야 입을 석 버리고 침을 게제 흘니는 양이 며, 눈을 힘업시 쓰고 귀싹이를 푹 느린 것이 어느 便으로보던지 絶半은 죽은 사람이오. 絶半은 中毒한 사람이며 精神나간者, 얼싸진者가치 보인다. 여러 말 할 것 업시 이 모양을 一言으로蔽하야 말하면 京城은 怠氣滿滿이라고 할 밧게 다시 다른 말이 업는가 한다.

그리하고 京城은 學者를 몰나보는都會갓다. 싸라서 京城은 學問과는 因 緣이 퍽 먼듯하다. 다른 나라都會로말하면 가장 큰 優遇와 가장 큰尊敬은 官 吏의게도 주는 것이 아니오 實業家의게도 주는 것이 아니며 오직 學者의게나 學生의게 주나니 그들이 恒久한 進步를 하는 것도 亦是 이 싸닭이라 할 수 잇다. 이것은 무슨 誇張하는말도아니오 事實이 그러함이니 爲先東京만을 가 보아도 그 일을 確實히알수잇다.

그런데 지금 京城으로말하면 元來 學者도업거니와 쏘 設或잇다할지라 도 그를 尊敬할줄을 모르고 優待할줄을 모르나니 學者가 너러나 오기를 엇지 希望하리오. 왜 그러냐하면 늘 하는 말이어니와 死馬骨이라도 五日金에 삿 는지라 期年이못하야 千里馬의 渭에 니른 것이 三이어늘 지금 京城은 이러한 誠意조차 업스니 千里馬는 姑舍하고 千里馬의색기나 알도 생길수가 萬無한 것은 처음부터 明瞭한事實인싸닭이다. 試驗하야보라 鍾路네거리에 줄 두룬 이나 賣法家가 지내간다하면 여러 사람이 거들써보기도하고 울어러보기도 하지마는 어느 學校敎師가 지내가고 學者가 지내간다하면 거들써 보기는 姑 舍하고 사람으로 보지도 안는 듯 하지 안은가고. 이러한 社會에 學者가 생기 기를 엇더케 바라며 무엇을 研究하는이가 나오기를 엇더케 期待하리오.

아아 京城은 두억신이의 京城이오 독갑이의 京城이로다. 爲先 圖書館 한 아이 업고 學會한아이업스니 사람사람이 두억신이 되기를 避하려하나 엇지 可히 어드며 독갑이 되기를 願치아니하나 쏘한 엇지 可히 어드리오. 그럼으로 學校의 先生들이 술 마시고 바독 둘 줄은 잘 알으되 書籍을 對할줄은 잘 모르며 滿都의 靑年들이 夜市나 쌩가리 구경은 갈 機會가잇스되 學術講演이나 學者의 硏究報告는 드를機會가 업스며 所謂識者階級이란사람들의 가진 바 智識이 甲申式 甲午式하는 時代에 뒤써러진 넷것이 아니면 三年前이나 五年前에 學校漆板아레서 배호던 노르의 智識 고대로요, 一流라 할 만한 사람들의 아츰 저녁으로 交換하고 使用하는 會話가 片時的瞬間의 閭巷雜事임에 지내지 못하고 제법 高遠하고 深長한 學理的 말은 어더 드르려하여도 드를 수가 업나니 爲先이것만을보아도 京城이어더케 學問과因緣이 먼 것을 可히 알수가잇다. 그럼으로 나는 이 것을 볼 째에 무엇보다도 슯허하얏다. 京城이 만일 이대로만나아가면 멧해 안여서 京城의 將來는 볼 것이 업다고도 생각하얏다. 왜 그러냐하면 녜로부터 어느 나라 어느 都市를 勿論하고 學者나 學問을 背景으로아니하고니러난일이 일즉이 한아도 업섯나니 아테네市의 文明은 그 全惠를 아테네 學者의게 負하얏스며 로마市의 文明은 亦是그多數를 로마의 學者의게 어든것이오. 文藝復興이며 宗敎改革은 ·루로렌스, 베네치아, 巴里, 빈나 等地의 學者나 敎授의 손에 되얏고 最近의 物質이며 여러 가지 科學發達은 쏘한 여러 나라 여러 곳 大學이나 學者의게로 나왓슴을 봄이라. 그런즉 지금 京城은 니러 나고져 하는가 스러지고져 하는가 내 甚히 이에 疑惑되노라.

그다음은 京城은 虛榮의 都市오 書房님의 都市가치보인다. 조케 보자면 조흔點도 勿論만이잇슬것이나 그러나 적어도 나보는 所見으로는 京城一판이 모도다 바람에 씩운 듯하고 헛氣에 사로잡힌듯하다. 그리하야 사람사람이 모도다 하지 안코도 무엇이 잘 되엿스면 하는듯하고 비록 한다하야도 엇더케

單한번에 千金을쥐엿스면 하는듯하다. 그럼으로 힘드러서 엇고 쌈 흘더서 먹는다는思想은 이곳 사람들의게는 밋친 놈의 말가치 들니는 듯하고 根氣잇게 참고 억세게 다토는 것은 이 곳 사람들의게는 아조 沒交涉한일가치 보이는 듯하다. 다시 말하면 京城은 西班牙나 佛蘭西갓흔 南歐羅巴의 아양잇고 華奢한 貴公子的風은 잇스되 獨逸이나 스코틀랜드 갓흔 北歐羅巴의 튼튼하고 勤儉한 平民的 냄새는 조곰도 업는 듯하다.

이제 만일 이 말을 過한 말이라 하는 이잇거든 시험삼아 어느날 저녁에 夜市 구경을 한번 나가 오고가는 男女老少의 態度를 보라 그 엇더케 虛榮의 불길이 各 사람의 이마에부터 올으며 貴族的 내음새가 各사람의 擧動에 무더 오는가고. 다른 것은 다 그만두고 衣服만을 두고본다할지라도 우리갓흔 시골 書生으로는 무어라 形容할수도업스리만큼 채림 채림이며 몸에 둘너 감은 것이 奢侈하고 華美하기 그지 업나니 勿論이것이 身分에 相當하고 自己資格에 稱合하면 이런 말을 하는 것이 도로혀 千萬罪스럽거니와 그러나 나는 確實히 아노니 저들의 입은 옷은 비록 저러하나 저들의 住居하는바집은 한 달에도 멧 番式 이리저리로 쫏겨 단이는 삭을세 집이오. 저들의 먹고 마시는 것은 銅錢멧分어치粥이나 말간물이니 저러케 한번 훌륭하게 하여 입은 衣服도 어느 째 어느 날에 典當舖机속으로 드러 가게 될 넌지 아지 못하는 것을. 아아 이 것이 虛榮이아니고무엇이며 이것이 書房님생각이아니고 무엇이랴.

그럼으로 내 눈에는 京城은 아모리보아도속보다 것출 쑴이는 都會가치 보인다. 속에는 개쏭을 가졋슬 지라도 것헤는 비단을 싸려하는 듯하다. 다른 社會는 다 그만두고 學生社會한아만을 가지고 본다 할지라도 넉넉히 이 証據를 들 수 잇다. 누가 생각하던지 다마치 한 가지러니와 元來學生이란 알이 잇서야하고 쎄가 잇서야 하나니, 쎱풀이나 고기갓흔 것은 아무래도 關係치 안는것이라. 그럼으로 다른 나리에서도 學生이라하면 依例히 敝衣破帽를 聯想하리만큼되여 襤褸과 學生과는 可히 쎄지 못할 關係가잇는듯하다. 그런데 지금 京城에잇는 學生들은 이와 反對로 工夫는 한分어치를 한다하면 몸丹粧이나 채림채림은 一錢어치나 二錢어치를 하려하나니 爲先그들의 留宿하는곳을 차자가보면 그 証據를 確實히 알 수 잇다. 테이불 우에 싸아 노은 書籍은 可히 보잘 것이 別노업스되 香油며 粉이며 하는 化粧具는 훌륭하게 具備하얏슴을 볼 수 잇다. 그 쑨만 아니라 機會만잇스면 한번 맡코져하던 배어니와 京城에서는 春期에 各學校卒業生들이 先生들을 爲하야 謝恩會를 하며 同窓生들을 爲하야 '알범'을 하는 일이 잇나니, 勿論 그 自身을 非難코져함은 아니나 그러나 그리 변변치도 안은 中學校卒業한아를 하야가지고 무엇이 그리 壯하야 二三圓의 會費를 가지고 長春館, 明月館의 料理집에를 가며 五六圓의 負担으로 外國갓흐면 大學校卒業生도 잘 아니하는 過分의 '알범'을 하는가. 이 일만을 보아도 京城의 學生들이 엇더케 속을 쑴이기에는 粗忽하고 것출 쑴이기에는 急急한 것을 可히 볼 수 잇는가한다.

元來 外形을 쑴이는 것으로 말하면 속을 쑴이지 못한 反証이니, 속을 쑴임으로 하여서는 남의게 優할 수 업슴으로 것츠로나 남의게 優하려함이라. 이제 만일 京城의 各 社會를 모도다 것만은 쑴이는 社會라 할진대 그들의 이것츨 쑴이기에 니른 徑路에는 自然 속을 쑴임으로하여서는 남의게 失敗한 한 페지의 에피소드가 잇슬 것이 分明하다. 올타. 京城은 껍풀 쑨이오. 속은 아모 것도 업다. 속으로 내기를 하여서는 남의 몟 百分之一도 追及할 수가 업나니 京城에서 것츨보랴거든 可히 能한 일이나 그러나 속이나 알을 보랴거든 이 不可能한 일인가 한다.

京城에는 中心이 입고 軸이 업는듯히다. 다시 말하면 일에는 일의 中心이 업고, 사람에는 사람의 中心이 업는듯하다. 싸라서 迴轉이 외로 도라갈 째도 잇고, 바로 도라갈 째도 잇스며, 자조돌 째도 잇고, 느즉이 돌 째도 잇서 조곰도 잡아 종할 수가 업고 計算할 수가 업는듯하다. 그럼으로 지금 京城에는 생각이 제멋대로며 修養이 제멋대로며 事業이 제멋대로론듯하다.

생각하면 靑年의 不幸이 무엇무엇하야도 模倣하야 배흘만한 先生과 先輩를 가지지 못함에서 더한 것이 업나니, 배호고져 할 째에 배흘 사람이 업고 본밧고져 할 째에 본밧을 사람이 업는 것처럼 슯흐고 압흔 것은 다시 업는 까닭이라. 내 東京에 간 後에 第一부럽고, 第一 貴엽게 생각된 것은 저곳에 잇는 靑年들이 自己네 先輩를 가르쳐 아모 先生, 아모 氏라고 불을 째에 그 先生이라 氏라 불니어지는 사람이 만이 잇는 것을 본 일이라. 남의 곳은 져러케 靑年後生의게 模範되여만한 사람이 其數不可勝算이어늘 지금 우리 곳에는 靑年의게 先生이라 氏라 불녀질 사람이 果然 몟 사람이나 되는고 하고 이 일을 생각하면 마음이 서늘하야짐을 스사로 째닷지 못하겟다. 아모려나 京城에는 先生이 업고, 先輩가 업는 것은 事實인 듯 하다.

이 우에 여러 가지로 苦言辛句를 忌憚업시 列擧하여내려온 것은 내가 京城에 對하야 무슨 惡意를 가져 그런 것도 아니오 참으로 京城 現在의 狀況이 그러함이니 京城의 市民이여 이것을 다만 無責任한 罵倒로만 듯지 말고 一種의 忠告로 생각하면 쓰는 나도 大端한 榮光으로 생각하려 하노라. 그 쑨 아니라 京城은 우리의 首府오 모든 中心이라 京城의 一進은 우리의 一進을 意味함이오 京城의 一退는 우리의 一退를 意味함이니 京城의 一休를 賞하는 것은 곳 우리의 一休를 賞함이오 京城의 一戚을 슯허함은 곳 우리의 一戚을 슯허함에리오.

아아 사랑하는 京城아. 하로 밧비 나아가 이글을 쓴 나로 하여곰 後日에는 다시 今日과 갓흔 늣김이 니러나지 말게 하여라. 아아 사랑하는 京城아.

(一九一七, 七, 四日夜)

北漢의 一日

文一平

《개벽》, 1921년 10월

近日 우리 社會에 名山水를 遊賞하는 風潮가 流行하게 되어 金剛山을 探勝하는 人士도 만흐며 白頭山을 探險하는 人士도 잇슴은 天然美에 對하야 一般社會의 趣味가 向上된 表證이니, 어찌 可喜할 現象이 아니랴.

그러나, 우리는 物累에 拘束되어 멀리 旅行하기 難함으로, 京城에서 咫尺인 北漢山이나마, 한번 登覽하리라 決心하고, 斷斷子로 더불어 發往하기는 七月 中旬의, 어느 晴朝이엇섯다. 點心準備로 如干한 食料品을 携帶하고 牛步的 發行으로 紫霞門을 出하야 左右山水를 指點하면서 高陽郡 舊基洞에 이르니, 이곳은 果木이 茂盛하고 北漢山의 秀色을 背景으로 하야, 十里淸溪에 여긔서긔 點綴한 茅屋草堂이 深碧淺綠한 樹木사이로 隱隱히 掩映하야 宛然한 活畵圖를 生하는 觀이 잇다.

首都에서 咫尺이로되 紅塵에, 물드지 아니하는, 이 淸境은 곳 斷斷子의 世居하던 故鄕이라, 그럼으로 路上에 犢을 牽하고 通行하는 牧童까지, 거의 다 舊識이 잇서 笑顔으로 逢迎하니 이를 傍觀하는 나도 一種 快感이 生하얏다.

附近一帶에 美觀이 만흔 中에도 燦爛히 익은 林檎의 色彩와, 潺湲히 흐르는 溪水의 音響이, 代表的 淸景이 될지며, 딸아 우리 審美心의 거의 全部를 奪去하게 되엇다.

이가티 林檎을 愛賞하던 情이 食指를 動하게 함인지, 斷斷子는 忽然이 路傍에 잇는 自己 姻戚의 草堂으로 들어가니, 나는 홀로 溪水邊에 안저 濯足하고 잇섯다.

이윽고 斷斷子가 한 裸子에 林檎을 싸들고, 나를 向하야 微笑하면서 走來하야, 힌돌 우에 踞坐하니, 四圍 靜寂한 林塾에 오즉 溪聲이 聒聒할 뿐이라. 一匹靑蛙가 잇서 水中으로 跳出하야 雙目을 瞠하고 流波를 聽함도, 매우 興味잇게 보인다. 이에 林檎을 共啖하며 靑蛙의 坐禪을 熟視하더니, 良久에 그 靑蛙가 다시 水中으로 跳入하야 痕跡조차 업서젓다. 數步를 隔하야 넓은 石上에 綠陰을 등지고 淸風으로 洗漱하면서 橫臥하야 잇는 田夫는 아마도 半日勞役에 心身이 疲困하야 午夢을 試하는 模樣이다.

이럭저럭, 이곳서 數刻을 虛費하고 바로 目的地를 向하야 行進을 繼續하니 午天이 將近한 暴陽은 全身에서 汗醬을 絞出하야 麥帽와 苧衣를 다 적심으로, 곳 衣帽를 脫하야 一肩에 擔하고 長嘯短歌로 山을 越하고 또 山을 越하야 幽谷에 잇는 淸溪를 차저가 먼저 洗漱하고 이어 沐浴하야 數時間의 淸快를 貪하니 人間에도 淨土의 極樂이 잇슴을 實驗하얏노라.

斷斷子는 淸興을 이기지 못하야 裸體로 巖石에 坐禪도 하며 細沙로 丘塾을 創造도 하야, 오로지 一笑를 博得하기만 힘쓰더니 이 遊戲를 畢한 後에는 汗霑한 苧衣를 流水에 洗濯하야서 石上에 曬한다. 이째 나는 溪邊에 偃臥하야 麥帽도 面部를 덥허 光線의 直射를 遮斷하고 長天의 閒雲을 管窺하면서 暫時동안 華胥의 國에 往遊할 새 寸陰을 애끼는 斷斷子는 時間의 碎屑을 버리지 안코 詩調 한 首를 지엇다.

벗 모시고 이른 곳이 메스 속에 물이로다,

엷은 구름 차일 알에 넓은 돌이 펼첫스니,

시츤 몸 빨은 옷이 한쇠 널려 바람마지.

나는 漢詩五言絶句를 追吟하니

浴罷淸溪上, 看雲澹忘機. 行行山日晩, 林露欲輕霏.

　二人이 다시 起身하야 五六里되는 崎嶇한 石逕을 攀登하야 僧伽窟에 到
하니, 이는 新羅石僧인 秀台란 이가 刱建한 三韓古刹이라 高麗初葉에 이르
러는 大良君詢이 十二歲의 幼冲으로 千秋太后의 毒手를 避하야 出家하얏
슬 時에 그 錫杖을 이 石窟에 住하고 自傷하는 詩句를 題하야서 泉流에 付하
더니 後에 穆宗의 大統을 入承하야 丹寇의 來侵을 一劒으로 擊退하고 高麗
半千年의 國基를 奠安한 英君이 되니 곳 顯宗이다. 쓴 아니라, 그 後에도 歷
代의 君主와 后嬪이 南京(漢陽)에 遊幸할 時는 흔이 僧伽窟에 叅觀하얏슨즉
當時에 응당 建築도 華麗壯嚴하얏스런만 無常한 風雨에 金碧이 交映하던
大琳宮도 그 全部가 이미 丘墟에 歸하야 昔日의 面影을 다시 볼 수 업고 只今
잇는 것은 四十年 前에 明成皇后의 發願으로 重建한 數棟의 蘭若에 不過할
뿐이다.
　法堂의 北方에 僧伽窟이 잇스니 石室模樣으로 된 天作의 洞穴이라 入口
의 廣은 二三人이 並立히야 通行할만 하나 洞長이 深邃하야 거의 數十步에
達함으로 晝間에도 오히려 暗黑하야 咫尺을 分辨키 難할 새 豫備하얏던 蠟
燭에 點火하야 들고 斷斷子는 先導하며 나는 尾從하야 終點까지 들어가 보
니 岩根으로 湧出하는 藥泉이, 바야흐로 醱醅되는 綠酒와 가티 石井에 盈溢
하야 흐르거늘, 蠟燭을 傍石上에 着立하고 懷中에서 小瓢子를 取出하야 藥

泉을 각각 한 盞식 掬飮한즉, 그 味가 淡甘하고도 淸冽하야 飮者로 一種 形容치 못할 靈感을 動케 한다.

僧伽窟의 泉流야 今日에도 依然히 涓涓하지만 當年에 詩句를 泛하던 王孫은 蹤跡이 寂寞하다. 往蹟을 寺僧에게 問한대 全然히 暗昧하야 一言을 發치 못하더니 食價를 問한즉 한 床에 七十錢이라고 卽答하니 僧侶의 程度가, 이러툿 低級임은 참 悶笑할 바라. 斷斷子ㅣ 因하야 感懷를 賦하니

옛님검 가섯거니 스님조차 다시 업나?
옛일 무러 모르세의중「밥갑은 암만요」
두어라 굴속의 한샘 맛이 즈믄해 僧伽로다.

나는 또 漢詩五絶을 構成하니

行到僧伽窟, 泉流自古今. 王孫何處在, 只見刦灰深.

僧伽窟에서 西北으로 百數十步되는 林藪間에 巍然한 石像이 잇서 雲表에 聳立하얏슴을 見할 것이니, 俗稱 風磬巖일다. 그 압헤 가서 審視한즉 天然石에 佛像을 彫刻하얏는데 長이 거의 八九尋이 되겟스며, 廣이 數十尺이 되겟스며 頭上에 戴한 遮陽은 그 大가 數間에 達할지오 左右에 風磬이 달렷스니, 아마 이것이 俗名의 起因인 듯 하다. 正宗時의 博學인 李雅亭德懋의 著述한 盎葉記에는「三角山僧伽寺石窟有石像, 顔如老嫗, 蒙頭之物恰如儒家幅巾, 背有石障若蓮花, 後刻太平四年甲子, 按高麗史, 顯宗十五年甲子行契丹年號, 卽聖宗隆緖太平四年, 而宋仁宗天聖二年也, 距今庚子十三甲子, 摠八百十七年, 輿地勝覽此乃秀台道人像,」이라 하얏스니 此로 觀히면 風磬巖이 高麗時代에 製作한 秀台道人의 像됨이 分明하다. 그러나 高麗李顗의

重修記에는「按崔致遠文集, 昔有新羅狼跡寺僧秀台, 飫聆大師之聖跡, 選勝于三角之南面, 開巖作窟, 刻石模形, 大師道容益照東土, 國家如有乾坤之變水旱之災, 禱以禳之無下立應」이라 하얏스니 此를 據하면 風磬巖이 新羅時代에 製作한 秀台道人의 先師되는 어느 高僧의 像됨이 分明하다. 今에 前後二說이 各其 憑據가 잇서, 孰是孰非를 遽斷키 難하나 孤雲이 雅亭에 北하야 年代가 久遠한이만큼 當時事實에 接近할 便益이 잇슴으로, 얼마쯤 더 正確하다 認定할 수 밧게 업슨즉 이 風磬巖이 高麗時代의 製作이 아니오, 新羅時代의 製作이며, 秀台의 像이 아니오 그 先師되는 어느 高僧의 像이라 함이 理에 當할 듯 하다. 斷斷子ㅣ 感興을 吟하니

  큰 바위에 사긴부텨 거의 거의 열 길이라,
  이마 우에 쇠진 채양 몃간으로 볼 것이다,
  우느니 두 개 風磬이 즈믄 해의 한소리.

  나는 또 漢詩五絶을 構成하니

  空山風雨裏, 石佛幾多春, 千界皆流轉, 獨能不壞身.

  步를 移하야 碑峰에 上할 새 나는 眩暉이 나서 中途에 안저 잇고 斷斷子만 奮發하야 草鞋들 脫하고서 石磴을 攀登하얏다. 이윽고 斷斷子ㅣ 碑를 尺量하아 가지고 欣然히 回歸하니

  碑高四尺九寸, 卅高二寸八分, 廣二尺三寸七分, 厚五寸七分,

  碑體는 堅强한 花崗石이나 悠久한 歲月에 風磨雨削하며 苔蝕蘚着하야

碑面이 全혀 剝落하얏슴으로 碑文은 一字도 殘存치 아니하고 오즉 殘存한 것은 金秋史正喜의 사긴 碑石左側에 잇는 兩行 四十七字뿐인데, 그것이나 마 第一行에는 八箇字가 磨削되어 分辨치 못하겟고 完全히 보이는 것은 卽

新羅眞興大王巡狩之碑丙子七月金正喜(以下 八箇字는 磨削不辨함)

丁丑六月八日 金正喜趙寅永同來審定殘字 六十八字

이라 丁丑은 距今 百五年前인즉, 이째까지 碑文이 六十八字이나 殘存하얏 다 하니 그러면 旣往 千年에 保存된 것이 겨우 爾後百年에 滅泐됨은 무슨 까 닭인고. 아마도 風雨를 防禦하던 碑盖가 破碎되어 磨削이 一層 甚하게 된 것 갓다. 碑頂의 卯子와 碑體의 破傷이 더욱 이런 事實을 證明치 아니하는가. 京城記畧에는 이르되 眞興王의 碑文이 무릇 十二行인데 滅泐하야 分辨치 못하겟스되 可辨할 것은 그 第一行에 「眞興王及衆臣等巡狩時記」라 하고 第 八行에는 「南川軍主」의 四字가 잇스니 第一行으로 觀하면 此는 곳 眞興王 十六年에 疆界를 拓定할 時에 建한 바이라 할지나 第八行을 據하면 그 後에 樹立하얏는지도 未可知라 하야 新羅本記와 東史綱目을 引證하고 最終에는 眞興王 二十九年에 建한 黃草嶺碑와 前後하야서 建한 것이라 識斷하얏스나 吾의 管見으로는 碑石의 初建은 비록 眞興王의 御世中에 在하얏스되 後世에 重建한 것이 아니면 어찌 眞興이란 諡號를 썻슬가, 아무리 생각하야도 生前 에 諡號를 碑刻하얏다고는 常識잇는 者의 固執치 못할 바인즉 畢竟 後世의 重建에 系함이 分明하다.

　　後世 重建이라 함이, 족음도 古碑됨에는 損傷되지 아니할 것은 勿論이 라. 저 北으로 黃草嶺碑와 南으로 伽耶郡碑와 한씌, 이 北漢山碑가 新羅眞興 王의 三大境界碑가 되는 同時에 멀리 鴨綠水가 汪洋하는 저 洞溝에 特立하 야 잇는 高句麗好太王碑와 서로 對立하야서 千古의 大史實을 語하는도다.

傳說에 이르되 國朝初에 王師無學이 漢陽宮址를 選定하려 하야 三角山으로부터 踏下하야 西南麓에 이르러 「無學誤尋到此」의 六字 잇는 道詵의 古碑를 發見하얏다 하니, 혹, 이 眞興王碑를 錯認한 것이 아닌가.

斷斷子는 感懷를 賦하니

新羅에도 眞興王의 그 자최를 끼친 것이,
거의 거의 쩌저갈 쌔 六十八字 잇섯다고,
秋史氏의 사긴 것이 쏘 다시 흐리단 말가.

나는 漢詩五絶을 쌀아지으니

眞興王已去, 石老白雲間, 無語斜陽立, 蒼凉北漢山.

이윽고 夕陽이 遠峀에 잠기고 暝色이 近林에 날 쌔에 山路를 下하야 平地에 이르니 宿鳥는 벌서 깃을 定하고 行人은 이미 길에 絶하야 周圍의 夜空이 森寂한데 二人의 言語만 두런두런할 쑨이다.

斷斷子는 旣往에 自號를 農牛라 하니 대개 忠實淳朴하며 勤勉努力함으로써 自策함이오 厥後에 日行이라 自號하니 務實力行함을 意味함이오 老子의 謙虛와 淸敎徒의 嚴潔을 思慕하야 潔虛이라기도 하며 極端正直을 表示하기 爲하야 戆广이라기도 하며 完美한 大我實現을 理想하야 是我乎라기도 하다가, 다시 塊車ㅣ라 하니 字義로 解釋하면 土에 魂을 合하야 一塊를 作하얏슨즉 곳 生命을 태운 肉車가 三萬餘日 가는 人生行路에 日夜로 間斷업시 行進하야 今日은 生死線第幾驛에 到着하얏다고 스스로 圈點을 付한 일도 잇섯다. 그럼으로 우리 神이 何日何站에서 下車할는지 預期키 難한즉, 아못조록 今日今日을 곳 一平生으로 看做하야 生을 樂함이 可하다는 深刻한 人

生觀이 잇서 今日主義를 寓하야 다시 唔庵이라 하니 字解하면 吾日이라 스스로 頌歌하야 가르되.

나를 맞난 오늘
내날 現實 밝은 내날
내 잇서 너를 반기고
네 잇서 나를 빗내니.

라고 하얏다. 今日에 斷斷子라 함은 消極으론 慾斷과 積極으론 果斷을 가르침이니 最初 農牛로부터 現今 斷斷子라 稱하기까지 一言으로 蔽하면 靈肉一致의 生活을 하기 爲하야 苦心勞力하야온 表證이니 곳 十年間 內的 生活의 史的 符號라 그 潔白한 品格은 百合花에 比할가. 接近할스록 淸香이 芬馥하는 感이 잇다. 이런 澹泊한 人士로 더부러 名山水間에 一日동안 嘯吟하며, 서로 胸衿을 披瀝함을 得함은, 가장 愉快히 여기는 바라. 崎嶇한 村路를 墻埴冥行하야 洗劍亭에 이르니 이는 仁祖反正功臣의 記念建築이라. 그 亭畔白石사이로 飛流하야 塵刦을 淘盡하는 溪水는 그 廣長舌로 三百年往事를 滔滔히 說去하거늘 이에 暫時 안저서 그 溪水의 言을 靜聽하며 一詩를 吟하니

北漢夜歸客, 暫登洗劍亭, 躑躅仍不去, 爲是聽溪聲.

深夜에 歸家하야 熟睡로써 疲困함을 醫治하니 浮生一日의 逍遙가 十年의 煩惱를 滌盡하얏다.

空中에서 본 京城과 仁川

安昌男

《개벽》, 1923년 1월

京城의 한울! 京城의 한울!

내가 어써케 몹시 그리워 햇는지 모르는 京城의 한울! 이 한울에 내 몸을 날리울 쌔 내 몸은 그저 심한 감격에 떨릴 쑨이엇습니다.

京城이 아모리 작은 市街라 합시다. 아모리 보잘 것 업는 都市라 합시다. 그러나 내 故國의 서울이 아닙니까. 우리의 都市가 아니입니까.

將次 크게 넓게 할 수 잇는 우리의 都市, 또 그리할 사람이 움즉이고 자라고 잇는 이 京城 그 한울에 飛行機가 나르기는 決코 一二次가 아니엇슬 것이나 그 飛行은 우리에게 對한 어썬 의미로의 侮辱, 아니면 어떤 者는 一種 威脅의 意味까지를 썬 것이엇섯습니다.

그랫더니 이番에 잘하나 못하나 우리씨리가 깃버하고 우리씨리가 반가워하는 中에 우리씨리의 한몸으로 내가 날을 수 잇게 된 것을 나는 더할 수 업시 愉快히 생각하엿습니다.

참으로 日本서 飛行할 쌔마다 機頭를 西天으로 向하고 보이지도 안는 이

京城을 바라보고 오고 십흔 마음에 가슴을 쒸노이면서 몃番이나 눈물을 지웟는지 아지 못합니다.

아아, 내 京城의 한울! 어느 쌔고 내 몸을 싸뜻이 안어줄 내 京城의 한울! 그립고 그립든 京城의 한울에 내 몸을 날리울 쌔의 깃븐과 感激은 一生을 두고 니치지 아니할 것입니다.

그리고 아울러 이번 仁川의 訪問을 無事히 마추게쌔지 만히 周旋해 주시고 聲援해 주신 여러분의 厚하신 情을 永久히 니치지 못하겟습니다.

京城 訪問의 日, 十二月 十日은 意外에 日氣가 차서 이번의 不完全한 (防寒의 準備도 업는) 飛行機로는 到底히 飛行할 수 업는 일이엇스나 그래도 날라본다고 南大門 위를 넘어 光化門 위싸지는 왓스나 北岳山에서 나리질리는 바람에 飛行機가 南으로 南으로 흘르면서 機械는 얼어『프로페라』가 돌지를 아니하게 되어 機體는 中心을 닐코 左右로 기웃둥 기웃둥 흔들리면서 그냥 落下될 듯한 危險한 形勢임으로 어찌하는 수 업시 急히 京城市街의 西半만 一廻하고 곳 如意島로 돌아왓습니다.

第二日, 十三日은 前날밤에 늣게야 旅館에 돌아와 疲困히 자다가 이날 日氣가 저윽이 눅어졋단 말을 듯고 곳 일어나 이날 午后에 京城 訪問과 仁川 訪問을 하기로 決定하엿습니다.

午后 세 時에 如意島를 써날 豫定이엇스나 機械故障으로 한 時間 以上이나 느저서 京城을 向하고 飛行場을 離陸하기는 四時 十分이엇습니다.

飛行場에서 千一百 米突 이상을 놉직히 쓰니까 벌서 京城은 들여다 보엿습니다. 뒤미처 第一 먼저 눈에 쓰이는 것은 南大門이엇습니다. 아모째 보아도 南大門은 서울의 出入口 가타서 반가운 情이 소사나지마는 飛行機 위에서는 아믈아믈한 市街 中에 第一 먼저 쏘렷하게 보이는 것이 東大門과 南大門

이라 南大門이 눈에 보일 쌔 나는 오래간만에 돌아오는 아들을 대문 열어노코 기다리는 어머니를 바라보는 것 가티 『오오 京城아!』하고 소래치고 십게까지 반가웟습니다.

飛行機 위에서 깃븜에 쒸노는 가슴을 鎭定하려 애쓰면서 나는 먼저 龍山 停車場과 南大門 停車場의 사이를 비슷이 지나 萬里재(峴)를 넘어 孔德里와 麻浦 方面을 한발 휘휘 돌앗습니다.

漢江의 물줄기는 쌍에서 보든 몃갑절이나 푸르게 보여 위에서 넓다라케 내려다 보기에는 그야말로 빗고흔 藍色의 緋緞 허리씩를 내던저 노흔 것 갓고 그 갓으로 西江岸 孔德里에 니르기까지에 군데군데 노혀 잇는 草家집은 겨을에 말른(枯) 잔듸가티 보여서 (未安한 말슴이나 事實대로 숨기지 말고 쓰라면) 마치 쎄 말른 무덤(墳塚)이 도둑도둑 노혀 잇는 것 가티 보엿습니다. 우리의 住宅이 墳塚가티 보인다는 것은 말하기에도 滋味롭지 못한 일이나 몹시 急한 速力으로 지나가면서 흘깃 나려다 보기에는 언뜻 그러케 보일밧게 업섯습니다.

그리고 孔德里 우를 지날 쌔에는 멀리 獨立門 밧 舞鶴峴 넘어 洪濟院 시내(溪)의 모래밧까지 보이는데 그곳은 내가 普通學校에 다닐 쌔에 運動練習으로 쏘는 遠足會로 자조 갓든 곳이라 마음에 그윽히 반가웟섯습니다.

거긔서 京義線 鐵路의 中間을 쓴코 새門 밧 金華山 附近의 한울에서 나 어릴 쌔의 歲月을 보내던 渼洞普通學校의 불타고 업서진 넷 터나마 살피려 하엿스나 그 附近에 新建築이 만흔 탓인지 얼른 차즐 수 업섯습니다. 여긔서 바로 쏘렷이 보이는 것은 慕華舘 뒤 舞鶴재 고개와 그 압헤 서 잇는 獨立門이 엇습니다. 獨立門은 몹시도 쓸쓸해 보엿고 舞鶴재 고개에는 흰옷 입은 사람이 쏘믈쏘믈 올라가고 잇는것까지 보엿습니다. 그냥 지나가기가 섭섭하야 飛行機의 머리를 족음 틀어 獨立門의 위까지 써가서 한발 휘휘 돌앗습니다. 獨立門 위에 쩟슬 쌔 西大門 監獄에서도 自己네 머리 우에 쯘 것으로 보엿슬 것이지마는 가처 잇는 兄弟의 몃사람이나 거긔까지 차저간 내 쯧과 내 몸을 보아주엇슬는지... 붉은 놉흔 담 밧게서 보기에는 두렵고 凶하기만 한 이 監獄이 空中에서 나려다 보기에는 붉은 담에 에워싸힌 빗누른 마당에 해ㅅ빗만 혼자 비추고 잇는 것이 어써케 形容할 수 업시 限업시 쓸쓸하여 보일 쑨이엇습니다. 『어써케나 지내십닛까.』하고 空中에서라도 소리치고 십헛스나 어써케 하는 수 업시 그냥 돌아섯습니다. 돌아서면서 거긔는 平洞, 冷洞, 監營 네 거리의 一版이 벌어저 잇는데 監營 네거리에 흰옷 닙은 한 쎄의 사람이 몰켜 서 잇는 것을 보앗고 석냥갑(燐寸匣) 가튼 電車가 病난 작난감 가티 느리게 쌍바닥에 배를 다이고 기여가는 것이 흘깃 보이더니 그 電車길 엽 개와집 웅에 에워싸힌 목판가튼 마당에 울긋불긋 쌈을쌈을 하는 것은 아마도 京城女子普通學校와 쏘 그 한집에 잇는 내 母校 漢洞普通學校인가 보다 하엿습니다. 漢洞學校는 어적게 저녁에 내가 그 마당에 招待바다 가서 只今 눈에 나려다보이는 저 學生들과 이약이 하든 곳이요 그 엽헤 平洞은 내 出生地라 아지못할 親한 情과 반가운 마음이 샘솟듯 하야 이 一版의 上空에서 才操를 두 번 홀홀 넘엇습니다. 여긔서 才操 넘은 것도 보이기는 京城市街 全體에서 모다 보엿슬 것입니다.

이러케 하야 내 出生地인 새門 밧게 居住하시는 여러분과 쏘 나를 길려준 내 母校에 敬意와 情을 表하고 곳 興化門 夜珠峴, 唐珠洞을 살가티 지나 景福宮 넷 大闕을 나려다 보앗습니다. 검으테테한 北岳山 미테 입口字처럼 둘러싼 담 안의 넓기나 넓은 넷 大闕은 우거진 雜草에 덥혀버린 집 가티 사람 하나도 보이지 안코 몹시도 閑散하고 쓸쓸하여 보엿습니다. 거긔서 바로 昌德宮을 向하고 安洞 네거리 別宮 위 東亞日報社 附近의 空中을 스쳐 모로 노힌 ㄱ字 形으로 보이는 天道敎堂과 徽文義塾을 지나 검푸른 樹林 속에 집웅만 보이는 昌德宮의 위에서 한발 휘휘 돌아 空中에서 敬意를 表하엿습니다. 京城 市民 여러븐에게 들인 인사의 종히는 바람에 불려서 南쪽으로 불려갈 생각을 하고 이 北쪽을 오는 동안에 다섯 번인가 여섯 번에 별려서 내리털엿스나 만히 집어 읽으실 수 잇섯는지 모르겟습니다.

昌德宮 訪問을 마치고 나는 곳 宗廟의 깁흔 樹林을 엽흐로 엿보면서 니어 昌慶苑(動物園)의 樹林과 總督府病院을 엽흐로 보고 東小門 밧게 눈싸힌 遠山까지 내려다 보면서 東大門 위로 지나 淸凉里 줄버들과 安巖洞, 牛耳洞 가는 되넘이 고개까지 往十里의 거리까지 그 넘어 漢江 쑥섬인 듯한 것까지 보면서 機體는 東大門에서 光熙門으로 지나 다시 썩기어 黃金町通으로 곳게 南大門을 向하고 突進하엿습니다. 黃金町街路 위를 지나도 진고개에서 보기에는 自己 미리위를 지나간 것으로 보앗슬 것입니다.

東洋拓殖會社 집을 보앗슬 째 新文館 위가 여긔엇슬 것을 알앗고 이름만 남은 德壽宮과 每日申報 회색집을 엽흐로 보면서 南大門 위를 돌앗습니다.

南大門에서 다시 城자리 우으로 새문 밧글 돌아 다시 光化門 압흐로 돌아 鍾路 네거리의 空中으로 왓습니다. 여긔가 얼른 말하면 京城 市街의 한복판이라고 할 수 잇는 곳인 까닭이엇습니다. 새門길, 東大門길, 南大門길, 典洞길이 모다 이 복판으로 모여와 잇서서 석냥匣 가튼 電車 여러 개가 긔어가는 것이 보엿습니다. 光熙門通의 黃金町길, 南大門에서 光化門까지의 길, 校洞길, 昌德宮 압길, 動物園길, 彰義門길 거의 어느길 아니 보이는 곳이 업섯고 어느 큰 집이나 어느 작은 집이나 아니 보이는 집이 업섯습니다. 여긔서 나려다 보이기에는 南村의 日人村이라고는 진고개길 左右엽 쑬인 것 가티 보엿고 京城 全體의 形容은 얼른 보기에 鍾路通과 黃金町通의 시컴한 개와집 큰 版이 몸이 되고 갓으로 南北村으로 쑥쑥 버든 家屋의 줄기가 마치 무슨 큰 검의(蛛蜘)의 발 달닌 것 가티 보엿습니다. 그런가 하고 北門(彰義門)쪽의 기리를 보면 무슨 짐승의 쇠리 가티도 보엿습니다.

여긔가 鍾路 鍾閣의 위이고 京城의 복판인가고 생각한 나는 여긔서 재조를 두 번이나 넘고 거듭처 第一 어려운 橫轉曲乘을 두 차레나 하엿습니다.

여긔서 넘은 才操는 京城 市內의 大槪의 집에서는 自己 各各 自己집웅 위에서 才操를 넘은 것으로 보엿슬 것입니다.

　鍾路 위에서 이러케 여러분께 敬意와 情을 表하고 나서 나는 곳 다시 昌德宮 압흐로 돌아 東大門으로 가다가 中間에서 才操를 두 번 넘고 뒤니어 송곳질(송굿 부비듯 뱅뱅 돌면서 썰어지는 것)이라는 曲乘飛行을 하엿습니다. 이것은 東大門 附近(內外)의 여러분이 仔細 못 보신 이가 계실 듯이 생각된 까닭이엇습니다.

　이러케 하얏스면 이제 京城訪問 飛行 의 쯧은 니루엇스리라 생각하고 나는 곳 거긔서 黃金町으로 鍾路로 光化門으로 昌德宮으로 크게 圓을 그리어 빙그를 돌고는 西大門 밧그로 나가서 南大門 밧그로 如意島로 돌아왓습니다.

　거긔서는 모든 사람이 치위에 썰면서 걱정하는 마음으로 기다려 주고 잇섯습니다.

　여긔까지 읽어오신 讀者께서는 그間 麻浦로 孔德里로 獨立門으로 들러 京城市中을 三四回나 휘도는 동안이 퍽 時間이 오래엿슬줄 짐작하실 것이나 實上은 以上 記錄대로의 飛行 에 걸린 時間은 겨우 十一分쯤이엇습니다.

　仁川行!
　仁川을 가야겟는데 時間이 넘우 느저서 해는 저믈기 始作하고 日氣는 점점 차오고 困難이 거듭처 와서 不安이 적지 아니하엿스나 日前에 못가게 되어 어써지 못할 日氣의 탓이라고는 하나 仁川의 市民 여러분께 未安하기 그지업서 밤이 되드래도 갓다오겟노라 하고 네時 二十四分에 다시 如意島 마당을 써나서 썰어지는 해를 쪼츨 듯이 西便으로 西便으로 갓습니다.

　부끄러운 말슴이나 나는 이제껏 仁川을 가본 일이 업섯습니다. 飛行機로 못갓슬 샌 外라 汽車로도 步行으로도 가본 일이 업섯습니다. 京釜線 京義

線 方面으로만 몇 곳 가본 일이 잇슬 쑌이엇습니다.

하는 수 업시 羅針도 업시 그냥 地圖만으로 方向을 대강 짐작하고 西으로 西으로만 갓습니다.

空中에서 두리번 두리번 하면서 차저가는 中에—原來 족으마하나마 市街가 잇는 곳에는 반듯이 그 空中에 烟氣 갓기도 하고 안개 갓기도 한 것이 쏀—야케 써서 市街를 덥고 잇는 것이라. 나는 그냥 그것이 눈에 쓰이기만 기다리면서 갈 쑌이엇습니다.

그러나 十數分이면 넉넉히 갈 곳인데 十五分이 되도록 아는 수가 업서서 적지 아니한 不安한 마음이 생기게 되자 인씃 그것을 發見할 째에 어쩌케도 나는 반가윗는지 아지 못합니다.

『오—仁川!』飛行機 위에서 혼자 소리치면서 그야말로 쒸는 中에도 쒸여 갈 듯이 달려갓습니다.

처음 보는 市街이니까 洞名도 무엇도 仔細히 알 수 업스나 測候所 넘어 公設運動場에 모어 잇겟스니 거긔서 低空飛行을 하여 달라는 말슴을 日前에 들엇섯는 故로 그럴듯한 마당을 차저 나려다 보니까 別로 만히 모여 잇지도 아니한 모양이라. 짐작컨대 日前에도 온다 하엿다가 못 왓섯고 오늘도 온다 고만 하고 오기가 느즌 故로 쏘 落望하고 헤여지신 것 가태서 어씨도 몹시 未安하엿는지 아지 못합니다. 그래서 거긔서는 몹시 더할 수 업시 얏게 써서 低空飛行 으로 仁川의 市街를 바다 위까지 휘돌아 두 번을 휘돌앗습니다.

仁川서는 二百米突의 低空飛行 을 하엿슴으로 市街 길거리에 모여 서서 처나보고 손벽을 치는 모양까지 仔細히 보엿느니다. 그리고 飛行機 온 것을 알고 公設運動場에 니르는 세 갈래 新作路로 다름박질하면서 모여드는 것싸지 보여서 나는 그것을 보고 반갑고 깃거운 微笑를 禁치 못하엿습니다.

해는 바다 저 편으로 기울어지기를 시작하는데 돌아갈 길이 急한 것도 니저버리고 나는 거긔서 高等飛行術을 여러가지로 하야 仁川 여러분이 되도록

滿足히 보시게 하고 나서 다시 市街의 위를 두 번 돌면서 가지고 간 종히를 쑤려 敬意를 다하야 인사를 들리고 돌아서서 如義島로 돌아와 着陸할 째는 저윽이 날이 저믄 째엿습니다.

가기에 十七分 쯤, 오기에는 十四分, 全部에 三十五分 쯤 쓴 것이엇습니다.

多幸히 이러케 京城과 仁川의 飛行 은 無事히 마첫습니다.

그러나 이것을 쓰기는 空中에서는 京城이나 仁川이 어써케 보이는지 그 것을 쓰려 하엿스나 그것은 虛事인 것 갓습니다. 누구든지 처음 飛行機 를 타보는 最初의 飛行 時에는 勿論 알에가 잘 仔細 보이지 아니하고 그냥 아믈 아믈할 쑨이어서 어대가 어댄지 分揀하기 어렵습니다. 그런 사람이 보는 바 京城과 仁川은 더 滋味잇게 別스럽게 보엿슬 것입니다.

그러나 여러번 타기를 거듭하야 飛行 이 익숙하여 갈스록 漸漸 높히 쓴대 도 그다지 別스럽게 보이지 아니하고 市街의 形便을 잘 알 수 잇게 되는 것입 니다.

나 亦是 여러번 타노하서 京城이나 仁川이나 어느 市街나 바다나 廣野나 그리 알아보기 어렵지도 아니하고 別스럽게 보이지도 아니합니다. 그래서 이 것도 바라시는 바와 가티 그러케 別스럽거나 滋味잇게는 되지 못하엿습니다.

다만 알아들으시기 쉽게 한말슴으로 하자면 京城이나 仁川의 市街가 마치 어느 博覽會나 共進會出品으로 模型을 써노흔 것을 보는 것 가틀 쑨입니다.

그리고 京城은 日本 東京보다 좁기는 하나마 몹시도 깨긋하고 어여쌔 보 엿습니다.

何如튼가 京仁訪問飛行을 무사히 마추기까지 가지가지로 周旋하시고 도와주신 여러분과 쏘 더할 수 업시 싸쯧한 情으로 나를 안어주시다십히 聲 援해주신 두 곳 市民 여러분 어른께 마음을 다하야 感謝한 말슴을 들입니다.

쏘 여러 어른이 그처럼 爲해 주시고 聲援해 주시는 것을 속깁히 간직하야 바다 내 一生에 내 힘과 내 몸이 다하기까지 이 事業에 努力할 일을 盟誓합니다.

最後에 平壤과 大邱와 其他 여러 곳에서 기다려주시든 兄弟께 未安未安한 말슴을 올닙이다. 비록 人力으로 奈何치 못할 天氣의 關係로 因함이나마 가려든 곳 기다려주시는 여러분께 가서 뵈옵지 못하고 가는 것이 어써케나 섭섭한지 아지 못합니다.

마음대로 하랴면 方方谷谷이 다니면서 한곳에라도 더 兄弟를 차즈려 하엿스나 飛行場 關係로 그리하지 못하게 되는 것이 큰 遺憾이엇섯든 터에 平壤이나 大邱는 天氣危險으로가 아니라 飛行機만 조코 防寒具만 잇스면 갈 수 잇는 것을 한낫 飛行機가 不完全하야 가지 못하게 된 것을 생각하면 기다려주시든 여러분보다도 내가 어써케 痛憤한지 아지 못합니다.

하는 수 업습니다. 飛行機만 조흔 것을 어들 수 잇스면 오는 봄에는 東京서부터 飛行하야 義州까지 다녀 갈 수 잇는 보람을 말슴해 두고 쮜ㅅ날을 期約하고 나는 돌아갑니다. 썰어지기 실흔 故國을 쏘 써나서 나는 갑니다. 다시 맛나 뵈올 쩨까지 內地에 계신 여러 어른의 健康을 빌면서 나는 갑니다.

北岳山의 하로

京城女子高普 三, 蓮玉
《신여성》, 1923년 11월

九月二十八日(金曜)晴, 一時曇

기다리던 北漢登山의 날이라. 平時보다 일즉 니러나 먼저 하늘을 보닛가 天氣가 쌧긋하지 못하야 엇저녁 以來의 깃븜에 날쒸던 마음은 한풀이 썩겻다. 그러나 아모에게 둘어도 비가 오지는 안으리라하야 적이 마음이 노엿다.

八時半 光化門 압 集合의 約束이엿스나 가는 길이라 學校에를 들느닛가 째는 八時 二十分인대 校門 압헤 五六人이나 모여서서 方今 出發하려든 째엿다. 나종오는 學生을 다리고 오겟다고 體操先生님 한분이 남어게시고 우리는 발새갓든히 光化門으로 向하얏다.

묵업든 冊褓 대신에 점심 한 그릇과 발ㅅ새 가벼운 運動靴 신은 것도 갓든하얏거니와 언제든지 遠足이나 旅行가는 出發은 心神이 快하고 발이 가벼운 것이엿다. 바람이나 불면 날을 것 갓흔 마음으로 이런 말 저런 말 밧고면시 光化門 압헤 니르닛가 거긔에는 발서 만흔사람이 모도여잇고 副校長과 修身

先生님도 일즉 오서서 學生들을 웃기고 게섯다. 여긔서 暫間 기다리닛가 學校에 남어게시던 體操先生님이 나종 온 學生을 다섯 사람이나 同行해 오서서 全數 三十名이 光化門 담을 끼고 北漢山을 向하야 길을 써나니 그 째 時計는 아홉時나 되엿다.

남달니 무겁게 들고 온 吳의 싸쓰겟도가 이약이의 中心이 되야 놀니고 웃고 써들고 하면서 彰義門까지는 가는 줄 모르게 당도하엿다.

門턱에 올나스면서 발서 門內와 다른 싀원한 景致가 눈 압헤 펼처지니 하늘은 놉고 山기슭은 날카러워지고 果園의 나무닙은 발서 누른 빗을 띄기 싀작하아 가을은 발-서부터 와 거의 門 밧게서 기다리고 잇든 것 갓햇다.

거긔서 右便으로 발길을 돌니여 검붉은 古城을 끼고 山길을 밟아 僧伽寺를 向하니 나무숩 雜草 사이 놉고 나즌 길은 秋情이 깁허 一步低 一步高 거름마다 가을은 찬물가티 몸에 숨여드는 것 갓햇다.

가을나무의 누른 그늘을 몃번 쌀쌀하게도 말녀가는 山등을 몃번 자미나는 거름으로 지나고 넘어서 차저든 곳이 北漢山麓의 조그만 절 僧伽寺엿다. 北漢 內麻의 커-다란 등송이를 뒤에 지고 고요히 안젓는 이 절은 決코 적다할 수 업난 절이나 웅성거리지 안코 안옥한 것으로던지 절의 左右에 채마밧이 잇는 것으로던지 얼른 보기에 山間에 커-다란 民家가 노힌 것 갓햇다. 절에는 젊은 僧 한 사람이 잇서 슴직히 恭遜하게 接待해 주난대 二十이 될가 말가하는 少僧이 엇지나 日語에 能通한지 山間에 잇는 僧으로 日語에 能한 이를 처음보는 이 만큼 新奇하게 보엿다. 先生님들과 그의 談話를 드르면 그는 昨年까지 어느 學校에 다니다가 別한 事情이 잇서서 入道하야 僧이 되엿스나 아모 修養도 되는 것 업고 慰安도 되는 것이 업슬 쓴 아니라 새벽마다 그 어둑컴컴하고 우중충한 佛殿에 들어가 經을 닉기가 실코 무서워서 견댈 수 업난대 只今 다시 俗還할 수는 업고 몹시 번민하난 中이라 한다.

動機야 엇더커나 洗心斷俗하고 佛門에 들어가 修道한다는 只今 僧들이 누구나 저런 번민을 하는 것이 아닐가……하고 내게는 생각되엿다.

　이약이가 긋나면서 그 젊은 僧의 案內로 우리는 寺內의 各殿閣 안을 求景한 後에 이 절에 有名한 窟 속의 藥水샘을 보게되엿다. 절 뒤에 잇는 바위에 큰 구멍이 뚤려잇고 그 굴 속 집히가 적지 아니깁다 하난데 그 속에까지 들어가면 世上에 稀貴한 藥水샘이 잇서 그 물을 먹으면 子女업는 婦人이 子女를 낫케되고 百가지 속病에 效果가 잇다하야 遠處에서 오난 婦人도 만타하는 물이엿다. 案內하는 少僧은 洋燭과 석냥을 들고 압헤서서 들어가기 始作하엿다. 무섭고 겁나면서도 好奇心은 大端하야 압사람의 허리와 손목을 꼭꼭 잡고 한거름 두거름 더듬어 들어가닛가 발서 압슨 사람은 燭불을 켜든 모양이엿섯다. 차츰차츰 압흐로 닥어스닛가 果然 굴의 구석진 곳에는 샘물이 고여서 촐랑촐랑하고 잇난대 거긔서 쏘 少僧의 말이 이 물은 만히 먹을스록 조흔 물이오. 두 그릇이나 네 그릇 싹을 맞처 먹으면 낫븐 일이 잇다하는 고로 모다들 너 나 하고 세박아지씩 긔를 내여먹난 中 다섯박아지를 먹은 사람까지잇서서 少僧을 놀내엿난대 그보다 자미잇기는 모다 굴에서 나와서 三年의 任이 自己는 두박아지를 먹엇다기에 "에그 싹맞처 먹으면 못쓴다는데" 하엿더니 그만 혼이 나서 『에그머니』 소리를 지르고 억지로 동모를 잡아쓸고 燭불을 켜들고 다시 들어가 한박아지 채여 먹고 나온 일이엿다. 우순 말이라도 낫브다는 일은 아모나 마음에 킈이는 모양이엿다.

　굴 속에 단겨 나와서 우리는 자리를 잡고 안저 점심을 시작하엿다. 바로 그 째 午砲 소리가 멀-니서 들려와서 퍽 반갑게 생각되엿다. 멀듸먼-外地에서 아는 사람이나 맛난 것 가티 이날의 午砲 소리는 반갑게 들녓다.

　点心이 긋난 後에 우리는 나서서 그 절 뒤 山 우까지 올나가기로 하엿다. 그러나 엇더케도 그리 險한지 쌕다귀만 남은 것 가티 쌘쌘하고 샛쌀안 山쌀을 밋그러질 듯 나리굴는듯 긔여올으노라니 위에서 아레에서 「에그머니」, 「아그머니」 소리가 끈일 새 업섯다. 그 中에도 第一 苦生한 것은 커-다란 쌔쓰

겟도를 가즌 뭇엿다. 나종에는 내여버릴가브다는 말까지 나다가 긔어코 學校
小使의 신세를 지고 말앗다.

울으기가 苦로 윗든만큼 봉우라지 우에 올나슨 째는 참말로 形言할 수
업시 깃브고 爽快하엿다. 뒤로는 山 넘어 또 山이 안뵈는 대까지 連햇고 골작
이 골작이 누르락 프르락 닉어가는 가을은 여긔서 한 눈에 보이는 것 갓햇다.
그러나 그보다도 더 우리를 깃겁게 한 것은 거긔서 長安城 中이 나려다 보이
는 것이엿다.

조개쌀어논 것보다도 더 잘게 보이는 市街에 쌈을 쌈을 긔여다니는 하-연
사람들 그 中에서 우리도 여긔끼지 긔여올니 온 것이 미음에 신통히기도 히엿
다. 副校長이 저-긔가 仁川이다 하는 소리에 어대 어대하고 가르치는 곳을
바라보닛가 分明치는 못하나 훤-하게 바다가 보이기는 하엿고 다시 손 씃을
돌니면서 저-긔 저곳이 開城이라는 소리에 바라보닛가 파-랏코 암을암을하
는 저-씃에 강물가튼 것이 보이난데 그것이 臨津江이라 하야 그 넘어 山가티
보이는 곳이 開城인가보다 하엿다. 엇저면 여긔서 開城이 다 뵐가……하는
것이 희미하게 보앗것만은 마음을 깃겁게 하엿다.

놉흔 山 넓은 하늘 싀원한 맛에 거긔서 한참이나 놀다가 다시 僧伽寺로
나려와 自由로 흐터저서 한 時間이나 逍遙하고나서 차츰 疲困을 늣기기 始作
하면서 가든 길을 휘돌아 천천히 나려와 紫霞꼴 第二高等學校 압까지 오닛
가 적이 甚한 疲困을 늣것다. 先生님들도 疲困하신 모양이라. 여긔서 헤여지
자고 도라가 밥 잘 먹고 잠 잘 자라는 副校長의 말슴이 잇슨 後 解散하엿다.
午後 四時

不知老之將至堂에서

春坡

《개벽》, 1924년 9월

平南道號를 爲하야 月餘를 두고 멀리 山千里水千里에서 장마와 싸우고 더위와 싸우든 小春靑吾 두 분은 無事히 도라 왓다. 苦勞의 報償을 생각하면 萬事一休하고 單一週日이나마 三防釋王에 修養이라도 식켜스면 좃켓고 一雙 孤帆이나마 漢江 中流에서 淸流曲이라도 들려스면 좃켓지만 八字가 그럿치 못한 놈들이라 그럴 餘裕를 갓지 못하얏다. 나아가나 드러오나 더위와 쌈과 붓과 조희와 안이 싸우지 못할 우리의 形便은 또한 머리를 싸매고 原稿紙와 안이 싸울 수 업섯다. 임의 原稿紙와 싸울 바에는 조용하고 서늘하고 쌔긋한 곳이 오히려 낫지 안을가.「에라 牛耳洞이나 가자」하야 三人이 同意에 卽決行이 되니 八月 十四日의 午后엿다.

短距離의 車中感은 뭉한다. 倉洞서 牛耳洞까지도 뭉한다. 그러나, 앞에 웃배미 논쑥을 여일 때마다「야―잘 되얏네. 萬古大豊일세」하고 침이 마르도록 感歎하든 그것 쏘는 夕陽 山路에 쏠 베여 지고가는 農夫와 잠간이나마

同行하면서 農村 問答하든 그것 村家柴門으로서 바군이 씨고 나서 菜田을 向하든 白衣婦의 그 印象은 언제든지 닛지 못하겟다.

却說. 사구라 名所, 水石의 名所, 牛耳洞天은 언제 보와도 안이 조흔 바 안이지만 苦熱의 이째 八月의 中旬 日落月出의 요 째에 보는 맛이야말로 年中 唯一 時! 누구나 함부로 보지 못하는 景致이다.

孫先生 墓에 參拜하고 봉황각에 直到하니 主人이 마저 不知老之將至堂으로 引導한다. 堂名만 보아도 발서 千年은 살 듯하다. 先生의 當年事를 생각하며 月色을 싸라 뒷문 밧 淸溪에 이르니 凉風이 스르르 돈다. 白石에 옷 버서 붓치고 물 속에 텀벙 쮜여드니 世上이야 씨거나 삼거나 나 혼자는 살 것 갓다.

山家의 素食은 長安 名料理보다 낫다. 그러나 蚊軍의 襲擊은 丈夫나마 終夜의 걱정이다.

十五日. 空中은 晴, 白雲臺는 雲, 숩 사이는 淸風. 淸溪에 宿塵을 씻고 飛灘에 躍魚를 보고 紅日을 안고 세 번 呼吸을 짓고 閣內를 一周하야 朝飯床을 밧엇다.

原稿紙를 들고 안젓다. 隣家의 少年 少女가 門 밧게서 속살거린다. 조희를 달나고 조른다. 新聞에 씨엇든 廣告紙 한장씩 주니 조와라고 벙글벙글 쮠다. 이윽고 조희代로 문배(俗稱 돌배) 하나식을 가져다 준다. 아! 天眞아! 너의들이 山家의 少年 少女이지!

點心 뒤 한 時間 쯤은 杜鵑亭 下 萬年潭(우리가 지은 일흠)에서 덤벙거렷다. 牛耳洞 中 第一潭으로 헤염치기 물싸홈하기에 쐐 넉넉하다. 不知老之將至堂에 쏘 드러 왓다. 山影이 洞口 折半을 덥혓슬 째 슬슬 洞口 밧글 나섯다. 村家의 밥짓는 煙氣가 몽실몽실 써돈다. 牧童의 打令소리도 들닌다. 洞口 밧 던집에서 軟鷄濁酒로 野農들과 즐긴 것이 무엇보다 快하얏다.

十六日. 昨日과 大同小異─特히 三角에 落日斜 洞口에 暮烟消할 째 孫先生墓前 仙遊岩(이─쏘한 우리가 지은 일홈)上의 歌謠大會가 이날의 자랑거리엿다. 古談之餘에 神話 大歌之餘에 小舞─이러케 즐기다가 月到天心處할 째 도라와 누으니 心身이 俱足하다.

十七日. 이날도 例日과 大同小異─特히 京城으로부터 여섯 분 손님이 오섯다 가섯고 前家農老에게 稅金苦이약이 드른 것이 新記錄이다. 그리고 져녁 月色이 樹林에 얼는 거릴 째 멍석 자리에 쌩 둘너 안져 귀신 독각이이약이, 호랑이이약이 한 것이 서늘하고 愉快하얏다. 그리고 主人 家族 一同과 大廳에 꾸려 안져 祈禱淸水 모신 것이 連日來 첫 修養이엿다.

十八日 晴. 筆者─만저 長安客이 되니 뒤써러진 두 분이야 잘 지넷거나 못 지넷거나─.

華溪寺에 一夜

小白頭陀

《불교》, 1924년 11월

古人이 이르기를(天上에 日月을 增하야 人間에 春秋를 織한다)하엿나니 六驥를 騁하고 缺隙을 遇함도 迅速한 光影에 比하면 오히려 鈍置한 말이다. 石火보다 甚하고 電光보다 速한 堪忍計活의 余의 前半生을 回顧하면 다만 迷路를 彷徨하는 同時에 難關도 極하엿다. 家裡事는 過渡時代이라 勿問에 付하려니와 江湖에 流落할도 轉眄間 二十餘 星霜이다. 科學이 日로 向上되는 此際에 落伍된 余로는 着手할 곳이 업다. 그럼으로 南北江山에 觀景이나 슬큰할까함이 卽 本問題의 序分이다. 今年 秋期는 物衆地大라는 京城 一帶를 遊覽하게 되엿다. 「山色來三角江聲出五臺」라는 詩句가 聯想되야 北漢山城을 眺望하면서 漢江鐵橋에 緩步도 하여 보왓다. 하로는 余의 契友 田景植 君을 만나볼가하고 華溪寺를 나가게 되엿다. 東小門「惠化門」을 나서 너르다는 벌판 卽 三仙坪을 지나면서 平山牧場을 左便으로 드려다 보고 되넘이「胡踰峴」 마루턱에 이르럿다. 北쪽으로 웃둑 서잇는 天然 石上에 「南無阿彌陀佛, 南無阿彌陀佛」이라는 刻字가 嶄新한데 이것은 아마 엇더한 善男信女가

行人 過客으로 福田에 下種하라는 觀念이다. 歇脚을 利用하야 聖號를 幾回이나 持誦하엿다. 다시 이러서서 目的地로 向하는데 압길의 幾何를 治道人에게 무러보니 아즉도 一里半强이나 된다한다. 議政府로 通한 新作路를 一直線으로 進行하야 무네미「水踰里」店에 到着하엿다. 이곳에서는 里數가 얼마인가를 쏘 무러본 즉 店人이 이와가치 對答한다.

예서 大路는 바른 편으로 버려두고 원편 小路로 드러가는대 조금 올나가면 牛耳洞과 華溪寺의 分岐點에 指道標가 잇슬테니 원켠으로 向해 가고 쏘 조금 올나가면 山村으로 드러가는 右路가 잇슬테니 쏘 원켠으로 向해 가라한다.

嶺南 等地에 가서 길을 무러보면 져리로 믹근가라만 하고 前方에 實地狀況은 조곰도 分析해 주미 업는데 文明이 差勝한 京城附近이라. 道路를 指示함이 이와가치 昭詳함에는 驚歎함을 마지아니하엿다. 그러나 그 째 境遇로는 左側 通行 現規를 遵守한 즉 目的地가 그곳이다 하면 얼마나 簡端할가하엿다. 店人의 말과 가치 田野를 지나고 小石橋를 건너 松林 사이를 휘여드니 얼마 아니가서 寺院殿角이 樹陰中에 隱映한다. 一武地나 더 드러가니 數片 石碑가 道傍에 兀立하엿는데 焚雲禪師의 該寺를 三刱한 功德碑와 越溟和尙의 萬日會를 刱設할 時 念佛資料로 沓二百餘斗落을 自願獻納한 紀功碑이다. 善善惡惡은 人의 常情이라 偉大한 古蹟을 볼 째에는 崇拜할 생각이 油然히 發함으로 幾分동안 沈黙中에 섯노라니 瞥眼간 등 뒤로서 어서 올나오라고 부르는 사람이 잇다. 그 누구인가 하고 도라보니 別 사람이 아니라 곳 오날로 만나보겟다는 田君이라 반가히 握手하고 華藏樓로 올나가서 寒喧을 서로 펀지 오래지 안어 當時에 主人되는 宋東化 現住持 韓瓚五, 事務長 金信和 諸氏가 欣然히 來座한다. 모다 반가히 人事한 後 今昔에 威을 娓娓히 談話할 새「有朋自遠方來不亦樂乎」아 함이 賓主間 優劣이 업습을 覺悟하엿다. 다시 田, 韓, 金 三氏의 案內로 建物 其他를 觀光할새 自近及遠으로 큰

房부터 拜觀하니 家屋制度는 基址에 適合한데 門楣마다 華溪寺라는 三扁과 法海道化, 三角第一蘭若, 祝聖壽千萬, 象王廻顧, 拈花室, 儼然天竺古蘭若, 華藏樓, 賓華樓, 鶴捿樓 等 懸板이 多數히 달려잇는 것은 오히려 結搆의 美를 減殺한 듯한 感이 잇다. 그 中에 安淳煥氏의 筆로 華溪寺라는 額面은 山보다 虎狼이가 크다는 格으로 도리혀 보기 실케 되엿나니 通道戒壇法堂에나 海印大寂光殿에나 相當할까한다. 後院으로 도라 十王殿, 大雄殿을 次例로 參拜하고 觀音殿에 到着하엿다. 外觀의 美도 壯하려니와 內部를 살펴보면 余의 所見으로는 이곳이 처음인 듯 하다. 闕內로 刺繡奉獻한 觀音聖像 二位와 寂滅宮 三字는 普通物件갓고 보면 단단히 잡아 쥐고 놋키 시려할 만치 되겟는 手工品이다. 翼廊을 도라 西便으로 向하면서 小溪를 건너선 즉 飮料水閣이 그곳인데 建築의 巧妙함은 보는 者가 喫驚치 아니할 수 업다. 물맛이 異常할 쁜더러 冬溫而夏淸하고 水旱에 增減이 업슴으로 三角山 上下에 唯一無二라 할 甘泉이나 從來로 當處가 陜隘 하야 使用上 困難이 多大하고 風日에는 塵埃, 雨日에는 客水 여러 가지의 遺憾이 잇든 것을 大正 十一年度에 石工과 大工을 부려 便利가 限이 업게 現狀을 이룬 것은 現住持 韓氏의 汗血인 結晶體라 한다. 水閣 附近에는 或 三四坪式, 五六坪式되는 場所가 石溪邊 樹林間에 前後左右로 布置되여 잇다. 저것은 무엇에 使用이냐한 즉 金君은 이와가치 對答한다.

年年히 牛耳洞에 櫻花가 盛開하면 長安士女가 每日 數百名式 往來할 쌔에 그곳을 觀光하고는 모다 當寺로 올나오는데 類類相從으로 各其 一區式 次知하고 妓樂으로 詩律로 碁局으로 談話로 愉快히 消日타가 乘暮歸城하는 者, 寺院에 投宿하는 者, 一時는 熱鬧無雙이라 한다. 三聖庵 拜觀은 後日로 미루러 두고 溪를 沿하야 數十步를 나려간직 鳥啄井이라 하는 샘(藥泉)이 盤石上에 잇는데 其源은 上下雙方으로 石間을 조차 湧出되고, 亦 水味가 香冽하며, 不增不減으로 항상 그 貌樣이라 한다. 거게서는 더 볼것이 별로 업슴으로 다시 寺院으로 向하는데 엇더한 少年學生 두 명이 모다 自轉車를 잇글고 洞口로 올나오다가 압해선 사람이 自轉車를 道傍에 세우고 갓가히 와서 人事를 함으로 누구인가 仔細히 본 즉 數年前 慶北 某寺에서 橫經請益하든 黃普眼沙彌다. 至今은 金君의 徒弟되야 京城協成學校에 通學한다 하며, 또 하나는 住持 韓君의 徒弟로 京城中央高普에 다니는 裵相基라 하는데 方年 十七로 漢學에도 造詣가 잇다. 日前 엇더한 同侔와 四律 一首까지 지엇다고 그 師傅가 자랑삼아 出示한다. 其詩에 曰

碎壁新聲七月秋 邂后一席也風流
驥兒櫪裏懷千里 猛士胸中踏六州
塵夢還多深世上 片雲自在碧山頭

末句樓字韻은 忘却하엿슴으로 記載할 能力이 업스나 하여턴지 有望한 靑年이다. 現時 佛家風潮로는 閒逸을 是務하고 敎育을 無視하는 傾向이 업지 안는 境遇에 韓, 金 兩氏는 淸貧生活을 不拘하고 熱心養成함을 누가 欽仰치 아느랴. 夕供을 罷하고는 金君의 引導로 自己寢所에 도라가서 略干 이약이를 相談하다가 그만 槐安夢에 드럿더니 아츰 禮佛鍾에 이러나서 食堂饗應을 마치고 다시 城內로 드러오랴하는대 田, 金 兩氏가 余의 該寺來留를 勸告한다. 余는 이에 對하야 感謝無限이라 對答하고 다시 여러 가지로 黙想을 하여 보왓다.

一, 當寺가 城東二十里에 在하야 非山非野에 交通이 便利하고 森林은 鬱密하다할 수 업스나 烟料는 自足하겟고, 食水가 淸冽하야 衛生에 適宜한 즉 位置가 相當함이 첫재이요.

一, 當寺는 李朝 中宗王 十七年 壬午에 西平君 李公이 皓月禪師와 協議하고 浮虛洞 所在 普德庵을 華溪洞으로 移建한 後 華溪寺라 仍名하고 其後

九十八年을 經하야 光海君 十一年 巳未에 德興大君 李公이 道月禪師와 協力重建하고 쏘 二百四十七年을 經하야 太皇帝 卽位 三年 丙寅에 雲峴大院君이 梵雲, 龍船 兩和尙으로 三刱하엿슨 즉, 初刱 壬午로부터 今年 甲子에 至하기까지 共計 四百四年의 不遠한 沿革이나 王公, 貴族의 外護는 代不乏絶하리라 함이 둘째이요.

一, 當寺는 百丈遺風이 儼然 常在인듯 三分五裂하고 七顚八倒인 不可收拾의 釋家現狀이지마는 前代美觀을 極力 維持하야 朝夕禮敬에도 老少法侶가 一齊 會集한 後 香水 海西聖禮行禪祝願은 朝禮로 小禮懺誦咒는 夕禮로 하며, 在寺沙彌는 初發心四集 等을 敎授하고 每日 四分精進으로 至誠奉行하는 念佛이며, 至於食堂几節에도 齊一히 法服을 衣하고 鉢盂를 展하야 三代威儀盡在此地라는 騷人墨客의 嘆辭가 無心中 自發하게 되엿슨 즉 吾敎規制를 完全無缺함은 三十本末에 罕見其儔일 듯 함이 셋재이라.

余는 顧影 亦愧인 佛海穢滓이지마는 紀綱이 確立한 곳은 隱然히 心服되야 不敢請이언정 固所願也이나 周圍의 事情이 不許함에 엇지하리요. 冥想에 沈默되야 幾分間 佇立터니 不多時 黑雲이 密布하고 雨脚이 間一點한다. 여러분에게 作別의 辭를 告하고 步調를 急히 하야 東小門에 드러서니 處處綠楊堪繫馬요. 家家門外通長安이로다.

牛耳洞의 봄을 찾고서

車相瓚

《개벽》, 1926년 5월

寒食東風淚如雨

4月 6日이엿다. 우리 靑年黨에서는 牛耳洞에 春期遠足을 가게 되엿다. 이 牛耳洞은 水石이나 櫻花의 勝地로 해서 가는 것보다 一般이 思慕하는 孫 義菴先生의 遺閣과 幽宅을 한 번 拜省하랴고 가는 것이엿다. 나도 그 黨員의 한사람으로 역시 거긔에 參加하게 되엿다. 그 전날 밤에 엇던 記念式 餘興에 고음 노름인가 裁判長 노름인가 하는 滑稽劇을 11時 까지 하고 출출한 배를 채우랴고 某某 同志와 어느 飮食집에 갓다가 午前 두時에야 歸家한 나는 겨우 4時間을 자고 午前 6時에 닐어나서 朝飯은 먹엇섯다.

春坡君이 차저 왓다. 그와 가티 同伴하야 우리 社의 正門으로 드러 갓섯다. 째는 그럭저럭 8時 20分이나 되엿다. 步行하는 사람들은 벌서 만히 써나가고 汽車로 가는 사람들만 남어 잇다. 春坡와 나는 매우 活潑한 척하고 壯談 하기를 遠足에 汽車를 타고 가는 것은 遠足이 안이라 近足이니까 우리는 徒 步를 하자고 하얏다. 그러나 먼저 써난 사람이 잇기 째문에 同行하기 爲하야

不得已 臨時應變의 縮地術을 썻섯다. 塔洞公園 압헤서 電車를 타고 昌慶苑 압까지 갓섯다. 車에 나리니까 먼저 온 同志들이 路邊에서 기다리고 잇다. 우리 두 사람은 그 곳에서부터 그네들과 가티 徒步를 하얏다. 천천히 緩步하 야 磚石고개를 넘어가니 城 밋헤 누른 잠듸는 밤이슬에 속입이 나고 길가의 버들가지는 아츰바람에 흔들흔들 半춤을 춘다. 東小門을 썩 나서니 城內보 다는 空氣가 헐신 상쾌하얏다. 春朝秋夕이라고 아츰의 경치야말로 참으로 조왓섯다. 駱峀紫烟에 새로 솟는 햇빗과 鬱密한 松林속에 한가이 우는 새소 리와 풀 우에서 自由로 뛰노는 송아지와 버들빗 꼿향긔 그 모든 것이 다 陽春 의 興味를 끌지 안는 것이 업섯다. 그럭저럭 彌阿里를 당도하니 이곳은 城東 사람들의 共同墓地所在地오 날도 마츰 寒食의 名節이엿다. 白沙青松의 殘 山短壟에 點點히 散在한 土饅頭 압헤는 사람들이 三三五五식 모혀 서서 省 墓도 하고 改莎草도 한다. 素服淡粧으로 哀哭을 하는 青孀寡婦도 잇고 愛子 愛孫을 생각하고 悲泣하는 白髮의 老翁도 잇고 父母나 或은 愛妻를 생각하 고 가슴 태우는 青年도 잇다. 온 山은 우름의 天地와 눈물의 바다로 化하얏다. 祭物의 냄새를 맛고 이山 저山으로 휩싸고 날아다니는 가마귀의 소리도 悲愴 하거니와 半開한 꼿가지에 피눈물을 겨우는 杜鵑의 소리는 더욱히 구슬펏다. 人生 百年에 누라서 이 北邙山川을 능히 免하리요 만은 그 光景을 볼 때에 엇지 同情의 涙를 下치 아니하랴. 더구나 風樹의 涙가 아즉까지 남어 잇는 나로서는 故鄉의 先山을 구름 밧그로 瞻望할 때에 一層感慕의 懷를 禁치 못 하얏다.

笑入村姬酒肆中

이런 생각 저런 생각하는 중에 발길은 어느덧 무네미 동리를 밟게 되엿다. 村家의 술등은 行客을 반가이 맛는 듯이 東風에 흔들넛다. 에-라 破除萬事無 過酒라니 술이나 한잔 먹어 보자 하고 春坡君에게 말하얏다. 그러나 우리 두

사람은 주머니가 恒常 빈 놈들이요 또 一行이 원체 만흔 까닭에 먼저 酒家로
드러 갈 勇氣가 敢히 나지 못하엿다. 목은 컬컬하고 두 주먹은 붉으니 엇지
할 수가 잇스리오. 最後에 諸葛亮의 八陣圖 以上으로 奇奇妙妙한 計策 한아
을 냇것다. 둘이 귀속을 하되 우리는 뒤로 떠러저서 쉬는 척히 하야 食口도
슬슬 떨궤 버리고 또 돈만 잇는 사람을 보면은 馬賊團모양으로 막 떠러서 먹자
고 하얏다. 이 計策은 意外에 料量과 가티 꼭 드러맛게 되엿다. 松亭 下에서
暫時 歇脚을 하노라닛가 一行은 대개 먼저 가고 全義贊君이 追後로 온다. 그
는 몸도 통통하거니와 주머니도 통통해 뵈엿다. 올타! 되엿다 하고 만나는 當
場에 酒國討伐의 軍資金을 當하라고 請求하엿다. 快活한 全君은 卽時 承認
하고 가티 엇던 酒店으로 드러 갓섯다. 그곳은 男子가 파는 술집이엿다. 비록
異性은 업스나 술맛도 조코 도야지 고기의 안주맛도 조왓다. 山菜와 沉菜도
다 맛이 잇섯다. 立食으로 다섯잔식을 먹고 나왓다. 악가까지 울적하던 心懷
는 暫眼 間에 快活하게 되엿다. 一年의 봄은 우리가 혼자 차지한 것 갓다. 거름
도 활발하야 지고 이약이도 커진다. 새소리와 꼿봉우리가 모다 우리를 爲하야
생긴 것 갓다. 平原芳草에 소먹이는 牧童의 피리소리도 한가이 들리고 白石
淸溪에 빨내하는 女子들의 態度도 곱게 뵈인다. 加五里川을 건너 섯다. 路邊
엇던 집 문간에 반粉紅적고리에 동자머리한 女子가 섯듯 뵈인다. 異性에 주
린 우리의 눈은 一時에 그 집으로 焦點이 모혀 드럿다. 점점 갓가히 당해 보니
그 집도 역시 酒店이다. 술은 별로 더 먹을 생각이 업스나 異性이 잇는 바람에
세사람은 또 그 집으로 드러 갓다. 그 女子는 約 25,6歲나 되여 뵈는데 村店女
子로는 비교뎍 하이카라엿다. 얼골도 6分美人은 된다. 안주는 山菜밧게 업고
술은 濁酒뿐인데 술에다 물을 탓는지 물에다 술을 탓는지 퍽도 싱거웟다. 主
人이 老婆만 가트면 한잔이 卽時 離別酒가 되엿겟지만은 그래도 젊은 異性인
까닭에 권에 비지떡으로 三四盃식 먹엇다. 眞所謂 입만 업는데 병아리 궁뎅
이만 보아도 살이 진다고 술맛은 업스나 여러가지의 수작이 매우 자마 잇섯

다. 비위살 조흔 春坡君이 前날 밤 滑稽劇할 때에 찻던 종희주머니를 그대로 차고 그 속에서 마메콩을 작고 끄내어서 그 女子를 주는 것도 한우숨거리가 되엿다. 우리는 그 집을 떠나서 다시 牛耳洞으로 向하얏다. 비록 暫時 酒店에서 맛난 女子라도 人情이란 참 우서운 것이다. 돈을 爲하야 그리던지 무엇을 爲하야 그러던지 그 女子도 우리의 가는 것을 섭섭히 넉이는 드시 門間에서 한참이나 바라보고 우리도 亦是 오면서 其 女子를 각금 도라다 보앗다.

嗚呼滿山櫻花爲誰春

聞話休題- 우리는 加五里를 지내서 牛耳洞口를 드러섯다. 牛耳洞은 元來 山高谷深한 까닭에 京城內보다는 꼿이 普通 一週間이나 늣게 피는 곳이다. 京城에도 辛黃花, 白頭翁(할미꼿) 外에는 아즉까지 花信이 寂然하거니 더구나 牛耳洞이야 엇지 꼿구경하기를 可望이나 할가부랴 滿山의 櫻木은 아즉까지 잠자는 것 갓고 이골 저골에서 흐르는 물소리만 潺潺히 들린다. 道峯望月의 흰구름은 依然히 徘徊하고 道詵菴의 쇠북소리는 먼 바람에 傳해온다. 鳳凰閣 杜鵑亭은 依舊히 잇다 만은 先生의 形影은 다시 뵐 수 업고 다만 7尺高陵에 春草가 離離할 뿐이다. 當年 此地에 先生이 徜徉하고 先生이 吟咏하고 先生이 論道하고 天下有志의 同德을 모와 가지고 國家民族을 爲하야 鞠躬盡瘁하던 그의 생각을 하면 비록 千載下에 잇슬지라도 누가 敢히 滿襟의 淚를 下치 안이하랴. 그러나 先生의 主義가 살어 잇고 先生의 精神이 살어 잇는 以上에는 有形의 先生는 비록 靑山의 一坏荒土가 되엿슬지라도 無形의 先生은 長生不死하야 三角의 高峯이 一拳石이 되고 漢江의 長流가 桑田이 될지라도 五萬年 無窮토록 永遠히 生存할 것이다. 우리는 萬端의 悲懷를 품은 中에 先生의 墓所를 拜省하고 또 그 墓前에 모혀 안저서 先生의 平素行蹟과 主義 等 여러가지의 이약이를 하고 鳳凰閣으로 나러 갓섯다. 或은 溪邊에서 濯足도 하고 庭園에서 花艸구경도 하엿다. 山荼野蔬에 点心밥을 맛잇게 먹고 午後에는 杜鵑亭에서 會合하기로 하고 各自 散遊하엿섯다.

杜鵑亭上夕陽多

午後 3時頃이나 되엿것다. 우리 一行은 預定과 가티 杜鵑亭으로 모엿섯다. 이 杜鵑亭은 先生이 平素에 習射하던 곳이엿다. 이름은 杜鵑亭이지만은 杜鵑花도 아즉 볼 수 업고 杜鵑새소리도 亦是 드를 수 업다. 一行은 그곳에서 술도 먹고 춤도 추고 노래도 하고 各種의 戲劇을 다하얏다. 於焉間 夕陽이 山에 걸치게 되고 뭇새들은 날아든다. 汽車로 갈 사람들은 모다 떠나기를 始作하얏다. 歸路에도 天然의 自動車를 타기로 決定한 春坡君과 나는 그다지 밧부지는 안엇섯다.

그러나 寂寂한 山中에 두사람만 남엇잇슬 까닭은 업섯다. 卽時에 우리 두사람도 出發하얏다. 中路에서 鳳谷君 外 몃 친구의 步行 동모를 어덧다. 그러나 그들은 또 먼저 갓섯다. 우리 두사람만 찰동행을 하게 되엿다. 그 씩씩한 春坡君도 오늘에는 구두가 좁아서 발도 압푸고 몸도 여러날 奔忙한 까닭에 퍽 疲困하엿섯다. 戰敗 後 解散兵 모양으로 아모 氣力이 업시 다리를 절늠절늠하얏다. 그러나 나는 比較的 몸이 疲困치 안엇다. 두사람은 집에까지 가티 도라왓다. 때 벌서 午後 8時頃이나 되엿섯다.

禮拜堂巡禮, 聖書 안 들고

YYY

《별건곤》, 1926년 12월

　　제목을 례배당순례-라고 그러케 흥미잇는 문제도 될 것 갓지 안치만 그러나 례배당이야 말로 일주일동안 학업에, 사무에 분망하던 남녀로소가 풍-성하신 한우님의 은혜를 바더가며 안식하는 집회장이요. 또는 조선에 잇서서 청년남녀의 공동집회로는 이례배당 이외에 별로업는 것이 사실일 것이다. 그러기 때문에 어느 례배당에 어느 평판잇는 미인 녀학생이 례배보러 다니기 때문에 그 뒤를 쫏차다니는 얄구진 젊은신사, 작난군이 중학생, 전문학생들이 드리밀리어 례배당이 툭 터질만큼 만장의 성황으로서 넷날시대 가트면 상사불능용库舍不能容이라고 어진학자 밋헤 원방제자들이 글 배우라고 행실닥그러 모여드는 셈이 되련만 의미로는 그와 정반대가 되는 까닭에 어느 목사님은 『요세 청년남녀들은 례배당을 한 련애 연습상으로 알고나닌다.』고 설교하는 교단상에서 비탄한는 말을 내귀로도 직접듯고 남의 전편으로도 만히 드럿다. 그로보면 거긔에도 전연히 까닭업는 거짓말이 공연히 드러붓흘리도 업스나 하여간 례배당순례를 한번하여 보는 것이 좃타고 한다. 좃코낫고간에 그래도 무슨여유를 주어가며 무얼해보라고 하야 긔가좀난단 말이지 별안간에 편즙일자를 한 이틀 남겨놋코 시내 례배당순례를 치라고. 어림업는 수작이라고는 생각하면서도 주일날이 아니면 텡텡뷔인 례배당이 닛가 만날가야 소용이 업고 일요일이라야 편즙긔한전에는 오늘 하로뿐 그러나 주마간산-말 달니며 산구경하는 셈으로라도 위선 오늘안으로『어듸어듸』지명하는 례배당 몃곳만 착긔로한 것이다. 그러지안하도 개벽사에서는 야소교를 너무 악평한다고 목사 장로측과 예수신자들은 그전부터 불평이 잇는터라 례배당순례를 친다닛가 또 무슨험구가 나오랴나하고 예수교 관계자측에서는 이 이마ㅅ살을 찝푸리실넌지 모르지마는 본긔자야 말로 본사안에서도 뼈업는 무골공자無骨公子라고 치는 긔자이니 안심하시고 게시기만 바라며 너무나 다름질친 긔자라 볼 것을 다못보고 드를 것을 다못드럿스니 신통할 것도 업슬듯하다. 그러나 한번만 더 게속하여서 요다음호에는 조그만 례배당 몃곳을 도라서 좀 그럴듯한 긔사를 쓰기로하고 요번은 되는대로 써보기로 한다.

숭동례배당

한울맑고 해맑고 이상희한하게 짯뜻한 7월아침- 가을가고 겨울온 11월의 첫주일날! 한우님 한우님하며 예수를 찬미하는 긔독신자 선남선녀들의 한우님 아버지를 맛나러 한우님의 성전으로 모여가기에도 1년을 두고 택일해야 엇기 어려운날이요. 직업적이라면 직업적이지만 례배당순례를 치겟다고 집을 나선 내마음도 엇재 한우님의 풍성하신 은혜가 불신자인 내게까지도 밋처오는듯 하엿다.

화동골목 동아일보사 압헤서 우체통 잇는 곳에서 가회동골목으로 넘어가는 고개위 수통노힌 과자집 엽흐로『우향우ㅅ』을 차저 두어 발거름 내려가니 눈익은 안국동 례배당이 아침햇볏에 검붉게 빗처잇고 누른 입사귀 거의 떠러진 뽀푸라나무 서네주선 례배당에서 어린아이들의 제기차는 장난뿐이요. 아직 시간이 일는탓인지 례배 보러온 분은 그림자도 업고 무섭게 뚜러진 큰문 유리하나가 컴컴한 지하실가튼 유치원 교실안을 넘겨다보게 할뿐이엇다.

골목으로 골목으로 빠저서 재동 네 거리를 지나 개벽사 정문쯤 내려오랴 닛가 젊은숙녀 한분이 빨간 한 중판(中版)성경 한권을 손에다 들고 한들한들 올라오는 것이 아모리 보아도 어느 례배당을 차저가는 것이 분명 하얏다.

교동에서 사동으로 빠져나가는 사이 골목으로 해서 귀족자질의 유치원으로 일홈잇는 경성 유치원압흘 막 지나랴닛가 그늘진 찬벽알에 길겻해서 일곱살 아니면 여덜살쯤된 사내아이 하나가 죽는 소리를 치며 애원하는 듯 분통해 하는 듯 목을 노코 팔팔쒸며 운다. 드러다보니 팔팔쒸는 것도 무리가 아니라 궁둥이 볼기짝에 샛파란 매ㅅ자리가 줄줄이 이리 건너가고 저리 건너가고 피ㅅ빗이 빗처잇다. 무지한 어머니알에서 이와가튼 학대를 밧는 조선의 어린 아이가 얼마나 불상하냐.『오! 한우님 아버지시여! 불상한 우리 조선 어린이에게도 복을 주어지이다.』나는 과연 눈물날만치 그것이 슯헛다. 죽어서 천당을 가는 것이 조흘가? 살어서 락원을 만드는 것이 오를가?

사동 공동변소엽흘 건너 알으로 조금 내려가니 우편길엽헤 드러가는 문어구에 구세군 한분이 섯다. 이것이 뭇지 아니해도 장로교회의 소속인 숭동례배당인 줄은 알엇스나 언제인가 한번 리상재 로인의 강연을 드르러 온 일이 한번 잇섯던가 업섯던가 으슴프레-한 긔억밧게는 업슴으로 드러가기가 매우 스스러웟다. 하여간 아는 집드러가듯 쑥드러서니 놉흔 돌층대 위알에는 노랑테 붉은줄에 구세군휘장을 모자와 목에 딱딱붓친 조선사람 서양사람 뒤석겨 야단이다. 엇지보면 용장한 군영에 드러선듯한 생각도 나는데, 다시보면 그륵한 한우님의 성덕을 찬송하는데는 살풍경이 너무심한 것도 가텟다. 사관병사가 들낙날낙 어수선한 법이 무슨 일이나 잇나보다 하고 언뜻생각한 것이 이번에 멀니온다고 신문사설에까지 떠드러대던『뿌드』대장이엇다.『아마 오나보다.』하는 생각이 머리에 얼는 떠올낫다. 아모리 숭엄한 긔상을 뵈이랴고 놉직히 싸올닌 축대위로 올나서니 드러가는 문짝에 『뿌드대장! 조선오신다.』고 쓴 포스터-가 붓허잇다. 우연히 순례 치러나선 내가 아모려나 멀리온 진긔한 손님을 보게된 것이 신긔하다고 생각하엿다.

특별 구세군가 한권을 어더들고 아래층으로 드러가니 천정에는 비새인 흔적도 잇고 집도쇄 오래되야 엇재 음울한 긔분이 장내에도나 유리창 밧그로 창경원일대의 푸른소나무, 누른닙 무르녹은 가을나무빗이 멀니 빗처줄때는 천연의 그림이 그대로 벌어진 것 가탯다. 압흐로는 역시 병사급(兵士級)의 신자들인지 위엄스런 복색에 단추를 턱턱맞춰 끼우고 버려안젓스나 잇다금은 조선두루막이에 휘장을 붓치고 군모를 쓴 것이 아모리 보아도 어울니지를 아니 하엿다. 잇다금 억세인 군악소리가 장내의 활긔는 주는듯하나 고요히 강림하시라는 천사는 놀나 다라나지나 아니하실넌지 걱정이엇다. 모다가 신자인지 아닌지는 일일히 무러보지 안하면 모를일이고 아모려나 자리를 가리며 강도단이 잘보이는 곳으로만 쫏차가는 것을 보면 형용업는 한우님을 생각하고 찬미하랴느니 보다는 멀니온 외국 구세군대장의 얼골이 보고십다는 뜻으로만 해석이 되얏다. 뒷전에가 안젓는 나도 남의키 때문에 압히 뵈이지 안는 것이 답답해서 윗층으로 뛰여올나 갓스나 구두를 버서들고 드러가는 것만이 귀찬햇다. 그러나 여긔 드러온 이상에는 여긔 규측을 좃는 것이 인류단체생활상 더할 수 업는 규측이여야 할 것인데 작고 밀려 올라오는 손님가운데는 자긔보기 좃타고 사람통행하는 길을 딱 가로막고 안젓다가 통행간수하는 구세군 한분에게 경계를 밧고도 무던히 잘한심치고 뻣대다가 엇재사람이 작고 드러오닛가 자긔도 좀 불편해던지 이마ㅅ살을 잔뜩 찜푸리고는 경계밧던 구세군을 슬금슬금 처다보며 엽흐로 물너안는다. 그리고도 그게 세비로 양복을 딱갈나 붓치고 햇득한 새두루막이를 입은 청년신사 두분이섯다. 일홈이 신사라야 속에는 모다 개똥칠을 하고 다니는 요세 얼칙이 신사들이 나는 미웟다.

시간은 열한시가 건자되얏는지 뿌드대장- 숭동례배당 드러오신다. 자동차가 『뿌-』 하고 나더니 밧게서부터 박수갈채 환영만세 소리가 나더니 과연 몸집이 뚱뚱하여 드러오는 문이 뿌듯할 만큼한 뿌드대장이 곱게도 희여바린 머리털을 한편으로 갈너넘기여 하이칼라 머리를 하고 늙기는 하얏을망정 살이 이들이들한 주름살잡힌 얼골을 가지고 강단에 나타낫다.

례배가 시작되며 군악이 울니고 서양사람이 사회하고 조선사람이 통역하고 찬송가를 부른다는 것이 엇재 의논이 귀일치를 아니햇던지 처음에 20장을 부르다가 틀녓다고 섭섭하다고하여 22장으로 옴겨갓다. 이것은 이런회석상에서 흔히잇는 착오이닛가 말할 것도 업고 뿌드대장 설교 역시 조선통역을 세우고 한시간이나 거의 하는 모양인데 늙은깐으로는 꽤 원긔가 잇는 모양이나 하는 말인즉 저-놉고 놉흔 천당위의 말이요. 우리가 발을 밟고 잇는 지상의 말은 아니며 신성하고 전능하신 한우님을 위하는 말이요 이 오글바글하는 죽네사네하는 인류를 위하야 하는말은 유감이지만 내귀에는 하나도 들니지를 아니하야 필경은 하나도 요령을 부득하고 그저 마럿다. 강도는 끗낫는지 엇잿는지 심도 알수가 업스나 한우님 나라로 나올이가 잇거던 모다 나오라고 한창하는데 처음에는 별로 나가는 이가 업섯스나 나종에는 구세군 양반들이 몃분 자진하야 단하에가 꾸러업드린다. 그러나 작고 나오라고 대광고를 하는데 윗층에서는 무엇이 불쾌햇던지 시간이 지리햇던지 하나식 둘식 니러서 나가기 시작하고 강도단 위에서도 엇재 혼란 복잡하야 질서가 문란한 것 가텟다. 까닭업시 무슨 살풍경이 니러날 것도 가티만 생각되얏스나 나도 과연 궁둥이가 압허서 오래엇까지 보기는 과연 거북함으로 나가는 사람들을 따라서 니외비럿다. 시간은 열두시반.

녜전 어느 농부 한분이 더운 녀름날 그늘밋헤서 글을 읽는 학자님이 하도 부러워서 글을 줌 읽겟다고 한시간 무릅을 꿀고 글을 배워보다가는 엇더케 혼이낫던지 들에 다시가서 논을 갈다 가는 소가하도 게으름질을 치닛가 『이

겨 이놈의 소! 무릅을 꿀리고 대학을 읽힐나.』하엿다던가. 아마 오늘 여긔와
서 생례배를 본사람은 누구나 다 그런생각이 낫슬듯 하다.

실은 반시간쯤은 여긔서보고 반시간쯤은 중앙례배당이나 정동례배당을
향하야 가보랴 햇던 것이 이 뿌드대장 서슬알에 그래도 무슨요령이 잇스랴나
하고 끗까지 생례배를 본 것이 그만 헛탕을 치고나니 다른데 갈곳은 밧브고
례배시간은 어대나 다 파햇슬듯 함으로 그대로 막나와 237호 자동차만 문압
층대밋헤 잇는 것을 한번 처다보고는 정동과 중앙은 오늘밤에 가보기로 하고
조선극장 압흐로해서 청년회관 밋헤가 전차를 타고 다라나 바렷더니 저녁에
도라와서야 신문을 보고 숭동례배당의 정말 끗례배는 보지 못하고 도라온
것을 아럿다. 신문으로 보면『조선사람 하나이 영어로 긔도하는 것을 서양사
람이 방해하고 그리유를 질문하랴는 것을 서양사관이 때렷다.』하고 전하는
사람말을 드르면『일어로 긔도하는 것을 조선말로 하라고 사회자측에서 권하
고 그래도 듯지 아니하닛가 군중이 대드러서 끄러내려라 잡어내라 하야 그야
단이엇다.』고 하니. 그래 필경은 경관까지 출동을 하엿다고 한다. 제정신 업
는놈의 일이란 어대를 가도 그지경이니 말할 것도 업지만 신성한성전 한우님
찬미하고 먼손님 맛는 그 자리에서 그와 가튼 추태가 연출된 것만은 아모리
하여도 제정신 가진 사람의 일이라고는 볼 수가업스나 하여간 내눈으로 보지
못한일이니 그만큼 해두자!

정동례배당

숭동례배당 순례 이약이로 말이 이만큼 기러노앗스니 별수가 업다. 용두
사미(龍頭蛇尾)ㅅ 격이지만 요다음은 좀주려 볼수 밧게업다.

동대문 정류장에서 전차를 타고 종로 네거리에 드러오니 거믄 저녁빗은
왼시가 한울을 싸고들고 여긔저긔 반짝이는 전등불이 가고오는 사람을 검사
하고 잇다.

의주통으로 다라나는 전차와 밧구어 타고 새문턱에 가서 썩내려 좌편으로 어둠컴컴한 정동골목 양옥만흔 압흐로 드러가면 리화녀자고등보통학교를 지나서 덕수궁(德壽宮) 마진편으로 뒤로는 리화학교를 등지고 압흐로는 서소문 나아가는 고대(高臺)를 거드당기여 자리잡고 잇는 것이 경성에도 일홈놉흔 감리교회 정동례배당이다.

전등불 비친 상점압헤서 시게를 빼여보니 꼭 여섯시반 례배당 놉흔종각에서는 교인을 부르는 첫종소리가 어둔 밤빗을 헛치고 웅장하게 울녀 나온다. 서양바람이 처음 이곳을 차저 드러왓슬때에는 이곳의 종소리도 넷잠을 그대로 자고잇던 경성시민에게 이상한 새감각을 너르켯슬넌지두 모르지만 지금은 『나도 이미 늙엇고나!』 하는 비명의 소리로 밧게는 들니지안는다.

무를 것도 업시 문안으로 쑥드러서니 교당뜰압 이곳저곳에는 역시 넷 일을 말하는 듯한 입 떠러진 나무들이 앙상한 뼈ㅅ그림자를 전등불에 빗치여 이로저로 허트러젓슬뿐이요 사람의 자최좃차 별로 뵈이지 안는다. 축대에 올나서서 문을 열고 가만히 드려다 보니까 텅뷔인 교당안에 녀학생 네댓분, 남자 서너분이 이쪽저쪽으로 갈너 안젓슬 뿐이요 설교단상에 째맛추어 피인 국화화분이 넓은 마루우에 조르르 둘너안젓슬 쑨이엇다.

아모려나 밤 례배에는 사람이 적게오는 것만은 사실인듯 하다고 생각하엿스나 혼자 드러가 안젓잘맛도 업고하야 또 다시 밧그로 나온다. 배재학교 가는 고개길로 올나갓다 새문으로 나오는 어둔골목으로 도라온다 하는 동안에 성경 찬송가를 엽헤끼고 청년, 남학생 녀학생들이 하나씩둘씩 교당문을 향해야 드러간다. 교당압 인력거ㅅ군에게 무러서 앗가부터 어둔공중에 눈브실민치 빧아케 긔ㅅ빌이 날니는 놉흔집이 로국령사관인줄을 일고 또다시 어긔 례배 시작하는 시간이 일곱시 부터냐고 무러서 선후도착은 되얏지만 『여덜시에 파하지요.』 하는 대답을 어덧다.

례배를 시작한다는 둘ㅅ재종이 울음으로 나도 어이는 업지만 교당 제일 뒷전에가 기둥을 압헤두고 안젓다. 시간은 시간인데 온사람이라고는 한편에 하-얀수염나신 로인석겨 몃분, 압흐로는 한편에 남자, 한편에 녀자 그런데 여자편에는 리화학교의 학생이 대부분인 듯, 서양사람은 어대가 숨어 안젓는지 그림자도 볼수가 업다. 아마 저녁례배는 조선동포끼리만 보는 모양이다. 이와가티 넓드란교당에 이러케 신자가 적은가하면 밤례배이기 때문에 그만두어도 무방하다는셈, 이와가티 밧븐시절에 삼일례배, 주일날낮례배, 밤례배, 이러케 일주일에 세 번 례배, 일 밧븐 사람으로는 심히 좀 어려울 것 갓고 시험때나 되면 아모리 독신자 학생이라도 좀 괴로울 것갓다. 시간이 훨신 지낸뒤에 례배도 시작이 되얏다. 목사님인지 전도사인지는 몰라도 교단에 올나가 화분버려논 안으로 가서 업드려 묵도하고 서서 긔도하고 갓다왓다 하는 것이 향긔로운 화원에 나븨의 왕래하는 듯 꽃피인 락원에 얌전한 천사가 거니는 듯, 풍금이 울니자 붉은 목도리에 머리 따느린 녀학행들의 찬미ㅅ소리가 아량한 것이나하며 아모리 하여도 식그럽고 착란스러운 세상물결이나 사회바람이 이곳안에는 침입을 아니하고 따로 떠러저잇는 세상과 가티만 뵈엿다.

끗까지 보고 안젓슬수가 업슴으로 일곱시반쯤 하야 이 고요한 성전안에 한점의 틔끌이라도 니러날가보아 가만가만 발자욱 소리도 아니내고 살금살금 문을 열고는 휙나와서 두말할것업시 새문턱 정류장으로 방향을 틀어 전차에 올나 안젓다.

중앙례배당

종로네거리에서 내리여 보신당(普信堂) 시계포를 끼고 속골목으로 리문설넝탕집을 지나 태서관료리점을 지나 죡음만 드러가면 길엽 조그만 대문에 중앙유치원 종로녀학교 문패가 달녀잇는 그안이 바로 중앙례배당이다 아모 배경도 아모배치도 업시 조그만 문안으로 머리를 숙이고 드러가면 바로 유치원겸 례배당으로 쓰는 그집이다 드러가기전부터 문밧게서 조그만 광고판에

금야 설교할 문제와 연사를 써서 세운 것이 벌서 내눈을 끌며 좀 신식이고 그 럴듯하다고 생각하얏다. 사람을 물질로 구원할 것인지 령혼으로 구원할 것인 지는 다음문제로 하더래도 위선 종교에는 문화를 개방하고 종교를 선전하는 것이 그의 한 목적이라 하면 반드시 일반 민중에게 구원의 길을 가장 평이하게 가장 널니 알녀줄 필요가 잇다.

교당문을 열으랴하니 문직히는 한분이 문을 열고 친절히 안내하야준다. 시침이를 뚝따고 뒷전에 안저서 한번장내를 휘휘둘너 보앗다. 교당은 펵히나 좁은데 교단에도 역시 아모장식도 업고 다마 꺽거다 노흔 국화몃송이가 책상 한편을 쓸쓸하다드시 고젹하게 지히고 안젓고 이마가 훌젹벗고 눈이 쑥드러 간 삘링쓰박사가『단결의 힘』이란 문제로 설교강연을 하는데 하는 그 박사부 터도 열이 좀잇고 듯는 신도들도 다가티 엄숙한 태도와 진지한 마음으로 듯고 잇는 것 갓고 모인 신자들도 다가티 청년남녀가 조그만방에 갓득찻스나 그래 도 질서는 정연하여 웬심인지 어듸엔가 긴장한 맛이 잇서 뵈엿다. 젊은빗이 넘치고 새긔운이 도는 것 가탯다. 사람의 보고듯는 것도 사람의 그때 그곳 그 마음을 따라 다르겟지만 아모러나 오늘 본 세 례배당중에서 그래도 가장긴장 한 맛이 잇서 뵈이기는 맨 나종에 본 이곳이 내게는 제일 인상 깁히 빗첫다. 피아노 놉핫다 나젓다 하는 곡조에 맞추어 찬송가 한 장으로 폐회를 하고 또다 시 엡웻 청년회의 무슨회가 열닐 모양이다. 그것까지 볼필요는 업고 파하는 그 자리에서 얼는 먼저 나왓다.

숭동례배당은 싸움꾼이 모인 무슨 살풍경을 니르키랴는 듯한 용장한 맛 이잇고 정동례배당은 인간게를 상관 아니하고 곱고 고흔 천당이나 락원을 만들랴는 긔상이 뵈이고 중앙례배낭에는 무엇을 해보랴 하는 듯한 긴장미(緊 張味)가 잇섯다. 남이보면 엇덜넌지는 모르지만 하여간 내가본 바로는 그럿 타는 말이다.

大京城城壁踏査記

壽春學人

《별건곤》, 1929년 9월

500년 王都의 燦爛한 역사를 가지고 30여萬의 대인구를 수용하는 大京城도 눈을 크게 뜨고 보면 녯사람의 詩에 이른바 萬國都城如蟻垤이란 말과 가치 일개 갬이집에 불과하고 그 城壁을 巡回하는 것도 역시 갬이의 체박후를 도라다니는 것과 갓다. 그러나 주위가 步數로 따저서 9,975步─1步는 營造尺 6尺이오 營造尺은 曲尺 1尺1分─米突로 환산하야 17,922米가 되고 평균高가 40척2촌이나 되는 그 성벽은 우리 인간의 힘으로 보와 또한 위대한 것이라 안이할 수 업다. 그로 인하야 우리 人民의 피가 얼마나 흘넛스며 땀을 얼마나 짜냇스랴. 萬里長城이라도 한방에 破碎하는 대포가 생기고 九萬長空을 잠간 새에 飛越하는 飛行機가 잇는 오늘에 잇서서는 그 거룩한 城塞도 일개 無用의 長物이 되고 인간의 큰 작란감가치 뵈이지만은 지금으로부터 약5,60년 전까지도 『城者는 盛民也라』는 녯말 그대로 國家와 人民의 큰 保障이 되엿섯다. 그 성이 잇슴으로 하야 國都의 권위를 자랑하게 되고 그 성이 잇슴으로 하야 외적이 감히 窺視치 못하고 人民이 또한 慰安의 생활을 하얏다. 안이

지금에도 단순이 예술 방면으로 보던지 역사 연구의 재료로만 보아도 상당한 가치가 잇서서 누구나 그리 尋常하게 放置치 못할 것이다. 하루의 時日을 費하야 40여리(日本町으로 4里 15町 25間 3尺)의 遠足을 하자면 이 성벽을 巡回하는 것만치 壯快하고 가치잇는 것은 업슬 것이다.

一夜間에 大雪三尺

京城의 성벽을 츰으로 쌋키는 李太祖5년 丙子(서기1396년 - 距今564년전)이다. 그 전해 乙亥에 太祖는 궁전과 宗廟를 새로 落成하고 다시 外城을 싸흐라고 계획하야 同年 9월13일에 都城築造都監을 두고 平壤 伯趙浚으로 都監官을 삼어 同12월까지 약 4개월간을 공사 준비에 착수케 하얏섯다. 그러나 그때만하야도 京城은 지금보다 山岳이 더 험악하고 나무가 鬱密하야 주위와 高低를 容易히 측정치 못하고 困難 중에 잇섯더니 一夜에 뜻안이한 大雪이 降下하되 현재 城址 以外에만 싸여 잇고 內部는 즉시 녹아 업서저서 恰然이 雪城을 싸흔 것가치 뵈이니 太祖는 크게 깃버하되 이것은 하눌이 나에게 성터를 가르쳐주심이라 하고 즉시에 趙浚을 命하야 그 雪痕대로 성터를 劃定한 후 各道 民丁을 徵發하야 築城工事에 착수케 하얏다. 공사의 기간은 농한기를 이용하야 2期로 分하얏스니 第一期는 丙子 정월19일로부터 同年 2월28일까지 39일간으로서 使役人夫 11만 8,070人에 至하고(第一期는 西北面, 安州 以南의 民) 第二期는 8월6일로부터 9월9일까지 34일간으로 人夫 7만 9,400人(第二期는 江陵, 慶尙, 全羅 三道의 民)에 달하얏스니 此를 총계하면 日數는 73일간, 役夫는 19만7,470人이다. 그리고 공사의 구역은 千字文(白首文)의 天字로부터 弔字까지 97區(各字의 間距離는 營造尺 600尺)로 分한 후 전구역을 다시 5區에 分하야 各道에 分擔케 하얏스니 즉 第一區 天字로부터 日字까지 9字間 구역(北岳의 頂點으로부터 肅靖門 부근까지)은 東北面(今 咸鏡道 咸興 以南)民이 負擔하고 第二區 月字로부터 寒字까지 8字間

區域(肅靖門으로부터 元東小門까지) 江原道民이 負擔하고 第三區 來字로부터 珍字까지 41字間 區域(元東小門으로부터, 南山蠶頭巖까지)은 慶尙道民이 負擔하고 第四區 李字로부터 龍字까지 15字間 區域(南山蠶頭로부터 興化門 大闕後 高地까지)은 全羅道民이 負擔하고 第五區 師字로부터 吊字까지 24字間 區域(興化門 大闕後 高地로부터 北岳의 頂點까지)은 西北面(平安道 安州 以南)民이 負擔하얏다. 天字는 北岳의 頂點에서 起하야 東으로 順次로 回하되 각 구역의 境界의 石面에는 郡名役名(例如某年某月役)을 刻하게 하얏스니 그것은 물론 당시 정부가 役軍을 督勵하기 위하야 그런한 것이요 人民의 名譽나 紀念을 위한 것은 안이며 (지금에도 성벽의 面에 간간이 郡名役名가튼 刻字가 잇는 것을 발견할 수 잇다.) 役軍은 전부 賦役인 까닭에 食料를 주는 이외에는 하등의 勞銀을 支撥치 안엇다. 그런데 여긔에 주의할 것은 慶尙道民의 負擔이 最重한 것과 京畿, 黃海, 忠淸道 人民의 負擔이 無한 것이니 慶尙道는 그때부터도 地方이 廣大하고 인구가 稠密하야 전국 중 세력이 가장 큰 것을 짐작하겟고 京, 忠, 黃 三道는 前年 都城(즉 宮城)을 修築할 때에 賦役이 과대한 까닭에 특히 면제함이니 그것은 下記한 당시 太祖의 教書에 의하야 족히 짐작하겟다.

『敎曰 城者는 國家之藩籬오 禦暴保民之所라 不可不備일새 前歲之秋에 徵發忠淸, 京畿楊廣(其時京畿가 京楊二道에 分함), 海西, 交州, (其時 江原道가 交江二道로 分함) 江陵之民하야 以修都城이러라. 大役之餘에 隕命者 多하니 予甚愍焉이라. 其放築城役徒하고 仍復其家三年하라.』

石城으로 完築하기는 世宗三年

上述함과 如히 京城의 성벽은 太祖5년에 완성하야스나 그때는 일이 너모 급박하기 때문에 전부 石城으로 쌋치 못하고 土城과 石城을 相半하야 南山北岳方面과 가티 비교적 險峻하고 石材가 만흔 지대는 石城으로 築하얏스나

東大門으로부터 奬忠壇까지와 蠶頭로부터 仁王山가지는 土城을 築하고 石材도 또한 大小가 不一하더니 世宗4년(서기1422이니 太祖5년으로부터 26년 후이다.)에 전부 石城으로 修築하고 또 城門도 修飾하얏스니(城門도 물론 太祖 築城 당시에 건축한 것으로서 이때 다시 修飾함이다.) 성의 修築은 1월 15일로부터 2월 23일까지 38일간에 인부 32만 2,460人을 使役하고(京畿道 2만 188人, 忠淸 5만 6,112人, 江原 2만 1,200人, 黃海 3만 9,880人, 全羅 4만 9,104人, 慶尙 8만 7,368人, 平安 4만 3,392人 咸鏡 5,208人) 門의 修飾은 9월 경까지 延拖하얏는데 木手, 石手, 冶工, 畵工, 鑄工 등 직공 2,311人을 사용하야 門樓의 刻字 金屬彩色 등의 일반 粧飾을 一新케 하얏다.

그때만하야도 遷都한 지가 아즉 日淺함으로 人家가 稀少하야 인부가 土幕이나 또는 草葺의 假小屋에서 거처하고 의료 방법은 各道에서 의사를 소집하야 날마다 工役所를 廻巡하며 施療하고 지방으로부터 京城에 오는 도중에는 무료숙박소를 設하야 숙박에 편리케하고 혹은 汗蒸幕을 設하야 병을 치료하얏섯다.(此等은 모도 승려로 관리케 함) 그러나 역시 賦役은 賦役임으로 賃金을 지불치 안음은 물론이다. 此回은 공사는 전부 石材를 쓸뿐 안이라 第一回와 가티 大小各種의 石材를 混用치 안코 대체로 形體의 동일한 것을 사용하엿슴으로 비교적 성벽도 견고하고 또 외관도 一層壯麗하얏다.

第三回의 修城은 五營門軍丁으로

其後 肅宗大王30년(京城築城 후 309년)에 至하야 肅宗은 孝宗의 大志를 계승하야(先是하야 孝宗은 仁祖의 南漢失守를 鑑하야 北漢山城을 築하랴고 뜻하다가 未遂함) 北漢山城을 築造할세 그 전제로 먼저 京城의 성벽 改築에 착수한 바 先時 太祖 世宗時代는 築城 당시에 民力을 넘우 남용하야 人民이 疲廢한 것을 유감으로 생각하고 전혀 民力은 사용치 안코 訓練都監(輦下親兵=近衛兵) 禁衛營(京, 黃, 江, 慶, 忠, 全 諸道의 守備兵) 御營廳(同上)

摠戎廳(京城 及 京畿 西部의 守備兵 - 後에 北漢山守備) 守禁廳(京城 及 京畿 東部 守備 - 後에 南漢山 守備) 등 五營의 軍丁을 사용하야 軍務餘暇에 工役을 하게 하니 이것은 肅宗大王의 一大英明한 정치도 一般人民이 其德을 感謝하얏스나 自然時日이 遷延되야 凡 7개 星霜의 長久한 時日을 費하고 繼하야 北漢山 築城에 軍力을 盡瘁하니 其弊가 또한 적지 안코 軍兵의 怨聲이 자못 만헛섯다.

荒城虛照碧山月

이제 土地調査局 調査에 의하야 성벽 주위의 高를 자서이 따진다면 南山은 265米, 北岳은 338米, 仁王山은 338米(母岳도 殆同함) 南大門(아-지의 底部) 31.61米 東大門은 19.3米요 南北의 最長距離 즉 南山과 北岳間은 5812.5米요 - 日本里程으로 1里 17町 16間 - 東西의 最長距離는 3812.5米 - 34町 56間 强 - 다 우리가 보통으로 생각한다던지 지도를 볼것 가트면 東西가 長하고 南北이 短한 것 가트나 실제측량에는 이와 가치 南北이 東西보다 長하니 그것은 결국 東西로 통한 도로 즉 鐘路通 길은 廣하나 南北은 그와 반대로 일직선으로 통한 大路가 업는 까닭에 錯覺을 이르키는 까닭이다. 그리고 城門은 東은 興仁之門, 西는 敦義門, 南은 崇禮門, 北은 肅靖門의 四大門과 西北의 彰義門, 西南의 昭義門(元名昭德), 東南을 光熙門 東北의 惠化門 등 四小門을 合하야 도합 八門이 잇스나 此는 별로 논하엿기 玆에 略한다.

역대의 帝王은 이와 가티 京城의 성벽을 修築함에 不怠하야 金城湯池의 萬古不拔을 자랑하얏스나 眞所謂 在德不在險이라 할가. 累代 文弱의 정치와 당쟁의 惡弊는 遂히 國家를 부패, 文弱, 衰退에 빠지게하야 비록 金城鐵壁의 견고한 성이 잇서도 한번도 그것을 이용치 못하고 도로혀 외적의 利用物이 되세하얏나. 宣祖 壬辰때에는 적군이 한번 犯하매 한 사람도 守禦하는 者가 업시 君臣上下가 望風逃走하야 千里遠境의 義州로 가서 全京城을 적의 소굴이 되게 하얏스며 仁祖시대에는 李适의 反亂의 깃발이 한번 날니는 바람에 君臣이 또한 公州로 流離하고 其後 丙子胡亂 때에도 누가 감히 이 성을 직히지도 못하고 소위 一國의 王都를 헌신짝가치 버리고 一片孤城인 南漢山城으로 君臣이 奔竄避兵하다가 終에는 城下之盟이란 萬古의 羞恥를 끼치고 其外 근대에 잇서서도 壬午軍變, 甲申政變, 乙未事變, 庚戌政變 등 모든 事變에 조금도 有助한 것이 되지 못하야 不知禍起蕭墻內하고 虛築防胡萬里城이란 前人의 嘲笑를 다시 밧게 되엿다.

　그나마 시대 변천의 결과로 지금은 아주 無用의 長物이 되야 往時 雄偉長大를 자랑하던 그것이 모도 頹廢荒凉하야 軍馬가 橫馳하던 堞路에는 狐狸가 交至하며 女墻의 銃穴은 鳥鼠의 樓穴이 되고 다만 녯날에 빗치던 碧山의 달만 밤마다 依舊의 빗치워 感傷的 詩人으로 하야금 荒城虛照碧山月의 슬푼 노래를 부르게 되니 엇지 感慨無量치 안으랴.

勝地行脚

申琳

《삼천리》, 1935년 2월

　　X일 X일 놉흔 하날엔 틔 한점 업시 맑앗게 개엿다. 동역 하날로부터 떠
오르는 明郞한 太陽이 閃先을 四海에 發射하자 앗참 煙氣가 자욱하든 大地
는 그만 暗黑의 꿈 속에서 깨는 듯 하엿다. 서울에 10여년 잇스면서 아직도
津寬寺를 구경 못하엿든 나는 XX學校 학생들이 遠足가는 期會에 同行하게
된 것을 깃겁게 생각하엿다. 일즉 일어나 鍾路에 나와 暗灰色의 밤 속에 깁히
잠들엇든 새벽거리를 요란스럽게 다라나는 西大門行의 電車를 잡어 타고 高
宗建陽 元年에 세운 獨立門 압까지 다다럿다. 벌서 어린 학생들이 數十名이
모왓다. 갓처 西大門XX을 바라보면서 걸어가게 될 때 平穩하든 나의 心海에
는 한 줄기의 暴風갓흔 亂想이 떠오른다. (間略) 바로 이곳에 잇는 난의 동무
가 가진 苦楚를 바드며 꼿피는 봄, 丹楓지는 가을, 이슬 나리는 전역 몃몃 번이
나 슯흠에 눈물을 흘엿스며 서름에 한숨을 쉬엿스며 핏끌는 가삼을 쥐여 뜨더
슬 깃을 생각하니 가삼 압허 난다. 그들은 생각에 생각 回想에 同想으로 하로
에도 몃몃 번식 唇氣樓와 갓흔 空想의 樓閣을 쌋고 잇슬 것이다. 그리하야

지금의 밧갓의 自然景을 그리고 父母와 동무를 그리고 世態가 변하는 것을
에달푸게도 그리고 잇을 것을 생각하니 그만 눈물이 흘으려는 것을 억지로
禁하엿다.

어느 듯 벌서 無學峴에 다다럿다. 누구의 記錄을 보면 이곳은 國初 太祖
때 智囊이라는 無學禪師가 돌붓처 하나를 두엇든 곳이라 하야 훗사람들이
이것을 紀念키 위하여 無學峴이라 한다고 한다. 無學과 同音인 舞鶴이라고
도 하고 母岳峯 밋헤 잇다고 하야 무악峴이라 한 것은 誤傳됨이라고 한다.
또한 옛날 옛적에 이 近間에 人跡이 적엇슴으로 혼자서 旅行키는 極히 危險
함으로 同伴을 要하는 이미에서「모와서 간다」는 이미라고 한다. 그 뿐 아니라
鞍狀으로 되엿다 하야 鞍峴이라고도 쓰고 길마재라고도 한다고 한다. 그리고
母岳頂上에는 烽火의 터가 두 곳이 잇는대 烽火불이 두 개가 켜질 때는 敵兵
이 나타낫다는 暗號가 되고 세 개가 켜질 때는 敵兵이 來襲한다는 暗號가 되
엿다고 한다. 이 暗號에 따라서 釜山 義州 會寧 等地에서 急報를 傳하는 방법
이 되엇든 바 지금 無線電信과 갓흔 작용을 하엿다 한다.

바로 이 無學峴에서 5마장쯤 되는 弘濟院에 다다럿다. 이 院이란 것은 길
가든 사람이 자는 곳이란 이미인대 高麗時代에는 僧侶로 이것을 직히게 하야
병든 사람의게 藥을 주고 햇 떠러지면 旅費 못가진 길손의게 無料로 자게 하
엿다 한다. 지금 社會事業과 彷佛한 것이엿다고 한다. 그리고 이 院에는 특히
公館이란 것이 잇서서 國王이 卽位하실 때 支那에서 使臣이 오면 朝廷에서
迎恩門까지 出迎하여 使臣을 이 公館에서 旅裝을 풀고 禮服을 가라입게 하
든 곳이라 한다. 또한 이 부근에 哲宗의 生母 龍府府大夫人 廉씨의 御墓가
잇섯는 바 처음 哲宗이 이 부근에 잇슬 때 더할 나위 업시 구차하야 生母가
도라 갓을 때 治喪할 凡節이 업서서 兄弟가 그 屍體를 運搬하야 겨우 埋葬하

엿다가 후에 大統을 承하심에 도라가신 生母께 卽位의 盛典을 뵈여 디리지 못함을 寃痛히 녁이사 「樹欲靜而風不止, 子欲養而親不待」라는 古書를 생각하시고 다시 營葬하섯다. 이럿튼 곳이 지금은 火葬人으로 되여서 하로에도 몃 名式의 屍體가 뼈까지 타버린다. 나는 문득 가삼을 찔으는 哀痛의 追憶이 일어낫다. 바로 6년 전 봄 꼿피고 새울고 물흐르기 시작하든 때 오날 갓치 온 이 學校선생과 생도와 갓치 朴圓菴先生을 火葬하시던 일이 다시금 생각힌다. 嗚呼라 6년 전 살이 게실 때 朴先生과 갓치 단이던 땅도 그 따 하날도 그 하날 山川도 그 山川이엿만 朴先生은 이미 火葬場에서 한 소박 재로 化하여 린버 후 靈魂이나마 彼界에 가서서 잘 게시든고? 구름 일 듯 하는 空想이 나의 머리를 복잡하게 하엿다. 나의 精神은 그만 부연 안개 속에 잠기는 듯 하엿다.

弘濟院을 지나서니 고요한 벌판의 空氣는 부드럽기 끗이 업다. 百鬼亂舞하는 서울바닥에서 몰이고 부닥기든 사람으로서는 恨업시 부드러운 이 大自然에 陶醉하지 안을 수 업섯다. 그러나 200여명의 우리 一行의 우슴소리 말소리 노래소리는 고요히 잠들고 잇든 四圍의 空氣를 흔들어 노왓다. 그림 갓흔 山野의 景致를 바라보면서 어느 듯 津寬寺에 다다럿다.

津寬寺는 果然 仙境갓다. 蒼蒼히 둘녀싼 松林이 잇고 이리저리 흣터저 잇는 奇巖怪石이 잇고 비단결 갓치 맑에 흐르는 물결이 잇고 처량하게 우는 새 소래가 잇는 津寬寺는 참으로 神祕롭다. 聖神의 그림갓흔 무삼 幼影이 떠오른다. 帽子와 신발을 버서 던지고 땀나는 발을 아름다운 냇물 속에 잠구고 욱어진 습자이로 閑暇한 햇발이 고요히 흐르고 잇는 것을 바라보면서 넙다란 바우에 몸을 언고 한가히 안저서 自然히 偉力과 神祕에 醉하여 黙想하엿다. 아-津寬寺의 이 大自然! 차저오는 사람으로 하여곰 胸裏에 高遠幽玄의 冥想을 몃몃 번이나 자아내계 하엿든고? 다시금 몸을 움직여 듯자리를 請하여 절(寺)大廳에 안저서 津寬寺의 來歷을 일보는 사람의게 물으니 이러하다. 지금으로부터 968년 전 즉 高麗 顯宗大王 初時 創設하엿다 한다. 顯宗大王后母 皇甫(睦宗大王母)가 適子인 睦宗大王을 지극하게 사랑하고 庶子인 顯宗大 王을 지극히 미워 하얏는 바 大良君(顯宗大王되기 前)을 죽이기까지 하랴고 함으로 大良君은 도망하야 津寬大寺를 訪問하고 딱한 사정을 말함에 津寬大 寺는 크게 同情하야 臥床 밋바닥을 파고 大良君을 숨계 주엇다 한다. 그리하 야 大良君은 12세부터 19세까지지 이 곳에 修學하엿다 한다. 그 후 睦宗大王 이 昇遐함에 따라 大良君이 顯宗大王이 되엿다 한다. 잇때 顯宗大王이 津寬 大寺의 옛 恩惠를 생각하시고 津寬寺를 創設한 것이라 한다. 또한 李太祖께 서 無主孤魂을 위하야 水睦社라는 機關을 朝鮮서 처음 이곳에 두엇든 것이라 한다. 지금은 60년간 잇는 主持林 王山大寺(75세 된)가 잇서서 寺를 保管하 고 잇하여슬 뿐인 바 해마다 零渡간다고 한다. 이러고 보니 들여 오는 새소래 좃차 닥처오는 愁心을 하소하는 듯이 들인다. 우리는 午后 5時 半 이 절을 背 景으로 紀念寫眞을 찍고 200여명 女學生의 淸雅한 목소래로 불네내는 노래 로서 愁心과 閑寂에 싸인 津寬寺를 慰安하고 발길을 돌엿다.

北漢山하이킹記

하이. 와이. 클럽, 趙閏慶
《청년》, 1935년 7월

煤煙의 都市, 紅塵의 都市, 맑지 못한 空氣를 마시며 學窓의 疲勞를 늣기다가 四五人 同伴와 같이 郊外로 山嶽의 自然美를 探하여 하로쯤 하이킹 하는 것은 참말 必要하다고 生覺한다.

엇던이는 캠핑이나 하이킹같은 것은 有閑者의 消日거리나 잠고대처럼 알고 있으나 그런 觀念은 打破하여야하겠다. 씩씩한 健兒의 몸길움에 있서 이러한 運動이 必要한 故이다.

이제 나는 이번 하이, 와이 클럽이 北漢山으로 하이킹 갓슬 때 所感을 말해 보려고 한다.

때는 端午을 지난 뒤 어느 날 아참 八時三十分. 우리 一行은 孝子洞 電車 終點을 떠나 健脚들을 北漢山쪽으로 옴기기로 하엿다. 흐린 天氣는 조마조마한 氣分을 주엇스나 郊外의 新鮮한 空氣는 오히려 우리를 滿足시켯다.

苗板에서 苗을 뽑는 農夫의 夫婦 소를 몰며 휘파람 부는 牧童 냇가에서 빨내하는 색시 이것저것이 다 求景꺼리엿다. 그럭저럭 가는 것이 벌서 우리를 北漢山에 다다르게 하엿다.

졸졸 흐르는 냇물소래 재재거리는 山새들노래 伴奏하는 松風 그 어느것이나 感興을 주지안는바 없엇다.

이런 것을 듯고 잇든 金君은 별안간 「야! 別有天地非人間이로구나」하고 웨처서 一同을 微笑케 하엿다. 細雨를 마즈면서 한고개 두고개 넘고 넘어서 太古寺에 다다른 때는 午前 十一時 여기서 約 半時間 休息하면서 그윽한 木鐸소리에 모조리 벙어리가 되엿다. 大鐸은 외로운 뜻을 호소하는 듯 나의 心琴을 異常하게 흔드럿다.

「이자식 詩人야! 道士야!」하는 金君의 아이로니에 비로소 나는 나를 차저 一行의 뒤를 좃찻다. 「石堀文殊菴藥水, 右道行約十分」이라쓴 木標 밑에 일으럿다. 어린 草童들이 낯을 갈며 처량히 노래를 부른다.

히미하여지는 草童들의 소래를 뒤로 두고 땀을 씻스며 山비탈을 도라서 식언한 藥水를 마시엇다. 이때의 爽快한 氣分이란 이로 다 말할 수 없엇다.

元氣를 더욱 내여 오르고 또 올라 最高峰에 다다르니 서울 市街의 全景은 눈앞에 노엿고 仁川바다의 銀波는 잔잔하엿다. 우리는 約束이나 하엿든 듯이 高喊치며 뛰엿섯다. 이것은 感興과 滿足에 못 읽여서 하는 行動이엿다.

여기서 좀처럼 떠나기 어려워하면서 宋君의 스켓취가 끝나는 때 李朝時代의 偉大한 遺物인 城趾를 타고 도라서 다시 都市의 품에 안기게 되엿다.

自然의 殿堂 大京城 風光
- 纛島

一步

《조광》, 1935년 11월

東大門電車停留場에서 나려가지고 東大門 옆을 슬적 돌아 京城軌道車 待合室에서 기다리기 卄分! 나는 島風光을 求景코저 A兄과 같이 遊園地行 軌道車에 올으게 되었다.

三十分마다 떠나는 車라 時間을 마추어 나왔드면 卄分씩이나 기다릴 理 없었겠지만 軌道車는 初行이다보니 自然 이런 잘못을 演하게 된 것이다.

車는 콩복듯 몸둥아리를 흔들면서 좁은 軌道를 타고 굽이굽이 돌아간다. 게딱지 같은 東大門밖 茅屋을 굽어보며 沿線에 展開된 푸른빛을 끼고 줄다름 친다.

가난한 사람들 사는 집이 군대군대 있으니 하로의 散策이나마 愉快한 맛 은 없다. 오즉 흘러가는 물 떠가는 구름장이 내 답답한 心情을 慰撫해줄가?

車는 얼마가지 않어 西纛島 東纛島를 지나 終點 遊園地에 우리를 나려놓는다. 東纛島부터 遊園地까지에 聳立한 포푸러가 炸裂하는 더위에 푸른잎을 흔들고 지나간 장마에 上半身까지 채엿든 물거품의 자최가 아즉도 살아지지 않은 옛 貌樣을 그대로 보인다.

遊園地! 纛島 風光을 宛然히 달리한 遊園地 옛날에는 이 遊園地는 昨年 七月에 된 것으로 漢江 上流 모래 기슭을 沿하여 넓다란 平原을 遊園地로 만드렀다. 그리하여 거기서 멀리 漢江 上流의 검푸른 물과 그 우에 뜬 뽀-트를 바라볼 수 있고 또 그 對岸에 翠巒을 바라볼 수 가 있다. 東으로는 京城軌道의 遊園地로 사람의 발길은 옴겨진다. 纛島의 葡萄밭내ㅅ 기슭으로 그 風景을 보려했던만 이로 뻗어 멀리 이름모를 山이 하늘에 솟고 奇峰白雲이 黙黙히 뜬 양 그리고 푸른뜰이 一茫無際로 展開된 것은 보기에도 시원스런 風光이다.

遊園地에는 「풀」이 있다. 때마츰 어린이들이 오리떼같이 沐浴하고 人造瀑布가 떨어지는양 비록 손꼽작난 같으나 都會人의 마음을 慰撫하기에는 넉넉하다. 그네가 놓이고 미끄럼하는 틀이 보히었으니 이것은 兒童用의 遊戲場! 저 멀리 한떨기 두떨기 따리아가 피를 吐하는듯 피여잇고 「간나」꽃이 또한 푸른 잎 우에 붉은 꽃을 깃드리고 있다. 아즉도 遊園地는 施設이 不備! 나는 그것보다도 모래사장으로 쏘다니며 배 우에 몸을 실고 江上 風光에 넘오는 것이 무엇보다도 愉快한 일이였다.

臥牛山에 올라

金永羲
《청년》, 1936년 10월

바람도 않 일고 다스한 늦인 가을 날이었다. 어제 아침에는 봄비 같이 비가 나렷고 豫報는 오늘 붙어 치워지리라드니 豫想 밖으로 溫和한 날이었다. 어제 이만 때 讀書하고 있노라니 바람이 새로 이은 지붕에 몹이 소리를 내이지 않었었나. 敎會에 다녀와서 午後에는 숲으로 가서 다시 못 볼 丹楓이 보고 싶었다. 市內로 가는 언덕 우에서 바라 보히는 먼 江邊까지 나가보자고 하엿섯다. 멀니 거르면서 思索하기 좋은 것이 아닌가 그러나, 市內를 다녀나오니까 疲困도 하고 이렇게 平穩한 날에 글 한 줄 쓰지 못하는 것이 아까운 듯하여 조희를 놓고 앉엇섯다. 西쪽 미닫이로 밝고, 따스한 해가 들고 主日이어서 房안이 훈훈하게 불을 때엿섯다. 붓을 들고 日前에 學校에서 쓰다가 말엇든 '몇가지 缺陷'을 쓰려고 하엿섯다. 그러나 웬일인지 써지지 않고 精神이 集中되여 熱을 얻지 못하겟고 도로혀 흩어젓섯다. 이렇게 精力이 쓸니어 나간 때 效果없는 苦勞를 함이 부지럽슨 듯 하여 오래간만에 낫잠을 가젓다. 집안은 고요하고 따뜻한 房이어서 모르는 사이에 平和스럽게 잠이 들엇섯다. 예일大

學에 잇을 때는 每日 午後마다 한 時間식 꼭 잣섯다. 午前에 세 時間 講義를 듯고 晝食을 먹고나면 퍽 疲困하여서 쉬지 않고는 못 견듸겟섯다. 或 어떠한 때는 한 時間을 쉬일수 없어 二十分만 눕자고 하고 그 疲困을 띄여버리고 나면 아침에 이러난 것 같이 모든 左右가 싱싱하여 보히고 讀書의 글이 기운차 보혓섯다. 그때 異常한 것은 누으면 곳 잠이 들고 한 時間 잇다가 깨이자면 한 時間 後에 三十分後라면 꼭 그때에는 틀님업시 깨여지는, 것이엇다. 지금에 公務가진 나로서 그 때처럼 悠閑한 낫잠을 바랄수 없지만 休日에도 그리하기 어려운지 낫잠을 자기가 참으로 오래간만이엿다. 맑은 精神으로 글을 쓰고 나니까 다섯時 二十分이나 되엿섯다. 쓴 것은 五六頁 밖에 아니되는 때해는 이미지는 것이엇다. 하로가 얼마나 짧은가 前에는 그다지 늦겨지지 않고 하로면 무엇을 좀 많이 하여놓을 수 잇엇다. 冊을 읽어도 듬뿍하게 글을 써도 흠웃하게 써지엇섯다 만은 近者에 와서는 아침이자 저녁 때인것 흔 음에 웬일인가 글을 쓰고 나서 滿足은 하나 가려든 散步를 못 간 것이 아까울고 오늘 같은 날 숲의 늦인 가을을 못본 것이 아까와 가까운 곧이라도 가자고 臥牛山으로 나섯섯다. 해는 거진 저물며 몱이 한울 빛을 물드리고 放送局의 쇠기둥이 뚜렷이 솟겨 보혓섯다. 식거묵게 흐르는 얕은 물을 막고 씻어 실는 배추와 무유 파 쑥갓은 먹음직하고 싱싱도하엿섯다. 진드물과 가믈에 다 시드른 듯하지만 그래도 잘 된 곧에서는 잘 되엿고나 늦기엇섯다. 그 내물을 끼고 나려가면 지게마다 실닌 하얀 빛이 山 그림자에 뚜렷히 보혓섯다. 얼마 前인가 내가 延專 在學 當時에 건너 洞里 老古山에 宿舍를 定하고 잇섯고 새벽마다 이집 저집서 서로 깨우는 소리가 나든 것이 이 배추 무유 짐을 가지고 長安으로 가자든 것이엇다. 이 배추와 무유 짐은 내가 여기에서 띠니 잇는 여러 해 동안에도 끈침 없이 繼續되엿섯구나 늦겨젓섯다. 臥牛山! 悠閑하고 무죽한 일흠이다. 母岳에 안긴 港口를 가려주는 섬같기도 하고 汝矣島 모래가 더 밀려들지 않게 막는듯도 하다. 三角의 脈이 마지막 끝친 峰오리가 아닌가. 延專

에 잇을 때간다간다하면서 못가고 이리로 移舍를 하고도 곳 간다든 것이 아직 機會를 엇지 못하엿섯다. 悠閑하게 늣기면 놀 時間이 없음이 아까웟섯다. 익어가는 빠나나 가치 도투리 나무마다 色이 變하엿섯다. 조각들을 삐집어 보히는 누른 홈에 마른 솔닢이 덮이고 或 가다 잇는 一年葉들이 노라케 물드럿섯다. 힌 보를 쓰고 등굽은 女人네 검은 조끼입고 코홀적이는 兒孩들이 나무를 극다가 어듸로인지 숨어가버렷다. 頂上에 잇는 길은 소의 두뼈를 뒹고 가는 듯이 거진 一直線이엇다. 해가 지는 것이 보고 싶어 빠른 거름으로 올나갓섯다. 내가 頂點에 서자 해는 이미 江 건너 山에 半이나 가렷섯다. 燦爛한 빛이엇다. 紫朱빛 싱싱한 紫朱빛이 잠간 들엇섯다. 아름다운 빛이엇다. 英文學에서 해가 저물며 퍼플色이 된다고 하는 것이 늘 正確하지 않은 듯이 들이드니 오늘 眞正으로 그 빛이 보혓섯다. 잠간이엇다. 그러나 어찌나 곻은 빛인지 그것을 보라만도 오기 잘하엿섯다. 해가 넘자 眞紅色이 되드니 次次 싱싱한 빛이 죽고 타色이 되드니 오래동안 붉으스럼하여 잇섯다. 나는 이러한 빛을 보러 여러 곧에 섯든 것이 아닌가. 松都의 滿月臺, 米國 내스빌의 郊外, 뉴헤븐의 웨스트락 우에 가서 무어라고 表現하기 어려운 色의 變化를 늣기고 섯든 것이다. 언제 보아도 새로운 自然이다. 눈아래 보히는 江에 잔 물살 일코 붉은 돛을 단 배 하나가 힌 煙氣나는 工場 옆으로 나려가고 下流 먼 곧에는 배들이 鐵橋의 돌기둥 가치도 보혓섯다. 푸릇한 菜園을 새에 두고 소두룩이 안긴 西江洞里에는 저녁 煙氣어리고 넓은 벌판으로 소리치고 가는 汽動車는 實驗室의 車만이나 하여 보혓섯다. 벌판에 소북소북잇는 붉은 당추 얹인 집 우에 힌 煙氣 서리어 잇섯다. 논에 곻인 물은 琉璃같이 보히고 옆에선 뽀뿌라 나무가 어느 것이 그림자인지 모르겟섯다. 풀이시들어 그러한지 共同墓地의 돌들이 얼킨 延專의 本館이 男性답고 푸른 지붕의 우리學校가 雅麗하게 보혓섯다. 南山 아래 푹 꺼진 長安에는 灰色 煙氣가 짓헛고 龍山 水色 永登浦 쪽에서 汽笛 소리 들니엇섯다. 다만 먼 白雲臺 聖峰만 아직 저녁 놀빛에 어리엇섯

다. 나는 천천히 나렷섯다. 나무하는 아해도 업엇다. 나의 발소리에 놀나 꿩이
몸 무겁게도 날럿섯다. 이 洞里는 어느듯 저녁 煙氣에 휘감기어 버리고 멀니
音樂館 窓에 電燈이 켜젓섯다. 내가 지날 때 다 부슥하게 닭들이 잇든 養鷄場
도 門들이 다 다치고 守直하는 개가 나의 말소리에 性난 소리를 내엿섯다.
이 개는 바로 그 개이엇섯다. 내가 散步다니다가 어떠한 캠쑨이가 끌고 다니
든 그 살진 개이엇다. 여기서 고만 끊고 한참 讀書나 하자. 지금 갗이 平和스럽
고 精力 좋은 때가 늘 잇섯으면 나의 心神이 기름저 질듯도 하다 이미 아홉時
가 넘엇구나.

牛耳洞園遊記

金魚水

《금강산》, 1936년 6월

五月九日이엿다! 오늘은 우리 學校에서 年中 行事의 하나인 春季園遊會를 하기로 約定한 날임으로 나는 일즉이 첫새벽부터 잠이 쌔여서 가만이 이불속에 숨어누어 窓門틈으로 밧갓 日氣를 살펴보는데 쯧박게도 검은 구름이 하늘을 덥고 굴근 빗방울이 쏘다지는 소리가 들려올 쌔 果然 이 가슴은 끗업시 落望하고 도라누우며 마치 무치어썬 愛人을 만나려고 約束할 날에 오는 비처럼 몹시도 얄밉고 심술구진 생각을 하면서 『에 何必 오늘 비가 올 것이 무엇이냐』 하는 한마듸로써 限업시 하날을 원망하고 가득한 깃붐과 오늘에만흔 企待를 哀惜하게 삭이면서 支離한 두時間을 지내고 午前 일곱시가 되엿다. 쌔마츰 아침밥이 드러오는데 異常스럽게도 비는 개이고 하늘에 구름덩어리도 次次 열버저가는 모양이 보엿다. 그리하야 밥을 먹으면서 『그러치 하늘도 설마 무슨 酬酌이 잇겟지』 하고 얼는 수까락을 노흐면서 登山服을 입고 点心변도를 催促하여가지고 우리 一學年의 集合場所인 東小門 外 敦岩里쌔쓰停留所로 쒸여다라나니 벌서 時計는 午前 九時 集會 正刻이 다 되어간다. 그리하야 여러 同侔들은 벌서 모여서 하늘을 처다보며 오늘은 아마도 비를 마즐 것이라고 근심하는 사람도 잇고 아니 나종에는 날이 맑어진다고 壯談도 하는 中에 우리班 擔任 鄭駿謨 先生이 오시고 그 다음에 쏘 學監 金敬注 先生이 오시는데 金先生님은 오시다가 쌔쓰가 지나가는 바람에 물이 쒸여와서 옷슬 버리섯다고 하시면서 『나는 오늘 물에 쌔진 영감갓다』고 하시는 말슴에 一同은 모다 우스면서 바로 곳 길을 써나게 되엿다. 그리하야 一行은 滋味 잇는 이야기도 하고 우스운 수수걱끼도 하여가면서 目的地를 向하는데 道中에 古寺가 만히 잇는 것을 參拜하면서 가자는 先生님의 말슴에 첫재 興天寺를 차저 가게 되는데 가다가 물깃는 村婦를 보고 길을 물으니 수집은 態度로 恭遜히 가르처주는 것은 大端히도 고맙고 반가웟다. 그리하야 나는 속으로 이런 詩調 一首를 불넛다.

좁은 山 굽은 길로 굽이굽이 도라들며
물 깃는 村婦보고 興天寺를 무럿더니
고개를 넌짓 숙이며 저리가소 하더라

그러는 동안에 어느듯 興天寺 山門에 當到하니 첫재 崇嚴한 古刹의 姿態가 보인다. 그리하야 우리 一同은 法堂에 敬禮하고 마당에 섯는데 先生님으로부터 이 절은 李朝時代에 創建한 절인데 近年에 와서 一名은 新興寺라고도 한다하고 쏘 이 절에서 近間 朝鮮佛敎 上 有名한 人材를 만히 養成해낸 절이라고 하신다. 果然 道場이 嚴峻하고 法堂들이 雄壯함은 京城近處에서 稀少한 伽藍이라고 할 만하다. 그리하야 參拜를 맛친 뒤에는 곳 풀언덕 좁은 돌길노 써나가는데 하늘에서는 다시 이슬비가 부슬부슬 우리의 씌쓸무든 行裝을 씨서주는 드시 나려줍니다. 나는 그 이슬비를 맛는 것이 더욱 오늘 園遊에 한 興味를 도웁고 다시 永遠의 印象을 남기게 되는 滋味스러운 생각하고 더욱 노래도 부르며 뛰기도 하면서 들길을 지나갈 적에 벌서 秧板에는 苗가 푸르게 자란 것이 보인다. 그리하야 갑자기 싀골 農村이 생각나고 우리집 農事도 벌서 저러케 되엿스려니 하는 무거운 感懷를 가지고 이슬 무든 芳草를 헤치면서 실오리가튼 村落의 煙氣가 덥힌 가운데로 지나가는데 멀리 北岳山 허리에는 힌 구름이 감아돌고 잇는 것도 오늘의 雄大한 一景이엿다.

> 욱어진 芳草새로 손의 거름 興겨운데
> 秧板에 푸른 苗는 예서 보기 새로워라
> 千里밧 우리집에도 하마 벌서 밧브리

> 내리는 이슬비에 이 마음을 씨섯는데
> 北岳山 놉흔 峯에 구름은 무삼 일고
> 雄大한 그대 얼골을 보여준들 엇더리

나는 이런 노래를 속으로 부르면서 거러가는데 어느듯 貞陵里라는 洞里를 지나서 다시 山골 좁은 돌길로 휘여 드러간다. 여기는 靑岩寺라는 古寺가 잇다고 그 절을 參拜하러 가는 길이다. 一行 同伴들은 如前히 作亂도 하고 이약이도 하면서 어느듯 山間에 이르니 香烟이 어린 가운데 웃둑 솟은 法堂 畫閣은 과연 一幅의 그림인 듯 십헛다. 그런데 이 절은 一名 慶國寺라고도 한다고 한다. 그리하야 別로 寺歷을 말하는 사람도 업고 그저 松臺에 걸처 안자 疲勞를 쉬이다가 써나가는데 時計는 十時 三十五分이엿다. 引率 先生님은 『이러케 가서는 언제 갈지 모르니 좀 쌜이가자』고 하시는 催促 命令에 一行은 더욱 勇氣를 내여서 말게 흐르는 시내를 씨고 靑山 十里를 加速步로 달려 드럿다. 굽이굽이 드라가는 山길 兩岸에는 기름진 山나물과 느진진 달래꼿이 늘어진 그 사이로 지나가면서 여러 同伴들과 滋味잇는 이약이도 만엇지마는 特히 孤雲寺 禹君과 學術에 對한 이약이와 常識에 對한 이약이는 퍽도 興味가 깁헛고 價値가 잇섯다. 그리하야 놉흔 山 깁흔 골을 넘씨도 만이하고 건너기도 만이햇지마는 어느 사이에 지나갓는지 알 수 업섯다. 째는 바로 十一時 三十分을 가르치는데 또 압헤 古庵이 하나 닥친다. 일흠은 三聖庵이라고 하는 조그마한 庵子엿스나 左右에 層岩 絶壁과 奇峰妙岳은 可히 聖地인 듯 십다. 學監 先生님 말슴이 이 절은 特히 祈禱의 靈驗이 잇다한다.

어댄들 聖人을 뫼신데야 一般이겟지마는 그래도 山水의 嚴峻함을 쌀아 祈願者의 心神이 特異할 것도 事實이니 果然 그럴 듯 십헛다. 그런 이약이를 드르면서 蒼苔 안즌 돌 우에 히리를 걸치고 쌈을 식이는데 째마츰 쓸 압헤 한 포기 山櫻花가 느진 봄을 말하는 듯이 곳쪼각을 날려 우리 가슴에 부닥칠 째 그 아름다운 心情이야 엇지 붓으로 다- 描寫할 수 잇스랴. 그리고 또 이 절에는 뒤 石壁 사이로 소사아오르는 藥水가 잇는데 그 물을 먹으면 長生不死한다고 하기에 나도 한 그릇 그냥 마섯더니 참으로 속이 싀원한 거시 長生不死할 것도 가텄다. 그리다가 또다시 쩌나가는데 새로된 綠陰 아래로 形跡만 잇는 山길을 거러갈 적에 世波에 저즌 코를 여러주는 풀 香氣야 말로 여긔가 仙境樂園의 大秘苑인 듯도 십헛다.

　　娑婆이 世上에 靈地업다 그즛말이
　　萬古이 秘境에 와보시니 멋멋친고
　　日后에 勝景 무르면 나는 예를 일으리

　　山과 눌이 다 조흔데 돌바위도 奇異커늘
　　三聖菴 부처님을 靈驗 업다 뉘일을고
　　紅塵에 타른 이 몸이 아모덴 줄 몰네라

나는 이 詩調 二首를 읖프면서 모든 分別을 이저버리고 한참 나려가니 쏘 華溪寺라는 큼직한 古刹이 눈 압헤 나타난다. 一行은 바로 大雄殿에 가서 香을 살으고 至誠으로 參拜를 한 뒤에 다시 그 절 住持 스님의 簡單한 歷史을 드럿다. 이 절은 옛날 王宮에서 지은 절인데 當時 大端히 有力햇다하고 쏘는 近世에 英傑인 大院君의 親筆이 懸板되여잇는 것을 보와 李朝 排佛時代에도 相當히 崇奉하엿다는 것을 左證할 수 잇섯다. 째는 十二時가 다 되어가고 하늘도 맑어젓다. 그리하야 벌서 배곱흐다고 하는 同伴도 이섯고 다리 압프다고 야단하는 同伴도 잇섯스나 牛耳洞까지는 엇잿든지 가야한다는 先生님의 말슴에 다시 일어나 쏘 山길을 向하는데 華溪寺 住持 스님이 山門에 까지 나와서 멀리 牛耳洞을 가르처주고 가는 길을 明確하게 일러주는 데는 大端히 感謝하엿다. 거게서부터 一同은 쮜여서 牛耳洞天을 멀이 바라고 돌길 山길을 고로 밟아가며 來往 雜談과 紛紛한 笑話에 어느듯 牛耳洞口에 다다럿다. 오늘 아츰 써날 째에 先發隊로 나간 級長 梁君이 몬저와서 기다리라고 밋고 차젓스나 뵈이지 안흠으로 한참 궁금하기도 하엿다. 맑은 물 푸른 언덕을 쏘차 깁픈 골로 차저드러가니 넓직한 草原의 四方에는 躑躅花가 휘여 늘어지고 허리 굽은 老松들은 바람결에 춤을 추면서 하로의 安慰를 엇으려고 차저온 俗子들을 마지하는 듯한 景槪 조흔 場所을 發見하엿다. 그 째야 級長 梁君도 쌈을 흘리고 차저 오면서 길을 일코 만히 苦生하엿다는 말을 한다. 一同은 퍽도 未安하다는 人事를 한 다음 各各 蓋石과 松臺에 거러안자 于先 변도를 먹는데 째는 바로 零時 五十分이다. 그 津津한 맛이야 엇지 羔羊 珍美에 比하며 그 灑新한 맛이야 엇지 俗子의 입으로 形言인들 할 수 잇스랴. 一同은 午飯을 마치고 한참건 일다가 다시 자리를 쌀고 菓子와 藥酒를 먹게 되는데 次例로 도라가며 한마듸식 노래를 부르기로 하야 오늘의 愉快한 氣分을 마음대로 쏘다내자는 一方의 意見에 모다 拍手하고 정말 本格的 游興으로 드러가게 되는데 날가티 노래 못부르는 親舊들의 抑制 노래도 한 異彩려니와 本是 流

暢한 音響과 調節마즌 曲調로 부르는 노래는 果然 오늘의 牛耳洞 園遊會의 眞相을 그대로 發揮하는 듯 십고 이러틋 아름다운 大自然을 餘地업시 絶讚하는 듯 십헛다.

> 牛耳洞 맑은 물에 손 발 싯고 안젓스니
> 허다한 世上事가 숨 밧게 틔쓸이니
> 마음도 別有天地만 예를 두고 이름인가
> 興겨운 長短 아래 손의 노래 놉앗는데
> 바람에 날리는 숫 술잔 우에 써러지니
> 누구라 世波妄念을 예도 잇다 하시리

나는 숫 속에 숨어 누어 이런 노래를 생각하엿다. 여러 同侔들은 마음껏 쒸고 노래하고 구을며 모든지를 다 이저버리고 놀다가 오늘의 愉快한 紀念을 永遠히 가지기 爲하야 寫眞을 찍게 되는데 시냇가 山 비탈에서 마음껏 깃분 表情을 그대로 카메라 속에 집어너엇다. 그리고 다시 引率 先生님께서 내여준 『쌍』一箱을 거러노코 等數抽籤을 하엿는데 퍽도 滋味스럽게 지내고 그 다음에는 집으로 도라가게 되는데 모다 醉興에 못이기고 自然勝景에 못이겨서 活潑스러운 노래소리와 우수운 作亂이 쓴일 사이 업시 멀리 三角山 白雲臺에서 나려 쏘다지는 夕陽과 함께 쯔부라진 그림자를 씌을고 도라오는데 오늘의 이 깃분 氣分과 아름다운 印象은 永遠히 나의 記憶에 살아지지 안흐려고 모든 枝葉을 다 버리고 大綱 根幹만 써서 牛耳洞이 勝景이 길게 빗나잇기만 스사로 바라면서 ㄱ만 붓을 노흐려한다.

그리고 두 先生님이 우리를 爲하야 만히 苦生하시고 숫까지 아모 支障 업시 引率하여 주심은 더욱이 衷心으로 感謝를 드리는 바이임니다.

作家日記, 外人墓地有感

咸大勳
《삼천리문학》, 1938년 4월

작가의 일기라면 얼른 字義대로 해석하여 작가의 생활을 쓰는 일기처름 생각이 될 것이다. 사실에 있어서도 작가의 생활을 쓰는 것이 작가일기 일런지 몰으지만 나는 도스토옡흐스키의 「작가일기」를 耽讀한 때가 있었드니 망큼 편집자가 쓰라는 이 「작가일기」를 내 한 개의 미숙한 작가로써 쓰기엔 너무나 마음이 초조불안해진다.

원래 세계적으로 이름잇는 도스토옡흐스키-의 「작가일기」는 그가 1873년 「市民」이란 정치잡지의 편집장의 職에 앉게 된 것을 기회로 「市民」지상에 연재한 것이어니와 어떻든 이 「작가일기」는 그가 작가적 정열을 被露한 감상과 논문 등의 참된 勞作으로써 니-체로 하여금 도스토옡흐스키-를 발견한 것은 내게 있어서 스탕달의 발견 이상으로 중요한 것이다. 그는 내게 심리학상 무엇인가를 가르처준 유일의 사람이라」고 절규케 할 만큼 이 「작가일기」가 가지는 가치는 훌융한 것이다.

「작가의 일기」는 1873년에 시작하야 1876, 77년 及 1880년에 이르럿거니와 그 동안 수 개의 작품을 쓰지 않은 것 않이지만 어떠튼 「작가의 일기」는 그의 「자기완성」의 사상발전 과정을 보히면서 소설이란 일정한 형식을 초월한 사상과 논문으로 된 것인 망큼 그의 정열의 소산인 이 일기엔 그의 면모가 여실히 나타나는 것이다.

却說 위대한 문호 도스토옡흐스키-의 작가의 일기는 그 사회적인 또 시사적인 비평의 세계를 창조하면서 銳意 비판의 메쓰로써 작가적 정열을 쏘다노앗지만 우리는 무엇을 쓸건가 다만 가슴속에 타는 불길이 마음을 초조하게 할 뿐이다.

내 가슴엔 소리라두 높이 부르짖고 싶은 충동도 없는 것이 않이오. 하늘을 나를만한 용기도 없는 것은 않이지만 크게 소리라도 지르려니 목이 쉬었고 하늘을 나르려니 공기가 희박해서 나를 수가 없다.

다만 나는 무기력한 나의 생활의 하로를 적어 이 혼탁한 시대에 거러가는 한 토막을 써볼가 한다.

1월 16일 晴

팔만대장경 도난의 報를 접하고 합천 해인사를 다녀온 다음 날이 바로 1월 16일이다. 수일동안 旅路에 困한 몸을 쉬일 겨를이 없이 나는 2, 3인의 벗과 東京으로 가는 ××양을 보내러 京城驛에 간 것이 오후 2시 반, 2개월여를 그들과 만나는 사히 깊어진 우정을 오늘 보내려는 섭섭한 마음에 아련한 슲흠을 맛보며 나는 역 한 모통이에 서있었다. 행인지 불행인지는 몰으거니와 기차가 만원이라하야 떠나지 못하게 된 것을 오히려 다행하다하며 4, 5인의 일당이 기념촬영을 하고 唐人里행 차를 탓을 땐 석양빗긴 해ㅅ발이 힘없이 차창을 엿보고 있었다.

唐人里를 가는 것은 거긔 張兄의 애인이 있다는 걸 알고 내가 주장한 것이어니와 張兄은 그 여자를 찾기엔 넘우나 사람이 많었음을 기피햇든지 外人墓

地에 갈 것을 주장했다. 唐人里역에서 나려 이리꼬불 저리꼬불 外人墓地를 찾었을뗀 석양빛이 퍽 기우러저 저녁 바람이 한끗 뺨에 차거운 물결을 지우고 있었다.

여긔는 그 어니 땐가 한참 劇藝術研究會가 연극을 전문적으로 하든 황금 시대 공연을 끝맡치고 픽닉을 왔든 곧! 그러나 그 때는 5월인가 되여 이 황량한 곧에도 녹음이 욱어지고 꽃방을이 향그런 우슴을 텃드리고 있엇건만 오늘이 1월 16일 대지엔 눈과 어름이 깔리엇고 나무가지엔 입 하나이 없다. 그러나 공동묘지라 해도 조선 사람의 묘지와는 달러 그렇게 무섭거나 妖怪라도 날뜻 공포증은 생기지 않는.

여긔저긔 무친 무덤우에 세운 碑들이 한끗 석양 노을에 더 한층 애닯은 애상의 수심을 가슴에 서려죽다.

거긔는 英, 佛, 獨, 露文으로 색여진 글자들이 碑우에 그려있다. 대개 兒墳이 많고 남녀 어른들의 무덤들도 있다. 제각기 마음 내키는 그대로 우리들은 碑앞에 섯다. 우연히 여긘엔 英, 佛, 露 3국어를 解得하는 사람들이 있었다. 이리하야 제 각기 알 수 있는 그 碑文앞에 섯다.

제일 승거운 게 英文碑文! 평범하게 언제 죽은 것 어듸서 나서 몇 살이였다는 것 등이 써있다.

바로 따우에 덮은 碑 하나! 그건 佛文 나는 佛文을 아지 못하므로 거긔 무슨 글을 썼든지는 몰우지만 李, 張 兩兄의 해석으로 자기 안해의 죽음을 시로 알 것인 줄을 알엇다. 한 사내의 죽은 안해를 생각하는 그 순정이 碑文우에 눈물로 색여저 다시 저 먼 천국에서 만날 것을 굳게 약속한 그 글! 거긔는 평생을 같이 걸어가려다 몬저 간 안해를 슯어하는 情이 속속드러 있었다. 내 일즉이 彌阪里 공동묘지에서 어떤 舞姬가 자기 남편 죽은 무덤앞에 세운 비석에 자기 이름은 쓰지 않고 友人一同이라 쓴 것을 보고 무정한 안해를 責한 일도 잇거만 이 외지에 와서 죽은 안해게 이 피눈물 어린 글을 쓴 미지의 남성, 아!

그대는 어듸 잇는가?

나는 그 碑文의 해석을 듯고 석양 노을을 밟으며 서편 짝에 고요히 선 몃 개의 묘비를 이리기웃 저리기웃 하고 있었다. 카작크人 누구라는 碑가 눈에 띄인다. 이 만리이역에 무치인 그의 魂은 과연 멀리 고국으로 갓든가?

다시 발길을 돌리니 묘비 속에 색인 사진이 유리속에 잠들고 있는 8세되는 어린이의 무덤이 보힌다. 「고요히 잠들라. 내 귀여운 애야! 미래엔 저긔서 만 나게 해다오」 하는 露文으로 쓴 碑文이 색여저있다.

이 어린 靈은 이 외국에 와서 성장도 해보지 못하고 異域 하늘아래 무치였 으니 그 魂은 길이 잠들어 이 조선 땅에 깃드릴 것이다. 그리면 부듸 평화로히 잠들지어다. 나는 십자를 거으어 이러케 중얼그렷다.

아지 못하거니와 필시 그는 白系露人의 아들이였을 것이다. 혁명으로 쫓 긴 白系露人이 이 조선 땅에까지 와서 어린이를 뭇는 슯음이 얼마나 컷슬가? 죽음에 있어서 거의 慈悲가 있는 것은 민족의 別이 어듸 있으랴? 나는 깊이 그 어린 靈前에 머리를 숙여 그의 魂이 평화로히 잠들기를 바랫다.

과연 죽음은 생을 넘어선 세계에 죽음으로써 사람은 모-든 것을 청산한다. 다만 죽은 뒤에 남는 것은 그가 일생 끼치고 간 巧績만이 남을 것이다. 그러면 이 세상에 와서 아-모것도 한 것 없이 간 인간이야 얼마나 슯을 것이랴? 죽으면 시체는 흙으로 化해버리고 말고 그가 남기고 간 위대한 말과 일이 남아있을거 니 만일에 그런 말과 일이 없엇다면 그는 일생을 헛되히 산 것이다. 죽은 뒤에 남는 것은 높은 지위도 榮讚도 금전도 다 않이다. 남긴 일과 말과 사상이 남아 있는 것이다. 그기에 千秋萬代 大權力家, 大富豪의 이름이 역사의 페이지 를 장식하지 않고 위대한 사상가, 문호, 종교가가 남아있는 것이다.

사람은 현실에서 權力慾, 名譽慾, 物慾, 色慾에 빠지지만 사람이 죽기만 하면 이런 것은 一片 구름으로 살아지고 마는 것을 본 사람은 헛되히 싸우고 욕하고 질투하고 비방하는 것이다.

나는 오늘 이 묘지에서 마음 속에 살아젓든 새 인생을 찾엇노라. 그리고 항상 밧분 시간으로 달리기 때문에 깊은 사색의 세계를 갖어보지 못하는 슲음을 다시금 늣기엇노라.

작가는 인생을 예민하게 통찰하는 눈이 있어야 하는 동시 인생을 심각하게 연구하고 사색하는 힘이 있어야 하는 것이다. 이런 시간적 여유를 갓지 못하는 내게 어찌 심각한 인생이 그려질 수 있으랴!

도스토옙흐스키-는 인생사회의 모-든 부문을 깊히 묘사하기 위해서 소설적 구성에 있어서 저자를 무시한 점이 많엇다 하지만 그러나 우리는 그의 작품에서 인생의 참되게 고민하는 혼의 고백을 들을 수 있는 것이다. 여긔 소설의 예술적 가치가 있고 사상적 내용이 있는 것이 않일가?

우리의 발길은 다시 한강 하류 어름 언 위로 옮겨젓다. 가을철 들면서 차지든 물이 이제 꽉 얼어붙어 詩趣를 내이든 범선의 그림자가 보히지 않으니 망망한 氷海! 여긔는 찬바람이 북극의 氷海에서처럼 뺨을 따릴 뿐이다.

몇 친구가 어름을 지친다. 사람온 묘해서 강물우엔 배를 만들어 띄우고 이 어름위엔 스케-트를 비러내어 달리게 한다. 이 얼마나 인생의 오묘한 재능인가? 푸른 별들이 숨박곡질 하고 있다. 얼마되지 않어 東山에 달이 솟삿다.

「오렌지빛이지?」

「아-니 레몽빛!」

東山에서 처음 나오는 달빛을 가지고 서로 쟁론을 하다가 문득 화제는 문학상의 달로 옮겨젓다. 서양사람들은 창백한 달빛이라하여 달을 그리 좋아하지 않음인지 문학상에 달을 題材한 것이 극히 적지만 동양문학에야 달에 대한 시와 산문이 그 얼마나 많든가?

달을 보는 감정이 동양사람에게 훨신 많이 발달된 것은 사실인 것 같다. 여긔 咏嘆적인 동양문학의 특징이 있어 그런지는 몰라도 또한 여긔에 동양문학의 風流性이 잇지 않을가? 별들은 그들이 많이 題材헷스되 웨 달은 그들의 감정을 음직이지 않엇슬가? 밤 하늘의 별들도 물론 사람의 마음을 잡아 흔드나 달의 그 모양처럼 사람의 마음을 감상의 세계로 이끌지는 못할 것이다. 웬심인지 도대체 달은 동양 사람이 그렇게도 좋아하는 하나의 서정적인 세계이요 또 能히 親하고 앳기는 하나의 咏嘆하는 대상이 되는 것이다.

한문에 있어서 달을 題材한 것은 그 수를 헤아릴 길이 없는 것이지만 조선 고문학상에 있어서도 일반에게 대중화된 시조에서 보면 그 수가 얼마나 많은 건지 알 수 있을 것이다.

秋月이 滿庭한데 슲이우는 저기럭이
霜風이 日高하면 도라오기 어려워라
밤중만 中天에 떠있어 잠든 나를 깨오노니

이건 기럭이에 중점을 든 것이지만 역시 달을 읊엇고

梨花에 月白하고 銀漢이 3更인데
一枝春心을 子規야 알랴만은
多情도 病인양하에 잠못들어

이건 月白한 때 님을 그리는 마음을 그린 것이니 여긔 달의 소임이 중한 것을 알 수 있고

西山에 日暮하니 천지에 가이없다
梨花에 月白하니 님 생각 새로워라
杜鵑아 너는 누를 그려 밤새도록 우느니

이에도 결국 달은 중요한 소임을 하고 있다.

이와 같이 동양문학엔 기럭이와, 달과, 꽃과 달이 크게 깊은 인연을 갖이고 있다. 어쩐지 나도 소년시절 가을달 밝은 밤에 바이올린이나 하-모니카를 듯고 밤을 거이 새다싶이 달에 解한 때가 있었고 지금도 달을 보고 거긔서 늣기는 感傷性이 30이 훨신 지난 나를 괴롭피우거니와 이 달은 이날 밤에 가슴속에 요란한 파문을 일으켜 주었다.

달이 퍼그나 올라와 우리는 다시 교외의 길을 더듬어 걸으면서 이야기의 꽃을 피웟다. 문득 화제가 방송에 대해 轉해 젓을 때 그 누구가 서양선 방송 후에 꼭 자기가 가장 귀하게 생각하는 사람의 이름을 불른다는 말을 끄냇슬때 나는 문득 서양 사람은 개성을 존중하고 또 私와 公을 경우에 의해서는 서로 이용하는 것을 다시금 늣기고 그들의 생활에 정신적 물질적 여유 잇음을 다시 부리워하였노라. 숨은 汽笛과 함께 차와 와다엇다.

자살하고 싶다는 모군을 붓들고 차에 올라오니 방안이 다시 명랑해진다. 차는 작고 남으로 간다.

기차여행은 항상 나에게 미련의 세계를 갓게 하거니 그러나 10분도 못되는 승차가 우리게 얼마나 뿌리깊은 미련을 주었으랴? (1월 26일 밤)

서울 外人 墓地
- 唐人里를 차저서

碧眼居士
《삼천리》, 1938년 8월

태평양과 太西洋을 건너 水陸 수십 만리의 길을 거처 우리 반도에 발을 드려 놓은 명사들로서 異域에서 作故하야 그 혼이야 고국으로 날너 갓겟지만 육신만은 서울의 흙 속에 무치고 있는 洋人 명사들이 어디에 어떻게 있는고,

이 의문을 풀려고 나는 어느 첫 겨을날 시외 唐人里로 갓다. 唐人里는 京城驛에서 北村으로 향하는 궤도차를 타고 교외 晩秋의 풍광을 바라보면서 한참 가느라면 唐人里역에 다다른다. 거기에서 남으로 新長路를 향하야 약 3町 가량 가면 鼈頭峰이 보이고 그 왼편으로 언덕을 향하야 조금 올너가면 아조 한산한 마을이 있고 그 마을을 곳 넘겨다 키장다리인 숩이 半月形으로 눌너 싸인 언덕이 있으니, 이 곳이 외인 묘지다.

이 언덕에 올너서 보면 동으로는 경성중앙방송국의 높은 고대가 보이고 바로 눈 아래에는 파란 남색의 한강물이 띠(帶)를 푸러 흘닌 듯, 길이 長蛇의 진을 치고 흐른다.

여기에서 5, 60년 동안을 두고 서울에 자리잡고 있든 여러 외국인들이 고요히 눕고 있으니, 그 꿈인들 어떻다 할는지요.

그러나 누구나 서양 가 보신 분은 짐작할 바이나 서양인들의 묘지는 그 청결하고 화려한 품이 도모지 동양 사람들이 생각하는 음산한 저 무덤을 생각케 하지 안는다. 日光에 반사하야 더욱 더 정채를 발하는 白 대리석의 여러 石牌와 청동의 구리 십자가들 기둥에 아름답게 미술의 精華를 다하야 만든 듯한 「성모 마리아의 像」, 그리고 무덤 한 가운데에 깨끗한 돌로 磚石을 하야 케 깐 품과 무덤 앞마다 가을 국화 봄 진달내, 장미꽃 등을 수북이 심어 마치 공원 비슷하게 꾸미여 놓은 모양, 묘지갓지 않게 생각된다.

발을 이 묘지에 드러노차 처음 눈에 띄이는 크 碑가 전면에 마조 서고 있으니, 이것이 저 近世 朝鮮史 우에 일홈이 보이는 대X매일신보 사장 裴說씨의 묘이다. 6척 남아의 等身大의 대리석상인데 牌文은 이러하다.

대X매일신보 사장 영국인 裴說之墓

그 裏面에는

嵩陽山人 張志淵選 錦城後人 丁大有書

고 西散人 梁起鐸英篆 紫雲居士 朴容奎 監製

이 牌文의 주인은 「도-마스 벨셀」씨로서 그는 明治 40년 전후하야 「코리아 떼일리 뉴-쓰」란 영자지와 「大X매일신보」란 두 신문지를 발행하였으며 그 당시 한국 정계의 표면 이면에 많이 활약하든 분이다.

그리고 또 조곰 더 드러가면 「촬레쓰, 레-젤」 장군이란 묘지명도 있는데 그는 이러한 분이다. 즉 明治 17년 이래 10개년 간 조선은 내정 외교 共히 전연 淸國의 지배하에 있었다.

李鴻章은 조선의 외교를 橫從하기 위하야 고문에 랜돌프를 파견하였다. 그리한 것이 彼는 도로허 淸國의 이이에 반하는 행동이 있었다는 반대파의 책동 때문에 明治 18년 2월 미국인 「되너」를 대신으로 파견하였든 것이다. 「되너」는 李鴻章의 腹心이었다. 그러한 그도 또한 袁世凱의 暴狀에 불평을 갖어 명치 21년 淸韓論(Chinoaud Corea)를 저서하야 淸國의 간섭을 비난함이 있었다. 끈내 明治 23년 4월에 退,職에 米國人(Caertsl Wsogendre)가 조선 고문으로서 등장하게 되었다.

비문을 보면 北米合衆國 명예 기병소장이라고 하였다. 彼 리젠더- 장군은 이보다 먼저 정부에 고용된 일이 있어 그의 死去 (明治 3년 12 9월 2일에) 際하야 일본 공사관으로부터 보병 1중대를 儀仗兵으로 보내였다. 어느 때였든가 콜로라주라 소프라-노 歌姬 關屋敏子가 자동차를 모라 외인 묘지를 순방한 것이 신문에 보도되었는대 彼女는 이 墓前에 花束을 올넜든 것이다. 리제더- 장군은 바로 彼女의 조부이다. 그리고 또 더욱 놀라운 일은 국가 「君が代」의 작곡자인 「프온 레돌트」의 묘가 이곳에 있다는 것을 아는 사람은 많치 못할 것이다. 君が代의 작곡자 프온 레돌트씨는 후에 한국 궁정의 음악 교사로 되어 브라스 반드를 조직하야 根氣있게 지도 훈련하며 또 여러 가지 좋은 작곡을 내였다. 右는 光武 7년 壬寅 (1902년) 즉 明治 35년 龍山 인쇄국에서 인쇄한 동판본으로서 전하고 있다. (前間恭作 씨 述「朝鮮의 版本」에 의함) 프온 레돌트씨의 딸이 현 경성제국대학 강사 마-텔 선생의 부인이 되었다. 선생의 宅에는 레돌트씨의 여러 가지 인쇄물과 기타가 귀중히 보존되여 있다.

才子 佳人 누구누구

그리로 굽이도라 南陽진 쪽, 새로 마른 모래가 ㅎ터저 있기 그리로 거름을 옴겨보니 어느 집 귀동자가 이 세상을 버리었음인가 새로 작만한 墓前에는 장미꽃이 아직 시들지도 않고 있고 그 꽃 옆에는 물색 헌겁으로 옷을 입힌 佛蘭西 인형이 여러 개 노여 있는 것이다. 아마 수일 전에 장례가 있었는 듯. 이러한 현실적 음산한 풍경을 보아도 鬼聲이 들니니란 무서운 생각이 떨끗만치도 일지 안는 것은 묘지 전체의 명랑성을 설명하야 주는 듯, 이 밖에도 십자가 꽂친 묘표가 여럿이 있다. 혹은 어제의 것, 혹은 작년의 것, 혹은 20년 30년, 전 靑苔 낀 것도 있고 금박하여 세운 것도 있다. 모다 3, 400 무덤은 되느 듯, 그리고, 곱게 차린 서양 부인들이 아해를 다리고 이 구석 저 구석에 와서 가많이 합장하고 기도하고는 도라가는 모양이 보인다.

오작 숲을가?

나는 강남의 이 북망산 풍경을 한참 바라보다가 白鷗가 날니는 한강가 백사장으로 말 못한 애수를 가슴에 품고 천천히 거러 나려왔다.

朝鮮視察記

- 全鮮에 和氣 도는 內鮮一體의 全貌

上海中央宣傳講習所旅行團 逸凡沈

《삼천리》, 1941년 4월

新生中國을 두 어깨에 메인 國民政府의 中堅되는 中央宣傳講習所 職員, 生徒 等 一行 五十七名은 지난번 京城을 見學하고 上海를 거처 南京으로 歸還하였다. 一行은 月餘에 걸치며 內鮮滿北支의 紀行을 中央通信社를 通하여 「東亞共榮圈的 遊踪」이란 題로 全支 各新聞에 揭載하여 多大한 反響을 인으키었는데 一行中 沈逸凡記者는 「朝鮮部」를 擔當하여 그의 感想을 썼는대 本稿는 中華日報에 連載한 同記者의 紀行文의 飜譯이다.

東京에서 京城으로

저녁, 對馬海峽의 검은 파도가 밀려오는 때, 釜山의 燈火가 멀리 黙黙이 뵈였다. 이날 하로는 汽車와 배에서 지냈다. 염려하든 頭痛과 胃痛도 괜찮어 기분 좋은 여행으로 아모 일 없었다.

朝鮮의 밧깟 出入門인 釜山에 第一步의 印像, 우리들은 한없는 感激을 느꼈다. 그것은 實로 官民一體로 친절한 歡迎과 화려한 饗宴이 우리를 접대하기 때문이다. 慶南道知事와 釜山水産會社에서 우리들을 中央市長食堂에 招待하여 歡迎宴을 열어주었다. 그리고 釜山逗留 二時間으로써 우리들은 밤 八時 半「京城行」急行車의 손님이 되였다. 釜山은 떠날 때 그 곳 華僑가 밤중 그리고 치운 때를 不拘하고 歡迎하여 주었다. 自己들의 一同은 그렇게 바쁜 歲末에 異境에서 同胞들의 그와 같은 熱情을 目擊하니 무엇이라 말할 수 없이 感慨에 묻이였었다.

처음보는 朝鮮風光

列車가 떠난 후 沿線의 燈火는 적막하며 어두운 窓밖에 沈默은 日本內地를 떠나 大陸에 건너왔다는 感이 들었다. 勿論 日本內地의 繁華한 것은 볼 수 없었다. 그리고 치운 것도 더 했다. 車內에는 半島 特有의 情緒가 가득 찼다. 朝鮮의 列車는 內地의 그것에 比하여 略四分의 一이나 더 넓고 設備는 比較的 簡陋한 듯 했다. 한덩어리가 된 半島人이 이쪽저쪽에 자리를 잡고 있는데 그의 裝束도 역시 特異한데 記者는 처음으로 朝鮮에 와서 이런 特異한 風俗習慣을 目擊하여 格別한 興味를 일으켰다.

하로밤 汽車에서 단 꿈을 꾸웠다. 幻像같이 밝어오는 沿線에는 朝光이 희미하게 밝어진다. 車內에 氣溫이 싸늘해지자 窓밖에 起伏하는 산과 산 밭과 논, 一面에 서리가 나려 덮여있다. 冬眠인 모양, 사람의 그림자도 없다. 嚴寒의 氣象은 宛然 一幅의 쓸쓸한 그림에 지내지 않었다. 그리고 우리들은 아츰햇빛이 번쩍이는 午前 七時頃, 京城驛에 나렸다. 여기는 二十世紀의 文化를 集築한 近代都市 大京城의 姿態를 發見하고 우리들의 想像을 끄는 偉大한 建設의 힘을 알었다.

반가운 華僑와의 握手

풀랜트홈에는 多數의 華僑가 手旗를 손의 들어 우리들을 맞이 주었다.

우리들은 驛頭에서 人事를 交換하고 驛前 廣場에 나왔다. 상쾌한 기분을 回復한 記者의 눈에는 아츰햇빛에 번쩍이는 近代建築의 櫛比와 交通機關의 頻繁이 印象깊게 빛이었다. 一同은 四班에 논우웠다. 第一班은 朝鮮호텔, 第二班은 半島호텔, 第三班은 備前屋, 第四班은 笑福旅館에, 旅裝을 풀었다. 이 宿舍들은 京城 最大의 旅館이라고 한다. 그러리라고 생각했다. 其中에도 朝鮮호텔과 半島호텔의 設備는 西洋의 어느 旅館보다도 떨어지지 않는 西洋式의 훌륭한 建物이다. 屋內는 南京의 春三月과 같이 따뜻하여 屋外의 치움을 잊게 한 暖房裝置가 되여 있다.

朝食少憩後 우리들은 三臺의 自動車에 分乘하여 朝鮮神宮에 參拜하였다. 神宮에서 바라보는 京城의 거리는 紀佳하였다. 朝鮮의 首都로 洋式文化를 끌어들여서 그리고 嚴然하게 여기에는 朝鮮神宮이 鎭座하여 있다. 그리고 汽車에서 우리들이 본 特異한 裝束을 한 朝鮮人도 多數 參拜하는 것을 보았다. 다음 우리들은 中國領事館으로 갔다.

交叉한 國旗를 걸은 門앞에서 風采가 훌륭하신 范領事는 우리를 맞어 주었다. 이때 우리는 우리 집에 돌아는 듯한 유쾌로 발이 공중에 뜬 것 같었다. 領事館內 附設의 華僑小學校 內에는 學生들이 三四百名이나 있다. 여기서 范領事의 이야기를 들었는데 全鮮에 散在하여 있는 華僑는 約十萬人에 달하고 京城에 居留하는 者만 約八千人으로 日支事變 發生 當時에 그들 同胞는 어데까지나 靜觀的 態度를 가지고 冷靜히 現實을 判斷한 結果, 退鮮歸國하는 이는 極히 적고 언제까지나 安居樂業 조곰도 前과 다른 곳에 없었다 한다. 同胞는 山東人이 많고 大多數는 商業을 經營하고 있어 和平運動에 對하여는 가장 熱烈한 支持를 表明하고 있다. 一同은 館內 講堂에서 孫總理의 遺像 及 國旗에 敬意를 表하고 다시 學校 內를 一巡하였다. 다음에 朝鮮總督 南次郎大將을 訪問하였다.

溫顔의 南總督

南總督的 官邸, 建築在山坂上, 風景絶麗 - 南總督은 우리들을 庭園에 引導하여 童顔에 元氣가 가득차서 주먹을 쥐고 우리에게 말하였었다. 總督은 齡齒가 이미 花甲(六十歲)을 넘었다고 하는데 우리들보다도 더 씩씩하였었다. 듣건대, 아직 眼境을 쓰지 않는다 하며, 잔글자라도 스스로 自由롭게 쓴다고 하는, 실로 늙으셨어도 아직 元氣가 旺盛하신 분이다.

總督은 스스로 우리에게 號令을 發하면서,『저 山을 보시오.』하고, 가르치었다. 거기는 큰 岩山인데, 岩壁에는『大東亞靑年團結』이라고 한 큰 文字가 새겨져 있었다. 그리고『東洋人의 세 東洋에 돌아가라』고 부르짖으셨다. 官邸의 庭園으로부터 그리 머지않은 곳에 朝鮮의 古城이 바라보이며, 여기는 옛날 支那兵이 攻擊해 온 곳으로 幾多의 靑松 속에는 아직도 當時의 遺物인 朝鮮式 古建築物이며 支那式의 宮殿도 散見되었다. 이를 미루어 보아도 朝鮮의 文化와 中國과는 如何한 정도의 關係가 있었는가를 想像할 수 있다. 總督은 如何한 意味로「당신네들의 軍隊가 옛날 이 城을 攻擊했었소」하고 說明했으나, 東亞人 同志가 서로 싸운다는 것은 얼마나 無益한 것인가를 一層 깊이 깨닫지 않을 수 없었다.

壯麗한 總督府

그리고 우리들은 總督府를 參觀하였다. 建物은 東京帝國議事堂과 거의 비슷하며 大端히 훌륭한 것이었다. 特히 大홀의 壁畵는 매우 얻기 어려운 것으로, 홀에 들어섰을 때 우리들은 마치 로-마式 大宮殿 속에 선 듯한 神秘에 부디쳤다. 筆者는 門外漢이여서 잘 모르지만, 두 개의 壁畵 中 하나는 日本을 表象하고, 다른 하나는 朝鮮을 表象하여 거기에 不可分의 關係가 있는 것을 말하는 듯 하였다. 그리한 寓意가 있는 壁畵는 아마 南京에서는 거의 볼 수 없을 것이나, 우리들은 日華 兩國의 굳은 契를 가지고 이 아름다운 情景을

促進하여 行하고 싶다고 생각한다.

點心은 總督府 外事部長이 招待로 朝鮮호텔에서 먹었다. 席上에는 朝鮮亞細亞協會 幹事長인 廣江先生이 붉은 리봉을 가슴에 달고, 그 他 接待員과 같이 午餐을 나누었다. 食後, 總督府編輯의 朝鮮施政三十年의 政情을 示하는 二, 三의 映畵를 觀覽했다. 元來 朝鮮은 三十年前에는 이렇다 할 工業도 없고, 何等의 施設도 없는 狹小한 土地였었으나 日韓併合 以來 過去의 잠으로부터 깨여서 日本의 文化가 交流되었고, 現在는 驚異的인 發展을 보이고 있다. 農業도 工業도 近代的 相貌를 가추고 있다. 이때 同時에 國府還都時의 京城에서의 慶祝情景에 관한 映畵도 上映되있는네 在鮮의 內鮮支官民의 融然한 模樣은 范總領事로 하여금 滿面笑容的 瞼孔케 한 바가 있었다.

妓生과 歌舞

晚餐은 范總領事와 華僑總會 司會長이 共同으로 雅叙園에서 設宴되였었다. 總領事는 日支國交條約締結 後 南京으로부터의 第一의 賓客으로써 우리들을 대해 주었기 때문에 매우 盛會였었다. 그리고 모인 사람은 華僑만이 아니고 女邦人士가 一黨에 會合하여 歲末이였으나 愉快한 席을 보낸 것은 우리 一行의 生涯에 잊을 수 없는 感銘이였다. 一行의 感激興奮은 一個月의 旅行 중의 絶頂에 達하였다. 이윽고 朝鮮의 妓生이 朝鮮歌舞를 紹介하므로 우리들은 半島의 藝術을 알게 된 것은 實로 얻기 어려운 收穫이였다.

妓生의 服裝은 황홀하도록 아름다웠으며, 南京에 살고 있는 사람의 눈으로 보면 어째서 이처럼 아름다움이 表現되었을까 하고 判斷하기에 괴로웠다. 그 女子들은 「阿里拉」(아리랑)이라고 하는 朝鮮의 名歌 一曲을 불렀다. 그 曲調는 凄絶하고 圓轉하고 輕步曼舞의 훌륭한 것이였는데, 그 意味를 아지 못한 것이 유감이였다. 朝鮮의 妓生은 짧은 저고리에 긴 치마를 즐겨 입고, 부드러운 姿態에 雙足을 가볍게, 마치 春野의 小川에 뜬 小船과 같았다.

志願兵訓練所의 感激

우리는 세 臺의 自動車를 타고 京城 郊外의 朝鮮人志願兵訓練所를 보았다. 이것은 朝鮮靑年이 日本軍人이 되는 演練하는 곳이다. 生徒는 入所해서 얼마 안 된다고 하지만, 整頓과, 規律이 嚴正한 것, 이 土地에 태어난 靑年은 日本 全地와 똑같이 매우 幸福과 光榮으로, 潑剌한 生氣가 있다.

잠깐 잊었으나 前日 우리는 南部京城郊外에서 鍾紡의 織物工場을 보았다. 참으로 훌륭했다. 特히 職工들의 宿舍의 淸潔과 淸操한 裝備에는 感激했는데 그와 마찬가지로 이 訓練所도 全部 朝鮮靑年으로서 이처럼 淸潔히 規律이 째이게 됨으로 敎化의 偉大한 友邦의 外地 統治의 實際를 目擊한 것이다.

그리고 그 날 點心은 朝鮮軍의 倉茂報導部長이 特히 우리들이 靑年인 까닭에라고 招待하고, 報導의 任務를 懇切히 이얘기 하고, 우리들 團長도 가슴이 꽉 차는 感激으로 答辭했다.

午後에는 三三五五 接待員의 案內로 거리를 漫步했다. 接待員이 中國語를 안다기 보다, 우리들이 익숙히 日本語를 解得한다면 얼마나 興味가 있었을까.

歲末의 雜踏은 매우 甚해서 商店에는 處處에 商品이 山積하고, 別로 必要치 않은 物品까지도 쌓여 있었다. 어디서 日本은 戰爭을 하는 것인가, 戰時下의 氣分은 조곰도 맛 볼 수 없는 幸福한 生活인 것 같다.

이윽고 朝鮮을 떠날 때가 왔다. 겨우 하로 半의 逗留였으나, 各 方面의 熱誠스런 歡待에 우리는 實로 잊을 수 없는 印象을 받았다. 午後 四時頃, 一同은 停車場에 뭉였다. 넘어가는 해는 西山에 아름답게 빛났다. 마치 우리들을 웃는 얼굴로 見送하는 것 같았다. 그 웃는 얼굴 속에는 友邦의 人士 多數와 華僑도 있었다. 귀여운 華僑小學生들은 손에 國旗를 흔들어 우리를 보냈다.

汽笛一聲, 汽車는 움즉였다. 滿面春風의 范總領事의 發聲으로 中華民國萬歲를 부르고, 우리들은 車中에서 友邦日本의 萬歲를 불렀다. 우리들의

熱情은 一時에 올리 솟아, 日支 兩國의 萬歲는 車輪의 騷音에도 사라질 줄 몰랐다. 모두들 손을 흔들어 離別을 아까워 했다.

京城附近에 暮色이 덮이고 논밭 어름 우에서 아이들이 스케-트를 타고 있었다. 그들과 같이 筆者도 스케-트를 타고 싶은 마음이였다. 하지만 筆者는 일즉이 한번 스케-트를 타려고 했으나, 이어 미끄러저 버린 일이 있었다. 미끄러졌다간, 일어서고 일어서고 해서 한개의 스케-타가 되기까지는 얼마의 努力과 勇氣가 필요할 것이다.

서울거리 探訪記
- 京電 루-트 三日記

金永根

《조광》, 1942년 7월

첫날-

오늘은 공차를 탄다. 처억 구두를 닦고 나서니 볕이 쨍쨍, 몬지가 폴폴. 서울의 한낮은 정녕 沙漠같다.

공차 타는 것만이 볼일이 아니다. 이 沙漠같이 따갑고 몬지나는 서울거리를 휘둘러 다니다가 와글와글 사람이 끓고 있으면 나도 슬슬 뒤꽁무니로 닥어서서 구경을 한바탕하자는 ●란이럿다.

여러분이여, 웬 사람이 이리도 많습니까? 그리고 거리에 몰려다니긴 고사하고, 한줄로 나란히 서고, 옥씬각씬 밀고받고는 어인 까닭입니까. 허지만 이왕 구경차로 나선 김이라 壯行의 첫길에 냉수 한 고뿌를 키고 처억 나갔겄다.

정류장을 향하여 가다가 문득 눈을 돌리니 싸전가가에 사람이 몰려있다. 이크, 벌서 걸렸구나고 달려가보았다. 제법 신나게 쓰윽 안으로 들어서니 순사가 있고 간호부가 있고 의사가 있고…….

장질부사 예방주사를 놓는 참이었다. 그냥 뒤통수를 치고 나오려니까 마

침 얼굴 아는 청년단원이

"아, 아무게상 그냥 가십니까?"

하고 대든다.

"거시기 좀 바뻐서……."

어물어물 뒤꽁무니를 빼려니

"먼첨 하시죠. 바쁘신 분이 기다릴 수야 있나요?"

이 양반 나를 진정 바쁜 사람으로 보았으니, 사진사는 못되리라 생각했지만 이렇게 好意를 뵈어주는 데는 무척 감격했다. 웃저고리를 벗어들고 때끔한 대를 맞으니 세상이란 뜻같이 안되는 줄 때끔 깨딛고, 電車를 집어 탔다.

麻浦로 가보리라 하고 郵便局 앞으로 들어가는데 웬 마나님이 빠나나를 보란 듯이 들고 섰다.

"거, 빠나나 어디서 팝데가?"

주책없이 걷고 그리고 묻기로 나선 판이라 대뜸 물었것다.

"공설시장서요."

공설시장이라면 바루 코앞이다. 그렇지만 세상일이란 똑똑히 알고 나서야 되는 것을 아까번 注射판에서 깨달은 바라 한 번 더 물었다.

"공설시장 어느 모퉁이에서 팝데까."

마나님, 빠안이 얼굴을 치어다 본다. 이 보아허니 바보는 아닌 듯한 애숭이가 이렇게도 치근치근히 묻는 게 무슨 곡절인가 싶은 눈치이다.

"가보문 알어요. 사람이 욱씬욱씬하는 데가 바로 거기예요."

과시 똑똑하다. 학교 다닐 때 우등생이었으리라, 잠간 경의를 표하고 딜러가보니 시장은 조용하다. 내가 고 마나님한테 속아 넘었구나, 요런 깍 ……아차 이렇게 아니라 또 물어보자.

"여기 빠나나 파는 데 없소?"

"바루 아까 다아 나갑지요. 휙휙 나가니까요."

店員-코를 벌름거리며 대답한다. 이러다간 아무 所得없이 땀만 흘릴가부다. 되돌아와 電車를 집어타니 名物의 滿員 麻浦車라 대낮이언만 사람이 빽빽하다.

職業學校를 넘어 孔德町에 다다르니 야아 사람이 있다. 쭈욱 늘어섰다. 국수 工場(?) 앞이었다. 좌우간 덥다. 늘어선 女人들이 더울 건 말할 것 없다. 몬지가 뿌우연히 앉은 머리까락이 조는 듯 얹혀 있다. 여닙골살 먹은 아이가 아이스케익을 물고 하나는 들고 쭈루루 오더니만 한 마나님을 준다. 필시 어머니. 아들이리라. 근방 마나님들이 부러운 눈치로 힐끔 힐끔 본다. '오- 이녀석, 저녁엔 우동 한 수깔 더 줘야지.' 이런 母性愛를 느끼는지 마는지, 아이스케익 빠는 꼴이 쭈룩 쭈룩 바루 우동 빨아올리는 쪼다.

옆집에서는 유까다 입은 옥상이 아이스케익을 팔고 있다. 가가 앞에 쭈욱 늘어서서 그걸 빠는 꼴이라니- 都市美觀上 단연코 整理해야할 光景이다. 하물며 물건 自體가 개천 물보다 菌를 더가졌고, 거리의 몬지는 거침없이 달라붙는 것임에랴. 이래서 이질이 돌고 장질부사가 돌고…… 銃後生活이 괴롭게 되리라.

공연한 분풀이를 아이스케익에다 풀면서 西大門을 向하였다. 町會 앞에는 町會費 내는 사람들이 一列도 짓지 않고 앞을 다투고 있다. 필경 어서 내놓고 도장 받고 그리고 우동 사러 가자는 판이렸다. 麻浦의 景氣는 製麵所, 아이스케익, 町會가 판을 치고 있었다.

다시 車를 타니 京城驛이 순식간이다. 練兵場서 元町行을 노리깽이하니 바람이 씽씽, 운전대 위의 돈이 나를 지경이다. 江 바람이 야릇한 냄새를 품고 안긴다. 무엇이 걸릴려노. 잔뜩 긴장하여 살펴보나 아무것도 몬본 새 고냥 終點에 오고 말았다.

車掌이 이상히 보든 말든 電車票 하나 떠억 띠여주고 그냥 머물러 앉었다. 同路 中間에서 내려봤다. 인력거 한대가 南部 券番으로 들어간다. 그러나 이

까짓건 얘기꺼리도 못된다. 뒷거리로 가봤으나 생선가가에 고등어 사는 옥상이 두셋 있을 뿐.

新龍山으로 갔다. 三角地서 공설시장엘 들렸더니 역시 조용하다. 南部戰線 異狀없다! 怛怛[坦坦의 오기로 추정-편자]大路에 두줄 電車ㅅ길이 시언스리 뻗어있을 뿐…….

오늘은 이튼 날이다.

아침에 太平通서 어슬렁어슬렁 大漢門 쪽으로 갔다.

"빵 안사?"

"?……"

"빵맛 있어"

"호떡 보다 좋소?"

"히히……"

싯누런 이를 보이며 웃는다. 밀가루 配給은 이 양반들이 제일 많이 받으렷다 생각하니 오나침 뎀뿌라 하노라고 밀가루 타령하던 마누라 생각이 난다. 보릿집 모자를 쓰고 짚신 감발로 온 양반이 빵 三十錢어치를 들고 입이 벌어졌다. 그 자리에서 먹고 싶어서 그럴까? 아이들도 뛰어간다. 어서 가서 자랑을 해야 될 것이렸다. 어른 아이를 업고 한손에는 빵, 그리고 아이에겐 빵을 안긴 女人이 지나간다. 일찌기 이들이 食糧으로 빵을 다루기는 처음이었을게다. 고소하고 구수한 빵이리라. 노오랗게 국어로 말하면 여우빛으로 공가리도 아갓때이루다.

배가, 고옴곰히 생각하니 고푼 것 같다. 어디 가서 나도 뭘 먹어야 겠다 마음먹고 정류장으로 나오니 건너편에서도 나라니 서서, 實로 秩序整然히 빵을 사고 있다. 一列은 우리가 만드는 新秩序이다. 좋은 向上이라 하겠다.

南大門市場에 들어가니 閑散하다. 바로 入口에서 여름 밀감을 파는 광우리 장사가 딱 버티고 앉었다. 좀 더 들어가니까, 가마니에다 역시 여름밀감을 담고 나온다.

"거, 어떻게 파우?"

"골라 二十錢입니다."

"二十錢?"

"왜 비싸요, 어디루 가봐요, 이만한 거 二十錢에 파나 참 싸지요."

百匁十四錢 짜리가, 한 개에 百匁 남즛한게 公公然하게 껑충 뛰어올랐다. 아무리 여름이라도 公定價格까지 오를 수야 있담. 옆에서 손과 쥔의 問答을 듣고 있으려니 商人의 돈버리 하는 재주에 경탄삼탐할 밖에 없다.

다시 골목을 빠져나가니 고춧가루 장수가 아침저자 벌리듯 대낮에 늘어 앉었다. 봉지에 담은 것, 밀가루 부대에 담은 것, 가지각색이다. 그러나 가루만은 桃花色 한빛이니 여기도 統制가 있나? 설마 그렇지야 않겠지만 이것도 다아 씨하고 함께 빠아서 그럼이 틀림없다. 어떤 마님은 食빵 한 뭉치를 옆에 놔두고 있다.

"이것도 팝니까?"

고 물었더니, 질색을 하며

"아뇨 아뇨, 이건 내가 사둔게라요."

하며 뒤로 감춘다. 젠장 감추기는, 내가 그걸 뺏을려나……. 오오라 내가 시장기가 도는 듯해서 남도 그리 아나보다 하고 三越百貨店에 들어갔다.

여기에도 白衣一色이다. 파라솔, 핸드빽 파는 이곳에 짚신 신고 헌옷을 입은 이이들이 무엇에 저렇게 기를 쓰고 덤빌까? 가까이 가니 通路에 그냥 앉아 있는 이, 진열장에 기대기도 하고…… 삐젓한 손님의 大群이다. 일찌기 손님으로 와 본 일 별로 없었을 이분들이 아침을 일즉 치우고 百貨店 巡禮를 하게 된 것은 有閑마담, 遊閑껄의 비 우엔 대단 맞잖을 노릇이렸다. 그러나 돈 있으면 살 수 있다는 權利가 있는 限 이들도 同等이다. 비록 二十錢 어치의 빵을 求하러 몰렸더라도 쫓어버릴 수 없는 顧客이다. 百貨店의 解放이다. 百貨店의 民衆化다.

丁字屋에 들려서 上昇器로 一路 直進 食堂으로 들어갔다. 立錐의 餘地밖에 없는 大滿員이다. 겨우 자리를 잡고 보니 바로 옆에 野談界의 大先生氏가 버티고 앉었었다.

"어이구 많이도 잡수셨다."

무심코 이런 失禮의 말이 불쑥 나왔다. 그럴 수밖에, 先生 앞에는 란치 그릇이 둘이나 놓였는데 또 하나는 目下 征服 中인 것이다.

"허- 이사람, 난 일찌감치 저녁을 먹구 있다네."

"이건 점심이었고……."

뷘 접시 한 개를 가르치면서 말.

"그럼 이것은 아침이었게요?"

"거 잘 맞췄소."

오호라 S先生 언제나 漫談家로 轉向하셨는고. 다시 눈을 回轉시키니 아까 거리에서나 百貨店에 빵 구하러 몰렸던 마나님인듯한 마나님들이 서투른 솜씨로 포-크를 놀리고 있다. 라이스카레 한 접실 때려치우면 타박타박 집으로 돌아갈 것이다. 보리밭이 보이고 구름이 동실동실, 백양나무 선 멀리서 보면 그림 같은 洞內가 눈에 서언하다. 筆者의 白日夢을 깨트리고 맞은편으로 四人組의 오죠-상들이 꺄르르 웃으면서 着席한다. 이쁘다. 정말 이쁘다. 和服이 둘, 洋裝이 둘. 총각인 筆者는 황홀에 황홀, 이런 사람이야말로 一等人間이리라 생각했다.

"ソーダ水 四つ!"

목소리도 고웁게 注文하신다. 목이 마려 이리루 들렸구나, 저렇게 재재거리면 목도 마를게다. 총각이라 괜히 關心이 가서, 좀 적기에 거북할 만큼 정신이 쏠린다. 목을 얌전히 축이고 나서 무어라 쏘곤쏘곤터니 란치 둘, 하야시라이스 하나, 수시 하나를 注文한다. 딸기같이 빠알간 입술이다. 행여 베니가 벗어질라 대단 걱정인 모양으로 입을 따악 벌리고 앞니로 용하게 움켜버린다. 技術的이다. 그렇다면 파-마 예쁘장한 머리는 巧妙하고, 濃淡 고웁게 발라진 化粧, 모다 技巧 百%이다.

어느새 다 먹었는지 물려낸다. 란치는 半씩 남었고 수시는 두 개, 라이스도 그만큼 남었다. 總角은 오-라 女子들이란 저렇게 小食家인가 보다고 놀랬으나 이건 괜한 짓이었다. 또 무에라 소곤소곤하더니, 뎀뿌라 定食이 른, 빵이 둘이 注文된다. 定食도 손만 약간 대인다. 새우 덴뿌라가 고냥 놓여 있다. 빵은 속이 약간 옴포옥 하게 파졌을 뿐이다.

거참 꽝장히는 먹는다 싶어 눈이 둥글어질 수밖에 없다. 다시 소곤소곤하더니 아이스·크림이 넷 날려온다. 나는 女人이란 大食家也라 確信하고 일어섰다. 자리를 떠나면서 보니 아까 서투른 솜씨로 포-크 날리던 접시에 밥풀이 두어개 붙었고 파리 두어마리가 고것을 핥고 있는게 크로스·엎 되어 눈에 들어왔었다.

오늘은 마지막 날- 다 쓰라고 준 二圓째리 電車票가 몇 張 남질 않었다. 京電루-트를 踏査하기로서니 이러다간 浪費이다. 國民生活의 原則을 깨트리게된다. 光化門서 鐘路까지는 徒徒連絡키로 하다.

郵便局 앞에 방을 안은 늙은 예편내가 역시 두어 근 빵을 안은 어린 딸 하고 이 얘기를 주고받고 온다.

"난 늙어서 밀리네-글세 이랬더니만 먼첨 주더구나 글세⋯⋯."

하, 하, 그 店員 융통성 있는 사람인가 보다 하고 나려가니 果然 빵가가가 있다.

뒷골목으로 늘어스고 있는 폼이 제법 성연하다. 그러나 대여섯 난 어린 아이가 차례가 되어 들어가려다가 整理員한테 오밋도를 당하는 데는 가만 있을 수도 없다.

"아이들에겐 안파는 거요?"

"?……"

뭐냔 듯이 쳐다본다. 그러다가 대답이 傑作이다.

"테이블이 높아서요. 아이들 키가 모자라서요. 팔기가 힘들어서요."

"나루호도."

"그리구요, 조놈의 아이들이 자꾸만 덤벼듭니다. 여러 차례 오니깐요."

"나루호도, 그럴꺼요."

과시 높다란 卓子다. 손에 닿질 못한 빵그릇을 힐금힐금 보면서 돌아가는 幼兒의 뒤에는 좀 더 큰 아이 둘이 뒤따라간다.

車를 탔다. 東大門으로 直行이다. 禮知町 쪽에 약간 사람이 몰려는 있으나 그냥 지나가기로 하고 終點을 돌아 往十里行을 탔다. 往十里는 빵 製造所가 없는지, 上往十里 製麵所에 약간 사람이 있는 것이 눈에 띄이고, 間路는 코-스를 新堂町서 獎忠壇으로 빠져나오기로 하였다.

집이 크다. 모주리가 某某한 사람들의 집들이겠지. 아스팔트 깐 뻐스길로 달리려니 빵집도 국수집도 볼 수 없는 高等住宅街의 한낮이 꿈결 같다.

電車를 바꿔타고 한 정거장 오려니 東西軒町에 개천을 타고 쭈욱 있다.

다시 淸涼里로 갔다. 淸涼里에는 빵집이 눈에 안 띄인다. 이것은 企業家로는 營業上으로 採算 덜 맞는 곳이라 해서 세우지 않았겠지만, 오늘 같은 빵이 重要한 食糧으로 登場한 때에는 적잖은 問題라 생각한다. 비단 이것뿐 아니라 장작, 석탄……다 그렇겠지만.

理論은 좌우간 차는 올데로 다왔다. 淸涼里驛은 낮잠이나 자는 듯 고요하다. 한구석에서 마나님들이, 호떡, 인절미, 빈자떡, 묵, 삶은 계란을 팔고 있고 두 그루 나무 그늘에선 손금쟁이와 破字占쟁이가 占據하고 營業中이다.

담배를 붙여물고 들으려니

"집에 가면 고생이리다. 그저 객지 밥이 제일이야. 얼마동안 더 고생해보구려."

도리우찌에 국방복, 군데군데 떨어진 옷을 입고, 그리고 조꼬만 보따리 옆에 끼인 靑年이 듣고 있다.

"집에 가면 고생이라요."

"그렇다우. 내야머 있는 대로 하는 말이지 없는 말을 만들어 하겠소."

좋은 말이다. 이밖에 더 적으면 내 역시 없는 말을 만드는 폭이 된다. 에-라 전차나 타자. (六月四日)

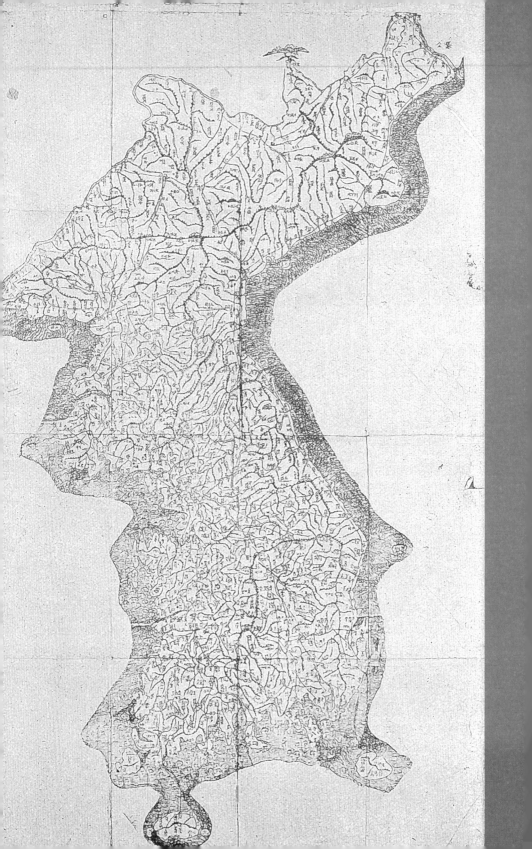

02

전국일주

全國一周

근대 미디어의 기획과 지역 발견의 방식*
1917~40년 잡지를 중심으로

1. 근대 미디어의 기획과 조선이라는 '장소'

　　1908년 11월에 창간된 한국 최초의 월간 잡지《소년》의 최대 관심은 '세계'
였다. '세계'는 조선의 바깥에 있는 세계 각국이다. "지리 시간에 배운 것들을
講說과 圖繪로만 만족할 수 없어 항상 내 발로 친히 밟고 내 눈으로 친히 보기
가 원이었다가 다행히 이제 세계 주유의 길에 오르게 되었다."로 시작되는
〈쾌소년세계주유시보〉는 1900년대 조선 지식 청년의 세계에 대한 포부를 잘
보여준다. 소년 혹은 청년의 호언장담을 실은 기차는 사실 경성에서 출발하여
개성에 들렀다가 의주로 향하는 길목에서 멈추고 만다. 그의 소망은《청춘》
창간호(1914.10)에 실린 〈세계일주가〉를 통해서야 완결된다. 물론 이는 허구

---

*　　본 해제는 필자의《근대 조선의 여행자들》(역사비평사, 2018) 3부 매체의 기획과 전 조선의 답사자 중 일부
에 해당한다.

적 차원에서 이루어진 旅行歌 속 상상의 여행이다. 그럼에도 여기에는 나라 밖 곧 세계를 향해 뻗어 있는 이 시기 지식 청년의 지향이 강하게 반영되어 있다. 이는 단순한 지식욕에서 비롯된 것이 아니다. "세계적 지식을 收得함은 세계를 知하려함이 아니라 곧 우리 대한을 知함이오 타인에게 박학다문을 과시코자함이 아니라 곧 자기가 사리물정에 暗昧하지 아니하려함"(〈세계적 지식의 필요〉,《소년》, 1909.5)인 것이다. 이는 조선인의 삶과 경제 등이 오로지 조선만의 문제일 수 없음에 세계를 알지 못하면 조선 또한 모르는 격이 되고 만다는 절실한 현실 인식에서 비롯되었다. 이처럼 개항 이후 세계로 열린 길은 외부를 통해 내부를 형성하는 방향으로 나아갔다.

이러한 관심은 비단 조선만의 태도는 아니다. 이 시기 유럽, 미국 및 동아시아 각국에게 '바깥'은 어떤 식으로든 '안'을 만들어낼 수 있는 방법적 대상으로 동원되었다. 근대 초기 '조선'이 발견된 맥락의 한 양상이 여기에 있다. 이때의 조선은 구체적이고 물리적인 장소이다. 장소는 추상화된 공간 의식이 아니라 해당 지역민의 삶과 생활에 기반한 구체적인 의식을 수반한다. 이런 이유로 일회적으로 스쳐 지나가는 여행의 기록인 기행문에서 장소의식을 발견하기란 쉽지 않다. 오히려 여행자의 여행지 인식은 기존의 장소성에 포섭되거나 주관적 인상의 차원에 머물기 쉽다. 근대 전국 일주 형식을 띤 기행문은 이로부터 비껴있다는 점에서 이채롭다. 전국 일주 여행은 개인적인 차원에서 이루어진 것도 있지만 이보다는 신문이나 잡지 등 근대적 언론 매체의 기획을 통해 사업적 차원에서 이루어진 경우가 더욱 많다. 개인의 여행 또한 그로부터 비롯된 경우가 대부분이다. 이를 통해 이루어지는 여행은 또한 단순 관광이 아니라 시찰, 조사, 답사 등의 성격을 갖는다. 이런 이유로 이들 미디어에 의해 이루어진 전국 일주 여행은 조선의 구체적인 장소성에 상당히 밀착해 있다. 물론 이는 각 지역에 뿌리를 내리고 살아온 조선인들의 장소 인식과는 거리가 있다. 여행 및 여행자의 성격에 따라 세분되어야 하겠지만 이들에게 공통되는 것은 민족지적 차원의 전국 답사와 조사의 태도이다. 그 결과 이들의 조선 인식은 공식적인 성격이 강하다.

이러한 특성은 1910년대에서 1920년대 전반기 시기에 국한된다. 전국적 차원의 답사 혹은 여행은 1910년 이후 잡지와 신문 등에서 지속적으로 기획하고 실시하였다. 1910년대의《반도시론》, 1920년대 전반기의《개벽》, 20년대 중후반기의《신민》, 1930년대 전후의《삼천리》가 이들이다. 이들의 기획은 매체 및 시기에 따라 각각의 의미를 달리한다. 여기에서 중요한 것은 이로부터 각 지역의 특성과 의미가 드러남으로써 조선의 각 지역이 구체적으로 발견된다는 점이다. 여기에서는 시기별 매체별로 조선의 구체적인 장소의 의미와 이미지가 어떻게 기획되고 창출되는지 살펴보고자 한다.

2. 1917-18년《반도시론》의 조선 13도 일대 조사
: 식민지 개발을 위한 민족지적 현지 조사

《반도시론》은 1917년 4월 10일에 창간되어 1921년 4월 통권 25호로 종간된 시사종합지이다. 1921년 4월 통권 25호로 종간되었다. 편집겸 발행인, 인쇄인, 사장 모두 일본인이며 인쇄와 발행 모두 동경에서 이루어졌다. 경성에 발매소가 있었으며, 판매는 우편 주문을 통해 이루어졌다.

발행 환경에서 짐작할 수 있듯이 이 잡지는 일본의 조선 식민지 개척과 개발의 사명을 전면에 내세우고 출발하였다. 이를 위해《반도시론》이 취한 방법은 조선의 현 상황에 대한 조사와 이에 토대한 정책 비평 및 방향 제시이다. 초기에 발간된 1, 2, 3호의 목차만 대략 훑어보아도 이러한 목적은 쉽게 드러난다. 〈반도산업의 현상과 공업의 장래〉, 〈반도개발은 교육에 기초 堅立〉, 〈공업상으로 관흔 금일의 반도〉, 〈범죄상으로 관흔 조선인의 現狀〉,

〈유망흔 반도의 산업 - 경기도 수원군 권업 오개년 계획〉, 〈조선광업일람〉, 〈반도 금융급산업계의 時聞〉(이상 1호, 1917.4)이라든가 〈반도맹아의 교육〉, 〈조선경제계의 근상〉, 〈조선광업 일람〉(이상 2호, 1917.5) 등을 보면 조선의 현 상황을 각 방면별로 조사하여 싣고 있음을 알 수 있다. 같은 해 7월에 발간된 3호에 이르면 〈조선의 농업과 수리사업〉, 〈반도상업발전은 하재호〉, 〈조선의 전기사업(전기수력조사)〉, 〈경성 織紐주식회사 참관기〉와 같은 조사 기사 뿐만 아니라 〈조선농업의 개할흘마는 이대요점〉, 〈반도사업상 유망흔 염료사업〉, 〈조선에 대학을 설ᄒ라〉와 같은 조선에서 필요한 정책적 사업에 대한 기사도 싣기 시작한다. 사장 죽내녹지조가 발간사에 해당하는 〈반도개발과 吾人의 사명〉에서 조선 개발의 대상으로 내세운 분야는 교육, 산업, 농업, 공업, 광업, 잠업, 임업, 목축, 종교 등으로서 산업 전분야에 해당한다. 잡지는 이러한 목적을 충실하게 반영하여 각 분야별 조선 산업에 대한 조사 기사를 싣고 있다.

산업 분야별 조사뿐만 아니라 조선의 각 지방에 대한 조사 기사 또한 창간 호부터 싣고 있다. 〈지방통신〉이라는 제목으로 수원, 용인, 파주, 황해도(이상 1호), 장단, 영천(이상 2호), 대구, 여주(이상 3호) 등 각 지방의 호구, 산업, 산물 상황 등에 대한 개관을 싣고 있다. 《반도시론》 초창기인 1호에서 3호에까지 실린 〈지방통신〉은 4호부터 시작되는 '조선 십삼도 일대 조사 사업'으로 이어 진다는 점에서 자못 중요하다. 그 연결성을 명시하지는 않았지만 이후 〈지방통신〉면이 없어지고 각 도 발전기념호가 발간된다는 점에서 이를 미루어 짐 작할 수 있다. 〈지방 통신〉 및 조선 각 도 일대 조사사업은 조선 개발이라는 《반도시론》의 목적이 더욱 구체적으로 진척된 것이다. 이는 조선에 대한 일 반적이고 추상적인 논의를 벗어나 실질적인 차원에서 조선 개발 정책의 입안 을 가능하게 하기 때문이다. 이에 대해서는 3호 말미의 〈긴급사고〉를 통해 밝히고 있다.

본지가 一度 此世에 生홈이 大旱에 雲霓를 待홈과 如히 全半島의 同胞가 本誌를 환영ᄒ야 今에 僅히 3호를 발간ᄒ엿스나 전 조선에 다대ᄒ 반향을 與홈이 殆히 반도의 언론을 一手에 장악ᄒ 感이 有ᄒ도다 然ᄒ나 본지ᄂ 現狀으로써 만족을 取치 아니ᄒ고 益々 其主義의 宣傳에 노력ᄒ야 **반도개발의 목적을 達치 아니ᄒ면 不可ᄒ 故로 玆에 본지ᄂ 其第一步로 十三道에 亘ᄒᄂ 一大 조사를 試코져ᄒ니 其조사사항의 내용은 多岐多樣ᄒ야 一々이 此를 비시코져ᄒ면 煩刷를 不堪ᄒ겟스나 그 요목만은 지방행정 산업 교육의 상태로브터 교통 운수와 기타 지방에 波動되ᄂ 전방면 문제에 對ᄒ아 공평무사ᄒ 관찰과 비평을 가코져 ᄒ며 특히 此조사의 任에 다온 기자ᄂ 조선 表裡의 사정에 정통ᄒ야 但히 본지에 獨有ᄒ 권위로 其眼光이 紙背에 徹ᄒᄂ 식견과 예리ᄒ 필봉은 반도를 종횡으로 해부ᄒ되 餘蘊이 無케ᄒ야 반도의 산하ᄂ 知己를 始逢ᄒ리니** 청컨딕 괄목ᄒ고 次號 이하의 본지를 待ᄒ시오.

〈긴급 사고〉, 《반도시론》, 1917.6, 66쪽.

이러한 목적 아래 《반도시론》은 1917년 8월부터 1918년 10월에 이르기까지 9번에 걸쳐 조선 각 지역 발전 기념호를 발간하였다. 이를 정리해보면 다음과 같다.

번호	1	2	3	4	5	6	7	8	9
제호명 (발행 년월)	西鮮발전 기념호 (1917.8)	중앙발전 특집호 (1917.10)	금강산 탐승 기념호 (1917.11)	경상남북 발전호 (1917.12)	충남발전 기념호 (1918.3)	전라남북 발전 기념호 (1918.6)	개성호 (1918.7)	대경성호 (1918.10)	인천집중 조명 (1918.11)

1년여의 기간 동안 경기도(중앙), 경상남북도, 충청남도, 전라남북도, 평안남북도 8개 도와 개성, 경성, 인천 등 3개 도시 및 금강산을 소개했다. 각 호별

기사의 내용을 보면 "지방행정 산업 교육의 상태로브터 교통 운수와 기타 지방에 波動되ᄂᆞ 전방면 문제에 對ᄒᆞ아 공평무사ᄒᆞᆫ 관찰과 비평을 가코져"(〈긴급 사고〉)한다는 애초의 목적을 충실히 따르고 있음을 알 수 있다. 각 지역에 대한 전 방면의 현지조사를 통해 조선의 현 상황에 대한 전체적인 면모가 드러난다. 이처럼 《반도시론》의 조사 사업은 식민지 개발을 목적으로 실시된 충실한 민족지적 현지조사이다. 《반도시론》의 필자들은 직접 해당 지역을 시찰, 답사하였다. 주로 사장 다케우찌와 기자 1-2인, 답사보조원 2인 및 해당 출장소 직원들이 이를 담당하였다. 이들은 답사 후 몇 편의 기행문을 남기기도 했다. 전국 일주 기행문은 이러한 각 지역에 대한 일대 조사의 부산물이다. 전국일주형 기행문을 모아 제시해 보면 다음과 같다.

　　백대진, 〈西鮮시찰일기〉, 《반도시론》(西鮮발전기념호), 1917.8
　　吟月生, 〈남선시찰잡감〉, 《반도시론》(경상남북발전호), 1917.12
　　최찬식, 〈이십일간 삼천리 여행(1)〉*, 《반도시론》(경상남북발전호), 1917.12
　　최찬식, 〈이십일간 삼천리여행(2)〉, 《반도시론》, 1918.1
　　吟月生, 〈호남선 시찰의 십일간〉, 《반도시론》(전라남북발전기념호), 1918.6

《반도신문》의 기자들이 쓴 기행문은 철저하게 잡지사가 기획한 조선지역발전기념호 발간을 위한 시찰이라는 자장 속에 놓여있다. 백대진은 서선을 시찰하면서 평상시에는 누리지 못하던 호사를 누리고 있음을 거듭 강조하고 또 그에 감탄한다. 잡지사의 시찰은 주로 지방의 관료와 유지 및 유명 인사들

---

*　2회에 걸쳐 실린 〈이십일간 삼천리 여행〉은 실제 원문에서는 모두 '〈二十日間刊 三千里 旅行(一)〉'로 표기되어 있다. 〈이십일간 삼천리 여행〉(1)은 1917년 12월호 목차 상에는 '〈二十日間刊 三千里 旅行〉'으로 본문에는 '〈二十日間刊 三千里 旅行(一)〉'로 표기되었다. 1회에서 목차와 본문의 표기가 어긋나면서 다음 호인 1918년 1월호의 제목에까지 영향을 끼친 듯하다.

을 방문하고 그들과의 대화를 통해 이루어졌다. 지방의 정치, 경제, 문화 등의 소식과 현황에 관한 정보를 주로 이들을 통해 얻었기 때문이다. 그러다보니 탈 것, 먹을 것 등이 고급스러울 때가 많았다. 이에 대한 잦은 감탄은 그의 여행이 '시찰'이라는 강한 의식으로부터 놓여나고 있지 못함을 반증하는 것이기도 하다. 6월 23일의 기록 중 한 부분인 "竹內 사장과 기자ᄂᆞᆫ 평양 사립 광성학교 교장 김득수씨를 그의 주택에서 방문ᄒᆞ게 되엿다. 우리ᄂᆞᆫ 그의 학교의 상황이며, 우리 잡지의 주의주장을 說述ᄒᆞ엿다. 그의 주택에서, 북감리년회로 인ᄒᆞ야 逗留ᄒᆞᄂᆞᆫ 최감리사, 신배재고보장, 이익모목사를 맛나셧다. 이 방문을 맞춘 후에 다시 출장소로 도라와 조반을 喫ᄒᆞᆫ 후 쏘ᄒᆞᆫ 제각금 방문조사에 착수ᄒᆞ엿다."(백대진, 〈西鮮시찰일기〉, 《반도시론》, 1917.8)에서는 그가 어떻게 그리고 어떤 자세로 시찰에 임하고 있는지가 잘 드러난다. '기자'라는 자기호칭, 출장소와 방문 조사 등의 용어를 통해 보건대 그는 서선 행을 시찰여행이라기보다는 출장 정도로 인식했음을 알 수 있다. 최찬식의 글에서도 기사에 대한 압박감을 읽을 수 있다. 그가 지역발전 기념호에 실은 글들은 기행문도 그러하지만 주로 문화 분야에 속하는 내용이다. 〈대자연의 금강〉, 〈嶠南의 명승과 고적〉, 〈백제 고도 부여의 팔경〉등이 그가 쓴 글이다. 그가 주로 찾아가는 곳은 문화유적지이거나 명승지 혹은 생활의 공간이다. 이러한 곳에서도 그는 여행지의 대상 그 자체에 푹 빠지지 못한다. 백대진의 글에서와 마찬가지로 그의 글에서도 자주 발견되는 '시찰', '기사', '기자', '사무', '활동' 등의 용어가 이를 입증한다.*

---

*   이 시기 전국 일주형 기행문에서 반드시 언급해야 할 작품은 이광수의 〈오도답파여행〉이다. 이 또한《매일신보》의 기획에 의한 것이다. 잡지를 대상으로 한 이 글에서는 이를 제외하였다.

3. 1923-25년 《개벽》의 '조선문화의 기본 조사'
   : 민족적 차원의 자기 이해를 위한 답사

1920년 6월에 창간된 《개벽》은 1923년 1월 '조선문화의 기본 조사' 사업을 기획한다. 여기에서 기본이란 기초이다. 조선의 기초부터 조사하여 "朝鮮을 알자. 분명히 알자"라는 기치 아래 《개벽》은 1923년 4월부터 1925년 12월에 이르기까지 약 만 3년에 걸쳐 각 도 기념호를 발행한다. 이는 민족적 차원의 주체성이 자신들의 삶의 情形과 형편을 실질적으로 아는 데서부터 비롯된다는 자각에서 기획된 사업이다. 기획 의도에 대해서는 아래의 예문이 잘 말해준다.

천하의 무식이 남의 일은 알되 자기의 일을 모르는 것 만치 무식한 일이 업고 그보다 더 무식한 것은 자기네의 살림살이 내용이 엇지 되어가는 것을 모르고 사는 사람 가티 무식한 일이 업다. **보라, 우리 조선사람이 조선형편이라 하는 자기네의 살림살이의 내용을 아는 사람이 얼마나 되는가? 우리는 남의 일은 잘 알되 자기의 일은 비교적 모르는 사람이 만흐며 남의 살림살이는 잘 비평하되 자기의 살림살이는 어찌 되어가는지 모르는 사람이 만흐다. 우리는 이 점을 심히 慨嘆하게 보아 지금의 신사업으로 조선문화의 기본조사에 착수하며 니여써 各道 道號를 간행하기로 하얏나니 이는 순전히 조선사람으로 조선을 잘 이해하자는 데 잇스며 조선사람으로 자기내의 살림살이의 내용을 잘 알아가지고 그를 자기네의 손으로 處辦하고 정리하는 총명을 가지라 하는데 잇는 것 뿐이다.**
그러나 조선사람으로 조선을 잘 이해하는 지식을 가지게 할 만한 지도와 방침은 결코 용이한 일이 아니다. 적어도 삼천리라 하는 疆土와 2천만이라 하는 식구의 살림살이를 잘 알고저 하면 1년 내지 2년의 長歲月을 가지지 아니하면 안될 것이다. 그래서 우리는 조선을 13도로 논하 가지고 13개월에 13도의 내용을 조사하기로 하얏다.

今月 1일로부터 첫 번 시작이 慶尙南道로 되게 되얏스며 來月 1일로부터 慶尙北道로 옴기여 順次로 조선 全土에 及할 것이다. 全道 人士는 분발하야 재료와 품질을 일일히 정돈하라. 그리고 어떠한 형용과 어떠한 是非曲直이 〈開闢〉 또는 〈婦人〉의 紙上에 나타날 것을 기다리라. 그래서 우리 일반 형제들은 금일의 此擧에 인하야 처음으로 자기네의 살림살이를 자세히 알게 되며 그리하야 조선의 전반을 우리들 머리 속에 銘記하게 될 것을 집버하라. 이번에 우리가 各道를 답사할 표준은

諸社會問題의 原因 及 趨向 ▲中心人物 及 主要事業機關의 紹介 及 批評 ▲人情風俗의 實際如何 ▲産業敎育 及 宗敎의 狀況 ▲名勝古蹟 及 傳說의 探査 ▲其他의 一般狀勢에 관한 觀察과 批評

〈朝鮮文化의 基本調査!!〉, 《개벽》, 1923. 3.

1923년 1월에 선포된 《개벽》의 조선 답사는 주간 김기전 등을 태운 2월 2일 경성역발 오후 7시 20분 경부선 열차가 떠나는 것으로 시작되었다. 〈慶南에서〉(1923.3)와 〈우리의 足跡 - 京城에서 咸陽까지〉(1923.4)에는 이들의 답사가 어떻게 이루어졌는지가 자세히 기술되어 있다.

3년에 걸친 《개벽》의 조선 각 도호의 발간 상황을 간단히 정리하면 다음과 같다.

번호	도호	발행년월	비고
		1923.1.	조선문화의 근본조사 사업 계획 및 취지 발표
		1923.3.	慶南兄弟에게 謝告하고 慶北人士에게 囑望합니다. 慶南에서, 起瀍(기행문)
1	경남도호	1923.4	

2	경북도호 상	1923.6	
3	평북도호	1923.8	
	평북도호 계속 경상북도호 계속	1923.9	
	경상북도호 계속	1923.10	
4	강원도호	1923.12	
5	함북도호	1924.1	
6	충남도호	1924.4	
		1924.5.	■ 燈下不明의 近畿 情形
7	경기도호	1924.6	
	경기도호 계속	1924.8	
8	평남도호	1924.9	
9	함남도호 기일	1924.11	
	함남도호 기이	1924.12	
10	충청북도 답사기	1925.4	
11	황해도답사기	1925.6	
12	전남답사기	1925.11	
13	전북답사기	1925.12	

전국 답사기에서 전국일주형 답사에 딱 맞아떨어지는 기행문은 〈우리의 足跡 - 京城에서 咸陽까지〉(1923. 4), 〈十三道의 踏査를 맛치고서〉(1925.12), 〈북국일천리행〉(1924.12) 등 정도에 지나지 않는다. 하지만 1923년 4월부터 1925년 12월까지 13도에 걸친 각 도호 기념호 및 답사기를 기획된 하나의 전국 일주형 기행문 혹은 답사기로 볼 수도 있다. 각 도호는 조선 전체의 답사라는 구조 속에서 그 의미가 더욱 분명하게 드러나기 때문이다. 나아가 지역의 기행문 또한 이로부터 파생되고 있음을 알 수 있다. 이러한 과정 속에서 발생한 기행문을 정리해 보면 다음과 같다.

전 조선 답사 파생 기행문
慶南에서, 起瀍(기행문), 1923.3.

우리의 足跡 - 京城에서 咸陽까지車相瓚(기행문), 1923.4.(경상남도호)

一千里 國境으로 다시 妙香山까지春坡 기행문, 1923.8.(평북도호)

내가 본 國境의 1府 7郡 達成 기행문, 1923.8.(평북도호)

妙香山으로부터 다시 國境千里에 春坡 기행문, 1923.9..(평북도호 계속)

내가 본 平北의 各郡 一記者 기행문, 1923.9.(평북도호 계속)

朝鮮의 處女地인 關東地域 기행문, 1923.12.(강원도호)

咸北縱橫四十有七日, 朴達成 기행문, 1924.1.(함북도호)

湖西雜感靑吾 기행문, 1924.4.(충남도호)

名勝과 古蹟 기행문, 1924.4.(충남도호)

江都踏査記, 1924.8.(경기도호 계속)

平南의 二大民弊, 蠶繭共同販賣와 道路競進會 기행문, 1924.9.(평남도호)

咸南에서 본 이꼴 저꼴 기행문, 1924.11(함남도호 기일)

黃海道踏査記, 1925.6(황해도답사기)

嶺南地方 巡廻片感, 1925.12.(전북답사기)

지역 답사의 횟수가 쌓이면서 답사 참여자들은 각 지역의 특성들을 비교하는 안목이 생길 수밖에 없다. 〈西鮮과 南鮮의 思想上 分野, 政治運動에 압장 서고 社會運動에 뒤떠러진 西鮮〉(1924.9) 등과 같은 글 또한 다양한 지역 답사의 부산물이다. 특히 답사를 마치면서 쓴〈十三道의 踏査를 맛치고서〉(1925.12)는 각 지역별 특성을 간략하게 정리한 것으로서 그에 대한 전형적 예이다.

먼저 **慶尙南北道**로 말하면 인심 質朴한 것이 제일 좃코 한문학자, 白丁, 癩病者가 상당히 만흐며 宗家 富豪, 일본인의 세력이 큰 것도 놀날만 하다. 古蹟만키로는 慶州가 전국 중 第一이요, 기생 만키로는 昌原, 馬山, 晉州가 他道의 다음 가라면 스려할 것이다. 그러고 近來에 사회운동(특히 南道)이 격렬이 니러나는 것도 주목處이다.

忠淸南北道는 아즉까지 양반세력이 多大하고 鷄龍山부근에 미신자 만흔 것은 참으로 놀날만하다. 엇잿던 忠淸南北道는 무엇이던지 荒廢凋殘한 감이 퍽 만타.

江原道는 교통 불편한 것이 제일 고통이오, 山水의 천연적 경치가 조키는 전국 뿐 안이라 세계 無比할 듯 하며 생활樂地로는 江陵이 어느 道에서든지 其類를 못 보왓나. 思想으로는 嶺東이 嶺西보다 진보된 듯 하다. 그러고 승려의 세력 만흔 것은 누구나 놀날 것이오 인심 淳厚는 전국 중 제일일 것이다.

全羅南北道로 말하면 兩道가 공통적으로 토지가 沃膏하고 物産이 풍부하고 빈부현격이 심하며 남자는 擧皆 예술적으로 생긴 美男子가 만흐나 여자는 그리 美人이 적고 또 여자교육이 낙오되엿다. 그러고 모루히네 注射者와 癩病者가 만흐며 사치를 尙하고 노래를 잘 한다. 또 일본인의 세력이 多한 중 특히 北道에 朝鮮人의 조티 전부가 일본인의 소유가 되고 水利組合 만흔데는 놀낫다. 그러고 扇子, 漆器, 竹工, 기타 手工物을 잘 하는 것은 만흔 歎賞을 하엿다. 또 토지로 말하면 南道는 島嶼가 전국 중 제일 만코 北道는 전국 중 沃野가 제일 만타.

燈下不明 이라고 京畿道는 京城, 仁川, 開城, 江華 몃 곳을 除하고는 물질로나 사상으로나 富力으로나 각도중 제일 낙오된 것 갓다. 그런데 京城의 천연경치 조흔 것은 보편적으로 말하면 전국 어느 都會보다 조흘 것 갓다.

그 다음에 黃海道는 小麥이 전국에 第一 만히 나고 온천 만키도 제일이오 교통 편리한 것도 매우 조흔 일이다. 또 근래에 소작운동이 西鮮에서는 제일 격렬한 것이 한 주목할 일이다.

平安道-. 南男北女라 하지만은 서북 중에도 여자의 物色 조키는 아마도 平安道를 제일指를 屈할 것이다. 그러고, 第一 불상한 것은 국경동포가 독립군과 경찰대에 부댁겨서 생활안정을 못하고 驚弓之鳥 모양으로 漂泊생활을 하는 것이다. 또 일반의 생각은 너무 보수적이 되야 아즉까지 光武, 隆熙시대의 〈嗚呼痛哉〉를 부르면서 國粹主義를 만히 가진 것이 사상상으로 보와 낙오된 듯 하다. 또 平北에 天道敎세력 만흔 것도 주목할 만 하다.

咸鏡南北道는 전국 중 생활이 그 중 안전하고 여자노동이 全鮮 중 제일 잘한다 하겟고 또 교육보급도 아마 전국 중 제일일 것이다. 또 咸興에서부터 三水, 甲山, 豊山 등을 단일 때에 凡 1,800리餘를 도보하고 조선 有數의 高嶺인 靑山嶺, 雪梅嶺(凡 70리 無人地境)을 넘던 것은 제일 壯快하고 또 큰 기억이다.

〈十三道의 踏査를 맛치고서〉, 《개벽》, 1925.12.

《개벽》은 1926년 8월에 1차 종간을 맞는다. '조선문화의 근본조사' 마지막 호인 전북답사기를 발표한 지 8개월이 지난 시점이다. 《개벽》은 1920년 6월 창간하여 1926년 8월 종간할 때까지 만 6년여의 기간 중 만 3년을 조선답사에 힘을 쏟았다. 여기에 들인 시간 자체가 이 기획에 대한 필진들의 의지를 반증해 준다. 《개벽》의 종간 이후 이를 이어받은 잡지는 《조선농민》(1925.12-1930.6)과 《농민》(1930.5.-1933.12)이다. 이들은 천도교 청년단의 신문화운동과 관련된 잡지라는 점에서 공통된 기반을 가진다. 《개벽》은 창간호에서 긴급히 해결할 조선의 2대 문제로 '교육 문제'와 '농촌 문제'를 들었다.(〈時急히 解決할 朝鮮의 二大問題〉, 1920.6) 잡지 《농민》은 이러한 문제 의식의 실천적 결과물이라 할 수 있다. 《개벽》의 주간으로서 실제 조선 13도의 답사에 참여했던 김기전은 이후 조선의 농촌으로 그 관심을 돌린다. 〈평안도 지방의 농촌을 보고서〉(《조선농민》, 1926.4), 〈충청도 지방 농촌 구경〉(《농민》, 1930.6) 등이 그에 속한다. 이보다 더 전국적 차원의 일련의 기행문을 《농민》에서 발견할 수 있다. 그것은 농촌 巡講記이다.

東北巡行記, 金亨俊, 농민, 1930.9.

關西巡行記, 金廷柱, 농민, 1930.10.

農民巡講咸南行, 金炳淳, 농민, 1931. 7.

西北兩千里의 國境을 踏破하고서 玄堂, 농민 1932.12.

南鮮巡廻를 맞히고, 金公善, 농민, 1933.3.

北國行, 金炳淳, 농민, 1933.5.

平北巡廻를 맞치고 林文虎 농민 1933.8.

地方組合을 巡訪하고서 承寬河, 농민 1933.8.

"今年의 夏休는 農村巡訪에 利用하자. 이것이 우리들의 巡講을 써나게
된 動機이엿다. 그리하야 東京에 잇는 留學生 네 사람은 夏期巡講團을 組織
하여가지고 二隊로 分하야 京義線과 京咸線의 沿邊諸邑을 巡訪키로 되엿
다."(金亨俊, 〈東北巡行記〉, 《농민》, 1930.9) 김형준의 〈東北巡行記〉의 첫머리
부분이다. 그는 1930년 여름 방학을 이용하여 동경 유학생 4인이 농촌 순강단
을 조직하여 떠났음을 말해준다. 《농민》은 잡지를 발행한 4년 동안 매해 조선
청년들의 농촌 순회 강좌기를 실었다.

八道江山遍踏記, 權悳奎, 개벽, 1934.11.

팔도강산편답기(2), 박노철, 개벽, 1934.12.

朝鮮八道遍踏記(3), 泗泚古都觀禮(其二), 朴魯哲, 개벽, 1935.1.

泗泚古都觀禮(續)6, 八道江山遍踏記, 朴魯哲, 개벽, 1935.3.

종간되었던 《개벽》은 1934년 11월부터 다음해 3월까지 4호에 걸쳐 새롭
게 《개벽》을 발행하였다. 신간 제1호에 권진규의 〈팔도강산편답기〉를 실었
다. '팔도강산편답'의 첫 번째 행선지는 제주도이다. 이 글에서는 제주도로

가는 배에서 본 다도해의 풍경과 서귀포 천지연 폭포에 대한 감상을 적었다. 여기에는 '조선문화의 근본조사'가 취한 답사기적 태도는 없다. 〈팔도강산편답기〉가 자연 경관에 대한 감상기라면 같은 제목으로 이어 실린 박노철의 글은 사비성 즉 부여기행문으로서 역사 유적지 탐방기이다. 신간《개벽》에 실린 이들의 기행문은 '팔도강산'이라는 제목이 말해주듯이 전 조선의 편답기를 실을 계획이었음을 미루어 짐작할 수 있다. 실상 이는 미완에 그친 것으로 보인다. 이런 제반의 상황에서 볼 때 이들의 기행문은 전 조선을 둘러본다는 의미에서는 이전 '조선문화 근본조사'의 정신을 외형적으로 따르고 있지만 태도와 시선은 상당히 변화했음을 알 수 있다.

4. 1925-30년《신민》의 지역 잡관 및 답사기
: 탈사상과 '생활 개조', 조선/조선인에서 지방/개인으로

《신민》(1925.5-1933.?)은 관제매체로서 1920년대 중반 이후 유일하게 신문지법으로 발행허가를 받은 잡지이다. 기행문과 관련할 때 이 잡지가 갖는 의의는 지역 잡관 및 답사기를 꾸준히 실었다는 점이다. 전 조선에 걸쳐 각 지역별 답사기를 싣고 있다는 점에서는 《반도시론》이나 《개벽》과 유사하다. 다만《신민》은 이들처럼 답사의 기획 의도를 미리 공표하지는 않았다. 이들의 전 조선 지역 답사는 잡지의 기본 방향에서 비롯되었다. 때문에《신민》의 경우 이는 굳이 기획 기사 등의 명목으로 특화할 필요가 없을 만큼 그 자체로서 중요한 사항이었다. 먼저 잡지의 기본 방향부터 살펴보자.

생활문제를 해결하자
우리는 위선 먹자 살고야 보자 우리는 낙천자도 안이고 염세자도 안이다. 다

못 우리의 수족을 놀녀 자기의 힘으로 자기의 실제 생활 문제를 해결하여보
자. 이제 우리는 경제적 고통이 금일 갓치 절박함이 업나니 **이러코 군자의 강
청이 무슨 권위가 잇스며 일선융화의 권설이 무슨 감격이 잇슬가? 공자왈
무엇이며 맹자왈 무엇이며 웰손 왈 무엇이녀 레닝 왈 무엇인가? 그는 다 살고
본 연후사이 안인가**

이각종, 〈신흥민족의 초발심〉, 《신민》 창간호, 1925.5.

《신민》이 창간하면서 내세운 것은 사회교화 내지 민중 지도이며 그것은
'생활 개조'라는 용어로 집결된다. 잡지의 편집 겸 발행인인 이각종의 〈신흥
민족의 초발심〉은 창간사에 해당한다. 여기에서 그가 주장하는 것은 "위선
먹자 살고야 보자"이다. 그는 "의기있는 조선 사람", "희망가진 조선 사람",
"사람다운 조선 사람"이 되기 위해 필요한 것은 "극기적, 의무적, 범인류적"
태도로써 이를 위해 더욱 더 급선무는 "위선 먹자 살고야 보자"라는 점임을
강조한다. 이러한 생계의 중요성에 대한 강조와 더불어 이어지는 것은 운동
적, 이념적 차원의 모든 행위에 대한 폄하이다. 그는 "군자의 강청이 무슨 권위
가 잇스며 일선융화의 권설이 무슨 감격이 잇슬가? 공자왈 무엇이며 맹자왈
무엇이며 웰손 왈 무엇이녀 레닝 왈 무엇인가? 그는 다 살고 본 연후사이 안인
가"라고 역설한다. 여기에서 내세우고 있는 '극기'라는 용어는 이들의 지향을
무엇보다 잘 보여준다. '극기'를 강조하게 되면 삶의 모든 원인은 개인의 노력
에 있게 된다. 사회적 혹은 구조적 차원의 문제들은 여기에서 사상될 수밖에
없다. 이는 《신민》이 놓여있는 지점 혹은 잡지의 입장과 관련된다. 이로부터
3.1운동 이후 1920년대 전반기 조선에 팽배해진 다양한 차원의 사회 운동적
관심들을 지극히 개인적인 생계의 문제와 도덕의 문제로 전환시키고자 하는
《신민》 방향성을 읽을 수 있다.

여사히 관래하면 **사회개조는 국가적 시설보다도 영히 지방의 공공단체 또는 개인의 각성에 의함이 첩경이고 또 유효할 것이다.** 盖 공공단체의 행정은 각인의 이해에도 직접함으로 국민의 본질 강약이 이에는 명료히 현로될 쑨 안이라 신지식의 응용, 능률의 증감 등이 안전에 시험되는 고로 오인의 소위 행정이니 사회개선이니 하는 사업이 효과가 이에셔 생하기 쉬운 것이다. 져 영국의 사회는 국각가 본체인지 각 지방 자치 체가 본체인지 사회조직의 중심이 하에 재한지? 판명키 난할 만콤 공공단체의 기능이 발달되엿다. 그 결과로 국가의 안태를 세계에 誇하고 잇는 사실은 타산지석으로 하야 심히 성찰할만하다. 국가는 지방단체의 집합임으로 건전한 단체를 가진 국가가 가장 확고한 기초를 가진 것인 줄은 다변을 요키 안이 할 것이다. 그럼으로 참으로 사회개조에 쯧을 두는 자는 제일에 지방단체의 개선에 역을 주함이 필요하다. 그럴 쑨 아니라 사회개조의 운동은 맛참내 개인 개조에까지 밋치지 안이하면 철저치 못한 것은 물론이라. '개인의 了解가 업고는 인생을 요해할 수 업다'고 스피노자는 말하엿거니와 개인의 개조가 못되고는 사회의 개조는 말할 수 업다.

大塚常三郎, 〈신민에 與함〉, 《신민》 창간호, 1925.5.

《신민》 창간 축사에 해당하는 〈신민에 與함〉은 잡지의 이각종이 주장한 바가 나아가야 할 방향을 더욱 구체적으로 말해준다. 그것은 곧 '지방'과 '개인'이다. 이각종의 논의와 연결지어 보면 이들은 "국가"에서 이념성을 제거한 것에 해당한다. 여기에서 '조선'이라는 민족적 개념은 자연스럽게 제거되거나 은폐된다. 이들에 의하면 현재 조선에서 중요한 것은 '먹고 사는 문제'로써 이를 위해서는 이념이나 운동적 차원의 행위나 논의는 허황될 뿐이다.

이를 위해 우선적으로 강조되는 것은 지방개발이다. 이러한 차원에서 《신민》은 창간호부터 꾸준히 지방에 관한 기사를 싣는다. 구체적으로는 〈지방 방랑의 자취〉와 〈지방휘보〉가 그에 해당하는데, 내용은 지방 소식 및 지역 개관이 주를 이룬다. 〈지방 방랑의 자취〉와 〈지방휘보〉는 일종의 지방 소식 기사이다. 《신민》은 '지방부'를 별도로 두고 이를 관리하였다. 지방관련 기사를 가장 많이 쓴 류순근이 이를 맡은 지방부장이었다. 창간호에 실린 〈지방 방랑의 자취〉는 '생활개선 실행에 취하야', '장학재단의 창립에 취하야', '도림리의 교풍부업계', '전답청년회의 노력', '여주청년회를 보고' 등이다. 이 기사에 실린 지역들은 주로 경기도에 해당되며 지방에서 중요하게 다루어야 할 문제 즉 '생활개선' 및 '장학제도' 등에 대해 적었다. 이처럼 지방을 돌아다니는 기자들이 보고 들은 바를 실은 항목이 〈지방 방랑에 취하야〉이다. 이와 더불어 매호 조선 13도별 소식을 휘보라는 이름으로 정리하여 실었다. 또한 2호와 3호에는 각 지역의 단신을 수필 형식으로 별도로 실었다. 〈충주단신〉, 〈청주소식〉, 〈대구일별〉, 〈부산에서〉, 〈평양의 요지음〉(이상 2호) 및, 〈청주에서〉, 〈진주에서〉(이상 3호)가 그에 해당한다.

'지방'과 더불어 《신민》이 강조한 '개인'은 "극기"라는 용어를 통해 그 성격을 파악할 수 있다. 극기의 관점에서 보면 현재적 삶의 결과는 모두 개인적 차원에서 해석된다. 이는 〈우리의 경제 노력은 아직 빈약하다〉, 〈나의 노력주의관〉(이상 1925.5), 〈청년아 각성하라〉, 〈자기완성 노력하자〉, 〈자신을 돌아보라〉(이상 4호) 등의 글을 통해서도 분명하게 드러난다. 여기에서 사회적 차원의 문제점은 또한 거론될 여지가 없다. 모든 것은 개인의 노력 여하에 달려 있기 때문이다. 지방과 개인의 중요성이 합쳐진 지점에서 강조되는 것이 지방 '공민'이다. 공민의 의미와 중요성은 "현하 조선의 사회는 대부분은 아즉도 공인이라는 계급에 의하야 지지되고 잇다. 뉘가 무어라하여도 이들이 중견이며 지방의 책임자이다. 혹은 지방 의원으로 도정 군치에 참여하며 혹은 문묘에 봉직하고 향교에 장의하며 학무에 위촉되야 문교에 진력하며 농업, 금융, 기타 지방 산업단체에 종사하야 직접 간접으로 지방의 개발에 진력하는 모든 공민들은 그의 남모르는 고심과 공헌이 불소한 것을 생각하면 나는 깁흔 경의를 표코저 한다."라는 글귀에 잘 나타나 있다.(〈공민의 벗으로〉, 《신민》 창간호, 1925.5) 이 글의 필자는 지방이 개발되기 위해서는 이들의 힘이 필요함을 강조하고 조력자가 되어줄 것을 촉구하였다. 개인, 공민 등을 강조하는 관점은 지방에서 성공한 인물에 대한 부각을 통해 드러난다. 일례가 2호에 실린 〈부업저축 농촌 일청년의 성공실화〉이다. 이러한 인물 소개는 실제 지역 답사기에서는 양적으로 더욱 확대되면서 중요하게 다루어진다.

지역 잡관 및 답사기 목록

발간년월	관련 기사 목록	필자 또는 비고
1925.5(창간호)	지방방랑의 자취 지방휘보:경기/충북/충남/경북/경남/전북/ 전남/황해/평남/평북/강원/함남/함북 13도 지방성 質評	
1925.6.	지방방랑의 자취 지방휘보: 13도별 휘보 김홍규, 충주단신 제원생, 청주소식 오생, 대구일별 A생, 부산에셔 최생, 평양의 요지음	
1925.7.	지방방랑의 자취 부업저축 농촌청년의 성공실화 지방휘보 제원생, 청주에셔 흥생, 진주에셔	
1925.8		확인 불가
1925.9.	지방방랑의 자취 지방휘보: 13도에서 강원도 누락 대구잡필	
1925.10	지방휘보 平壤雜觀	'지방방랑의 자취' 기사 없어짐

1925.11	南行雜觀(제1신)	류순근
1926.7	第三信	류순근
1926.8	慶北雜觀(제4신)	류순근
1926.9	慶北雜觀(제5신)	류순근
1926.10	忠南雜觀(第六信)	류순근
1926.10	南行散筆	霞山
1927.3.	북선별견	류순근
1927.3.	京南잡관(제2신)	윤용규, 홍인택,
1927.4.	畿湖잡관	윤용규, 홍인택,
1927.4	光羅州遊記	霞山生
1927.5	畿湖잡관(2),	윤용규, 홍인택
1927.10	開城, 平壤, 鎭南浦行	류순근
1927.10	南行七日의 旅談	金海星
1928.1	南國巡遊雜記	霞山生
1928.1	地方巡廻記(일)(안성)	尹明鎭
1928.2	地方巡회기(이)(죽산장호원소개)	巡廻記者
1928.6	南鮮踏査記,	류순근
1928.9	西鮮踏査記,	류순근
1928.10	北鮮旅行記,	류순근
1928.11	湖南踏査記-칠백리잡관,	류순근
1928.12	湖南近畿踏査記,	류순근
1929.1.	지주순방기,	일기자
1929.1	嶺南踏査記-부 근기주유기의 속	류순근
1929.4	海西踏破記	류순근
1929.7	嶺南旅行記	류순근
1929.8	湖南踏査記	류순근
1929.11.	개성답사기	류순근, 권일
1929.12	北鮮旅行記	류순근
1930.2	南行千里	류순근
1930.7.	미로면 순방기	일기자

  위 표에서 보듯이 1925년 5월 창간호부터 지속적으로 실리던 〈지방 방랑
의 자취〉와 〈지방휘보〉가 전자는 10월호부터 후자는 11월부터 없어진다. 이

들 지방관련 기사들은 잡관 및 답사기라는 제목의 기사 하나로 통합된다. '제1신'이라는 부제를 단 〈남행잡관〉이 그 첫 번째 글이다. 이런 점에서 볼 때 《신민》의 지방 잡관 혹은 답사기는 이전 관련 기사의 연장선에 있다고 볼 수 있다. 제목이 바뀌고 하나의 지역에 집중한 것을 제외한다면 내용과 형식은 이전의 것에 토대한 것 또한 이를 입증한다. 전국일주 기행문을 굳이 구별해본다면 제1신인 〈남행잡관〉(1925.11)부터 〈남행천리〉(1930.2)에 이르는 20여 편의 기행문 전체가 한편의 전국 일주 기행문이 될 것이다. 이는 각 편으로 본다면 지역 기행문이지만 하나의 기획 아래 일관되게 실시되고 정리된 것이기 전체가 한 편이기도 하다. 물론 몇 개의 지역에 걸쳐 있는 〈南行雜觀〉, 〈南行七日의 旅談〉, 〈南行千里〉 등과 같은 글은 그 범주를 유연하게 설정하여 전국일주형 기행문에 포함시킬 수 있다고 본다.

잡관과 답사기를 주로 담당한 이는 지방부장인 류순근이다. 하산, 윤용구, 홍인택 등의 기자들이 이를 쓴 경우도 있지만 류순근의 글이 차지하는 비중이 압도적이다. 그는 취재 차 지방에 내려가면 '우리 생활의 진로'와 같은 주제로 강연을 하기도 했다. 〈지방방랑의 자취〉와 〈지방휘보〉를 비롯하여 단일 지역 잡관 혹은 답사기에 이르기까지 《신민》의 지역관련 기사는 《반도시론》이나 《개벽》과 같은 분야별 시찰, 조사기를 싣고 있지는 않다. 특히 잡관 및 답사기에 이르면 여행지의 소감과 조사의 내용 등이 한 편에 글에 함께 섞여 있다. 제1신인 〈남행잡관〉의 경우 '인천을 떠나 수원까지-화성 추색모-공주도중-사양의 쌍수산성-도청이전문제-촉망되는 장학회재단-공주의 독지가 김문환씨'와 같은 소제목으로 이루어져 있다. 이후의 글들도 내용의 기본 항목은 크게 다르지 않다. 대체로 필자의 여정 감상, 지역 유망 사업체, 명승고적 등을 함께 적고 있다. 이들의 글에서 빠지지 않는 것이 있다면 그것은 곧 지방 인물에 대한 소개이다. 이는 잡지가 강조해 온 '개인' 혹은 '공민'의 구체적인 사례들로서 《신민》의 지방 답사에서 중요한 사항이었음을 알 수 있다. 소개되는 인물들은 주로 경제적으로 성공한 인물, 도덕적으로 평판이 좋은 인물, 모범적인 지역 관료 등이다. '공주의 독지가 김윤환씨' '기특한 순사부장' '변호사 홍선연씨' '열성잇는 엄주철씨' '순후공정한 정은후씨' 등이 그 사례인데, 제목만으로도 강조하는 바를 짐작할 수 있다.

5. 1929-40년 《삼천리》의 반도 8경 선정
: 역사와 풍경으로서의 조선

《삼천리》는 1929년 6월 창간 기획 사업으로 문인들에게 반도 8경을 공천받은 후 최종 통계 결과를 발표했다. 설문에 참여한 문인은 37인이며, 그 면면은 다음과 같다.

고한승 김기진 김동인 김동환 김억 김영팔 김일엽 김형원 류광렬 류도순 류완희 문일평 박영희 박팔양 방인근 송영 심훈 안석영 안재홍 양건식 염상섭 윤기정 이광수 이기영 이서구 이은상 이익상 임화 조춘광 주요한 최사덕 최서해 최승일 하영로 한설야 현진건 홍명희

이들에 의해 선정된 8경은 제1경 금강산(강원도), 제2경 대동강(平壤), 제3경 부여(忠南), 제4경 경주(慶北), 제5경 명사십리(元山), 제6경 해운대(東萊), 제7경 백두산(咸北), 제8경 촉석루(晉州)이다. 《삼천리》가 밝힌 바에 따르면 반도 8경 선정 사업의 취지는 산천의 아름다움을 소개함으로써 젊은이들과 민중들의 인식을 새롭게 하고 조선에 대한 자부심을 심어주고 나아가 직접 산하를 밟아볼 것을 권장하기 위해서이다. 산천의 소개는 애초에는 그림이나 글(기행문) 두 가지 형식을 자유로 취하기로 했으나 나중에는 문인들의 팔경

답사 기행문이 주된 형식으로 채택되었다. 구체적인 답사 계획은 1929년 12월 호 말미에 실린 '반도팔경 신년부터 답사'라는 제목의 공고를 통해 드러났다. 금강산-홍명희, 대동강-최상덕, 부여-주요한, 경주-김동인, 명사십리-김기진, 해운대-염상섭, 백두산-이광수, 촉석루-최서해 등이 발표된 명단의 내용이다.

이상의 내용에 의하면《삼천리》의 '반도 8경 선정 사업'은 뚜렷한 목표와 구체적인 계획에 입각한 것처럼 보인다. 하지만 실상은 그렇지 않다. 잡지사 측의 기획 의도와 계획은 분명했지만 이를 실질적으로 수행하는 답사자들은 청탁을 받은 문인들이었다. 앞에서 살핀《반도시론》,《개벽》,《신민》의 경우 각 잡지사의 기획을 수행한 이들은 소속 기자였다. 후자의 기획들이 일관된 성과를 낼 수 있었던 것은 실행 주체들이 잡지사 소속의 직업 기자였다는 데에 힘입은 바가 크다. 필자와 잡지사의 관계가 유연하다는 것은 잡지사 측의 기획을 일관되게 이끌어가는 데에는 어려움으로 작용할 수 있다.

이로 인해 발생하는 문제는 8경 선정 작업에서부터 드러나기 시작했다. 삼천리사의 기획에 문인들이 참여하긴 했지만 그 의도와 진행 방식에 대해 그들 모두가 흔연히 공감한 것은 아니었다. 이들의 반응은 8경을 선정하면서 덧붙인 글을 통해 알 수 있다. 그 중에서도 문일평은 이 선정 작업이 갖는 근본적인 문제에 대해 의문을 제기한다. 그는 "八景이란 아주 부자연한 것입니다. 여들의 數字에 구속되어 경치가 그 實은 여들이 되지도 못하는 것을 억지로 여들을 채우기 위하야 이것저것 가저다가 八景이라고 칭하는 것은 自然美를 선정하는 本意에 어그러짐이니 景致대로 二景도 可하고 三景도 可합니다. 하필 八景이겟슴니가. 그러나 在來 支那瀟湘八景을 모방하야 무슨 八景이니 무슨 八景이니 하든 우리네 관습이 아즉도 남아 잇서 흔이 八景이라고 하게 됨으로 비록 내의 이상에 합치 못하나 물으신 대로 대답할 쑨 뿐입니다."라고 덧붙였다. 결과에 대한 김동인의 분석 또한 이러한 생각에서 크게 벗어나지 않는다.

金剛山이 第1位로 當選된데 대하여는 아모 不滿이 업습니다.

그러나 第2位의 大同江은 좀 엇던가 하지 안을 수 업습니다. 山野를 조금이라
도 旅行하여본 이는 大同江과 牧丹峰 一帶의 경치보다 百勝한 곳을 到處에서
發見하겟습니다. 다만 大同江 一帶는 平壤이라 하는 都會를 끼고 따라서 交通
이 便함으로 만흔 눈에 뛰인 까닭이겟습니다. 만흔 눈에 띄이지 못한 까닭에
大同江과 모란봉 一帶보다 百勝한 경치를 가지고도 다만 근방의 農夫의 낫잠
터가 되여잇는 곳이 만흘 줄 아니다.

白頭山이 겨우 8票로 第8位가 된 것도 그와가튼 리유-겟지오. 妙香山과 多島
海가 겨우 2票로 落選된 것도 選者의 눈이 미처 가지 못한 까닭이겟습니다.
長壽山도 또한 뽑지 못할 곳이 3票밧게는 엇지 못한 것도 不滿이외다.

扶餘, 慶州, 矗石樓 等地는 歷史的 背景의 觀念과 人工을 제하면은 아모러한
奇도 업는 平凡한 경치외다.

金東仁, 〈半島八景〉, 《삼천리》 제3호, 1929.11.

문일평과 김동인은 둘 다 8경 선정의 작위성과 상투성을 지적하였다. 문
일평에 의하면 '8경'이라는 개념 혹은 발상 자체가 그러하다. 김동인은 좀 더
구체적으로 부여, 경주, 촉석루 등지가 군이 조선에서 가장 아름다운 곳인지
에 대해 근본적으로 의문을 제기한다. 그 곳의 아름다움은 역사적으로 형성된
관념에서 비롯된 것이다. 결국 그들은 순수 자연의 승경이 아니라 인공적인
역사의 승경이다. 이러한 의문들은 잡지사의 설문에 응하기는 하지만 그 결과
에 대해 전적으로 공감하지는 않는다는 그들의 태도를 반영한다. 이는 정도의
차이는 있지만 둘 만의 차원에 그치지 않는다. 조선 팔도가 팔경가 아니겠는
가 라든가 여행 한 곳이 많지 않아 팔경 자체를 선정하기가 어렵다는 고백 등

여타의 작가들을 통해서도 기획 측과 설문 문인 측의 거리가 드러난다.

침어 문인들의 의문을 안고 출발한 삼천리사의 기획은 계획대로 실행되지 못했다. 삼천리사는 1929년 6월에 8경을 발표하고 12월에 답사 문인의 명단까지 발표했다. 하지만 《삼천리》에 반도 8경 기행문이 실린 것은 1931년 3월에 이르러서이다. 안재홍의 〈噫!大〈白頭山〉의 莊嚴〉이 이에 해당한다. 애초의 계획대로라면 백두산 답사는 이광수의 몫이었다. 1930년 신년부터 신겠다는 공고는 1년이 훌쩍 지나서야 답사자까지 바뀐 채 첫 번째 결실을 맺었다. 이 글이 실리기까지 1년여 동안 《삼천리》는 계속적으로 이를 빨리 수행하겠다는 내용을 社告 혹은 편집후기에 실었다. "반도팔경의 탐방기행은 여러 가지 사정으로 그동안 遷延이 되어왔스나 내호부터 주요한씨의 부여 기행부터 시작하여 매월 실겟나이다."(1930.1. 社告)라고 하여 주요한의 부여 기행 계획을 5월, 6월호에도 반복적으로 공고한다. 9월호에 이르러서야 안재홍의 백두산 기행문이 결정되고 재공고된다.

1931년 3월 안재홍의 백두산 기행문으로 시작된 8경 답사 및 기행문 게재는 《삼천리》의 계획과 달리 부정기적으로 이루어졌으며 끝내 제대로 완수되지 못했다. 계획대로 이루어진 곳은 백두산(안재홍), 부여(이광수, 이병기), 경주(김동환), 대동강(양주동) 등의 4 군데이다. 이병기의 낙화암 기행이 1940년 10월에 실렸으니, 《삼천리》의 8경 답사 기획은 1929년 1월부터 1940년 10월까지 지난하게 이루어진 셈이다. 편집 겸 발행인이었던 김동환은 이와 관련된 일련의 기행문들을 함께 묶어 《반도산하》(삼천리사, 1941)라는 기행문 단행본을 발간함으로써 이 기획을 마무리한다.

		반도8경관련답사
1929.6.	全朝鮮文士公薦 新選〈半島八景〉發表 백두산, 금강산, 대동강, 경주, 부여, 해운대, 명사십리, 촉석루	
1931.3.	噫!大〈白頭山〉의 莊嚴, 安在鴻,	백두산
1933.4	아아 · 落花岩, 李光洙,	부여
1938.10	紀行 淸秋의半月城, 金東煥	경주
1940.4	紀行 南漢山城, 朴鍾和	
1940.5	紀行 大同江-初夏의浿江을禮讚하며, 梁柱東	대동강
1940.6	海印寺紀行, 李箕永	
1940.7	仙境妙香山, 盧天命	
1940.9	赴戰高原, 毛允淑	
1940.10	落花岩, 李秉岐	부여
1940.12	紀行 統軍亭, 田榮澤	
1941	단행본 (기행) 半島山河 / 京城 : 三千里社 발행 勝景中心의八景 　雲峰 金剛山 / 春園 李光洙 　藥山東臺 / 岸曙 金憶 　水原 華虹門 / 相涉 廉尙爕 　仙境 妙香山 / 盧天命 　明沙十里 / 萬海 韓龍雲 　赴戰高原 / 嶺雲 毛允淑 　天安 三巨理 / 春城 盧子泳 　南原 廣寒樓 / 一步 咸大勳 史蹟中心의 八景 　扶餘 落花岩 / 嘉藍 李秉岐 　狽城 牧丹峰 / 無涯 梁柱東 　南漢山城 / 月灘 朴鐘和 　義州 統軍亭 / 秋湖 田榮澤 　陜川 海印寺 / 民村 李箕永 　開城 滿月臺 / 崔貞熙 　耽羅 漢拏山 / 鷺山 李殷相 　經州 半月城 / 巴人 金東煥	

계획대로 수행되진 않았지만 《삼천리》의 기획 정신만은 일관되게 이 잡지를 지배했다고 할 수 있다. 그 정신은 《반도산하》의 '승경 중심의 팔경', '사적 중심의 팔경'이라는 제목에서 잘 드러난다. 이 8경들은 일일이 조선 전 지역을 여행한 경험에 토대하여 선정한 것이 아니다. 그렇기에 이들은 '지적 상상력'의 범주에서 크게 벗어나지 않는다. 문일평과 김동인의 지적대로 이들이 선정한 팔경은 사실 그다지 새롭지 않다. 이는 앞에서 살핀 《반도시론》, 《개벽》, 《신민》 등의 기획과 크게 변별되는 점이다. 세 잡지사의 조선 일주는 모두 조사와 시찰 등에 토대한 답사 여행이었다. 이에 비해 《삼천리》의 기획 답사는 선입견이 강하게 작용하는 선구성, 후확인의 성격을 띨 수밖에 없었다. 또 전자의 답사기는 산업에서 문화에 이르기까지 해당 지역 현황에 대한 전반적인 조사가 목적이었다. 자연의 경치나 역사적 명소에 대한 기록은 일부분을 차지했다. 이에 비해 《삼천리》는 '승경'이나 '사적'이 중심이다. 여기에서는 경치나 역사에 대한 감상이 전면적으로 부각된다. 그 결과 조사와 시찰적 답사 기행문과 명소 감상 기행문의 관계가 좀 더 명료하게 분리되기에 이른다. 필자 또한 전적으로 문인들이 담당함으로써 이들의 기행문은 상대적으로 문학적 성격이 강할 수밖에 없다. 이러한 일련의 특성에 의해 반도 8경 기행문은 조선을 상징적 경관적 차원의 명소로 인식하는 대중적 계기로 작용했다고 볼 수 있다.

1941년 3월호에 실린 〈文人이본 南北十六都市의 印象〉또한 이러한 맥락에 놓인다. 여기에서는 남북 16도시(선천, 청주, 신의주, 목포, 공주, 함흥, 진주, 광주, 청진, 대구, 대전, 이리, 군산, 성진, 마산, 부산)에 대한 각 문인들의 인상기를 실었다. 이들은 기행문은 아니지만 인상 혹은 이미지 창출의 성격이 강한 《삼천리》식의 기행문의 관점에서 볼 때 기획의 정신은 반도 8경의 것과 상통한다.

이로부터 여행의 성격 또한 조사와 시찰 중심의 답사에서 역사 유적지나 풍광 중심의 관광으로 전환된다. 1권 표지의 다음 페이지에 실린 공고를 통해 볼 때 이는 1929년 6월 반도 8경 선포와 동시에 실질적으로 진행되었음을 알 수 있다.

社告 其二

신선 '반도팔경'을 통하야 산하답파의 장거를 촉진하는 기연을 짓고저 본사 에서는 각 경마다 탐승단 혹은 산악정복회를 주최하야 실시할가 합니다.

이는 각 8경에 대한 탐승단 혹은 산악정복회를 주최하고자 한다는 삼천 리사의 공고이다. 탐승단이나 산악회 등은 삼천리사에서만 주최한 것은 아 니다. 이는 당시 성행한 조선의 관광 문화를 반영한 것인 동시에 이를 주도한 신문사나 잡지사의 주요 행사이기도 했다. 실제《삼천리》에 실린 기행문 또 한 관광이나 휴양 목적의 여행기가 눈에 많이 띠는 것도 조선의 명소를 대하 는 이러한 태도와 관련지어 볼 수 있다. 김성목의 〈西道의 千里風光 - 松都 를거처 白川으로〉(1935.8), 〈關西八景 두루돌아(1) - 平壤에서 藥山東臺까 지〉(1935.10), 〈關西八景 두루돌아(2) - 地下 金剛 蝀龍窟에서 妙香山까지〉 (1935.11) 등의 글에서 그에 대한 예를 볼 수 있다. 직장인으로서 꿀같은 휴가를 얻어 묘향산을 찾은 이야기를 적은 노천명의 〈仙境妙香山〉(1940.7) 또한 대 표적인 휴가여행기에 속한다.

물론《삼천리》에 실린 기행문의 성격을 전적으로 단일화할 수는 없다. 《반도산하》에 실린 경우에만 국한하더라도 필자에 따라 그 관점은 상이하 다. 이는 앞에서도 말했듯이 기획의 실행 주체들이 소속 기자가 아니라 청탁 받은 문인들이었다는 점에서 기인하는 바가 크다. 이는《반도시론》,《개벽》, 《신민》의 경우와 달리《삼천리》의 기획이 더 자유롭고 다양한 성과를 낳았 다는 말과도 통한다.

6. 근대 조선의 지역 발견 방식과 창출된 장소성

지금까지《반도시론》,《개벽》,《신민》및《삼천리》가 기획한 전 조선 답사 여행의 의미를 살펴보았다. 신문과 잡지는 이 시기 대중들에게 강한 영향력을 행사하는 주요 매체였다. 이런 까닭에 1917년부터 1940년에 걸쳐 이들 잡지가 진행한 조선 각 지역에 대한 답사 및 여행기는 각 시기마다 해당 지역을 인식하는 방식 및 지역의 의미를 창출하는데 주도적 역할을 했다. 특히 이들 기획의 결과물인 전국 일주형 기행문은 '조선'이라는 민족적 혹은 추상적 개념과 이를 구성하는 각 지역의 관계가 어떻게 전체와 부분으로서 또 추상과 구체로서 관계를 맺게 되는지를 살펴볼 수 있다는 점에서 의의가 크다. 각 지역에 대한 답사 및 여행기는 전체 기획과의 관계 속에서 파악할 때 그 의미가 제대로 살아나기 때문이다.

이런 점에서 볼 때《반도시론》의 '조선 13도 일대 조사'와《개벽》의 '조선 문화의 근본조사'는 근본적으로 각 지역을 '조선'이라는 네이션의 관점에서 파악했다는 점에서는 동일하다. 물론 구체적인 의미는 일본과 조선, 제국과 식민지라는 관점과 위치의 상이함에 의해 분별된다.《신민》이 내세운 '지방'으로서의 각 지역 인식은 오히려 이러한 네이션을 지워버리고자 한다.《반도시론》의 네이션으로서 조선 지역에 대한 태도는 1910년대 초기 식민 정치 시대에 식민지에 대해 보여준 일본의 태도를 반영한다. 이에 비해《신민》은 식민 정치의 안정화를 위해 네이션을 지우고자 한 1920년대 중반 이후의 일본 지배 정책의 한편으로 반영한다고 볼 수 있다. 1929년 1월에 선포되어 1930년대 전반에 걸쳐 진행된《삼천리》의 반도 8경 답사 및 기행문 게재는 이와는 또 다른 차원에서 조선에 대한 인식을 이끌어낸다. 조사 및 시찰이 아닌 관광, 자연 경관과 유적지 중심의 문학적 기행문은 명소와 풍경으로서 조선을 인식하게 한다. 이처럼 이들 잡지는 각각의 위치에 따라 조선의 각 지역을 인식하는 데에서도 차이를 드러낸다. 이러한 차이에도 불구하고 이들이 갖는 공통점은 조선 혹은 각 지역이 그것이 토대하고 있는 터전 그 자체 혹은 거기에 살고 있는 자들로부터 대상화되고 분리된다는 점이다. 《반도시론》,《개벽》및 《신민》이 정치적인 목적으로 조선의 전 지역을 대상화한다면 《삼천리》는 문화적인 차원에서 동일하게 각각의 지역을 대상화한다. 그 결과 그 터전에서 살아가고 있는 조선인의 목소리는 기자나 문인들의 목소리로 치환되고 그 곳에서 살아가는 조선인과 그들이 살아가는 땅은 결국 분리된다. 이로부터 터전으로서의 장소 그 자체의 개별성은 사라지고 상징적으로 단일화 된 장소의 의미가 그 지역의 특성을 대신하게 된다.

각 잡지사의 기획에 의해 파생된 기행문들의 의미는 좀 더 구체적으로 살펴볼 필요가 있다. 여기에서는 전체적인 기획과 그것이 갖는 구조적인 의미를 중점적으로 살폈다. 편편의 기행문이 갖는 의미는 좀 더 복합적인 맥락에서 접근해야 할 것이다. 여기에서는 이에 대해서 논외로 하였다.

우미영

西鮮視察日記

白大鎮

《반도시론》, 1917년 8월

六月十八日(月)

이날은 심술이 반쯤 구진 시어머니의 상을 일우위셧다. 그러나 참여름의
맛은 업셧다. 우리 一行은 九時 十分 第一番 京義線을 搭乘ㅎ엿다. 타고 가는
旅行, 다리는 아니 압흐엇다마는, 엇젼지, 沒趣味흔 感想이 交々ㅎ엿다, 아
니라, 男性的 못됨이 恨이엿다마는, 낫잠자기는 아조 맛춤이엿다. 나에게 對
ㅎ여는 平壤行 아니라 西鮮行이 生前 쳐음일다. 말믜암아써, 여러 가지 印象
이 歷々히 눈압혜, 活動ㅎ엿다. 記者는 生後 쳐음으로, 흔 번 一等列車를 타
보앗다. 말믜암아써, 셔투룬 威嚴이, 바로, 붓그럼업이, 흔 자리를 占領ㅎ엿
셧다. 나는 病든 時計를 넘어 信用흠으로써, 汽車 定刻에 到著ㅎ기 어려웟슴
으로써 中路에셔 南大門 스테-쉔신지 人力車에 몸을 실코 다다랏다. 하마터
면, 一行 中 버린 子息이 될 번ㅎ엿다. 汽車 沿路의 風景을 사랑ㅎ지 아니ㅎ
는 바는 안일다마는, 그와 又치 事情이며, 時間이 이를 許ㅎ지 아니ㅎ엿다.
오직, 沿路를 악가워 一瞥ㅎ엿다. 곳 靑氈을 敷흔 듯흔 水田이 업지 아니흠은

아니며, 또흔 潺潺흔 물소릭 隱隱흐지 아니홈은 아니로되, 져 논, 져 밧, 모도
다, 큰 빗줄기를 바라는 듯흐엿다. 禿山의 半島山, 싀 프름이, 蒼穹에 一色을
더흐엿다. 生覺흐니 이것이 모도 다 過去의 朝鮮을 追憶흐게 흐엿다. 우리
一行은 汶山驛에 이르러, 下車의 間隙을 偸得흐얏다. 플릿트폼에서, 거닐게
되엿다. 이 히는 北監理派年會가 平壤에서 開催하게 되어 米國男女 밋쉔닉
리며 朝鮮人 牧師가 적지 아니하엿다. 나는 이에 參加하고자 가는 出張樂道
牧師와 車中에서 한 번 뜻뜻한 握手를 交하엿다. 우리 一行은 半醒半睡 中에
서 平壤 汽笛 소리를 듣게 되엿다. 눈들을 부비면서 行裝을 整頓하고 客車를
떠나 플렛트폼을 나와 콜렉터에게로 向하여 出口에 當하니 이미 出張所 監督
으로 있는 橫田氏가 볕에 다건 얼굴을 내밀면서 아- 하는 歡呼聲을 불러주엇
다. 또한 出張所員으로 李仁默君도 우리를 맞고셔 나왔었다. 一行은 出張所
員의 案內로 똑 京城가마에 바퀴를 단듯한 市街 鐵車를 타게 되엿다. 이것도
平壤의 名産같이 알고 본 즉 그리 우슴거리는 아니되엿다. 이 鐵道는 뒤에
사람 機關車가 있엇다. 午後 三時十分에 下車 - 出張所로 돌다오니 約 네時
假量이엇다. 땀에 졎은 洋服을 벗어 걸고 爲先 한 잔 茶로써 長時間의 汽車
旅行을 慰勞하게 되엿다. 李 出張所員의 案內로 爲先 平壤市街를 한 번 求景
하게 되엿다. 나는 營業部의 太君과 더불어 나가게 되엿다. 나는 太同門, 練
光亭을 봄과 同時에 大同江의 큰 自然美를 讚美하엿다. 有名한 平壤冷麵을
한 번 입에 닿게 되엿다마는 그리 淸新치는 못하엿다. 京城冷麵보다 그리 됴
흘 것이 업셧다. 何如間 好奇的으로 한 그릇 묵은 後에 다시 市街의 客이 되엇
다가 出張所로 돌아와 夕飯을 먹게 되엿다. 나는 夕飯을 마침과 共히 이 날의
夜市를 한 번 보게 되엿다. 그 盛況됨이 京城夜市에 질 바가 없엇다. 何如間
第一着의 平壤印象이 商業地됨이다. 참으로 平壤人士는 實務的人物됨이
分明하엿다. 어디로 보던지 男女老幼를 勿論하고 -

六月十九日(火)

비의 하늘이 아니었고 별의 하늘이었다. 어제 밤의 作戰計劃을 實地에 體現하고저 새벽의 日光과 더불어 寢床을 떠났다. 아침밥으로 지난 밤의 주린 배를 메꾼 뒤에 視察訪問에 着手하였다. 社長 竹內氏는 內地人側訪問에 着手하여 工藤道長官, 瀧警務部長, 本田府尹, 道廳第一部長과 手를 握하게 되어 여러 가지 平壤事情이며 또한 高見卓說이 이날 勞働의 收穫이었다. 余는 鮮人側을 訪問하게 되었다. 그는 爲先平壤靑年有志로 活動家인 金壽哲君을 보게 되었다. 君은 現今 平壤私立日新學校長이며 또한 醫業界에 有名한 靑年紳士였다. 이 뒤를 이어 平壤長老敎會의 巨人 著述界의 一人인 鄭益魯君을 그의 書城에서 만나게 되었다. 彼此間溫情이 充溢하였다. 其他에 府參事로 平壤府內를 爲하여 丹心의 誠을 다하는 朴經錫氏를 訪問한 後 實業界의 巨人인 李春燮氏를 그의 商店에서 만나게 되었다. 참으로 이 날의 하루는 實業界의 巨人, 또는 敎育界宗敎界의 偉人을 만나게 되었다.

太君은 또한 變함없이 營業部事務로 平壤全部를 一口呑에 하고저 出張하였다. 이 날은 北監起敎會年會開催의 第一日이었다. 우리는 職務上 會長인 웰취監督을 보러 갔으나 언어 만날 틈이 없어 다만 한자리만 占領하고 있었다. 그러므로 京城의 後日로 妥協하고 돌아왔다. 하나 이 날은 數百人男女敎役者가 會集한 中 京城에서 下來한 敎役者도 적지 아니하였다.

六月二十日(水)

아마 이 해에는 비 아니 오기로 作定한 듯하다. 여기 저기 뭉텅이 구름이 떠있었다마는 또 한 晴明한 하늘은 이루었다. 何如間 우리들 羈旅者에게는 한 도움이 되었다마는 저 農夫들이 좀 불쌍했다. 이 날은 平壤警察署의 野村警部. 忠北道長官으로 榮轉된 張憲植氏, 川上商議所書記長을 竹內社長이 訪問하게되었고, 平壤의 元老 金履洙, 實業家 朴鳳輔, 鑛業家鄭觀朝

氏, 實業家 朴在昌氏를 내가 訪問하게 되었다. 다 無事히 成功하였다. 太君은 如前히 金櫃戰場에 出陣하엿다. 午後 六時頃이 되어 竹內社長과 余와 出張所員 李君은 平壤의 靈界의 巨人 吉牧師를 訪問하였다. 참 이 날의 無味乾燥는 이 牧師 訪問으로 말미암아 有意味하게 되었고 同時에 愉快하였다. 同牧師의 住宅을 辭하고 돌아오니 여덟 點에 몇 分을 더하였었다.

六月卄一日(木)

如前히 하늘이 비를 아니 내리기고 作定한 듯 하다. 鎭南浦에 발디려놓고져 이 날 아침 六時五十分 發 鎭南浦線을 搭乘하게 되었다. 八時 三十分에 鎭南浦驛을 다다라 第一着으로 平南의 代表的 人物이 되는 林祐敦氏를 訪問하였다. 그는 同地商業界에 偉人될 뿐 아니라 平南行政補佐上에도 큰 功勞者이다. 이 訪問이 끝난 後 同氏와 더불어 鎭南浦 信一組合에 이르러 一般經濟界의 現象과 組織方法을 듣고 或은 驚嘆하였다. 참으로 西鮮商業地됨이 分明하다. 晝食을 明月館이라 하이칼라적 支那料理店에서 마친 後 우리 一行(社長, 記者, 營業部員)은 調査에 着手하였다. 竹內社長은 鎭南浦 府廳의 庶務主任, 商業會議所의 堀書記長, 久原製鍊所를 訪問調査하였고 記者는 鎭南浦客主 組合長이며 또한 府參事로 있는 李孝健氏를 訪問하였다. 이를 終了함과 同時의 鎭南浦 風景을 一瞥하게 되었다. 午後 七時二十分 平壤行 汽車를 待合所에 고대하였다. 그러므로 싸이더瓶 개나 없어졌고 두루주머니떡 개도 없어졌다. 다시 午後 九時에 平壤으로 돌아왔다.

六月卄二日(金)

부릅뜨고 있는 蒼穹, 如前히 시프러렇다. 먹을 사이 없이 돌아다니는 우리 一行. 오늘인들 安息이 있으랴. 竹內社長은 朝鮮銀行支店長 津村氏, 平安農工銀行支店의 中西支配人, 同中根營業課長, 平壤驛長을 訪問하게 되었고

記者는 平壤의 有志 紳士로 有名한 千象河氏를 그의 住宅에서 訪問하였다. 그의 長論卓說, 可히 平壤을 代表함직하였다. 이날도 돌아다니는 거지 비렁뱅이같이 回遊하였다마는 握手의 歡을 얻게 됨은 오직 千氏뿐이었다. 何如間 紳士風을 본받는 그였다. 오늘은 일로써 晝의 十二時를 보냈다.

六月卄三日(土)

이 날은 더욱 일찍 疲困한 눈을 부비게 되었다. 아침의 고요한 바람, 이날의 洪爐를 잊게 하였다. 朝飯을 먹기 前에 竹內社長과 記者는 平壤私立光成學校長 金得洙氏를 그의 住宅에서 訪問하게 되었다. 우리는 그의 學校의 狀況이며 우리 雜誌의 主義主張을 說述하였다. 그의 住宅에서 北監理年會로 因하여 逗留하는 崔監理使, 申培材高普長, 李翼模牧師를 만났었다. 이 訪問을 마친 後에 다시 出張所로 돌아와 朝飯을 喫한 後 또한 제각끔 訪問調査에 着手하였다.

이 날은 舊五月五日 곧 端午였다. 참으로 平壤의 五月五日, 옛생각을 자아내었다. 이 날은 곧 平壤婦女子解放의 日같이 보였다. 우리 一行도 이 날 익기여 牡丹臺下의 한 파티가 되었다. 아! 大同江上의 情遊! 이 날의 凉味를 더하였다. 人山人海를 成한 牡丹坮의 近景, 遠致紅塵萬丈裡에 있는 우리의 마음을 씻어 주는 듯하였다. 空中을 뛰노는 부랑코-줄있음만 오직 恨이었다. 乙密治(坮)의 新涼에 베인 땀을 洗濯하고 玄武門 一瞥로써 原田重吉의 옛 魂을 慰勞하였다. 일로 들어 七星門의 天然美를 眺望한 後 浮碧樓 다다라 大同江 상의 一遊를 試하였다. 아! 其異境 - 蘇東波(坡)의 赤壁遊를 追憶하는 사이에 콧노래로써 大自然의 아름다움을 讚美하였다. 江上의 長皷소리 三味線 소리 이 여름을 잊게 하엿고 또한 堯之乾坤에 太平聖樂을 接한듯하였다.

三千餘年의 聖人을 追憶하면서 箕子陵에서 一行이 撮影한 後 다시 浮碧

樓에 이르렀다. 天與의 山水美를 撮影하였다. 이날은 鎭南浦 貿易商 아니라 當地의 商界巨人 六十名의 一團이 이날의 佳辰을 擇하여 平壤來遊를 한 날이었다. 줄줄이 다닌 人力車上의 視察團, 浮碧樓에 人性美를 더하였다. 何如間 이날은 우리 一行에게 한 解放을 준 듯하다. 그 淸遊의 凉味, 오히려 남아있다. 箕子陵의 附近의 松林 아니라 點박이 老松, 日淸戰爭을 吊하는 듯하였다. 이 날은 江上의 落照와 더불어 歡樂을 취하였다.

六月廿四日(月)

이날은 아침부터 우는 相이었다. 새아침의 禮拜를 재촉하는 敎會의 鐘소리 平壤城內를 振動하였다. 우리 一行中에도 또한 크리스챤이 있음으로 이 鐘소리와 더불어 敎會에 目標를 두고 出發하였다. 참 바쁜 우리 一行에게게도 이 날은 安息이 있었다. 우리 一行은 藝術座를 管理하는 바 島村抱月氏와 松井須磨子孃이 當地에 來하야 演함을 이미 알았다마는 紛忙과 疲困이 이를 許치 아니하던 次에 이 날의 安息을 利用하야 精神의 快味를 이 藝術座에서 있게 되었다. 太君의 齒痛은 그로 하여금 呻吟케함도 있었다. 何如間 이것이 한 小不幸이었다. 그러나 이 날도 아주 調査며 訪問에 等閑하지 아니하였다. 平壤女子普通敎育界의 巨人, 佐佐木貞作氏를 訪問하고 平壤의 敎育과 父兄의 向學熱에 對하여 數時間의 長論이 있었다. 太君은 齒痛에 다른 빌미가 添하여 獨行 千里하게 되어 翌朝 一時二十分 京城行 汽車를 타고 올라가게 되었다. 그러므로 우리 一行은 千里 異鄕에서 故人을 잃어버린 듯한 生覺이 있었다. 午後에 이르러 빗발이자주윗다. 何如間 온 밤 비의 天地를 이루었다.

六月廿五日(月)

半晴半曇의 하늘이었다. 곧 霖雨時期의 本色을 나타냈다. 午前 四時 二十分 車에 安州를 向하고져 하였으나 쏟아지는 비가 出發의 勇氣를 喪失케

하였다. 何如間 便安히 그 대신에 자기는 잤다. 그러므로 一行은 午後 三時 二十分 汽車로 延期하였다. 우리는 平壤과 情이 들자, 곧 離別하는 不幸을 當하였다. 窮書生의 生活, 이 視察旅行으로 因하여 어느 點까지는 하이칼라 가 되었다. 곧 汽車는 一等이 아니면 반드시 二等이었고 料理는 和式이 아니 면 반드시 洋式이었다. 何如間 이 視察이 우리같은 貧書生에게는 無上의 호 강이었다. 車窓으로부터 불어오는 바람, 살 속에 숨긴 半島의 여름을 잊게 할 뿐이냐 - 悠悠히 흘러가는 淸川江水, 보기만 해도 시원하며 푸름 안지에 묻혀 있는 듯한 耕地의 가벼운 바람, 또한 땀에 젖은 등을 씻어준다. 田夫의 草屋, 옛날의 生活을 두루 生覺게하는 듯하였고, 또한 隱隱히 보이는 村落, 아직도 이 時代의 빛이 이르지 아니함을 나타냈다. 何如間 그 質素한 生活, 京城의 나로 하여금 田園生活의 一邊을 欽羨케하였다. 目的地 곧 新義州를 다다라보니 西朝鮮의 끝됨을 알았다. 第一着으로, 一行의 鈍한 觸感性을 날 카롭게 한 것은 또한 靜穩한 商業地됨이다. 푸름에 싸여있는 市街支那人, 人 力車夫로써 한 色彩를 더하였다. 新義州 스테이션에서 멀리 보이는 鴨綠江 의 鐵橋와 安東의 富士, 그림같이 眼中에 映寫하였다. 竹內社長과 記者는 案內者를 뜨라 內地人旅館 爲日勝이란 旅館에 投宿하게 되었다. 爲先 땀에 젖은 몸을 柳湯에서 씻어버린 後, 夕飯의 단맛을 맛보았다.

밝은 날의 일을 相議한 後 제가끔 베드의 사람이 되었다.

六月廿六日(火)

新義州의 여름 아침. 晩秋의 京城 아침같았다. 朝飯을 마친 後 八時三十 分 舊義州行 自動車를 타고 出發하였다. 눈으로 그 形狀을 그릴만치 본 自動 車이지마는 타기는 이 날이 生後 처음이었다. 참으로 貧書生에 對하여는 搭 乘記念으로 잊지말아야하게 되었다. 雄大宏壯한 海東 第一 關門을 지나 市 街에 一目을 加하였다. 목은 已瓦집, 옛 都會되는 바 印象을 주었다. 何如間

舊義州는 過去 朝鮮商業의 關門이었다. 今日의 當地富豪도 거의 過去의 프레센트로 因함같다. 아! 過去 朝鮮商業地의 面影-過客의 眼과 心을 놀나게도 할지오. 또한 回顧의 懷를 이렇게도 하리로다. 아무리하여도 컨추리됨으로써. 淳朴하며 또한 靜穩한 風紀, 옛 生覺을 지어내었다. 爲先 大和旅館에 들어 暫休한 後 作戰計劃을 實現하고저 出發하였다. 竹內社長은 平北道長官, 警務部長, 記者는 當地面役所를 제각끔 訪問하여 調査한 後 다시 모이어 義州郡廳에 略을 들여놓았다. 주린 배를 메꾼 後에 社長과 記者는 가장 紳士다웁게 旅館을 떠나 民間有志와 實業家을 一一히 尋訪하였다. 그러나 時間上 不許와 竹內氏의 感氣로 因하여 午後 六時頃에 歸館하였다. 그 靜穩한 市街의 모양, 平壤에 比하면 死의 市街 같았다.

六月廿七日(窓)

아니 띄어지는 눈을 抑制로 부비면서 寢床을 떠나 二層의 窓을 열고 보니, 義州의 하늘도 또한 霖雨의 色彩를 띄었다. 곧 목물에 흐린 물을 뿌린 듯한 하늘이었다. 오늘도 義州 紳士님네와 實業家 장고지 訪問에 거의 온 날을 다 보냈다. 義州의 名勝으로써 오히려 偉蹟이해로 더불어 더하여가는 統軍亭에서 옛일을 追憶하면서 當日의 疲勞를 歷하였다. 나는 이 統軍亭을 軍事上 萬夫莫開의 要塞로 感하였다. 앞에 흐르는 鴨綠江 그 넘어 편이 問題의 滿洲이다. 큰 山은 못 되는 險하기로는 둘째 아니 갈 虎山이 江岸에 높이 聳出하였다. 아! 이 山이 今日에 보는 吾人으로 日露戰爭의 第一 慘劇을 聯想케하였다. 이 統軍亭은 日露, 日淸 兩戰役에 한 參謀府가 되었던 處이다. 首히 걸린 額 - 氣焰萬丈快將軍네의 手書 곧 懷古의 詩 或은 歌詞였다. 아! 이를 본다는 風悲日曛의 感이 度度하였다. 何如間 亭上에서 두루 훌쳐볼가보냐 - 그 壯快愈遠한 平野, 綠水의 景, 좁은 나의 가슴을 넓혀 주었다. 너 統軍亭아! 永遠히 너의 生을 保하여다오.

다시 旅舍로 돌아와 晝食을 마친 後 戶別的으로 連하여 訪問하였다. 그 所謂, 紳士, 實業家들을.

六月卄八日(木)

새情처럼 떨어지기 어려움은 다시 없느니라. 서너 밤 사이에 무슨 깊은 情이 있었으랴마는 참으로 義州 離別에 暗淚가 滂滂하였다. 지난 날의 걸쳐 놓은 調査며 訪問을 이날 午前 中에 모두 다 끝내고 十二時頃 自動車로써, 新義州를 到達하고, 다시, 人力車에 마음대로 높이 앉아 鴨綠江 鐵橋를 通하여 安東縣의 큰 市街로 達하였다. 참으로 一葦帶水가 秦越을 만들었음을 다시 깨쳤다. 아! 萬里의 異鄕 … 그 됨이야. 雄大함도 있으며 靜閑함도 있으며 騷擾함도 있으며 紛忙함도 있다. 나의 疲困한 眼과 精神에 큰 印象 - 잊지 못할 인스트레이션을 준 면은 支那人 商業熱이며 또한 勞働者 곧 쿨리 等의 勞動이며 同時에 그 生活狀態였다. 아! 나는 大槪 이와 같이 生覺하였다. - 이 地方을 拜金者의 部落으로 -

監督政廳뿐 아니라 大規模 下에 있는 會社銀行에는 반드시 揷鎗의 銳를 擔한 行직이 兵丁이 있다. 이는 生覺컨대 不意의 變 或은 馬賊 等 惡黨의 橫行 又는 侵襲을 防禦하고져 함과 같다. 어느 市街는 참으로 紳士의 居留地 같았지마는 어느 市街는 殺風景을 呈하였다. 支那 市街의 商事的 進行에 對하여는 한 번 놀라지 아니할 수 없다. 그러나 그 陰鬱함이야 支那 國民의 國民性을 나태낸다. 義州로부터 -히 떨어지던 비 安東縣 큰 市街에 이르러 뭉텅이 소낙비가 되었다. 支那人 料理店에 이르러 한 그릇 덴뿌라를 없애주고 市街를 그릴듯이 一瞥하였다. 더위는 義州보다 질 바가 없고 또한 서울보다 질 바가 없다.

安東驛에 이르러 午後 三時十五分(우리의 二時十五分) 車에 新義州를 約 五分間에 다다랐다. 時間으로는 五分間의 差가 있고 壤土로는 一葦帶水

가 있을 뿐으로 鮮支가 分別하였다. 곧 彼此 外國이라 말하게 되었다. 참 鷄犬이 相聞하는 地에 있어서.

驛前에서 人力車를 고쳐 타고 -한 밤의 因緣을 맺은 爲日勝館으로 다다랐다. 아주 오래 자기로 決心하였다.

六月卄九日(金)

이 날은 우리들 覊旅의 客에게 對한 安息日같았다. 다만 旅館 二層에 누른 밥이 되어 있었을 뿐이다. 아니다 오직 오침부터 午後 七時四十七分 京城行 新義州汽車를 기다릴 뿐이다. 거지장괴지의 인력거를 타고 新義州驛에 다다랐다. 爲先 竹內社長은 平壤의 出張所와 京城의 本社에 出發하는 바 뜻을 나타내인 電報를 부치고 聚軍鍾소리에 얼핏 二等車中으로 들어갔다. 爲先 드러누울 計畫을 하였다. 鐵路 沿線의 夜景을 보고서 애를 북북 썼다마는 웬수의 주름이 이를 容恕치 아니하였으므로 나와 沿線의 夜景과는 한 墻壁을 두었다.

소리쳐 깨우는 사람이 있었다. 나는 夢中에도 무슨 큰 變怪나 생긴듯이 生覺하고 두 손으로 눈을 껍질이 벗어질만치 부비고 일어나 보니 곧 平壤出張所員인 橫田氏와 綠川氏였다. 한번 빙그레 웃음으로써 禮를 代하였다. 저네들을 다 보낸 後 다시 잠을 이루고자 누었다.

긴 汽車의 旅行, 어찌 困憊한지 精神이 어룽어룽하였다. 아! 우리는 故鄕의 京城을 다다르게 되었다. 漢江水 潺潺한 물결. 日光에 反映되어 疲困한 눈을 다시 부비게 하였다. 翌日 午前 八時頃에 南大門驛에 다다르니 本社의 社員 一同은 은흘 다투어 우리 一行에게로 몰려들었다. 아? 오직 西鮮視察의 土産物만 남은 모양이다.

南鮮視察雜觀

吟月生

《반도시론》, 1917년 12월

　　南朝鮮視察旅行記ᄂ 崔君이 應當 記述홀 터인 故로 記者는 崔君의 勢力
範圍 以內에서 南鮮視察 中 數種 雜觀을 記하야 本誌 數萬讀者의게 紹介하
기 爲하야 禿筆을 생각지 아니하고 見한 바 數種을 記하노라.

　　一天이 淸淨한 此秋日 十月十六日朝에 釜山急行列車 乘客 中 一客이 되
엿다. 二等室에는 滿員의 狀態로 죠곰도 허리걸칠 處所가 업고 不得已 一等
室을 入할려고 窺見한즉 公務를 帶하고 東上한다는 國分次官이 令夫人과
向坐한 것을 隅然히 마조쳐셔 두어마디 인사을 終한 後, 本雜志를 進呈한데
同次官은 喜色이 顏面을 帶하엿다. 其後 隣室에는 鮮人事務官 一人이 有함
으로 此人에게도 두어마디 인사를 終한 後에는 記者는 次官의게 旅行一路를
平安히함을 祝하고 卽時 嶺南首府되는 大邱에서 下車하엿다.

　　慶尙北道는 有名한 柿(감나무)의 産地로 其 種類도 甚多하야 京城에서

柿에 産地로 有名하다 稱할만하다. 一年 産額은 대개 一萬圓 以上에 達한다 하나 京城 方面으로 盛入되는 榮州郡에서는 乾柿製造傳習會를 特設하고 教師를 岐阜縣柿本場으로부터 招聘하야 傳習生을 養成하는 故로 該 地方 乾柿는 漸次 改良되는 모양이라 한다.

大邱에 市街는 實로 相當한 大都會의 處所라할만한다. 市街의面影은 農夫의 街道는 不見하겟고 內鮮人의 協力으로 銀行會社도 具備하다하겟으나 大陸的 市街의 體裁로는 反對의 方面이 有하다. 하, 一時는 매우 亂雜ᄒ든 農工銀行도 昨年에는 某某 會社의 資金融通을 行할려하다가 成立지 못하얏다 하고 鮮銀支店長 中野君은 慶尙北道 蠶業에 熱心으로 注意한 結果로 本年에는 일부러 信州(內地)地方의 蠶業을 視察한 事도 有하다한다. 慶尙北道 蠶業은 當局에 獎勵로 年年히 盛代하며 大邱에는 信州에 支店을 置하고 山十組라 稱하는 工場이 成立된 事는 感謝의 事이라하겟다.

兩班이라 富豪라 稱하는 者 等은 大概 自己의 마음대로 行하는 動作이 有하다한다. 鄭學이라 稱하는 老人은 大邱에서 第一되는 富者이라 同人은 말하기를 現今 政治의 不平은 無하나 自己生覺에 不滿足한 것은 數三種이 有한데

一은 共同墓地와 道路改修에 夫役이라. 有福者는 多數의 土地가 有한 故로 官廳에서 區域을 指定하여 制限을 하여 주는 것과 家族 家門의 共同墓라 稱하는 如此한 制度를 改定하여 施行하기를 希望하고 又는 道路改修의 夫役은 아모조록 農閑者를 見하여 幾回에 分하여 될 수 있는 대로 十日이든지 十五日에 續出케하여 夫役함은 困難하다 하고

一은 現今 土地賣買에 印紙稅이라 實際 賣買額이 一千圓이라도 公定價格이 一千五百圓이 되던 其 價格에 相當한 印紙을 付함은 實로 不便한 事이

라 云한다. 此等 鮮人의 一流等은 自古以來로 自己의 利益本位에만 생각하고 誤解하는 者이라 하겟다. 鄭學이라 稱하는 老人은 四五年前부터 此地方에 殖利한 結果로 現今에는 六十萬圓의 資産을 作成한 者이라 以上 印紙問題도 亦是 其 筆端에서 出來한 者이라 하겠으나 無用에 事이라 하겠다.

共同墓地에 對하여는 同一한 鮮人 中에도 誤解하는 者 等이 有하나 侍天敎에 幹部에 在한 一老人은 下와 如한 談話를 吐한다. 共同 墓地는 朝鮮人에 對하여는 至極便利한 制度이라 舊來 習慣으로 墓地로 因하여 爭鬪하는 事와 財産을 湯敗하는 事도 不少할 뿐 아니라 墓相의 關係로 他人의 墓를 占有하여 訴訟하는 事이 不絶함으로 恆常不便에 點이 有하더니 朝鮮人의 對하여는 舊慣된 墓地를 共同墓地로 因하여 此弊의 根本을 改良하여 진실로 至極 便利한 制度라하며 喜色이 滿面하다 한다.

佛國寺 前 共進會 當時에 作成하였던 內地人 旅館이 有한데 此處에는 每日 數十名式 夫婦 等 家族이 農閑時를 得하여 來하는 玩客이 不絶할 뿐 아니라 此處에 至하여 大槪 終日 散遊하여 各處에 坐定하고 西山에 夕陽이 入日함을 不覺하고 逸話를 吐하는 事이 有하다 今年 初秋 前에도 赤十字社 副社長되는 ○男爵도 來하여 佛國寺 石窟을 探하여 此處에 旅館을 定하였다. 男爵은 平民主義로 庭中에 沐浴器를 設置하고 入浴하는 이 때에 秋葉은 片片이 散落하여 湯中水面을 덮게되였더라. 此狀態를 보는 男爵은 喜色이 滿面에 奧에 奧을 加하는 趣味가 生케됨으로 雖一介 心念이 有한 人이라도 散步할 만한 景色이 有한지라 長谷川總督도 此處에 來하였다가 此處에 草席을 敷하고 休息한 事이 有한데 總督閣下도 此處의 景致을 非常히 愛護하여 左右에 있는 障子도 다 걷어치고 午餐을 設하였더라 總督閣下도 平民主義를 用하는 故로 如此한 事를 自己와 共히 幸福으로

知하는 바이라 道廳으로부터는 二介官人이 來하여 三日 前부터 準備를 行할려하였더니 此亦弊됨을 생각하고 拒絶한 故로 料理 等까지 失敗하였다 하는 逸話도 不無하다.

南鮮視察로 何處를 行하던지 朝鮮人의 識者라 稱하는 者를 見하면 朝鮮 靑年은 輕薄에 流行되는 事이 多하다. 此等 問題에 對하여는 何時든지 苦心되는 바이나 實際에 當하여는 困難한 問題이라 하겠다. 過度時代의 弊인 故로 當分間에는 不可能의 事이나 然이나 朝鮮靑年에 在하여는 現今도 前來 惡弊를 矯正하는 中인 故로 將來에 悲觀에 陷함을 免하겠으나 此朝鮮에 對하여는 容易한 問題가 아니라 아모조록 速速히 改良할 機關을 設하여 救濟함이 可할 줄로 思한다.

今番 視察 中 特別한 計畫은 無하나 地方에서는 郡守를 訪問한 즉 郡守의 守舍는 朝鮮風의 舊家屋에 在한 故로 郡守 以下 一堂內는 雜然席을 成하여 事務를 執行한다. 大抵 郡守側에는 內地人의 郡書記가(庶務主任) 卓子를 竝置하엿고 郡守는 記者의 質問에 對하여는 熱心히 答하여준다. 何處에는 郡守室이 無한 處所도 있고 特設한 處도 있으되 記者의 訪問한 處는 昌原郡 廳舍인데 第一 近代的 制度로 思한다.

南鮮으로 往行함에 第一 驚覺되는 事는 國語普及이라 些少한 名望이라 도 有한 者는 國語를 不解하는 者이 一人도 無하다 하겠다. 尙且言語方法의 流暢함이 內地人보다도 優勝한 者이 多하며 南鮮地方에 內地旅館에는 皆 朝鮮人의 料理人을 使用하는 者이 多한지라 此를 見하면 國語의 進步는 實로 巧妙하겠는데 北朝鮮에 比較하면 大槪 十年間 工夫程度의 差等이 生할 만한 줄 思하는 바이라 北朝鮮은 國語의 發展만 不足할 뿐아니라 其他知識

도 他處에 比하면 不足하다 하겠다.

慶州는 新羅의 舊都로 古蹟이 富할 뿐 아니라 學者의 參考할 機關도 不少하고 古器物을 現出하여 漸次 發掘하는 者이 多한 中 當時 美의 發達을 窮考할 珍器物이 不少하며 五年 前까지도 此等物을 發現하는 者이 有하더니 現今에는 新羅時代의 瓦片까지 蒐集하고저 하는 人이 有하니 此人은 慶州 鄕村에 閉入한 者이라 人物 經濟上으로 見할지라도 特別한 人物이 存在하여 其名을 奧田이라 呼하는 代議士候補者로 有하든 某侯爵은 支那 第一革命 當時에 奔走히 지내고 東京에서는 株式仲買로 一時 其名이 高하여 成功이 多하든 君이 有하니 以上 人物은 狂瀾怒濤의 經歷이 有한 者이라 年齡은 四十五六歲라 覇氣가 滿滿한 植民地에 難得의 人物이라 同氏의 友人에는 前 中樞院書記官 長現今 中外新論社長 小松錄氏, 三井物産의 遺外員인데 目下 歐美旅行中에 在한 美田氏等이라 皆 벨몬쏘쓰즐 以來 學友로 米國에 留學할 時도 쓰단후옷도 大學에 在하였다 한다.

벨몬쏘쓰슬 當時에도 同君은 頗히 性情이 溫和하였는데 其個性이 相異하여 小松氏는 벨몬쏘쓰슬에 使者가 되었으나 其 學校長(米國人)이 熱心히 愛護하는 中 小松氏는 그리스도敎에 大贊成者가 되고 米田君은 中立이 되고 奧田君은 그리스도敎에 大反對者이 되었더니 小松君은 米國에서 陸奧伯의 紹介로 外交雜誌社에 記者가 되었다가얼마 아니 되여 歸國하여 高等官 一等에 승하였고 米田君은 三井의 花形紋者로 同會社 重役에 在하였고 奧田君은 新羅 舊都에 閑雲野鶴으로 友를 作하여 新羅燒의 骨董 다 半月城의 萩筆을 揮하며 家族 三人이 淸楚한 生活로 過함으로 見함에 果然 興趣있는 生活리라 하겠다.

記者는 南鮮人의 知識이 發達됨을 述하였거니와 或 某處에는 此와 反比例되는 處도 不少한지라 大槪 그 狀況을 言하면 南鮮或地方에서는 旅人屋이라 看板을 懸出한 鮮人의 經營하는 旅館에서 內地人을 宿泊케 하는 處도 有하나 彼泗川郡에서는 本社 記者 韓君이 鮮人屋에서 一泊을 申込하려한즉 主人은 旅人을 不受하는 狀態가 有하다 此는 卽 韓君을 內地人으로 誤見하고 拒絶하는 모양이라 又는 釜山鎭에서는 旅館이 하나뿐인데 午後 七八時 假量 旅家에 到著한 즉 主人 等은 應諾치 아니할 뿐 아니라 逐出하는 處所도 있다. 此 原因은 勿論 排日의 感情이 아니라 內地人 旅館과 如히 飮食 等의 調製가 不能한 關係라 한다. 僕 等은 朝鮮의 民情을 視察하는 것이 本職인 故로 아무쪼록 朝鮮旅館에서 宿泊한 것이라 아무쪼록 此風도 速改히 良하여 하겠다.

南鮮 風俗 內에서 第一 特殊한 것은 婦人 等이 外出할 時에 全身을 覆隱할 만한 삿갓을 冠하여 道路上 往來하는 婦人을 逢한 즉 余는 異狀의 感想이 起한다. 大槪 此 風俗은 全히 婦人의 顔面을 露出치아니하고자 하는 原因에 不過한 것이라 然이나 京城婦人 等의 帳衣로 全身을 被覆하는 者와는 優良한 줄로 思한다.

又 南鮮地方에 特色이라 할 者는 女權이 有한 事이라 南鮮婦人 等은 農業 等을 婦人이 活動行事함이 男子와 同一할 뿐 아니라 爭鬪 等 事件에는 女子가 男子와 如히 喧嘩함이 例事로 思한다. 記者는 金泉驛 某 旅館에서 宿泊할 時 其 隣家로부터 男子와 함께 大爭鬪大喧嘩함을 目睹한 事이 有하다. 其 結果을 見하면 男子 等이 容易히 仲和치 못할 뿐 아니라 男子가 伏降하였다.

南鮮婦人의 風俗 中 速히 改良할 者는 陰曆 四月八日 五月五日 八月十五日 等 名節에 婦人 等만 集合하여 酒를 飮하며 鐘과 大皷 等을 叩하며 遊興하는 것이라. 大端騷亂할뿐아니라 婦人行爲에 爲反이라 하겠고 又는 賭博 等을 盛行함이 男子보다 甚하다 하는 事이라 如此한 弊害는 速速히 誠嚴하여 其 紊亂을 矯正하여야 하겠다.

晉州 南江 碧流를 望하는 絶壁 間에 聳立한 矗石樓에는 大小의 詩人墨客과 古昔大官名士의 作詩가 其 壁面에 記刻한 者이 無慮 二百이 되어 其 中에도 天下 一品의 名句도 有한지라 記者는 其 全部를 崔記者와 協力謄寫하려 할 時에 一陣의 狂風이 吹來함으로 其 寒氣를 不勝하고 因하여 紙筆을 捨하고 愴惶히 樓를 辭하였다. 矗石樓를 作別하게 됨에 其 無名有名한 作詩를 謄寫하여 紹介코자하려던 計劃은 南江의 狂風으로 因하여 失敗에 歸하였다. 其 作詩 中 尤히 有名한 것은 壬辰亂에 南江에서 投死한 有名한 官妓 論介의 作詩도 參在하였더라.

二十日間 三千里 旅行(一)

崔瓚植

《반도시론》, 1917년 12월

十月十六日 火曜

是日은 秋天이 晴高하고 秋日이 晶明하야 吾人의 精神上 頗히 愉快를 感케ᄒ다.

記者는 綠川辰, 韓宅洙 兩君을 同伴ᄒ고 社長 竹內氏를 隨行ᄒ야 午前 八時 三十分 南大門發 釜山行 列車로 南鮮 一帶 視察의 途에 登ᄒ얏도다. 車中에셔 東上中에 在ᄒ 李王職事務官長 國分氏를 逢하야 社長은 邂逅의 禮를 交ᄒ 後 南鮮視察의 辭를 陳ᄒ고 本雜誌 一冊을 寄贈홈이 氏는 歡迎의 色이 眉宇의 間에 動ᄒ며 謝意를 表ᄒ고 沈靜愛讀ᄒ야 長時間 旅行의 友를 作홈과 如ᄒ얏스며 水原驛에셔는 校長 白雅德, 學監 白象圭, 校監 市島吉太郎 諸氏의 領率 下에 在ᄒ 延禧專門學校의 遠足會와 分手ᄒ 後 記者는 閒靜ᄒ 食堂車 中에셔 未盡ᄒ 金剛 探勝의 記事를 草ᄒ얏도다. 疾走ᄒ는 汽車는 於焉間 忠淸道의 曠漠ᄒ 郊野를 通過ᄒ는딩 穰穰ᄒ 黃雲이 四野에 平鋪ᄒ야 今歲 豊登의 色이 吾儕의 眼球 裡에 映射홈을 見送ᄒ며 今日 有志者間에

問題되는 兀兀한 禿山을 歎息ᄒ얏노라.

四時十分 大邱驛에 下車ᄒ니 天氣는 薄陰ᄒ야 夜雨를 催흠과 如ᄒ되 停車場외에서 旅館의 旅客取扱者와 荷物 運搬의 爭先, 實로 斯世의 生存競爭을 表示ᄒ는 光景이 頗히 壯觀이며 市街에 入흠이 玲瓏ᄒ 球燈의 盛大ᄒ 施設이 恰似히 吾儕의 一行을 歡迎흠과 如ᄒ나 此는 五六日 長谷川 總督의 慶州視察을 歡迎흠이오 因ᄒ야 明日의 新嘗祭祝賀를 準備흠이라. 如何間 燦爛ᄒ 街頭를 通過ᄒ야 錦町丸加旅館에 解裝ᄒ니 南鮮의 視察은 此地로부터 始흘 豫定이라 夕飯을 罷ᄒ 後 先히 夜의 市街를 巡廻ᄒ니 街路의 左右에 球燈의 光이 煒煌ᄒ 中 女子의 出外는 露面이 少ᄒ고 蒻苙을 戴ᄒ 者-多흠과 飮食店은 環形의 「紅色丸」, 「○」, 旅館은 紅色의 難丸 「◎」으로써 球燈에 票흠이 外觀上 京城보다 特異ᄒ 點이더라. 夕天의 微陰은 果然 夜雨를 釀ᄒ야 少雨가 霏霏흠으로 仍히 旅館에 歸宿ᄒ얏도다.

十七日 水曜

夜雨가 新晴ᄒ야 街路의 紅塵을 浥흘 쑨이오 朝日이 旭々ᄒ야 吾儕의 活動上 便宜를 與ᄒ다.

是日은 大邱의 風俗과 生活 狀態를 調査키 爲ᄒ야 中心 人物되는 紳士와 府參事 諸氏를 訪問하ᄂ니 有志家 張相轍君을 爲始ᄒ야 鄭在學, 李炳學 以外 五六人을 歷訪ᄒ얏스며 薄暮에는 達城 郡守 李容漢氏를 私宅에 訪ᄒ야 郡治에 對ᄒ 談話를 移時相交ᄒ다가 夜에 近ᄒ야 旅館으로 歸ᄒ얏도다.

大抵 大邱는 商業地인가 工業地인가 記者 視察의 眼中에는 可히 料測키 難ᄒ 疑點이 不無ᄒ도다. 大邱는 南鮮의 中央, 朝鮮의 第三되는 大市街로 市街는 縱然華麗雄大ᄒ야 外觀은 頗히 宏壯ᄒ 듯ᄒ나 實地로는 商業도 隆盛치 못ᄒ고 工業도 何等의 施設이 無흘 쑨 아니라 嶺南의 富豪는 總히 此地에 住居흠과 如ᄒ되 其志가 頑愚에 病ᄒ야 今日의 新事業이라

고는 一種의 經營ᄒᄂ 바이 無홈으로 將來 發展上 稀望은 杳然 無聞ᄒᆷ꼿스며 小民은 從此로 生活困難을 惹起ᄒ고 靑年은 從此로 浮浪에 陷ᄒᆯ ᄲᅢ이니 記者ᄂ 大邱를 爲ᄒ야 一嘆ᄒᄂ 同時에 此等 責任은 全히 財産家에 在ᄒ다 斷言ᄒ노라.

十八日 木曜

今日은 卵色의 晴天에 點雲도 無ᄒ고 潔晶ᄒ 秋日이 光熱을 放ᄒ야 甚히 溫暖을 感케ᄒ다.

是日에 社長은 地方行政을 調査코자 道廳及府廳을 訪問ᄒ고 記者ᄂ 金融을 調査코자 韓君을 伴ᄒ야 銀行界에 出動하얏도다.

大邱의 金融界ᄂ 朝銀支店과 慶農本店이 有ᄒ고 內地人 經營에 係ᄒ 鮮南銀行가 朝鮮人의 設立ᄒ 大邱銀行이 有ᄒ며 其外 金融組合이 有ᄒ야 金融流通에 頗히 好況을 呈ᄒᄂ 바 就中 農工銀行의 年賦貸金은 農業發展上 好影響을 普及ᄒ며 商業資金의 流通도 逼迫이 少無ᄒ야 今秋 綿絲廣木 等 暴騰暴落의 際에 京城과 如히 破産者가 生ᄒᄂ 弊ᄂ 絶無ᄒ얏고 今夏 穀價 暴騰 以來 各銀行에 貸出이 多ᄒ야 遊金이 殘存치 아니ᄒ얏스나 金融枯渴의 極度에ᄂ 至치 아니ᄒ얏더라.

十九日 金曜

此日은 薄雲이 滿天ᄒ고 金風이 蕭颯ᄒ야 晚秋의 意가 江山을 襲ᄒ다.

此日은 適히 大邱府 主催로 七郡聯合果實品評會가 市內賴慶館에 開設된지라. 記者ᄂ 此地를 向ᄒ야 步武를 移ᄒ니 慶尙北道 道廳 區內에 白堊製의 二層 洋屋이 屹然 高立ᄒ 者가 卽是 賴慶館이라 賴慶館은 如何ᄒ 者이뇨 ᄒ면 大正 四年 十一月 卽位 御大典當時에 慶北儒生 六十八人이 記念ᄒ기 爲ᄒ야 金一萬餘圓을 各捐ᄒ야 一箇物品 陳列館을 造成ᄒ고 名을 賴慶館

이라 稱ᄒᆞ니 賴慶의 意ᄂᆞᆫ 一人有慶에 兆民賴之라 홈을 採用ᄒᆞ이라. 故로
館은 甚히 重大ᄒᆞᆫ 意義를 有ᄒᆞᆫ 處이라 館內에 常設ᄒᆞᆫ 者ᄂᆞᆫ 道內物産과 參考
品이오 今番 門催ᄒᆞᆫ 品評會에ᄂᆞᆫ 苹果, 梨, 柿及果實의 副産物 等이니 柿ᄂᆞᆫ
本來 南鮮의 特産으로 出品者ᄂᆞᆫ 朝鮮人에만 限ᄒᆞ얏고 苹果ᄂᆞᆫ 五六年來 勤
勉爲業ᄒᆞᆫ 所以로 此亦 南鮮이 特産地의 名을 占得ᄒᆞᆯ 만ᄒᆞ야 其出品의 優良
美麗홈은 實로 料外의 光景을 呈ᄒᆞ얏더라.

午後에ᄂᆞᆫ 恩賜授産機業所를 訪ᄒᆞ니 機業所ᄂᆞᆫ 本來 道內 各郡에 二十九
處가 有ᄒᆞ더니 大正 二年에 此處로 併合ᄒᆞᆫ 者이라 技手 二人及助手 二人의
下에 傳習生 三十人을 敎授ᄒᆞᄂᆞᆫ 바 修業期限은 二箇年인ᄃᆡ 傳習生에 對ᄒᆞ
야 初年에ᄂᆞᆫ 食費補助로 每朔 四圓을 給與ᄒᆞ다가 第二年에ᄂᆞᆫ 勞働賃金을
計給ᄒᆞ다 ᄒᆞ며 科目은 染色, 織造, 製紙인ᄃᆡ 重要科目되ᄂᆞᆫ 織造ᄂᆞᆫ 綿布, 絹
布, 絹綿交織, 綿麻交織, 綿毛交織 等인바 昨年 四月로 本年 九月ᄭᆞ지 織造
ᄒᆞᆫ 總數ᄂᆞᆫ 一千六百九十七反, 價格 五千餘圓에 至ᄒᆞ얏다 ᄒᆞᄂᆞᆫ도다.

其後에ᄂᆞᆫ 筇을 携ᄒᆞ고 達城公園의 夕陽을 踏上ᄒᆞ니 美哉라 天作의 塹壕
恰然히 玉碗를 開ᄒᆞᄂᆞᆫ 듯 一方에ᄂᆞᆫ 市街의 壯觀, 一方에ᄂᆞᆫ 郊野의 風景, 山
川의 趣味ᄂᆞᆫ 一無可取ᄒᆞᆫ 大邱市가 此一片 達城으로 ᄒᆞ야곰 特生色을 呈ᄒᆞ
ᄂᆞᆫ도다. 秋色을 愛賞ᄒᆞ며 移時徘徊타가 仍히 種苗場內에 開催ᄒᆞᆫ 畜産品評
會를 訪ᄒᆞ니 此地ᄂᆞᆫ 全혀 牛世界의 一境이라. 肥大勇健ᄒᆞᆫ 大武團, 其危稟ᄒᆞᆫ
威風이 恐懼不可近이라. 其當選의 等級을 速草ᄒᆞ고 竟히 退歸ᄒᆞ니 時ᄂᆞᆫ 旣
히 黃昏이라. 蒼蒼한 烟을 踏破ᄒᆞ고 旅館으로 歸來ᄒᆞ얏도다.

二十日 土曜

今日도 亦是 午前은 曇天이라. 薄雲이 滿空ᄒᆞ야 眉를 頻ᄒᆞᆫ 듯 淡淡然然
야 欲雨不雨ᄒᆞ다.

此日 社長은 學校界를 訪問ᄒᆞ고 余ᄂᆞᆫ 文友觀를 訪ᄒᆞ니 文友觀은 卽 往昔

에 士義尊聖ㅎ던 樂育齊舊舍이라. 今日도 亦是 義士興學의 趣旨로 此를 設置ㅎ고 春秋兩季에 文士를 會集ㅎ야 經書를 聽講ㅎ고 詩文을 制作ㅎ야 文風을 獎勵혼다ㅎ나 但히 其名만 殘存홀 쑨인 듯ㅎ더라.

此處로부터 歸路에 大邱測候所를 歷訪ㅎ야 助手 朴裕俊君의 紹介로 器械의 設備를 觀覽ㅎ고 氣象에 對혼 談話도 所長으로부터 得聞ㅎ얏스나 此에 就혼 具體記事는 後日에 特히 記載코자 玆에는 敢히 省略ㅎ노라.

午後는 雲晴日晶혼디 綠川과 韓君을 別ㅎ고 竹內社長을 隨ㅎ야 一時三十分 自動車上의 人이 되니 此는 新羅古蹟을 觀覽코자 慶州로 向홈이라. 漠漠無變혼 大野에 黃雲이 浮沈ㅎ는 道中의 光景, 實로 南鮮은 土地의 庫, 米穀의 鄉됨을 可知홀지오 河陽 附近 中原 農庄에서 苹果收穫의 實景, 南鮮은 將來 苹果의 産地됨을 豫測하깃고 道中에 馬車及 荷物車가 絡繹不絕홈을 見혼즉 慶州浦項의 隆盛을 可知홀러라. 大邱로부터 一百八十里의 慶州를 二時間餘에 駛走ㅎ야 於焉間 金尺墓를 電瞥ㅎ며 武烈王陵을 飛過ㅎ고 一瞬間에 慶州에 著ㅎ니 時는 政히 四時라 社長은 故鄉의 友 高田君을 尋訪ㅎ고 余는 鷄林旅館에 投裝ㅎ얏도다.

余의 此地에 來홈이여 此地는 余의 先鄉이라 余가 此地에 來홈은 一生의 光榮으로 知ㅎ며 此地에 來ㅎ야 吾家의 祖先 文昌侯 古史를 回想ㅎ니 其後裔된 余의 心頭에 自然 懷古의 遠思가 悠然ㅎ도다.

二十一日 日曜

朝日이 鮮明ㅎ고 天無點雲ㅎ야 可謂 秋意漸緊이라하깃도다.

此日은 社長과 共히 腕車를 驅ㅎ야 新羅古刹 佛國寺로 向ㅎ니 高田君은 自轉車로서 吾儕를 案內ㅎ는지라 路中에 當時의 古蹟 鷄林, 瞻星臺, 半月城, 雁鴨池(見別頁 嶠南古蹟) 等을 觀覽ㅎ고 漸次 吐含山을 望見홈이 滿山 絳楓이 紅雲을 繞혼듯 遠히 金剛楓嶽의 秋色을 聯想ㅎ며 山麓에 抵ㅎ니 高

樓巨閣이 樹林의 中에 交映ㅎ는 光景, 金剛探勝의 後를 繼ㅎ야 更히 佛家의
緣을 結혼 思想이 悠悠然 心頭에 動흠을 不覺ㅎ깃도다.

寺는 距今 一千五百年前의 古刹이라 其規模의 宏傑, 美術의 精巧는 後
人의 可愧홀 바이오. 寺前에는 內地人 旅館의 一箇所가 有ㅎ니 此는 全혀
佛國寺 石窟庵의 觀覽을 依賴ㅎ는 者이라. 其設備의 淨潔흠이 旅客의 便宜
를 極ㅎ는지라. 此處에셔 茶果를 應ㅎ고 更히 石窟庵을 訪ㅎ야 吐含山의
山頂을 越ㅎ는딕 坂路의 高峻, 登山者의 急喘를 催ㅎ는 故로 山頭에 休立ㅎ
야 山下를 一望ㅎ니 廣潤平舖혼 郊野의 色이 漠漠혼 中間에 玉鏡과 如혼
一片 影池에 晶明혼 光線을 眼球에 映射ㅎ며 蜿蜒續斷혼 山川의 景, 慶州蔚
山의 一部가 眼下에 盡入ㅎ니 山西의 風景도 頗히 美麗ㅎ거니와 山을 迂迴
ㅎ야 東天을 望혼즉 東海一帶의 無邊혼 波濤, 海天一色의 渺茫혼 光景이
愈奇혼딕 冷冷한 海風이 寒氣를 感케ㅎ야 山西山東의 溫涼이 頗히 顯殊흠
을 覺홀러라. 石窟庵은 東海를 面ㅎ고 山腹에 位ㅎ얏스니 其風景도 可히 奇
勝ㅎ거니와 庵은 石造의 窟內에 石造의 大佛像, 其美術의 精妙와 設計의 壯
傑, 新羅의 文明은 此에 盡흠과 如ㅎ며 此를 見ㅎ는 同時, 當時의 佛敎는
如何히 有力흠을 可히 推想하얏노라.

移時賞嘆타가 佛國寺로 還下ㅎ야 寺前 旅館에셔 午飼을 餐ㅎ고 歸路에
校里 崔進士家를 訪問ㅎ니 慶州 十二代 進士, 十二代 富豪 崔進士家라ㅎ면
其聲名을 朝鮮天地에셔 不知ㅎ는 者 ㅣ 少ㅎ려니와 十二代의 連續혼 進士
는 東洋에 稀有혼 光榮이나 其富로 言ㅎ면 千石에 不過ㅎ야 南鮮에 此以上
幾十倍에 達ㅎ는 富家가 不少ㅎ야 富라 稱키 不能ㅎ되 此亦 十二代 以上을
互來흠은 其家道上, 人格上 稀世의 事이라. 記者 ㅣ 此地에 來ㅎ야 此家를
尋訪치 아니흠은 一遺憾으로 認ㅎ야 其 門屛에 腕車를 下ㅎ얏더니 當世의
主人되는 崔浚君은 巧히 不在中이오 其第四弟 崔淳 君이 歡迎ㅎ는지라. 吾
儕는 名刺를 通ㅎ고 禮를 交혼 後 其家規를 問혼딕 淳君은 其家産의 永久繼

續ㅎㄴ 方法을 語ㅎ야 曰 吾家의 不贍ㅎᄒ 財産이 繼續홈은 文昌侯 十二代孫
되ᄂ 農立公으로부터 互來ㅎ니 其實은 當世ᄭ지 十九世를 相續홈인ᄃᆡ 其
方法은 別無ㅎ나 大蓋 財産을 守홈에ᄂ 勿論 其子孫의 人格을 造成홈이 要
路이오 其外ᄂ 儉薄을 主ㅎ며 又ᄂ 次子에게 分財ᄒ 時 固有의 財産은 一毫
도 分解치 아니ㅎ고 本財産의 當代間 利益으로써 次子 幾人이던지 平均分
配ㅎᄂ니 此가 卽 本財産의 不減ㅎᄂ 良策이오 先祖의 遺訓을 承ㅎ야 宦海
에 不出홈이 家規의 一이며 前日에ᄂ 此洞內 百餘戶가 擧皆 吾家의 奴屬인
ᄃᆡ 此等을 使嗄ㅎᄂ 方法은 男僕에 十五斗, 女婢에 五斗의 月給을 與ㅎᄂ
外에 三斗落의 耕作地를 每戶 許與ㅎ야 作農케ㅎ며 男女 竝 五日式 三次 卽
一箇月間 十五箇日을 使役케 ㅎ고 遠地에 送ᄒ 時ᄂ 百里以外則 相當한 賃
金을 與ㅎ야 三百年間을 如此히 互來ㅎ더니 十年前에 時代의 變幻을 從ㅎ
야 此等 奴婢를 一竝 解放ㅎ얏스나 尙今 自願 服從ㅎᄂ 者 不少ㅎ고 凶歲에
ᄂ 倉庫를 開ㅎ야 貧民을 救濟홈이 吾家의 傳來ㅎᄂ 慈善이오 現今의 財産
은 千石秋收의 土地, 百萬町步의 森林, 大邱銀行株金이 六百株, 輕便鐵道
에 百株, 農銀에 二百株 等에 不過ㅎ고 方今 經營ㅎᄂ 바ᄂ 植林事業이오
今年 輕鐵枕木으로 一木三十錢式 三萬本을 賣下ㅎ얏노라 云云ㅎ더라. 而
已오 辭退ㅎ야 市內로 歸來ᄒᆞᆯᄉᆡ 初月이 如眉ㅎ야 鷄林에 掛ㅎ얏더라. 朝晴
暮陰ㅎ다. 氣候ᄂ 尙今 溫暖ㅎ야 京城보다 五度 以上은 相違홈과 如ㅎ다.

　　二十二日 月曜

　　昨日은 名所古蹟에 遊ㅎ야 日曜의 一日을 送ㅎ고 今日은 郡守 及 有志
家들을 歷訪ㅎ야 此地方의 現狀及 將來를 調査ㅎ얏고 郡書記의 紹介로 慶
州古蹟保存會를 觀ㅎ니 此에 陳烈ᄒ 物品은 卽 新羅의 二千年前 遺物이녀
朝鮮唯一의 最大最古ᄒ 奉德寺鐘, 其重이 十二萬斤이오 表面에 陽刻ᄒ 寶
相, 花文, 天人, 蓮花 等은 頗히 美麗를 極ㅎ얏스니 此ᄂ 惠恭王 六年 距今

千百四十年前에 鑄造흔 者이며 其他 室內에는 土器, 瓦口 及 敷物, 石器(石簇, 石斧, 石刀) 玉物, 石棺及 戶枕과 瓦造의 腹覆及 手足壓 等이 奇觀이니 此를 見홀지면 當時에는 屍體를 檢치 아니홈이 分明ㅎ고 土器는 山麓에셔 採掘흔 바 擧皆 人骨이 在中ㅎ니 此는 當時에 火葬이 盛行홈을 推測홀지며 芬篁寺 修理時에 二層 塔 中에 取得흔 石函, 此中에는 二本의 金銀縫針及 針筒, 黃金鈴子數箇, 數百笛玉이 有ㅎ얏스니 此는 善德女王 時에 藏흔 바이오 又는 高麗 崇寧通寶一枚가 有홈으로 其後 修理를 證明흔다ㅎ고 松華山 下에셔 移來흔 如意輪觀音像은 頭部와 兩手로 損失ㅎ야 其刻法이 頗古ㅎ야 觀者의 趣味가 富ㅎ더라.

二十三日 火曜

是日은 天氣 晴朗ㅎ고 無風無雲ㅎ야 旅行者로 ㅎ야곰 甚히 溫暖을 感케 ㅎ다. 此日은 午後 二時에 慶州를 出發ㅎ야 同 五時에 大邱에 歸著ㅎ얏도다. 大抵 慶州는 古蹟으로써 其名이 高홀 쑨이오 何等의 産業發展은 希望이 無 ㅎ고 此地에 輕便鐵道가 浦項깃지 貫通ㅎ는 同時에는 漸次 商業이 展開되 리라 觀測ㅎ얏노라.

二十日間 三千里 旅行(二)

崔瓚植

《반도시론》, 1918년 1월

二十四日 水曜

天高日晶ᄒ야 秋意益切ᄒ니 千里客懷가 悠然感發ᄒ다.

是日은 綠川, 韓兩君을 別ᄒ고 社長을 隨ᄒ야 上午 六時四十分 大邱驛을 出發ᄒ야 九時十分 密陽에 下車ᄒ니 密陽驛上의 新市街ᄂ 爲先 當地의 進就ᄒᄂ 風光을 眼球裡에 映寫ᄒ며 自此로 邑內를 向ᄒ야 進入ᄒᆯ시 漠漠ᄒ 郊野에 秋色이 穰穰ᄒ 中, 亭亭聳立ᄒ 內地 農民의 家屋, 恰然히 內地의 農村을 旅行ᄒᆷ과 彷佛ᄒ며 秋葉이 尙潤ᄒ 桑田, 可히 此地의 蠶業發展이 如何ᄒᆷ을 目睹ᄒᆯ러라.

龍頭山下에 高架ᄒ 龍頭橋로부터 密陽의 邑內를 一望ᄒᆷ이 最先 嶺南의 名勝 嶺南樓가 翼然ᄒ야 余의 一行을 歡迎ᄒᄂ 듯ᄒ지라 此를 目標에 置ᄒ고 漸次 進向ᄒ야 南江의 船橋를 渡ᄒ고 市街에 入ᄒ니 其後에 峩然ᄒ 靑山은 可히 密陽의 富士라 ᄒᆯ 만ᄒ더라.

此時 郡守 申泰茂氏를 訪問ᄒ야 郡治上 言論과 郡內의 産業發展 等 談話

를 移時相交ᄒ다가 辭退ᄒ야 卽時 嶺南樓에 上ᄒ니 眼界ᄂ 平潤ᄒ고 江流
ᄂ 無聲ᄒᄃᆡ 碧空에 散在ᄒᆫ 秋雲은 皎潔淡白ᄒᆯ ᄲᅮᆫ이라. 阿娘의 靈을 何處에
吊ᄒᆯ지 不知ᄒ고 綺麗ᄒᆫ 江山을 靜肅ᄒᆫ 秋色의 裡에 望見ᄒ다가 駈駒의 歌
를 唱ᄒ고 驛上 新市街에 還到ᄒ야 內地人 旅館에셔 午餉을 餐ᄒ고 此處에
셔 時間을 待ᄒ야 午後 五時頃 驛亭으로 向ᄒ엿도다.

密陽은 氣候가 溫暖ᄒ고 飮料水가 淸冽ᄒ야 自來로 疾病이 稀有ᄒᆯ ᄲᅮᆫ
아니니 田野가 平坦膏沃ᄒ야 農産이 年年 豐登ᄒᄂ 穀鄕인 故로 內地 農民
의 移稼자가 此地에 最히 蝟集ᄒᆫ지라. 朝鮮農民은 此를 模範ᄒ야 農事改良
도 先進의 傾向이 有ᄒᆷ과 如ᄒ도다.

列車가 着來ᄒᆷ이 綠川과 韓君이 二等客車로부터 出迎ᄒ니 此ᄂ 大邱에
셔 此地로 相逢ᄒ자ᄂ 宿約이 有ᄒᆷ이라. 一行 四人의 同車ᄒ고 更히 出發ᄒ
니 此時ᄂ 夕日이 薄暮ᄒ야 山野에 秋色이 蒼遠ᄒ더라. 三浪津에 至ᄒ야
馬山線을 乘換ᄒᆷ이 汽車ᄂ 暗黑의 裡를 透ᄒ고 猛進ᄒ기 幾許時에 於焉間
新馬山에 來着ᄒᆫ지라 仍히 旅館에 寄宿ᄒ얏도다. 夜에 微雨ᄒ다.

二十五日 木曜

夜雲이 未霽ᄒ야 滿天慘憺이러니 凉風이 微動ᄒ며 白日이 晚晴ᄒ과 社
長 以下 吾儕의 一行은 午前 九時 舊馬山의 市街를 踏ᄒ야 ●● 社長은 舊馬
山의 狀況을 視察ᄒ 後 更히 新馬山에 進ᄒ야 府廳及 昌原郡廳 等의 官衛를
訪問ᄒ고 余ᄂ 月影坮, 馬山城 等의 古蹟을 觀賞ᄒ 後 當地 紳士紳商의 有志
家를 歷訪ᄒ얏도다.

馬山은 長灣이 深入ᄒ고 灣口ᄂ 巨濟島가 橫塞ᄒ야 港內의 海水ᄂ 境面
과 如히 無風無浪ᄒ며 氣候ᄂ 夏不勝暑ᄒ고 冬無酷寒ᄒ야 京城에셔ᄂ 初
氷의 報道가 來ᄒ얏스나 此地人은 單衣을 着ᄒ 者ㅣ 尙多ᄒ니 氣候의 適順
이 朝鮮唯一이라ᄒ깃고 兼ᄒ야 山海의 風景이 甚히 佳絶ᄒ야 病者의 轉地

療養이 最適宜ᄒ고 住民은 日鮮人 竝 一千五百餘家인되 就中漁業에 從事ᄒᄂ 者ㅣ 最多數이라 家屋은 竹扉茅葺이 蟹殼과 如ᄒ 者ㅣ 不少ᄒ고 閭巷의 道路ᄂ 屈曲陝隘ᄒ야 通行上 不便의 感을 與ᄒ나 特히 人物은 文明에 進向ᄒᄂ 點이 有ᄒ더라.

二十六日 金曜

天氣快晴ᄒ다.

是日에 社長은 小蒸氣를 驅ᄒ야 鎭海의 軍港을 訪問ᄒ고 綠川과 韓 兩君은 各自의 責任上 勤務에 活動ᄒ며 余ᄂ 昨日에 未盡ᄒ 視察 事項을 畢ᄒ 後 韓君과 共히 新馬山에 進ᄒ야 一行이 會合ᄒ다.

午後 六時에ᄂ 海州丸 甲板上의 人을 作ᄒ니 此ᄂ 馬山을 別ᄒ고 統營으로 進向ᄒᄂ 路이라. 航行 中에셔 鎭海 要塞의 燈光과 一片 孤城의 忠武遺蹟을 展望ᄒᄂ되 海上의 初月, 半輪의 秋光을 放ᄒ야 (1줄 원문 확인불가) 山川은 玲瓏한 彩靄裡에 埋沒되얏스니 吾身은 恰然히 金鰲背上에 立ᄒ야 瀛洲 三山을 望흠다 如ᄒ얏도다. 如此ᄒ 海上의 奇觀을 觀盡ᄒ고 九時半에 統營에 下陸ᄒ야 埠頭上 星星ᄒ 燈光裡에셔 日鮮旅館番頭의 案內로 該旅館에 入宿ᄒ다.

二十七日 土曜

朝來의 曇天은 霏霏ᄒ 秋雨를 送ᄒ야 天涯의 客情이 頗히 寂寞ᄒ다.

是日은 社長과 共히 郡廳을 訪問ᄒ 後, 韓君을 伴ᄒ야 古蹟과 紳士를 歷訪ᄒ식 零零ᄒ 秋雨가 衣裳을 沾ᄒᄂ 故로 仍히 旅館에 歸來ᄒ야 雨中의 半日은 思家의 夢으로 送ᄒ얏도다.

統營은 港灣이 圓滿ᄒ고 灣口ᄂ 巨濟, 閑山, 彌勒 諸島가 抱圍ᄒ 良港이며 此地ᄂ 忠武公의 戰功을 成ᄒ 處이라. 故로 志(忠)列祠, 鑒(?)梁橋 等의

古蹟이 多ᄒ고 古昔 三道水軍統制使가 駐在ᄒ던 處인 故로 宏大ᄒ 官舍가 二三處이며 此地ᄂᆞᆫ 自來로 笠子, 貝工 等의 特産物이 産出ᄒ던 工業地인 故로 向今ᄭᅵ지 家家 工場, 人人匠色의 偉觀을 可見ᄒᄀᆈᆼ고 住民은 擧皆 富饒 ᄒ으로 金融이 頗히 緩和ᄒ며 船客과 貨物, 郵便物 等의 出入이 極히 繁盛ᄒ 고 又ᄂᆞᆫ 漁業이 朝鮮第一의 豐漁地이니 最히 重要ᄒ 者ᄂᆞᆫ 鰛(메루치)이오 市場에 出ᄒᄂᆞᆫ 生鮮은 腐敗ᄂᆞᆫ 勿論, 活躍치 아니 ᄒᄂᆞᆫ 者-無ᄒ며 漁業의 年産額이 二百五十餘萬圓인ᄋᆡ 朝鮮人 漁業者ᄂᆞᆫ 內地人의 十倍이나 漁獲 量은 十分一에 不過ᄒ즉 個人으로 觀ᄒ면 漁獲量이 內地人의 百分一에 不 及ᄒ니 此ᄒᆞᆫ 無他라 財力과 技術이 不足ᄒ이라 ᄒᄀᆈᆼ고 此地의 氣候ᄂᆞᆫ 馬山 과 無異ᄒ야 頗히 良好ᄒ고 米穀도 亦是 豐饒ᄒ니 何方面으로 見ᄒ던지 統 營은 一區의 安樂地라 ᄒᄀᆈᆼ더라.

夜十時半에 綠川, 韓 兩君을 留後ᄒ고 社長을 伴ᄒ야 巨濟丸으로 統營 을 出發ᄒ다. 此時에 宿雨가 始晴ᄒ고 海天이 蒼蒼ᄒ되 西天의 月色은 魚鱗 과 如ᄒ 薄雲의 間에 出沒ᄒ야 海上의 夜景이 頗히 心神을 怡悅케하나 是野 ᄂᆞᆫ 海風이 稍寒ᄒ 故로 寢坮上에서 鉤鉤安眠ᄒ더니 猛烈ᄒ 汽笛 一聲에 寒 夢을 驚覺ᄒ이 軋軋ᄒ 機關의 音이 休息ᄒ며 船은 旣히 三千浦에 碇泊ᄒ얏 ᄂᆞᆫ되 時ᄂᆞᆫ 深夜 三時頃이라 四面이 寂廖ᄒ고 但히 海市의 燈光이 耿耿ᄒ 쑨인되 己而오 喔喔ᄒ 鷄聲이 海上村落의 寂寞을 破ᄒ더라. 是夜ᄂᆞᆫ 沖野屋 旅館에 入宿ᄒ얏ᄂᆞᆫ되 曉夢이 政히 心神을 尉ᄒ니 其間海陸風景에 神淸心 閑ᄒ야 快活ᄒ 夢을 成ᄒ과 如ᄒ도다.

二十八日 日曜

朝日이 晴朗하다

朝七時에 自動車를 乘ᄒ고 昨雨에 混沽ᄒ 泥濘의 路를 ●赤ᄒ야 船津에 暫寄ᄒ고 泗川을 歷ᄒ야 晉州의 風物을 腦裡에 印刷ᄒ게 되얏도다. 爲先

一帶 淸江의 岸에 嵬然高開ᄒᆞᆫ 矗石樓의 實景, 一見키를 願ᄒᆞ던 心中에 歡喜의 感를 惹起ᄒᆞᄂᆞᆫ지라 船橋를 渡ᄒᆞ야 飛鳳洞 晉陽旅館에셔 朝食을 罷ᄒᆞ고 卽時 矗石樓欄干에 高猗ᄒᆞᆫ 人을 作ᄒᆞ니 樓ᄂᆞᆫ 市街를 隔ᄒᆞ야 遠히 磅礡ᄒᆞᆫ 飛鳳山을 負ᄒᆞ고 滔滔ᄒᆞᆫ 淸流를 檻外에 送ᄒᆞ며 江岸에 依依ᄒᆞᆫ 一帶 竹林에ᄂᆞᆫ 濛濛ᄒᆞᆫ 烟霞의 氣를 帶ᄒᆞ얏ᄂᆞᆫᄃᆡ 芳名을 千秋에 傳ᄒᆞᄂᆞᆫ 論介의 古碑와 忠烈이 日月로 爭光ᄒᆞᄂᆞᆫ 一片의 義岩, 吾儕로 ᄒᆞ야곰 感古의 懷를 惹起ᄒᆞᄂᆞᆫ 同時에 陰風이 悽悽ᄒᆞ고 冷雨가 蕭蕭ᄒᆞ야 恰然히 論介의 靈이 來ᄒᆞᆷ과 如ᄒᆞ더라. 此 日曜의 一日은 矗石樓 風景으로 消遣ᄒᆞ고 歸宿 旅館ᄒᆞ다.

二十九日 月曜

晴朗溫和ᄒᆞ던 朝日의 天氣가 一變ᄒᆞ야 寒風이 噓來ᄒᆞ며 乍雨乍晴ᄒᆞ다.

社長은 道廳을 訪ᄒᆞ고 余ᄂᆞᆫ 郡廳을 訪ᄒᆞ야 昨日의 一日을 休息ᄒᆞᆫ 吾儕의 身은 更히 職務執行에 活動ᄒᆞᄂᆞᆫᄃᆡ 此日은 巧히 郡守 韓圭復君이 地方巡視 中임으로 不遇ᄒᆞ고 歸路에 新面長物部安馬君을 面會ᄒᆞ야 移時 談話ᄒᆞ다가 旅館에 歸ᄒᆞ야 牛餉을 應ᄒᆞ고 更히 各 方面에 出動ᄒᆞ얏도다. 夜ᄂᆞᆫ 風寒ᄒᆞ다.

三十日 火曜

雲晴風靜ᄒᆞ고 朝日이 旭旭ᄒᆞ야 氣候ᄂᆞᆫ 更히 溫和에 回復ᄒᆞ다.

社長을 伴行ᄒᆞ야 郡守 韓圭復君을 郡廳으로 訪ᄒᆞ얏더니 韓君은 吾儕를 歡迎하여 郡內 現狀을 詳細 論述ᄂᆞᆫᄃᆡ 韓君은 靑年才質로 神經이 敏活ᄒᆞ고 知識이 豐富ᄒᆞ며 內地語가 鍊熟ᄒᆞᆯ 쑨아니라 郡治上 好成績을 致ᄒᆞ야 將來 道長官의 稀望이 有ᄒᆞᆫ 人物이더라.

是日에 綠川, 韓 兩君은 統營으로부터 晉州에 來ᄒᆞ얏더라. 此時 四人의 一行이 會合ᄒᆞ야 各自 其職務上에 活動ᄒᆞᄂᆞᆫᄃᆡ 時에 名僧李晦光和尙이 內

地佛敎를 視察ᄒ고 歸來ᄒ야 其 感想을 發布코자 普通學校에셔 演說會를 開場혼지라 余ᄂ 此에 參席ᄒ야 其 陳述ᄒᄂ 大旨를 略草ᄒ얏도다.

是夜에ᄂ 韓君을 帶同ᄒ고 李晦光和尙을 護國寺에 訪홀시 月色이 皎潔ᄒ고 樹陰이 蒼蒼ᄒ야 山路 夜景이 政히 佳麗ᄒ니 實로 山陰 雪夜의 淸趣와 彷佛ᄒ더라.

大蓋 晉州ᄂ 慶南의 首府로 自來有名혼 地域이나 何等의 發展을 見키 難ᄒ고 從此로 市街가 繁華치 못ᄒ며 人物은 暗昧에 陷ᄒ야 如하혼 事業이던지 營爲홀 思想이 乏ᄒ고 若干의 財産家 等도 固守主義를 用홀 ᄲᅮᆫ이며 又ᄂ 內地人과 融和할 思想이 少홀 ᄲᅮᆫ 不是라 此地에 居住ᄒᄂ 內地人도 亦是 新鮮혼 思想을 有혼 者ㅣ 不多ᄒ니 此ᄂ 全혀 交通이 不便홈에 多少의 關係가 有혼지라. 故로 晉州의 發展은 各處에 輕便鐵道 敷設여부에 在ᄒ다 홀지며 農村의 現狀은 頗히 良好ᄒ니 農事改良上 諸般 業務도 著著進就ᄒ며 陸地棉에 在ᄒ야ᄂ 慶南의 第一指를 屈홀 만혼 特産地이더라.

弊一言ᄒ고 嶺南은 人物이던지 風土이던지 産業이 擧皆 北道보다 南道가 尤勝ᄒ나 交道이 不便혼 地域은 發展上 遲緩의 感을 與ᄒᄂ니 晉州와 如혼 州도 人情이 淳良ᄒ고 土地가 膏沃하며 一方에 海路가 近接ᄒ얏슨 즉 交通만 便홀지면 諸般 業務의 開展이 早速홀 줄로 思ᄒ며 又ᄂ 嶺南地方에ᄂ 自來로 頑固愚鈍혼 兩班, 儒家 等이 甚多ᄒ야 官吏ᄂ 此를 感化ᄒ기에 苦心 中이더라.

然이나 晉州의 名物은 蠅과 妓生이라홀지니 蠅羣은 歐洲戰爭에 聯合軍과 如히 晩秋ᄭᅵ지 營營滿室ᄒ며 妓生은 二千八百餘戶에 不過ᄒᄂ 府中에 妓生은 一千餘名의 多數에 達ᄒ되 實로 妓案에 入錄ᄒ고 官廳에 營業認許를 得혼 者ᄂ 四十人에 未滿ᄒ니 此ᄂ 風俗上 大妨害를 與ᄒᄂ 怪事어이와 此地에셔 出生혼 妓生은 朝鮮 十三道에 分布되야 無혼 處가 無ᄒ다ᄒ니 晉州ᄂ 可히 妓生製造場이ᄅ ᄒ깃더라.

三十一日 水曜

霜華가 滿地ᄒ고 曉天의 淸涼이러니 旭日이 爤爤ᄒ야 陽春天氣와 恰似ᄒ다.

是日은 天長節이라 吾儕ᄂ 矗石樓上에셔 葡萄酒를 擧ᄒ야 旅中의 慶節을 祝ᄒᆫ 後, 綠川 韓 兩君은 在留ᄒ야 未盡ᄒᆫ 事務를 繼續 活動케ᄒ고 社長과 余ᄂ 馬車로 晉神(州)를 出發ᄒ야 船津에 到著ᄒ야 備前屋 旅館에 - 晚餐을 餉ᄒ고 此에서 船便의 時間을 待ᄒᄂ듸 備前屋은 海上에 架ᄒᆫ 海樓이라 樓上의 暮景이 頗히 奇觀을 呈ᄒ니 西山의 落照ᄂ 鏡湖와 如ᄒᆫ 靜波에 映ᄒ야 上下天光이 臙脂海를 成ᄒ얏더니 此가 漸次 ●暗에 向ᄒ며 魚鱗薄雲은 葡萄色을 染ᄒ얏ᄂ듸 一聲의 漁笛은 蒼蒼ᄒᆫ 烟彼裡로부터 樓上의 人의 耳朶에 響ᄒ야 政히 旅人의 秋懷가 悠然케ᄒ더라.

船津은 灣口가 深入ᄒ야 湖水의 樣과 無異ᄒ고 津上의 家屋은 十數에 不過ᄒ며 海上에 設備ᄒᆫ 漁場은 擧皆 朝鮮人의 經營ᄒᄂ 者이오 穀物의 輸出은 頗히 盛大ᄒ나 夏期에ᄂ 此가 停止됨으로 夏間에ᄂ 船舶ᄭᅵ지 寄港ᄒᄂ 事ㅣ 稀ᄒ야 三四箇月은 極히 不景氣를 呈ᄒ다더라.

夜九時頃에 巨濟丸의 船客을 作ᄒ니 此夜도 亦是 風淸月白ᄒ야 海上의 夜景이 極히 佳麗ᄒ더라. 大蓋 南鮮의 沿岸은 海岸의 屈曲이 極ᄒ고 島嶼가 星列ᄒ야 良港과 漁場이 豐富ᄒ며 航路ᄂ 甚히 安全ᄒ야 二三百噸의 小船舶도 一毫 搖動ᄒᄂ 事ㅣ 無ᄒ더라.

一日 木曜

朦朧한 雲霧가 海天을 抱圍ᄒ고 小雨가 時下ᄒ야 海上秋雨의 景이 額好ᄒ다.

是日은 雨中 航海의 中에셔 南鮮視察의 日誌를 草ᄒ더니 馬山의 外海 對馬海峽으로부터 船體의 動搖를 感ᄒ니 此處에셔 釜山ᄭᅵ지 約 一百五十

里의 間은 海天이 廣潤ㅎ야 何時던지 若干의 風浪이 有ㅎ다고 船夫가 語ㅎ
는디 余는 神經의 不快를 感ㅎ야 筆을 投ㅎ고 寢枱에 就ㅎ얏도다.

午後 五時 釜山에 著ㅎ야 松井旅宿에 投宿ㅎ다.

二日 金曜

乍晴乍雨ㅎ다.

此日社長은 府廳, 商業會議所, 釜山日報社 等을 歷訪ㅎ고 余는 釜山 大
商港의 華麗雄大ㅎ 壯觀의 市街를 踏破ㅎ고 電車에 依賴ㅎ야 草梁, 釜山鎭
等地의 銀行家, 商業家 等을 訪問ㅎ야 釜山의 現狀을 大略 調査ㅎ얏도다.

吾儕의 南鮮視察은 此로써 終了ㅎ고 當夜에는 京城으로 回歸홀 터인디
社長이 余에게 謂하야 曰「吾儕의 南鮮視察은 此로써 圓滿히 終了ㅎ야 政히
目的을 達ㅎ얏스나 此地섯지 來ㅎ야 東萊溫川을 一觀치 못ㅎ면 歸後의 遺
感이 될지라. 明日의 一日은 溫泉의 風景을 吸收흠이 如何ㅎ뇨」ㅎ는지라
余 亦 喜悅ㅎ야 是夜에 電車를 乘ㅎ고 社長을 伴行ㅎ야 東萊溫川場 蓬萊旅
館의 客을 作ㅎ다.

蓬萊館의 庭園, 實로 蓬萊의 仙境을 畵ㅎ얏도다. 池塘이 迂迴ㅎ고 奇岩
이 磅磚ㅎ 美術的 園內에 五十燭 電氣光線이 照曜ㅎ는 處에 蒼蒼ㅎ 松柏의
枝, 重重ㅎ 菊花의 影은 晩秋의 面影을 一幅鮫精에 彩筆을 加흠과 彷佛ㅎ도
다. 夕飯을 餐ㅎ고 天然溫湯에 入浴ㅎ니 湯의 熱度가 甚烈ㅎ야 皮膚가 爛紅
흠에 至ㅎ나 浴後의 身體는 額히 快感을 與ㅎ더라.

三日 土曜

秋日이 淸朗ㅎ다.

余는 朝食後 電車의 便으로 東萊 市街에 入ㅎ야 若干의 事情을 視察ㅎ
고 歸來ㅎ야 半日은 社長과 共히 旅館에써 開泰ㅎ 後 夕天에 身을 電車에

寄ᄒᆞ야 釜山驛上에 還到ᄒᆞ니 時間이 尙早ᄒᆞᆫ 故로 釜山의 夜市를 巡覽ᄒᆞ고 一書를 齊ᄒᆞ야 韓君에게 告別ᄒᆞᆫ 後 汽車上의 歸家ᄒᆞᄂᆞᆫ 人을 作ᄒᆞ얏더라.

四日 日曜

朝日의 輝가 淸晶ᄒᆞ고 溫和ᄒᆞ다.

一抹 南山의 蒼翠한 色, 二等 客車의 窓裡에 照入ᄒᆞ야 余의 神經을 政히 喜悅케ᄒᆞᄂᆞᆫ 同時, 社員 一同과 多少 家族의 歡迎 中에셔 下車ᄒᆞ니 往還日數가 正히 二十箇日이오 周遊路程이 凡 三千一百二十餘里며 這間 乘物은 汽車, 汽船, 自動車, 人力車, 馬車, 電車 等이라 旅行 中 到處에 交通便利를 觀ᄒᆞ고 前日을 回想ᄒᆞᆷ익 半島의 文明이 未久 開發됨을 前期ᄒᆞᆯ러라.(終)

湖南線 視察의 十日間
- (日誌에셔)

吟月生

《반도시론》, 1918년 6월

本誌가 多大한 困難과 犧牲을 冒하고 朝鮮 全道의 紹介에 努力함은 天下가 共知하는 事實이라. 그럼으로 本誌는 旣히 十三道中平安南北을 始하여 京畿, 慶尙、南北、忠南의 六道를 紹介하고 今에 全羅南北 二道를 紹介하게 되었다. 外勤의 韓記者와 張社員의 兩君은 四月初旬부터 湖南線에 活動을 開始하고 官廳方面의 訪問을 擔任한 予는 亞米利加 뛰루도의 東洋視察員 에리 博士 一行의 歡迎其他關係로 兩君보다 約十日間이 遲滯되야 全州에 滯在한 韓君의 催促을 受하였다. 殊히 全州에는 二三의 有志가 余를 待한다는 通報까지 있어서 四月十五日 出發 湖南線沿道 視察의 途에 登하였다.

十五日

朝鮮行 列車는 依例 二等三等이 滿員의 盛況이라 今朝는 每日報 主催 九州視察團의 餞別로 特히 雜沓하다. 車中에서 尹致�氏와 會談 후 同氏는 水原農林專門學校 開校式에 往하는 關屋學務局長과 教育問題에 就하여 意

見을 交換하되 左와 如한 意味로 話하였다. 近時謝者間에 內鮮同化를 叫하는 者 有하나 眞情으로 內鮮同化를 實現함에는 徹底한 敎育을 施할 바이니 內鮮人의 敎育을 同一 程度로 할 必要가 有하다. 今日과 如히 敎育을 區別하고 敎育程度를 異케함은 所謂 內鮮同化의 理想은 百羊(年)河淸을 俟함과 如하다. 內鮮 同一의 敎育을 施함에는 敎育費의 負擔을 增함은 不關이라 現在 朝鮮人의 敎育費 負擔은 實로 輕하여 此點은 何人이던지 異議가 有하다. 內朝鮮人 敎育問題가 一部 識者間에 唱함은 朝鮮 半島의 進步라 此問題가 一日이라도 早히 二千萬 同胞의 要求됨을 望한다. 余는 大田驛에서 湖南線에 乘하여 大久保辯護士와 同乘하고 論山驛에서 瀨戶 商店의 孫光遠君과 談話하고 裡里驛에서 下車한 즉 韓尹은 全州로서 出迎하였다. 約 一時間을 待合時에 韓君에게 土地의 狀況을 聞하고 裡里에서 輕便鐵道로 夕陽에 全州에 着하니 張君과 全州病院長車敬三氏가 出迎하였다. 同氏의 注意로 菊의 家旅館에 入하여 韓、張、車 三氏와 十時頃까지 談話하였다.

十六日

早朝 韓君이 來하여 車氏의 支局件에 相談이 有하였고 全州 警察 藤川氏가 來訪하고 亦 當地의 有志(實業家) 朴基順氏가 來訪하여 一時間을 談話하였다. 同氏는 六十一歲이나 钁鑠壯者를 凌할 元氣가 有하여 當地의 代表的 人物이라 十二時傾에 郵便局에 至하여 京城에서 來한 書信을 受取하고 余性癖인 登山하기 爲하여 多佳 公園에 登하여 全州市街를 展望하고 旅館에 歸하여 午餐을 罷하고 午後 二時半頃 道廳을 訪問하여 李長官을 面會하고 約 一時半을 談話한 後 萱野警察署長을 訪問하고 歸館한 즉 六時라 當夕은 韓君과 明日行事를 略論하고 且 京城其他에 書信을 發하였다.

十七日

右眼에 故障이 少有하나 病院까지 問藥할 必要는 無하다. 洗面을 한 後 暫坐한 則 後方에 人聲이 有하다. 是何人인뇨 하고 顧眄한즉 一 昨日 論山 附近 列車 內에서 出會한 孫君이라 同君은 敎員養成所의 出身으로 元普通 學校의 敎鞭을 執하였다가 一感이 有하야 兩 三年 前 商業界에 投하엿으나 旣히 商賣의 呼吸은 十年 以上 經驗者보다 反勝하여 京城瀨戶商店 一役者 로 되었다. 余는 同君에 對하여 堅忍持久로 將來 大成을 期하여 靑年實業家 의 模範됨을 望한다. 午前 九時 半 車敬三氏를 病院에 亦 同氏의 嚴父車學淵 氏(全州組合敎會牧師)와 會見하고 多少의 說話를 演하고 十時半 道長官을 訪한 즉 大久保一部長에 紹介되어 二三材料의 提供을 受한 後 學務係에 就 하여 本道敎育狀態를 聽하고 更히 參與官 金潤晶氏를 會見하다. 市內 運動 中 韓君의 電話가 有하여 有志 朴永根氏가 余의 面會를 求하는 故로 正午 十二時頃에 面談하기로 快諾하였다. 居無何에 韓君이 道廳으로 來하여 韓 君과 共히 約束한 朴永根氏를 發山麓邸로 訪問하였다. 同氏와 會面은 別意 味가 아니나 同氏가 何機會에 人生을 大悟하여 一切 欲望을 擯하고 新生涯 에 入하는 經路顚末을 聽한 懺悔告白을 聽하였다. 同氏가 率直한 自己解剖 와 赤裸한 告白은 單히 一個人의 懺悔가 아니오 人生裡裏面의 一大秘密에 對한 鐵案的 說敎라 彼는 十三歲부터 身을 起하여 四十八歲에 至하도록 實 로 三十五年間에 波瀾이 多한 實業界에 活動하여 居万의 富를 致하였으나 喬木이 風에 當하기 易하다 天性活動的의 彼는 社會 一部의 誤解를 招하여 過般 一身上에 關한 非難記事를 新聞紙에 揭한 것이 動機오 暗示라 賞히 黃 金萬能의 崇拜者로 物質의 奴隸된 者 玆에 急轉直下하여 自己의 罪惡을 悔 하고 黃金을 散하여 人을 不疑하며 天을 不怨하고 全히 新天新地에 復活코 져 하는 健氣한 發心에 對하여 余는 滿腔의 同情을 表하였다. 同氏와 談話에 約 四時間을 費하고 午後 五時輕鐵會社에 竹田支配人을 訪問하고 六時에

歸館하였다.

十八日

　來 二十三日부터 道長官 會議가 京城에 開하는데 急히 全南을 不往하면 道長官과 會見이 不能함으로 旅程을 變更하여 全州의 視察을 未盡하였으나 急히 光州行을 決하였다. 七時發 裡里에 至하고 九時二十分 木浦行의 本線에 乘하여 午後 一時半 松汀里에 下車하여 直光州行의 自動車를 便乘하고 僅히 三十分에 光州에 著하였다. 今日은 快晴且暖하여 汽車中에서는 汗을 揮하였다. 光州에 入하여 暫休하니 벌써 午後 三時가 過하여 官廳訪問은 不得한 故로 先히 市街에 近한 山에 登하여 光州神社를 祀하는 丘上에 登한즉 此處는 一體 公園으로 彼此에 吉野櫻이 滿開하여 紅白의 幕을 張한 茶店이 有한데 店老人이 花氣에 惱하여 午睡가 方濃한 것은 長閒의 思를 惹起하더라. 附近에는 鄕校와 文廟가 在한데 余의 目을 觸하는 것은 明治 四十年 暴徒峰起時에 殉한 內鮮人 四十餘名을 合祀하는 忠魂碑라 彼暴徒는 滅亡하는 四千年 社稷을 戀하여 起한 바 아니오 一私人의 煽動으로 徒히 血을 流함에 不過하다 余는 紫前에 立하여 十半前을 回想함이 慷慨가 殊深하였다. 春日이 遲遲한 公園 靑草 上에서 三人의 靑年이 相對하여 朝鮮의 世相을 語함이 無邪氣한 經國者의 聲에도 哀調를 帶하였다. 公園을 下하여 町으로 歸할 새 路傍에 形色이 凄凉한 三童의 乞食이 營養不良한 二歲 假量된 小童을 抱睡하다가 余의 跫音을 聞하고 三人이 驚起한다. 一向을 試한다 즉 元州 附近의 胎生인대 父親은 三年前、母親은 昨年에 死亡하고 全히 孤兒로되어 兄弟이인 求乞해야 季弟를 保養한다. 云하는 바 實로 憫憫을 不禁하겠다. 余는 此可憐한 幼年 乞食을 目前에 見함에 孤兒院事業의 必要함을 痛切히 感하는 同時에 我岡山 孤兒院의 創立者 故 石井十次氏의 崇高한 人格을 連想하였다. 光州 到着日 數 時間 散步에 種種 機會를 遭遇하고 且 硏想한 바

實로 自感을 自謝하였다.

十九日

午前 九時 登廳時間에 道廳을 訪問한 즉 道長官과 參與官이 아직 出勤前이라 二十間을 徨彷하는 것이 必要로 思하고 道廳 前 東便에서 始하여 道廳 門前으로 約 二三町을 行한 즉 路가 盡하는 處 卽 田畔이니 光州는 鄕中이라 思하였다. 九時二十分頃에 再次 道廳을 訪問하고 名刺를 通하여 道長官에게 面會를 來한 즉 道長官은 會議出席의 準備로 多忙하다하여 原田道書記를 紹介하여 面會를 아니한다. 長官은 頭腦는 明晰하나 感情을 易 生하는 人이라 聞하였으나 余의 訪問이 感情을 生케한 바는 無할지라. 遠히 京城에서 來하였다 云할 뿐아니라 非常히 犧牲을 拂할 道의 紹介를 하기 爲하여 訪問한 者를 假令 公務가 多忙하다 할지라도 若干의 時間을 割하여 面會하는 것이 禮가 아닌가 하고 因하여 感情을 發하였으나 長短을 極함이 大人氣가 아닌 故로 彼와 面會는 斷念하였다.(但 斷却하나 本誌의 各道紹介는 全然 獨力이오 當局으로서 何等의 便宜補助를 不受) 勸業技師 飯島寬一郎氏에 就하여 農業狀態를 調査하고 學務主任 下坂君에게 敎育에 關한 談을 聽하고 元參與官과 快談이 이時間에 及하고 道廳을 退하여 光州農工銀行支配人 森吾一氏를 訪問하고 全南의 經濟에 關한 意見을 叩하고 其他 二三을 歷訪하여 本日의 訪問을 終하고 此外朝鮮人의 有志를 訪問코져하였으나 旅程의 形便도 有하고 且 朝鮮人側은 稱君이 負擔하고 當夕은 各處書信을 發하였다.

二十日

午前 七時 光州를 發하여 松汀里에 出하여 羅州로 向할새 光州에서 松汀里로 來하는 自動車에서 偶然히 光州 長老派 牧師와 平壤 鄭益魯氏와 同乘

되어 情談交語가 娓娓하여 愉快를 呈하였다. 松汀里에서 羅州까지는 僅히 四十分程이나 車中 務安郡廳의 山崎氏와 談하여 該地方의 狀況을 知하고 羅州에 下車한 目的은 朴君과 會見코져함이더니 連絡에 不充分하여 同君이 不來하였음으로 午後 汽車로 木浦에 行하기로 하고 待合時間을 利用하여 羅州를 視察할새 郡廳을 訪問한 즉 郡守는 出張不在하나 主任書記 倉品益太郎氏와 會見하고 郡의 狀況을 聞하고 郡廳保管에 係한 關野, 烏居博士 等 專門家의 指하는 바 古塔을 倉品氏의 案內로 詳見하였다. 就中 本郡 潘南面에 存在한 高麗塚二十三塚 中 昨年에 關野博士가 發掘하였다 云하는 甓棺은 郡廳 舍內에 置하였는데 實로 珍奇한 物이라. 棺은 上下 二個로 成하고 其中에는 金製의 各種을 入하여 史蹟硏究의 好資料이더라. 羅州 名物 細工의 工場은 不見하였으나 賣店에서 二三의 土産을 購하고 藤井旅館에서 午飯을 罷하고 午後 一時五十五分出發 六時 木浦에 着하여 柴田旅館에 投하였다.

二十一日

友人、知己、兒曹에게 繪葉書를 送하고 日基督敎會에서 禮拜를 行한 後 測候所가 有한 丘上에 登하여 木浦市街와 遠近의 景色을 眺望하매 新設한 松島公園이 無限하더라. 旅館으로 歸하여 午後 三時부터 十一時까지 原稿를 書送하였다.

二十二日

木浦는 十年에 重遊한 地라 背後에 山을 負하고 市街는 海를 面하여 恰足히 畵와 如히 美麗한 港이라 大槪 木浦의 實力은 米와 棉花와 此等의 說明은 別項에 記하였으니 姑舍하고 本日은 陰雨한 天機이라 郵便局에 往한 즉 六七通의 來書가 有하다 局內에서 全部 開封하고 十時가 채 못된 際에 府廳을

訪問하니 此處의 府尹도 來客을 壓迫하여 書記, 藤野十太郎氏로 代理하고 面會를 하지 아니한다. 全南에는 異常한 病痛이 流行한다고 思하였다. 道長官이던지 府尹이던지 新聞雜誌記者를 敬遠하는 것은 一體 如何한 理由인고 記者의 權威가 無함인가 無虎洞中에 狸作虎로 靈威를 張함인가 如何히 思하던지 此는 不會할 事이라 如此한 處에 長留할 必要가 無하다 思하였으나 視察使命의 仁果로 心中에는 多少 不安의 點이 없지 아니하나 木浦의 狀況을 調査하고 次에 林警察署長을 訪問한 즉 多忙中에 暫時라도 遲滯하지 않고 會面한 것은 心氣가 快하였다. 署長은 云云하되 警察事務의 簡便을 計하기 爲하여 深遠한 署長室을 空置하고 事務室에 出하여 署員 等과 卓을 竝하고 事務를 央掌함에 頗히 事務가 速行한다 云云한다. 余의 暫留한 동안에도 二三의 來客이 有하고 犯人을 押來한 巡査도 有하고 受付日에는 郵便集配人이 有한데 署長은 自手로 一一이 事務를 處理하는 바가 極히 簡便하다. 文明國에서 人民保護에 當한 警察官은 簡便主義가 無하면 百事를 不成할지라 此意味로 木浦警察은 文明的으로 되어 現下 英國邊의 警察制度를 足羨할 바이 無하다. 雨中이나 木浦新報와 商業會議所 中田書記長을 訪하고 最後에 木浦製棉工場을 視察하고 海岸에 出하여 浚渫作業을 見한 後 四時頃에 歸館하여 行裝을 束治하여 六時列車로 再히 羅州로 向하였다. 今宵는 羅州에서 二日前부터 余를 待合하던 朴社員은 旅館으로 十一時頃까지 談하였다.

二十三日

午前 八時二十分에 羅州를 發하고 十二時四十分에 裡里에 着하다. 群山으로 行함에는 四時間을 待合하는 것은 大히 悶鬱하나 無船의 河는 渡키 不能함과 同히 汽車의 連絡이 無한 故로 不得已히 驛의 待合室에서 日誌도 書하고 葉書도 書하여 一時間을 費하고 更히 飮食店에 入하여 一丼를 吃하고 裡里町을 玩賞하니 正히 汽車의 時間이 來하였다. 裡里 群山 間은 一日 四回

의 往復이지마는 大田發과 連絡하고 木浦發의 連絡이 無하여 徒히 待合時間이 多한 것이나 聞한즉 群裡間은 貨客이 共히 稀少함으로 鐵道方에 利益이 無하여 當分 四回 以上의 運轉은 될 수가 없으나 大滿鐵會社의 事인즉 少許의 舊發이 如何할가 思한다. 裡里驛에서 待合한 者는 皆小言을 言한다. 四時四十分發車 五時十分群山着, 驛에는 全州에서 作別한 韓張 兩君이 苦待하여 相互間 無事를 祝하고 其後 狀況을 語하였다. 兩君은 六時幾分의 汽車로 裡里를 經하여 南行하였다. 視察記者는 實로 多忙하다 - 谷口旅館에投하여 留置郵便이 來하였으면 取코서 局에 往하였고 當夕에는 東京上野氏와 拓大에 入하는 甥에게 書信을 發하였다.

二十四日

群山은 曾遊의 地라 朝鮮側은 韓君이 旣히 調査한 故로 訪問할 바 極少하다. 第一着에 商業會議所를 訪하여 谷垣書記長과을 談하니 谷垣氏는 十一時五十分 汽車로 上京하겠다 云하여 長言을 不得하고 次에 府廳을 訪問하여 天野府尹에게 群山發展의 意見을 徵하고 十一時頃에 公園에 登하여 丘上에 漫遊하는 七八人의 鮮人 諸君에게 五分間 演說을 試하고 郵便局에서 京城本社로 打電하고 十一時三十分 旅館에 入하여 行具를 搬出하여 人夫便에 停車場으로 付送하고 十一時五十分發로 歸京코져 하였다. 車中에는 谷垣書記長이 同乘하였는데 談話는 全州平野의 農業問題였다. 木浦는 棉花港이오 群山은 特히 米의 港인 故로 商業會議所는 農業에 對하여 深히 注意하고 殊히 全州平野는 群山의 富庫오 生命임으로 農村及農事改良에 對하여 谷垣書記長은 一場言을 發하였다. 大田驛에서 一時間을 待合할새 驛長의 不在로 因하여 助役을 會하여 新築驛의 狀況을 聽하였고 一二等 待合室에 備置한 半島時論은 朝鮮人 客子의 手手로 相贈하여 散讀함을 目擊하였다. 鄕谷의 風味가 有한 湖南線에서 釜山發의 急行으로 替乘함에 如何間 都

會風의 氣味를 感하였다. 余는 湖南線 田園間에서 十日間의 旅行을 하였더니 今宵에는 京城人으로 되었다. 北海島 旭川의 實業會主催 滿洲駐屯軍 慰問 一行과 同乘하였는데 一行 中 北海다이무스編輯長 山口政民氏가 大田에서 發車하여 龍山鐵橋를 渡하기까지 間斷히 無히 朝鮮談을 聯續함에는 長히 후에 룸의 辯士의 記錄을 破하야 十日間을 多數한 人에게 聽聞만한 余는 京釜線 車中에서 山口君에게 分配한 바 되어 腦海가 空濶하였다. 今度 旅行 中 各地에서 種種의 便宜를 與한 諸君에게 深히 感謝의 意를 표함.

南遊雜感

春園
《청춘》, 1918년 6월

이믜 雜感이라 하엿스니 旅行記를 쓸 필요가 업다. 水陸4千里를 돌아다니는 중에 여긔저긔서 특별히 감상된 것 그것도 계통적으로 된 것 말고 斷片斷片으로 된 것을 몃가지 쓸란다.

여관과 음식점의 不備는 참 심하더라. 현대식 여관이 되랴면 적어도 客每名에 房 한間과 그 방에는 책상, 筆墨硯, 방석은 잇서야 할 것이오. 속껍데기를 客마다 갈아주는 衾枕과 자리옷과 녀름갓흐면 모긔쟝 하나는 잇서야 할 것이다. 그러나 꽤 큰 도회에도 이만한 설비를 가진 여관은 하나도 업다. 혹 衾枕을 주는 데가 잇서도 1년에 한번이나 세탁을 하는지 수십명, 수백명의 때무든 것을 주니 이것은 찰하로 안주는 것만 갓지 못하다. 만일 질환자가 덥고 자던 것이면 엇지 할는지 생각해도 진저리가 난다.

또 세수터의 설비가 업서서 퇴마루나 마당이나 되는대로 쭉 둘러 안저서 하얀 齒磨粉 석근 침을 튀튀뱃고 방금 밥상을 대하엿는데 바로 그 압헤서 왈괄왈괄 양츄질하는 소리를 듯고는 嘔逆이 나서 밥이 넘어가지를 아니한다. 종차로는 여관에는 반다시 욕실과 세수터는 설비해야 하겠더라.

　다음에는 음식만드는 부엌과 사람이다. 그 연기에 깜아케 걸고 몬지가 켜켜히 안진 부엌 때무든 치마에 주먹으로 킹킹 코를 문대는 식모 全羅南北道, 慶尙南北道 등지로 가면 옷 등 벗어벗고 손톱 길게 둔 머슴, 그러한 사람의 손으로 여툰 음식을 된쟝과 젓국이 처덕처덕 무든 소반에 바처다줄 때에는 당초에 숫갈을 들 생각이 아니난다. 아모리 하여서라도 여관과 음식점은 속히 개량하고 십다.

　머슴말이 낫스니 말이지 湖嶺南地方의 음식은! 적어도 객주집 음식은 대개 머슴이라 일컷는 남자가 하는데, 주인아씨는 깨끗이 차리고 (대개는 아마 행내기는 아니오 前 무엇이라는 직함이 잇는 듯) 길다란 담뱃대를 물고 머슴이라는 남자를 담뱃대 끗흐로 지휘하면, 그 남자가 아궁지 연기에 눈물을 흘리면서 이 단지 저 단지 반찬단지에 筋骨 발달된 팔뚝을 들여미는 꼴은 과연 남자의 수치일러라.

　忠淸道이남으로 가면 술에는 막걸리가 만코 燒酒가 적으며 국수라 하면 밀국수를 의미하고 서북에서 보는 모밀국수는 전무하다. 서북지방에는 술이라면 소주요. 국수라면 모밀국수인 것과 비겨보면 未嘗不 재미잇는 일이다. 아마 막걸네와 밀국수는 삼국적부터 잇는 순수한 조선음식이오. 소주와 모밀국수는 비교적 근대에 둘어온 支那式 음식인 듯하다. 길을 가다가 주막에 들어안저서 냉수에 채어노흔 막걸리와 칼로 써은 밀국수를 먹을 때에는 천년전에 돌아간 듯하더라.

　술말이 낫스니 말이어니와, 3南地方에 맥주와 일본주의 유행은 참 놀납다. 촌사람들이라도 술이라 하면 의례히 「삐루」나 「마사무네」를 찾는다. 서북지방에 가면 아직도 「삐루」나 「마사무네」는 그다지 보급이 되지 못하엿다. 소주는 鴨綠江을 건너오기 때문에 西北地方에 몬저 퍼치고 맥주는 황해을 건너오기 때문에 嶺湖南地方에 몬저 퍼진 것이다. 여긔서도 우리는 지리관계의 재미를 깨닷겟더라.

　누구나 다 하는 말이지마는 全南道와 慶尙道는 그 지세가 接隣해 잇는데 반하야 산수와 인심에 判然한 차이가 잇다. 全羅道의 산은 부드러운 맛이 잇고 둥근 맛이 잇고, 美하다면 優美하며 여성적인데 慶尙道의 산은 꺼칠꺼칠하고 뾰죽뾰죽하고 美하다면 壯美오 남성적이다. 扶餘는 忠淸道지마는 泗자水가에 곱다랏케 얌전히 안젓는 扶蘇山은 대개 全羅道山川의 대표일 것이다. 인심도 이와 갓서서 湖南人은 얌전하고 부드럽고 민첩하고 교제가 능한 대신에 영남인은 뚝뚝하고 억세고 무겁고 接人에 좀 냉담한 맛이 잇다. 그러나 여러 사람의 말을 듯건대 湖南人은 다정한 듯한 대신에 좀 엿고 영남인은 뚝뚝한 듯한 대신에 속이 깁허서 交情이 깁고 굿기로 말하면 후자가 전자에 勝한다 한다. 아모러나 「호남」이라는 글자, 「영남」이라는 글자부텹이 무슨 특색을 표하는 것갓지 아니하냐. 湖와 嶺!

　湖南을 국토로 하는 百濟人과 嶺南을 국토로 하는 新羅人이 서로 犬猿不相容하엿슬 것은 지금서도 상상이 된다. 천년간이나 동일한 주권하에서 살아옴으로 성정과 習尙이 퍽 만히 융화도 되엇스려련마는 아즉도 百濟人心情, 新羅人心情의 특색은 선명하게 남아잇서서 지금도 서로 조롱거리를 삼는다.

　畿湖나 서북지방에는 호남인, 영남인의 자손이 雜居하기 때문에 순수한 혈통이 업서지고 일종 羅濟混血이오 서북의 氣候風土에 감화된 딴 종족이 생겻다. 그러나 백제인은 신라인의 피정복자오 지금 조선문명의 직계가 신라에서 나려왓슴으로 서북인은 언어나 習尙이 영남인다운 점이 만타. 딴소리지마는 고구려인의 자손은 다 어듸로 갓는지, 평생에 의문이다.

　소리(歌)에 남북의 차이가 분명히 들어난다. 나는 咸鏡道 소리를 들어볼 기회가 업섯거니와 평안도의 대표적 소리되는 愁心歌와 南道어 대표적 소리되는 육자백이에는 그 음조가 조화될 수 업는 截然한 구별이 잇다. 愁心歌는 噪하고 급하고 壯하고 육자백이는 緩하고 軟한 맛이 잇다. 다갓치 일종 슮흔

빗히 잇지마는 愁心歌의 슯흠은 「悲」의 슯흠, 哭의 슯흠이오 육자백이는 슯흠의 「哀」의 슯흠, 「泣」의 슯흠이다. 악기로 비기면 愁心歌는 秋夜의 쥬라나픠리오. 6字백이는 春夜의 玉笛이나 거믄고일 것이다.

그런데 平安道 사람은 소리를 내면 자연 愁心歌調가 되고 南道사람들은 자연 육자백이 調가 되며 平安道 사람으로 육자백이 배호기나 南道사람으로 愁心歌 배호기는 지극히 어렵다고 한다. 아모리 잘 배홧다 하더라도 그 소리에는 자연 제 지방 음조가 끼운다고 한다.

平安道 부인네의 곡하는 소리를 들으면 꼭 愁心歌가락인데 南道부인네의 곡하는 소리를 들으면 꼭 육자백이 가락이다. 혈통과 풍토의 자최는 도저히 버서나지 못하는 것인가 보다.

嶺南의 양반세력은 참 웅장하다. 영남양반의 印이 깁히 백힌 것은 이유가 잇다. 백제를 멸하고 고구려를 합하야 신라인은 200여년간 勝者治者의 지위에 잇섯고 주권이 혹은 松都로 혹은 漢陽으로 옮은 뒤에도 국가의 중심세력은 실로 신라의 故彊되는 慶尙道를 떠나지 아니하엿다. 조선역사의 주류(비록 불미한 것이지는)되는 東西이니 老少니 하는 당파싸홈도 기실은 경상도가 그 원천이엇섯다. 고구려양반 백제양반이 다 슬어지는 동안에 오즉 신라양반이 2000년의 영화를 누렷스닛가 그 印이 깁히 백혓슬 것은 자연한 理다. 그러나 금일에 와서는 신라양반도 다 썩어진 것을 자각하여야 할 것이다. 그 양반님네가 엇더케나 頑固한고 하니 四書五經에 업는 것이라 하야 비행기의 존재를 부인할 지경이다.

그러나 양반이 만흔 대신에 선비를 귀중히 녀기는 생각은 참 모범할 만하다. 서북인들이 선비의 귀중할 바를 모르고 황금이나 권력만 숭배하는 것에 비기면 영남인은 과연 양반이다. 그네는 선비가 사회의 생명인 줄을 이해한다.

扶餘에 갓슬 때에 산에서 어덧다는 석기시대의 유물을 보앗다. 아직 농경의 術이 발달되지 못하고 漁獵으로 생업을 作하던 그네는 평지에 살 필요가 업슴으로 向陽하고 물조코 외적을 防備하기에 편한 산곡에 群居하엿다. 그 유물의 대부분은 도끼와 살촉과 그것을 가는 숫돌 등이엇다. 그네는 그것으로 食物을 구하고 외적을 방어하엿다. 그네의 유일한 필요품은 실로 무기엿슬 것이다. 냇가으로 돌아다니면서 粘板巖가튼 돌을 주어다가 깨트리고 갈고 밤낮 무기만 만드는 것이 그네의 일상생활이엇고 각금 사냥하기와 이웃한 부락과 전쟁하기가 그네의 사업이엇다. 살촉을 반쯤 갈다가 내버린 것이 잇다. 아마 중도에 전쟁이 낫던 것이지. 정신업시 숫돌에 살촉을 갈고 안젓다가 푸르륵하고 날아오는 돌팔매와 화살에 깜작 놀라 뛰어 닐어나는 양이 보이는 듯하다. 제일 재미잇는 것은 숫돌에 갈던 자국이 분명히 남아잇는 것이다. 그러고 독긔도 아니오 살촉도 아닌 무엇에 쓰는 것인지 十字形으로 갈아노흔 石片이 잇다. 아마 자기 딴에 썩 묘한 것을 만드노라고 한 모양이니 이것이 실로 미술의 시초오 만일 그것을 갈면서 흥에 겨워 나오는대로 노래를 불럿다 하면 그것이 음악의 시초일 것이니 예술은 실로 이리하야서 생긴 것이다. 아마 4,5천년 일이라는데 가만히 생각하면 그 역시 내 祖先으로 나와 가튼 사람이라 정답게 생각되더라.

慶州에서 築山과 왕릉을 보고 나는 우리의 퇴화한 것을 哭하지 아니치 못하엿다. 그 산덤이가튼 무덤! 그것에 무슨 뜻이 잇스랴마는 그 기상이 참 웅대하지 아니하냐. 이삼천년전의 그 큰 무덤을 싸턴 사람과 지금 우리가 보는 듯한 그 주먹가튼 무덤을 쌋는 사람과는 전혀 기상이 다르다. 그네는 동해와 가튼 바다를 파지 못하는 것을 한하야 雁鴨池를 팟다. 臨海殿이라는 일흠을 보아도 알것이 아니냐. 문예부흥이 서양신문명의 서광임과 가치 조선인에게는 기상부흥아 잇서야 하겟다. 엇던 의미로는 精神復古가 잇서야 하겟다. 諸君이라도 古蹟을 구경해 보아라. 꼭 나와가튼 생각이 날 것이니.

여러 가지 감상이 만흔 중에 가장 큰 감상은 우리 청년들에게 조선에 관한 지식이 결핍함이다. 우리는 조선인이면서 조선의 지리를 모르고 역사를 모르고 인정풍속을 모른다. 나는 이번 여행에 더욱 이 무식을 간절히 깨달앗다. 내가 혼자 상상하던 조선과 실지로 目睹하는 조선과는 천리의 차가 잇다. 아니 만리의 차가 잇다.

인정풍속이나 그 국토의 자연의 미관은 오즉 그 문학으로야만 알 것인데 우리는 이러한 문학을 가지지 못하엿다. 그러닛가 모르는 것이 당연하다. 만일 알려할진댄 실지로 구경다니는 수밧게 업지마는 저마다 구경을 다닐 수도 업고 또 다닌다 하더라도 眼識이 업서서는 보아도 모른다. 나는 우리들 중에서 문학자 만히 생기기를 이 의미로 또 한번 바라며, 그네들이 각기 자기의 향토의 風物과 人情習俗을 자미잇게 그러고도 충실하게 세상에 소개하여 주기를 바란다.

엇잿스나 朝鮮이 무엇인지를 아는 것은 우리에게는 절대로 필요한 것이다.

이번길에 민요와 전설도 될 수 잇는대로 蒐集하여볼가 하엿더니 旅程이 넘어 悾忽하여서 실패하고 말앗다. 학생이든지 관리든지 누구든지 鎖閑삼아 그 지방의 민요 전설 奇風 異俗 풍경갓흔 것을 蒐集하야 글을 만들면 자기도 자미잇고 세상에도 裨益할 바가 만흘 것이다. 더구나 京城이라든지, 平壤, 大邱 等 大都會며, 慶州 扶餘가흔 역사적으로 유명한 곳이며 釜山 義州와가치 自古로 對外交通頻繁한 곳의 민요 전설은 극히 가치잇는 것이다.

湖南에는 광대가 만코 嶺南에는 妓生이 만타. 광대에는 사내 광대 계집 광대가 잇스되 妓生에는 無論 사내는 업다. 湖南 各 都會에는 광대업는 데가 업는 것 가치 嶺南 各 都會에는 妓生업는 데가 업스며 그 대신에 湖南에는 별로 妓生이 업고 잇다 하여도 嶺南産이 만흐며 嶺南에는 광대라면 대개 湖南産인 듯하다. 서울서도 光武臺等地에서 떠드는 광대는 거의 다 湖南사람이다. 보아도 또 宋누구니 李누구니 하는 名唱 名琴이 대개 湖南사람인 것을 보아도 湖南은 광대의 本土인 줄을 알 것이다.

파리보다 妓生數爻가 셋이 더 만타는 晋州를 비롯하야 大邱, 昌原 等地는

妓生의 産地로 유명하다. 京城도 무슨 組合 무슨 組合하고 嶺南妓生專門의 貿易所가 잇스며 7, 8年前 平安道 等地에도 數千名 嶺南産이 跋扈하엿다. 엇지해서 湖南에는 특별히 광대가 만히나고 嶺南에는 특별히 妓生이 만히 나는지 거긔도 무슨 역사적 관계가 잇는지는 알 수 업스나 아모러나 무슨 理由는 잇는듯하다. 春香의 고향되는 湖南에서는 기생들이 모도 다 春香의 본을 밧고 말앗는지

平壤기생이라면 平壤兵丁과 함께 서울서도 명성이 쟁쟁하지만는 平安道에는 기생잇는 데가 平壤외에 數3處에 불과하다는 말을 들엇다. 20여년전에는 내 고향되는 定州에도 3,40명 기생이 잇다 하엿고 劍舞로 유명한 宣川기생 무엇으로 유명한 成川기생 安州기생하고 꽤 만턴 모양이나 日淸 日露 兩戰役에 平安道는 대타격을 바다서 번창하던 여러 都會가 衰殘함을 따라 기생도 絶種이 되고 말앗다. 이것으로 보더라도 嶺南은 서북보다 아즉도 생활이 유족하야 부자 계급, 노는 사람계급이 잇는 모양이다.

아모러나 기생제도의 시초는 신라의 구락부제도에서 발생한 것이엇다. 이는 양반으로 더부러 嶺南의 2대 특산이 될 것이다.

비록 雜感이라고는 하엿스나 넘어 질서업시 짓거려서 죄송하기 그지업다. 明年에 만일 기회가 조와서 서북지방의 여행을 마초게 되면 무식한 내눈으로 본 것이나마 系統잇는 견문기를 하나 쓰려하고 그만 그친다. (丁巳 9月)

槿花三千里를 踏破하고서,
南北鮮의 現在文化程度를 比較함

滄海居士

《개벽》, 1921년 1월

(特히 南鮮人士의 覺醒을 促함)

余- 작년 一月로 始하야 어떠한 관계하에서 자못 남북선 삼천리를 踏破한 일이 잇섯다. 그리하야 此로부터 得한 다소의 감상도 업지 아니하고 又는 南北鮮 장래문화상- 다소 참고의 재료도 업지 아니하기로 組薄한 視察의 一節이나마 記하야써 독자 諸位에게 들이며, 딸아서 남북의 인사- 각기 長所와 短處를 반성하야 가지고 昔日 지방적 차별관념을 타파하고 남방의 남방인의 長所와 북방의 북방인의 長處를 一丸打合하야 신성한 신문화적 민족이 되기를 바라는 하에서 此 일편의 拙文을 생각나는 대로 순서업시 몃마디 기록하야 개벽의 여백에 부티노라.

一. 山川風土로 觀한 南北鮮의 差異

「천지의 氣- 各各 方에 말미어 殊異하며 人도 또한 此에 인하야 그 기질의 禀受가 달게 되는 것이엇다. 남방은 山水- 蘊籍하며 且榮紆함으로 人이

其間에 生하야 氣의 正을 得한 자는 溫潤和雅하며 그 偏한 者는 輕佻浮薄하
되 북방는 산수- 奇傑하며 且 雄厚함으로 人이 其間에 生하야 氣의 正을 得한
자는 剛毅正直하며 그 偏한 자는 麤率强悍하나니 此- 자연의 理니라. 是에서
性에 인하야 筆이되며 墨이 되어 듸어 남북의 殊異한 문화를 生케 하도다.
然이나 혹은 氣禀이 偶異하야 南人北禀 北人南禀이 有하니라.」

　　이상은 沈芥舟畵編 중의 문자를 일즉 和田恒박사가 그의 著- 免糞中에서
其妙를 贊한 바이엇다. 과연하다. 人은 본래부터 천성적 차별이 有한 배 아니
로되 후천적 관계로써 性習이 異하며 풍속이 殊하며 일반의 경우가 相異케
되는 것은 실로 산천풍토의 감화가 그 주민에 영향을 及케 하는 배 多함으로써
라. 山人은 獵에 능하며 海人은 漁에 능하고 그리하야 산인의 性은 침울하고
海人의 성은 쾌활함은 이 자연이 인성에 及하는 영향의 결과가 아니겟느냐.
지구전체의 남북을 限하야 觀할진대 한대와 온대, 온대와 열대인의 성질 及
습성 풍속이 자연히 그 풍토의 殊異로부터 生하는 別은 지리학이 嚴正한 사실
을 가지고 잇는 것이다. 딸아서 一國내 혹은 一地方일지라고 如斯한 차이가
生케 됨은 是- 피치 못할 일종의 理가 這間에 伏在하엿다 할지라. 물론 人文이
進하면 進할스록 지방적 疎隔한 풍습이 융화하야가는 것은 사실이나 然이나
인품의 본질에 至하야는 대체상 그 風土의 관계를 全히 초월치 못하는 것이며
또 그의 관계로 각기 문화의 長所를 발휘함도 또한 면치 못할 事이엇다.

　　古來- 吾朝鮮人에 至하야도 팔도의 인민이 각기의 가진 특성이 잇다 하나
니 例하면 關西人은 용감성이 富하며 關北人은 근검인내성이 有하고 江原의
人은 淳厚하며 畿湖人는 智巧하며 호남인은 교제술에 長하며 嶺南人은 정직
심이 長하다함은 일반이써 공인하는 바라 이 實로 남북의 산천풍토로 생한
천연적 기질이라 할 것이다. 이를 써 남북의 산천풍토로써 分하야 觀하면 북
방(平安 · 咸鏡)은 산수-奇傑함으로써 용감 · 인내 · 근검에 富하고 남방(畿
湖 · 湖南 · 湖西)은 산수-蘊籍함으로 智巧 · 才敏에 長하다 할지라. 특히 그

점에 대하야 주의할 만한 者는 영남인의 특질이니 영남은 조선 三南(충청·
전라·경상)의 一임에 불구하고 그 성질은 특히 관북(함경북도)의 人과 흡사
한 것이엇다. 그 성질상 정직·인내한 점에서 又는 언어 풍속상에서 대체가
略同한 事는 何人이던지 奇異의 感을 가지지 아니할 수 업다. 此에 대하야는
各人의 관찰이 상이할지나 吾人의 사고로써 言하면 此에 二種의 관계를 발견
할 수 잇다하나니 즉 其一은 근본적 문제되는 산천풍토의 관계니 何人이던지
영남의 산천과 함북의 강산을 一見한 자는 그 산수의 雄偉奇傑한 便으로 보아
서 흡사한 崇山峻嶺의 盤屈한 狀態를 발견할지라. 북은 白頭山의 崇脉으로
부터 長白山이 되어 함북준령의 웅위가 摩天嶺에 至하는 間과 南은 태백·소
백으로 智異山에 至하는 산천의 기상이 거의 동일하며 또 그 일면으로는 양자
- 각기 대해를 有하야 천연의 풍토가 極南極北이 스스로 동일한 점은 인물의
성질이 또 스스로 동일한 특질을 가지게 함과 如하며 其一은 영남의 일부와
함북인의 풍속습관이 略同한 一원인은 麗末李初에 북방 여진족이 점차 북으
로 被逐함에 際하야 당시 인구가 조밀하던 경남 일부의 인민이 此 지방으로
점차 이주하야 듸디어 그 풍속습관을 此에 移植한 역사적 증거도 업지 아니하
리라. 또 그 강원일대의 주민은 山嶽이 峽險함에 조차 그 성질이 순후함은
불교의 본원지되는 금강산의 불교적 교화가 그 주민으로 유화 순박케한 土風
을 成한 감이 업지 아니 하나니 그것은 山谷의 주민은 대개-종교적 감화를
受키 易한 質素한 풍속을 가젓슴으로 써니라. 여하턴지 산천풍토가 그 주민
으로 천연적 第二 천성을 成케 함은 是- 誣키 難한 사실인데 此에 역사적 교화
를 가미 하야써 一種 融化性의 미풍을 成하며 혹은 악습과 미신적 弊風을 造
하는 事도 업지 아니치 못함에 至할 것일지로다.

二. 歷史上으로 觀한 南北鮮의 差異

以上에 述함과 가티 山川風土로 觀한 南北人民의 特質은 先天的 關係로

生한 自然한 일이지마는 人爲的 敎化에 由하야 加味한 歷史的 關係는 實로 文化에 著大한 原動力이 되는 것인데 朝鮮古代의 三國風化가 스스로 南北 山川風土의 天然的 影響을 바다가지고 各其特長의 長處를 가지어젓다. 北을 代表한 高句麗는 武勇으로써 一世에 著名하엿스며 中을 代表한 百濟와 南을 代表한 新羅는 文學藝術로써 天下에 自矜케 되엇다. 그리하야 麗朝의 天下는 佛敎로써 敎化의 中心을 삼아왓는 故로 南北이 거의 同樣의 文化普及을 被하엿다 하겟스나 然이나 本來부터 武勇과 忍耐와 正直에 長한 北方人은 智巧와 才藝에 長한 南方人에 比하야 政治的 活用의 上에서 多少의 遜色을 가진 形便이 업지아니하엿고 近世에 至하야는 李朝太祖가 北方의 人으로써 그 天産的 武勇과 雄威를 가지고 천하를 취함에미쳐 於是乎- 北方人의 武勇한 氣像을 蛇蝎과 如히 視하고 南方人의 溫順諛阿한 性情을 利用하야 國家萬年의 大計를 確立코저 하엿나니 是가 當時 鎖國時代에 在하야는 大概- 外患보다도 內憂가 自家의 基礎를 危殆케 함이 多하엿슴으로써라. 이 點에서 李朝 500年의 政治가 北方人을 壓迫하고 南方人을 重用한 結果는 되디어 文弱과 差別階級의 末弊에 陷하야 到底收拾키 難한 病毒을 馴致함에 至하엿다. 當時의 北方人은 重要한 官職에 居함을 許치 아니하엿나니 文에는 겨우 持平掌令에 止하고 武에는 僅히 萬戶僉使에 不過하엿섯다. 이에서 北方人은 時時로 不平家가 有하야 平地의 波瀾을 起케함에 至하엿나니 저 有名한 革命家 洪景來와 如함은 그 一例라.

그럼으로 李朝 500年來 - 歷史的으로 나타난 著大한 差異는 一은 兩班으로써 政治 及 宗敎的의 過大한 待遇를 受하엿고 一은 平民으로써 政治 及 宗敎的으로 억울한 賤待를 바다왓다. 말할 것도 업시 近代 500年의 朝鮮은 南北人 差別政治로 南方人의 兩班的 橫暴와 北方人의 平民的 壓迫이 國家 中一大相對가 되어왓다. 딸아서 南方人은 兩班인데 兩班的 差別生活이 이서 왓고 北方人은 平民인데 平民的 平等生活로 지내왓다. 즉 南方은 兩班

이 有한 대신에 差別이 甚하엿고 北方은 平民인데 比較的 平等生活로 지내왓다.

老論 · 少論 · 南人 · 北人이라 하는 兩班的 4色 差別은 南方人의 專有한 名辭뿐이요 北方人에는 何等의 關係競爭이업섯다. 4色이라 함은 南方인의 兩班에 限한 自家의 名色的 競爭看板이요 北方人에 在하야는 兩班도 업스며 常漢도 업는 純粹 平民的 生活로 지내왓다. 故로 4色이라 함은 政治에 無關係한 平民的 北方人에 對하야는 北方自體에 아모 利害關係에 沒交涉한 差別的 名辭이엇섯다. 이 點에서 南方人은 南方人 自體로 差別的 生活이엇고 北方人은 北方人 自體로 平等生活이엇다. 此를 一言으로써 蔽하면 過去 500年의 朝鮮人은 朝鮮이라 하는 一圓으로 보면 南北의 差別이 極甚하엿스나 此를 南方과 北方에 分하야 南北各其 地方的 觀念으로써 보면 南方人은 兩班과 常漢의 極甚한 差別을 하엿스며 北方人은 일반평민이라 하는 平等生活로 지내왓슴이 顯著한 事實이엇다.

三. 現在에 在한 南北鮮의 差異

以上에 述함과 가티 南方은 兩班이 有한 대신에 差別的 生活이 甚하엿고 北方은 平民인 대신에 平等的 生活이 잇서왓슴으로 此가 써 今日 開化程度에 及하는 影響도 著大한 逆數의 差異를 生케하엿다. 試하야 吾人으로 今日에 在한 南北鮮의 差異한 點을 左의 幾種에 分하야 一言하면

甲. 差別. 以上에 述함과 가티 北鮮人(咸 · 平 · 黃)은 本來부터 平民的 生活이엇던 故로 北鮮人은 北鮮人 自體로의 差別的 生活이 그닥 甚치 아니할 것은 當然의 事이나 南鮮人은 不然하야 累百年來- 極甚한 差別의 餘毒으로 因하야 이제것 某郡某兩班 · 某村某兩班이라하면 어지간한 勢力을 가지고잇다. 아즉도 陰厓殘雪과 가튼 餘威를 가지고잇다. 그는 또한 一面으로 생각하고보면 그러하기도 必然의 勢인듯하다. 北鮮人에 在하야는 平民的 平

等生活인 까닭에 元來- 그 知識程度나 財産權의 分配가 天然的으로 比較的
平等의 比例로 가지고 잇서스나 南鮮에 至하야는 古來- 學識과 金權은 兩班
의 專有物이 되엇고 常漢에 至하야는 學識이 有하야도 所用이 업섯고 財産
이 有하야도 兩班의 魚肉이 되게되는 까닭에 常漢은 거의 目不識丁의 文盲
이며 一文不有의 貧寒장이뿐이니까 世界가 飜覆된 今日에 至하야도 常漢은
오히려 兩班의 支配를 受케될 것은 또한 必然의 理라 할지라. 그 結果- 常漢
은 常漢대로 自處하고 兩班은 兩班대로 自尊하야 常漢은 曰하되 吾等은 某
兩班의 先導가아니면 能히 自己의 生活을 改良向上치 못하리라 自暴하고,
兩班은 曰하되 吾輩의 勢力이 비록 前日에 不及하나 然이나 本來- 天定의
兩班이라. 何日이던지 此를 復權할 日이 自有하리라 夢想하야 新을 排斥하
고 舊를 墨守하나니 於是에 班常 共히 自暴自棄에 陷하야 新文明에 落伍됨
이 甚하야것다. 그리하야 그로 因하야 生하는 弊害一般 新文明에 及하는 影
響은 至大하다.

  乙, 敎育. 南鮮의 今日이 班常共히 新文明을 咀呪한 結果는 필경 新敎育
에 至大한 影響을 及케하야 南鮮과 北鮮의 相違를 生케하엿다. 爲先 京城에
留學하는 靑年으로 觀할지라도 南鮮人의 子弟가 北鮮人에 比하야 甚한 差
違가 有하며 其次 地方 公私立學校數에 至하야는 南鮮(慶 · 全 · 忠 · 江 ·
京「京城은 特別」)의 人口가 北方의 幾10倍됨에 不拘하고 統計上 著大한 差
違가 잇스며 特히 私立學校에 至하야는 往年私校蔚興 當時- 南鮮은 아즉
酣睡가 昏昏한 時에 北鮮은 비록 風聲鶴唳나마 거의 一面一校의 盛況을 呈
하엿나니 此가 비록 一時的이나마 그 影響은 今日에 至하야도 南北暗明의
逕庭을 生케한 大原因이엇다. 그 結果- 南方人士 중에는 아즉 數十年 以前의
頑固한 思想 그대로를 하나 加減업시 가지고 잇는 者 - 比比有之하다. 余가
南鮮漫遊 中- 忠南 泰安에 至한 즉 그 地方의 某兩班이 開闢雜誌에 金玉均先
生을 소개하엿슴을 一覽하고 逆賊 金玉均을 公公然히 찬양하엿다하야 怒髮

이 上指하엿다함을 聞하엿다. 此言을 만일 北鮮人으로 聞케하면 筆者가 或은 虛說이나 捏造한 것이아니냐고 할 것이나 實際에 至하야는 南鮮 兩班의 중에는 此以上의 頑固가 多有함에 奈何하리요.

丙. 宗教. 南鮮에 아즉도 革新의 風이 少한 바는 種種의 原因이 多할지나 然이나 其中에 가장 至大關係가 有하다 할 것은 宗教上敎化라 할 것이엇다. 즉 北鮮은 新宗敎(말하면 天道敎, 耶穌敎)의 活動이 盛大함에 及하야 南鮮은 此가 乏함이 一大原因이엇다. 元來- 南鮮은 以上에 述함과 가티 兩班的 差別生活이 甚하엿스며 그리하야 그 所謂 兩班이라 함은 朝鮮의 國敎 되엿던 儒敎를 自己의 專有物로 알아왓다. 그 餘弊는 今日에 至하야 容易히 他敎의 普及을 許치 못하게 된 故로 南鮮에서 아즉까지 南鮮의 社會를 支配하는 者는 그들의 舊弊陳陳하고 餘脈奄奄한 兩班的 儒生이 自己의 頑固한 所信으로써 祖述堯舜의 心法을 가지고 新文明을 反對하는 現象이엇다.

勿論 南鮮이라 할지라도 各 大都會를 通하야 多少 耶穌敎信徒와 天道敎信者가 伏在치 아님은 아니나 然이나 그들의 大部分은 昔日 兩班의 餘命 하에서 신음하든 자 뿐으로 今日에 至하야도 團體上 又는 個人上 勢力으로 能히 一社會를 支配할 만한 實力이 乏하엿다. 一言으로써 蔽하면 南鮮은 舊信仰(儒敎)이 衰頹와 共히 新신앙이 그 세력을 未伸한 故로 일반의 민중은 左右間 종교적 교화의 보급을 어찌 못하고 蠢蠢然히 舊日의 習慣으로 權勢下에 阿諛順服하야 지내옴을 인간무상의 樂事로 아는 모양이라.

昨年- 總督府로부터 鄕校財産還付에 대하야 十三府의 유생은 空前의 활기를 가지고 잇는 모양이다. 特히 남방의 유생은 起死回生이 된 모양이다. 余가 先般南鮮에 往하엿슬 時는 正히 유생계의 掌議運動이 성황이엇다. 余가 歷路에 天安을 過하다가 군수의 談을 暫聞한즉 該郡의 유생 등은 掌議운동에 급급함이 자못 昔日求仕의 時와 恰似하다하며 南原郡에서는 작년 만세騷擾에 인하야 受役한 儒生이 掌議運動에 승리키 위하야 受役 중에 斷하엿던 髮을 다시 養하는 중이라 하며 모군에 至하야 余가 鄕校를 방문한 즉, 直員 이하 重要 儒林이 단합하야 牛를 殺하고 酒를 飮하며 天日復見의 쾌활로써 掌議物議를 성대히 하는 실황도 본 일이 잇섯다. 여하튼지 南鮮의 종교는 유 교가 아즉도 北厓陰雪과 가튼 因襲的 勢力을 가지고 잇는 모양이다.

北鮮은 此에 반하야 天道, 耶穌 양교의 세력이 유교의 幾십배 이상의 根據 를 가지고 잇나니 何人이던지 한번 北鮮에 足을 投한 자는 某郡 某面을 물론 하고 會堂에서 쟁쟁히 울리는 耶穌敎會의 鍾聲과 천풍에 펄펄 날리는 천도교 회의 弓乙旗를 듯고 볼지라. 딸아서 도처- 耶穌교의 讚美歌와 천도교의 呪文 聲이 新風化‧新空氣의 중에서 相和相應하는 소리를 듯게 되나니 北鮮이야 말로 此 兩교회의 천지이며 兩교회의 乾坤이라 할 수 잇다. 이에서 南北西鮮 의 개화정도의 차이는 종교상으로 及하는 영향이 실로 막대하다 할 수 잇다.

丁. 迷信. 迷信이 何國何代에 업스리요마는 우리 朝鮮과 가티 迷信의 支 配를 容易히 感受하는者- 거의 업스며 特히 朝鮮 中 南鮮 人民과 가티 迷信을 篤信하는 者는 업스리라. 勿論 北鮮에도 아즉것 迷信의 分子가 一部 社會의 間에 流行함은 疑치 못할 事實이나 然이나 北鮮은 以上에 述함과 가티 一般 偶像的 迷信을 蛇蝎과 가티 視하는 天道‧耶穌의 兩 敎會가 社會思想을 支 配함으로 因襲的 迷信이 漸次基盤을 失하야왓다. 然이나 南鮮에 至하야는 數十年前에 在하던 因襲的 迷信- 그대로를 아모 加減업시 품고 잇는 모양이 다. 南鮮에 入하야 一般人民 口頭로 흔히 나오는 말의 大部分은 迷信의 分子 가 석기지 아니한 者- 거의 업나니 그들은 아즉도 風水說을 信하며 巫黨卜數 를 信하며 天文 地理에 迷惑하며 水火木石에 祭하며 鄭勘錄을 信하며 邪敎 를 惑하도다. 南鮮에는 耶穌‧천도 양 교회가 희소한 대신에 일반의 邪信이 暗中飛躍의 중에 盛히 활동하는 모양이엇다. 白白道가 有하며 太乙敎, 敬天 敎 등- 雜說이 미신의 鼓吹를 盛히 하는 모양이다. 그들은 아즉 정감록의 예언 을 酷信하고 百里洞天속에서 醉生夢死를 하고 잇는 모양이다. 余가 忠南을

往하엿슬 시에 當地 某郡人民은 태반 이상이 暗中에서 太乙敎의 流言을 酷信하는 중인데 아즉도「有眞人自海島中出」을 정신업시 바라고 잇다한다. 鷄龍山에는 ○○교가 정감록으로 일반 신자를 得키 爲하야 그 近傍에 宏大한 가옥까지 건축하엿다함을 聞하얏스며 全羅道 某地方에는 遇般 共同墓地規則改正에 인하야 風水說이 復活하야 指南鐵가진 兩班이 산중에 드문드문 보히는 現像이며 慶尙道에서는 十勝之地를 차져 太小白으로 들어가는 사람도 보앗다. 如何하던지 南鮮人民의 中에 一部 新知識을 吸入한 識者階級을 除하고는 兩班 常漢할 것 업시 因襲的 迷信에 무처잇는 모양이다.

戊. 因襲. 南鮮에 入하야 因襲上 第一 첫재 形式上으로 나타나는 것은 斷髮人의 稀少한 것이니 南鮮 或 地方과 如함은 겨우 官公吏의 幾個人과 天道敎를 信하는 少數敎徒 외에 一人도 斷髮한 人의 影子도 보지 못하엿다. 余가 南原에 往하엿슬 時에 天道敎信者인 一有髮總角을 보고「君은 天道敎를 信하면서 何故로 아즉 斷髮치 아니하엿나뇨」고 問한즉 總角의 答이「此地方에서는 斷髮한 總角에게는 아즉 婚姻을 不結한다」함을 聞하고 余는 苦笑 中에서 南鮮을 爲하야 寒心을 不堪하엿다. 이미 斷髮으 一件이 히려 이러하거던 況 其外의 風習이라. 길에서 10餘 歲의 草笠新郎이 17, 8入歲의 新婦에게 매달려 코를 훌적어리며 가는 것은 常事의 常事이며 道袍를 입은 兩班學者가 農民에 對하야 이리오나라 소리치기가 例事이며 장옷을 쓴 老婆가 國水堂 압헤서 飮食을 차려노코 손을 비비는 것도 常套의 事이며 간곳따라 大小喪집에서 술먹고 酒酊하는 祭客도 보앗스며 큰 갓을 쓴 術客이 舍廊房에 언연이 안져 十勝之地를 高談하는 것도 들엇스며 占筒을 가진 卜術이 病人의 압헤서 預防祭를 하는 것도 보앗다. 다시 말하면 말하는 내 입까지 惡習의 鬼神이 무더올가봐 그만두거니와 南鮮人士는 이제로부터 猛然自省하야 이 因襲을 解脫치 아니하면 안될 것이엇다.

己. 衛生. 衛生이라하면 全朝鮮人에게 一大忌物이라 하겟스나 이도 또한

南鮮이 北鮮에 比하야 甚遠한 差異가 나는 듯하다. 勿論 北鮮이라 하야 術生思想이 發達된 바는 아니지마는 比較上 南鮮人民의 衛生觀念이 北鮮人에 比하야 薄弱한 듯하다. 特히 其中에 一例를 擧하야 全部를 代表하면 南鮮 중 一邑인 2천여 호를 有한 南原에 一個의 沐浴湯이 업슴을 보앗다. 그래서 余가 그 地方을 巡回한 지 10여 일, 5, 6개소의 大邑을 經過하며서도 沐浴 한번을 어더하지 못하엿다. 此에 反하야 北鮮 중 가장 一小邑인 高原·郭山 등지에는 십여 년전에 벌서 沐湯의 설치를 본 일이 잇섯나니 이로써 能히 南北鮮의 衛生思想의 差異를 알 수 잇스며 其他 家屋의 掃除, 道路의 청결, 飲食店의 刷新 모든 것이 一樣의 차이를 나타냄은 何人이던지 外見으로 能히 判定할 수 잇다.

　庚. 飲食·衣服·家屋. 南鮮에 至하야 特히 一異彩를 放하는 것은 飲食·衣服의 發展이니 (新發展이 아니요 舊發展) 이야말로 北鮮人의 到底 – 想及치 못할 것이다. 家屋은 矮小하고 廚房은 汚累不緊하나마 이로부터 나오는 衣服·飲食은 實로 燦然可味할 者가 多하니라. 이는 想컨대 南鮮의 古代文化 중에 發達된 衣服·飲食法이 尙古의 風이 多한 南鮮人에 由하야 그대로 保管하얏던 까닭이 아닌가. 술맛도 조코 장맛도 달고 料理法도 훌륭하지마는 家屋이 矮小하야 草家茅屋이 아즉 舊日의 態를 免치 못함은 飲食發達의 反比例로 볼 수 잇다.

　이로써 南北鮮의 差異한 點을 一言으로 들고보니 結局 南鮮이 北鮮에 比하야 多少 新文明에 落伍하얏다 하는 一言에 歸着하고 말앗다. 南鮮人士는 或은 筆者에게 對하야 子誠齊人이라는 叱責을 加할는지 알수업스나 바라건대 南鮮人士는 飜然히 大勢를 覺悟하고 여러 가지 못된 因襲으로부터 解脫하야 新風化와 共浴하기를 바라며 特히 北鮮人士는 小進에 躊躇치 勿하고 世界를 對等하야 永遠히 長足의 健步가 잇기를 切望하노라.

回顧 夏路 七千里

朴達成

《개벽》, 1921년 10월

東京驛을 떠나는 學生豪氣

悲喜交感되는 各地 靑年會의 現狀

可痛可憎한 敎會敎會間에 間隔

目不忍見할 多兄弟의 生活狀態

볼수록 거록한 우리 江山

나는 이 글을 특히 海外에 계셔서 本國을 그리는 兄弟들에게 들임니다.

東馳西走 夏路七千里? 아! 這間에는 奇談怪事 酸風辛雨의 一興一悲도 잇슬 듯하며 高山長江 名勝寄蹟의 詩와 歌도 잇슬 듯하야 秋天을 徒望長太息의 感보다 오히려 一見의 値가 잇슬 듯합니다. 그러나 나는 이 글을 쓰기에 一見의 値가 잇고 업슴을 計較치 아니합니다. 오즉 본대로 들은 대로를 그대로 적어서 讀者와 더불어 一暇를 充하려합니다.

내 이제 鄕原의 一隅에 身을 寄하고 멀리 海外로 가까히 臨足의 地까지 스스로 헤아리매 一種의 快感도 업지 못한 中 數行의 淚가 滂沱함을 禁치 못하겠습니다. 하물며 秋風이 起하며 白雲이 飛함이랴. 손으로 一朶菊을 어루만지매 발에는 찬이슬이 떨어짐니다. 한울은 놉고 山은 말숙한데 孤鴻의 그림자 淸江에 빗겻슴이랴. 아-悲치 안흐랸들 어찌합니까. 前溪에 발을 씻고 草幕에 膝을 斂하니 蟋蟀의 울음을 듯겟스며 桃葉이 黃함을 보겟습니다. 天井을 仰하야 一笑하고 長空을 望하야 一嘆하는 那間에 情緖는 어느덧 遠近知友에게 가며 不知不識의 중에 七千里 經路가 눈압헤 展開됩니다. 더욱이 深切한 것은 海外에 계신 兄弟들의 情景입니다. 그들이 隔山海 千萬里에 本國을 위하야 얼마나 그리우며 鄕原兄弟의 事情을 알고저 함에 얼마나 馳念하는가 함은 이 실로 나의 通感하는 바입니다. 그래서 不充分하나마 數頁의 此書로써 兄弟의 압헤 提供하야써 痛切한 哀情을 풀고저 하며 아울러 夏期間 朝鮮의 事情을 紹介합니다. 딸아서 愚感을 陳하야써 兄弟들과 共分코저 합니다.

내가 日本을 떠나 우리 權域을 向하기는 6月 15日 午後엿습니다. 그때의 東京잇는 우리 兄弟로서는 今年 夏期로써 우리 權域에 文化의 꼿을 피게하려고 各其 鐵棒을 부르쥐고 굿게 自期한 바 만핫습니다. 學友會에서는 講演隊로, 同友會에서는 演劇團으로, 또는 天道敎靑年會의 講演隊, 佛敎靑年會의 講演隊, 女子靑年會의 講演隊 其他 地方 地方을 目的한 講演隊 演劇團이 실로 만핫습니다. 이러케 東京잇는 우리 兄弟의 만흔 活動이 잇슴을 보고 나는 다 各其 成功하기를 暗祝하면서 天道敎靑年會의 一員으로써 역시 가튼 目的을 가지고 남보다 前期하야 本國을 向하얏습니다.

이러케 되어 나는 二千里 東海線 玄海千里를 直破하야 우리 權域을 實踏하게 됨이 6月 그날로부터 8月 末日까지엿습니다. 그 동안의 經路로는 釜山 金海 統營 晋州 山淸 丹城 昌寧 蔚山 慶州 永川 大邱 등 慶尙南北道의 大小都會엿스며 水原 京城의 京畿要樞를 經하야 다시 鐵原 平康의 江原直路를 破

하야서 元山 咸興에까지 入하얏다가 다시 釋王寺 三防의 別風景을 보고 또 다시 京城 平壤 鎭南浦로 由하야 博川땅을 거쳐 泰川에 至하얏습니다.

아! 夏路七千里? 這間 七十日의 苦樂? 나로서는 一生의 記念거리이며 또 榮光입니다. 보고들은 것은 그만두고 느끼고 생각된 것만도 실로 原紙 不足의 感이 업지 못합니다. 釜山 大邱 京城 元山은 都會의 味로 보아 한번 쓸 價値가 잇스며 金海 慶州 平壤 龍岡은 古蹟으로 보아 또 한번 쓸 必要가 잇스며 釋王寺 三防은 名勝으로 보아 역시 아니쓸 수 업습니다. 그러나 나는 이를 日記文으로 하야 日의 初로 日의 終까지 次第로 陳할 수 업스며 紀行文 가티 地의 始로 地의 終點까지 順으로 列하지 아니합니다. 日의 始中終 地의 初中終한데 묵거노코 그 중에서 가장 깁히 印象된 것을 하나하나式 뽑아내이려 합니다.

첫재 나의 마음에 가장 깁히 印象이 되어 連하야 興感을 喚起케 되는 것은 東京驛 初發時의 우리 學友들의 豪氣萬丈, 生意充天의 光景입니다. 보내는 者 가는 者ㅣ 何必 우리 兄弟뿐이겟습니까. 日本사람 中國사람 印度사람 英法美사람 다 各其 보내고 가고 하는 중에 그들의 생각 그들의 動作은 누가 보던지 普通으로 感하겟는데 오즉 우리 兄弟 뿐은 普通을 超越하야 무슨 意味깁흔 顔色에 白熱의 情을 滿帶하고서 各其 大功을 祝하며 목이 터지도록 萬歲를 連3次 高唱하얏습니다. 驛內의 空氣는 澎漲이 되며 去者來者 萬人의 視線이 우리 兄弟에게 輻湊되엇습니다.

아! 朝鮮學生들! 남과 가티 잘살기 위하야 朝鮮에 새로 燦爛한 文化를 建設하려고 異域의 多年에 辛酸을 重複하다가 夏期의 安養도 窺할 새 업시 東奔西走 三千里巡講? 아! 얼마나 壯하며 快한 일인가. 누가 보던지 萬歲와 並하야 成功을 아니 祝할 수 업섯습니다. 日本사람이 아무리 東洋的 自己라고 自矜하나 이때의 우리를 실로 欽羨함을 보앗습니다. 西洋사람 中國사람

何國何人임을 不問하고 다ㅣ 우리를 爲하야 祝福하며 朝鮮靑年! 아! 朝鮮靑年! 靑年의 意氣! 저처럼 活潑且强毅하니 朝鮮의 文化는 不問可知로다의 嘆賞을 보내일 때 우리들의 心身! 그- 얼마나 湧躍하얏겟습니까. 東洋的 大都會 東洋的 大驛에 東西人이 두루 법석을 칠 때 東洋的—아니 世界的으로 高唱한 意味깁흔 萬歲聲! 아! 朝鮮的이 아니면 世界的임을 나는 節節히 感하야 잇지 못합니다.

이러케 萬丈의 氣槪로 東京을 떠난 우리는 各自 文化策을 講究하기에 驛路의 風景은 볼 餘暇도 업거니와 講演案을 集成하노라 또한 別感想도 업섯슴이 事實입니다. 그런데

兄弟시여 이러한 興分中에 이러한 豪氣客이 그만 首를 搔하며 太息을 發하게 됨은 그 무엇입니까. 東京서 下關까지의 車內車外는 그다지 異感이 업섯는데 下關으로 釜山까지의 船內船外는 왜 그다지 異感世界입니까. 兄弟들이어 이것이 어찐 緣故입니까. 白衣人! 아- 分明한 우리 兄弟가 아입니까. 우리 骨肉이 아입니까. 반갑기로야 목을 쓸어안고 울어도 조코 웃어도 조치 안습니까. 입을 마처도 조코 뺨을 대어도 조치 안습니까. 그런데 웬일닙니까. 逆症이 나며 보기 실흐며 一種 不可思議의 惡感이 가슴 가운대 밀려 올으니 이것이 웬일입니까. 換腸이 되어도 分數가 잇지 故國의 兄弟를 보고 이러케 惡感이 생김이야 넘우나 換腸病들린 놈이 아닙니까.

兄弟들아 나는 가슴이 압핫나이다. 나의 兄弟가 넘우나 보기 실혀 울엇나이다.

잣(栢)송이 가튼 상투에 手巾을 질끈 동인 勞働者, 木綿白袴衣赤衫에 메투리 신은 商人, 한광지 되는 머리에 펼(綠)한 젓통(乳房)을 그대로 내어 흔드는 婦人들 말타랭이 가튼 머리에 자지를 그대로 내어노흔 兒童들 — 넘우 창피하야 ——이 말치는 못합니다마는 그들은 分明한 우리 兄弟가 아닙니까. 麤率하기로나 愚鈍하기로나 貧乏하기로나 一文의 値가 업서 보임 — 아! 우리

兄弟중에 왜 이렇케 만습니까. 船內船外의 玄海去來人은 그만두고 釜山으로 京城義州까지 全鮮을 通하야 到處가 그러하지 안습니까.

兄弟들아 우리 兄弟중에 상투쟁이는 얼마나 만흐며 더벙머리 總角은 얼마나 만흐며 젓통 들어내 흔드는 婦人네는 얼마나 만흐며 빨가숭이 兒童들은 얼마나 만흠니까. 이것들이 즉 우리 民族의 體面을 損傷시키며 우리 兄弟로 하여곰 낫을 드지 못하게 하는 우리와 相容치 못할, 아니 우리가 放任해두지 못할 그들이 아닙니까. 아- 不相容? 이야말로 天罰을 當할 말이 아닙니까. 제 兄弟를 가르처 不相容이란 말이 웬말입니까. 이야말로 가슴에 피가 매칠 일이 아닙니까. 얼마나 抑鬱하고 痛忿한 말입니까.

나는 실로 自白합니다. 壇上에서 公公然히 宣言한 것은 상투쟁이 총감투쟁이 젓통 放露한 女便네 더벙머리 兒童! 그것들은 우리 民族의 體面을 損傷시키는 者이며「우리는 이러케 麤率하고 變通性업는 野蠻이요」를 스스로 자랑하는 그네들은 討伐치 안흐면 歸化시키지 안흐면 아니되겟다 絶叫한 적이 當하는 그곳, 接하는 그 사람에게서 다 그러하얏습니다. 兄弟들아 이것이 우리를 위한 衷心일가 假心일가 한번 考察잇기를 切實히 願합니다.

둘재 내가 興感되어 對人必說하야 마지아니한 것은 朝鮮 各地의 靑年團體입니다. 어느 地方을 勿論하고 靑年會 업는 곳은 업습니다. 심지어 俱樂部라도 다- 잇습니다. 靑年會는 毋論 朝鮮文化를 中心으로 하고 興起한 것은 事實입니다. 敎育 産業 宗敎 등 各方面에 대한 靑年會의 活動은 其功이 만치 아님은 아니나 그 內面을 窺知하면 실로 섭섭한 點도 적지 아니합니다.

相當한 人物을 缺한데서 그 弊-不少하니 즉 釣名式 假意下에서 便黨, 紛爭, 浮虛가 만히 생겨 有名無實, 龍頭蛇尾, 朝起暮消의 慘劇이 만흐며 財政難으로 인하야 하고저 하는 일, 하던 그 일까지 中途에 止하야 互相觀望 仰天長嘆,「돈아 돈아」의 悲鳴을 呌號함이 此ㅣ 現在 朝鮮靑年會 중 大槪의 內幕

임은 누구나 共和하는 바입니다.

　그런데 내가 一見에 感嘆하야 마지안는 것은 金海靑年會입니다. 一見한 일이라 그 仔細한 內幕은 몰으나 그러나 他會에 比하야 釣名假意的 虛式이 업스며 眞正으로 朝鮮의 文化를 標榜함을 보앗습니다. 즉 擧會一致로 한 目的을 위하야 共進하나니 그들의 維一의 進行法은 各自 衷情을 基點하야 公論, 理解, 可否, 讓步, 容恕 果斷으로써 함을 歷歷히 보앗습니다. 그 一例로써 보면 幹部幹部가 互相 贊揚하며 會員會員이 互相 讓步합니다. 그리하야 老少一致 男女共同은 金海의 特色입디다. 이러케 그들은 男女老少 有識無識 一致協力할세 男女講習會 勞働夜學 敎育會 中學期成會 등 各色보다도 內面의 實事가 만히 現出함을 보앗습니다. 그런데 이 金海는 人物이 相當하고 財政이 또한 相當합디다. 有産者는 財産으로 無産者는 勞力으로 有識者는 知識으로 無識者는 體力으로 各 其會를 위하야 그 誠心껏 提供함을 보앗습니다. 우리 朝鮮內 各地 靑年會가 다- 이 金海만 하야도 朝鮮의 文化가 그 庶幾하리라고 나는 생각하얏습니다.

　그 중에 晋州 慶州 가튼 地方靑年會도 可贊의 點이 만습디다마는 元山 平壤 가튼 都會性의 靑年會에 좀 缺點이 잇는 듯함을 보앗습니다. 남의 非點을 말함이 不祥의 事이나 그러나 그 일이 나의 일이오 그 會가 역시 나의 會이니까 彼此의 責任上 責善의 意에서 一言을 公開합니다.

　元山靑年會諸氏 地方熱, 黨派熱은 우리가 共히 痛忿히 여기는 바 元山으로 다시 上下元山을 作할 必要야 잇겟습니까. 鐵路를 界線으로 하야 上元山 下元山이라는 말이 들닙디다. 그리하야 上界는 無産, 下界는 有産이라는 말을 들엇습니다. 이 有産無産에서 任員派 會員派 서로 意見이 不相容하야 多少紛爭이 잇다 함을 들엇습니다. 事實인지는 徹底히 몰으나 듯는 바에 의하면 그러타 합니다. 이러한 일이 元山에 뿐잇겟습니까마는 실로 不祥의 事가 아닙니까.

元山靑年會諸氏 此가 非事實이면 毋論 幸입니다. 小生의 妄筆을 스스로 勤愼하겟습니다. 만약 사실이면 有無産 有無識 上下 界할 것 업시 互相協力하야 靑年會의 本精神대로 朝鮮 又는 元山을 위하야 衷心으로 全力을 提供하시오. 이 실로 小生의 哀願입니다. 그리고 平壤靑年會諸氏 平壤一寄에 平壤靑年會 有名無實의 聲이 浪藉한 듯하니 此ㅣ 事實입니까. 事實이라 하면 실로 平壤을 위하야 不幸은 姑舍하고 朝鮮을 위하야 不幸입니다. 丹峯의 勢 浿江의 氣가 어찌 此에 止하고 已하겟습니까. 仔細한 內容은 不知라 不擧합니다마는 「平壤靑年會 有名無實」이란 此一言으로써 爲先 平壤靑年界의 一斑을 窺할 수 잇다 하는 동시에 다시금 여러분의 새로운 努力을 바라기 마지 아니합니다.

靑年會 말이 낫스니 말입니다. 一言을 加付할 것은 各 靑年團에서 朝鮮文化를 위하야 活動하는 講演團 演劇團 등의 巡回活動에 대하야 主催者 後援者의 兩不祥의 事ㅣ 間有함을 보앗습니다. 나는 이를 實地로 感한 事도 잇거니와 어떤 靑年會 當局者에게 들엇습니다. 그 當局者의 말을 紹介할 것 가트면

「아- 講演隊의 後援ㅣ 人力 金力이 共히 乏한 아모 實力업는 會體로서 二三日의 1次式 後援은 실로 自愧의 點도 만치마는 頭痛나는 일이 만습이다. 今年 夏期로만 해도 벌서 數十次가 넘습니다. 朝鮮靑年聯合會講演隊 苦學生갈돕會講演隊 學生大會 天道敎靑年會東京支會 學友會 同友會 佛敎靑年會 東京女子靑年會의 講演隊 其他 劇團 活動寫眞班 실로 枚擧키 難한 各團體가 만히 단여갓습니다. 이 만흔 團體가 단여갈 때마다 반듯이 本會에 後援을 請합니다. 請하면 아니 應할 수 업서 實力이 미치는 대까지 後援을 하엿습니다. 廣告로 場所로 심지어 隊員旅舍問題까지 다- 交涉하게 됩니다. 그리하야 東馳西走 몃칠동안에 力을 盡하면서도 未安을 만히 感합니다. 이와 가티 實力대로 後援은 합니다. 그러나 場所가 不便하거나 廣告가 不充分하거

나 聽衆이 少數이거나 旅舍가 不便하거나 하면 被後援側의 不快를 招하며 會自體로서 未安을 致하야 이러케 저러케 그만 頭痛症이 납니다. 一二次도 아니오 數十次의 後援] 실로 難問題입니다. 此事實이 한 두 곳 뿐이 아니라 全鮮이 다- 그러할 모양입니다. 後援 아니 請할 수도 업고 請하면 아니 應할 수도 업스니 實力은 업고 番數는 頻煩하니 此事 將奈何오」하는 말이엇다.

나는 이 말을 大邱에서도 듯고 元山에서도 듯고 平壤에서도 들엇습니다. 實地로 보앗습니다. 이에 대하야 나는 한 가지 主張합니다. 어떤 會 어떤 團을 毋論하고 講演이나 演劇을 後援側에 依賴하랴거던 當初 生意부터 말라 합니다. 어찌하던지 自體의 實力이 及하는 限에서 巡行하라 합니다. 人力 金力間 남에게 依賴하겟다 함은 巡講의 不景氣는 姑捨하고 反히 文化運動에 대한 障害라 합니다. 名義를 빌거나 혹 紹介를 請함은 可하거니와 食費 車費까지 强要하는 弊] 적지 아니하니 石崇의 富, 諸葛의 忠인들 어찌하겟습니까. 다시금 말하노니 只今 새로 일어나 바야으로 意味깁흔 고흔 筍을 내어 두르는 우리 靑年會에 실로 同情하야 그 興旺을 祝하거던 當初부터 後援을 請하지 말라 합니다. 終頭至尾 自力에 訴하라 합니다.

셋재 내가 이번 行에 切實히 感하야 마지안는 것은 宗敎界에 대한 모든 弊害엿습니다. 張皇할 餘地 업시 識者로서는 다- 痛論하거니와 敎會와 敎會 의 사이가 넘우도 吳越의 勢를 作하야 仇敵의 氣分을 固守함은 是何等不幸 의 事입니까. 基督敎를 信하거나 佛敎를 信하거나 天道敎를 信하거나 信仰 은 各各 自由에 任하거니와 사람은 사람이오 朝鮮人은 朝鮮人이오 兄弟는 兄弟가 아닙니까. 서로 仇視함? 此] 何等 亡國의 事이랴. 基督敎 信者는 基 督敎 이외에는 다- 罪惡의 무리오 異端의 徒라 하야 言必稱 즁놈 東學軍하야 洋人에게는 굽슬굽슬 어리대이며 自己民族에게는 排意斥行을 敢作하니 此 가 所謂 興하려는 人의 行爲이랴. 佛敎信者도 역시 一樣이오 天道敎 信者

또한 그 모양이 아닙니까.

敎와 敎의 間隔, 朝鮮民族에게 大不幸事입니다. 그 間隔을 打破할 猛棒이 업슬가요. 그 氣分을 그대로 黙過하다가 不幾年日에 朝鮮的 宗敎戰爭이 起하게 되면 自皮生蟲으로 2천만끼리 淚血相交를 免치 못하리라 합니다. 하물며 理解가 업고 容恕가 업는 이전의 因襲이 그대로 잇는 우리 兄弟이겟습니까.

兄弟들아 밋기는 自由로 하되 朝鮮文化를 위하야는 一致協力하며 自家一族이라는 下에서 相敬相愛합시다. 宗敎의 眞理도 敬愛를 離함이 업거니와 人生의 本分이 또한 敬愛입니다. 하물며 一家의 同兄弟이겟습니까. 基督敎 信者여러분, 貴敎의 主義가 博愛가 아닙니까. 耶穌氏의 敎訓이 무엇입니까. 이웃을 사랑하며 남이 왼뺨을 따리면 바른뺨까지 내어 대어라. 또는 원수를 사랑하라. 그리하야 한울에 계신 아버지가 完全함과 가티 너이도 完全하리 함은 이 耶穌씨의 敎訓이 아닙니까. 그 敎訓을 왜 이젓습니까. 그 敎訓과 背馳하고도 信者라 할가요. 돌이어 基督의 罪人이오 敎會의 反逆者니 天堂은 그만두고 地獄을 어떠케 免하겟습니까. 이웃 원수는 그만두고 밉거나 곱거나 信者거나 非信者거나 兄弟는 兄弟라 하야 사랑하시오. 이 실로 나의 哀願입니다.

佛敎를 밋는 여러분, 貴敎의 主義 또한 大慈大悲가 아닙니까. 一切衆生을 同一視한다 함은 釋迦氏 敎訓이 아닙니까. 一切衆生은 그만두고 제 民族끼리의 義分은 傷하지 마시기 바랍니다.

天道敎 信者에게 또한 一言을 뭍합니다. 人乃天이니 事人如天이니 布德天下니 廣濟蒼生이니 하야 이름 조흔 한 울타리로 입으로만 떠들지 말고 事人如天을 躬行盡力하되 敎人이거나 非敎人이거나 間隔을 두지 말고 一切로 사랑하시오.

朝鮮에 대한 宗敎界, 外面은 如何하얏던지 內面은 眞理를 汚瀆함이 만흠을 痛切히 느낌니다. 幸히 敎志에 의하야 圓滿無缺을 圖하면 나의 希望입니다.

넷재 나의 가슴이 매치고 매처 풀리지 안는 것은 南北鮮에서 본 우리 兄弟의 生活狀態입니다. 옷 한 벌(무명옷이나마)을 변변히 못 입고 집 한간(草幕이나마)을 변변히 못 짓고 더군다나 못 먹는 情景 꼭 붓잡고 실컷 울어도 오히려 느낌이 북바침니다. 그 중에도 可憐한 것은 勞働者, 小作人, 그 중에도 그들의 老父母 弱妻子, 아- 그 生活하는 꼴 넘우 齷齪하야 忍見치 못하겟습니다. 農村에는 小作人의 慘景, 都會에는 勞働者의 情況, 보리와 강냉이는 그들의 上等飯이오 도토리 물룻 둥구레 핏게 등이 常食物입니다. 그리고는 썩어진 참외 알풀어진 비지그릇으로 배를 채우니 아- 苦熱의 長長夏日에 비지 땀은 흘릴대로 흘리며 이것이 웬일입니까. 더욱이 一目恨然한 것은 京城 大邱 平壤 등의 路傍寢食者類ㅣ 아- 말로저 한우님이 부끄럽습니다.

나는 財産家 自身이 스스로 反省이 잇기를 一言으로 띄하고 已합니다. 딸아서 無産者에게 一言으로써 *하는 것은 그대들도 오즉 사람이거니 사람답게 살라고 할 뿐입니다.

다섯재로 나는 우리 나라의 名勝古蹟을 말하고 마치려 합니다. 名勝이 만키로는 아마 우리 朝鮮이 第一인 듯합니다. 山明水麗 奇岩怪石 蒼松綠竹 珍禽奇獸 花香蘭芳 어느곳이 別地仙境이 아닙니까. 그 중에 京元線 一帶는 실로 世界的 名勝이라 할밧게 업습니다. 南大門서 떠나 終南山을 끼고 漢江을 굽어보는 光景, 淸涼里의 松風, 牛耳洞의 櫻花, 三角山의 奇絶, 逍遙山의 丹楓, 寶盖山의 瀑布, 平康의 高原, 三防의 藥水, 釋王寺의 松栢, 元山의 葛麻半島, 通川의 叢石, 金剛山의 別境, 이 실로 世界無比입니다. 나는 世界를 다 밟아보지 못하얏습니다. 그러나 所謂 中國의 江南, 日本의 東海線은 대강 보아 斟酌합니다. 우리 朝鮮의 京元線에 比하야 伯仲하지 못합니다. 또 古蹟으로 말하면, 江西, 龍岡, 金海, 昌寧의 古墳遺墟는 그만두고 慶州의 石窟庵, 瞻星臺, 九層塔, 이 얼마나 자랑거리입니까. 東洋的 最古藝術로 其名이 天下에 錚錚하지 아니합니까.

길게 말할 것 업시 우리 朝鮮은 江山으로써는 世界에 遜色이 업스며 歷史로써는 世界에 자랑할 만합니다. 다만 現在 及 將來에 대한 우리의 文化가 그 如何한가 함이 問題 중에 잇습니다. 그런데 中國人은 洞庭赤壁을 자랑하며 日本人은 日光, 嚴島를 자랑합니다. 그러나 天然의 景自然의 美로야 어찌 우리의 三防, 葛麻를 當하겟습니까. 우리의 것이라 하야 誇張이 아니라 그 실은 世界風景의 一입니다. 此外에 「顧生高麗國 一見金剛山」은 말할 것도 업스며 白山의 靈三神의 奇도 말하지 아니합니다.

兄弟들아 이 조흔 江山에 왜 文化의 꼿이 못 피며 이 조흔 樂園에 왜 幸福의 果가 업겟습니까. 특히 海外에 계신 兄弟들아 만히 단이고 만히 보앗나니 우리 江山과 比하야 그 어떠합니까.

나는 이로써 꼿을 막습니다. 今年 夏期의 小弟의 行路는 이러합니다. 뼈도 업고 살도 업는 어섬푸러-한 糟粕의 此行 아무 보잘 것이 업습니다. 그러나 朝鮮의 內情은 대강 窺知할 수 잇스리이다. 海外에 계서서 故國을 위하야 애쓰시는 여러분 一時의 궁금이나마 免하소서. 아- 가을은 確實히 왓습니다. 健康하셔서 目的하신 終點까지 꾸준히 나아가소서.

62. 9. 13. 泰川에서

各地의 여름과 그 通信

靑吾 외

《개벽》, 1924년 8월

牧丹峰에서

春坡동모 京城의 더위는 요좀 엇더함닛가. 이 平壤의 더위도 京城보다 조금 더하면 더하얏지 아마 못지는 안을 것 갓슴니다. 오날도 여관집 마루기둥에 걸닌 寒暖計가 벌서 100도까지 올낫슴니다. (오후 2시) 더구나 平壤시가는 도로에 먼지가 만이 잇서서 바람이 조곰만 불면 눈을 뜰 수가 업슴니다. 10만의 전시민은 모도 땀으로 반죽한 먼지 덩이가 되야 허덕허덕함니다. 그러나 印度가튼 열대의 녀름에도 희말늬야由에는 白雪이 皚皚한 것과 가티 이 뜨거운 平壤의 녀름에도 牧丹峰은 특별히 시원함니다. 이 牧丹峰은 녀름과 함께 어엽부기도 하려니와 平壤市 부근에는 제일 놉흔 명산이외다. 동남으로 비단결가튼 大同江이 모양 漾瀊이 흐르고 그우에는 浮碧 練光의 天下名樓勝亭이 暴然이 임하엿스며 서북에는 광범한 普通大野가 잇고 그 중앙에 普通江이 長蛇形으로 완연이 흐르며 압헤는 乙密臺의 녹음뒤에는 蛾山의 芳林이 잇스니 실로 四面受風之地외다. 이갓치 찌는 더위에도 牧丹峰 꼭댁이에만 을 나가면 오장이 다 시원합니다. 淸流壁의 落落長松은 때때로 바람便에 검은고(琴) 곡조를 아리우고 白銀灘의 물소리는 쉬지 안코 자연의 북을 칩니다. 수박의 명산지 綾羅島는 나리다만 보와도 컬컬한 목이 졀로 틔워지고 소낙비 끗헤 나타난 무지개(虹)가튼 大同江철교는 바라볼수록 서늘하외다. 永明寺의 느진 종소리를 드를 때에 누가 慮念이 살아지지 안이하며 半月島에 돌아오는 듯(帆)을 볼 때에 누가 胸衿이 상쾌치 안이하오릿가. 春坡등도 錦繡江山이 좃타 하야도 님곳 업스면 적막강산이라는 愁心歌를 前日 京城에서 엇던 치구에게 드럿더니 참 과연이외다. 이 시원하고 조흔 牧丹峰에서도 春坡가튼 快漢壯漢의 동모가 업고 보니 도로히 답답하외다. 담배 한대 술 한잔을 먹을 줄 모르는 小春가튼 학자님 동모와 동행을 하지 말고 春坡와 가티 왓더면 오날 가튼 날에 牧丹峰우에서 유명한 平壤白燒酒와 닭찜(鷄蒸)을 준비하야 놋코 平壤名技까지는 부르지 못할지라도 형과 내가 부어라, 먹자하고, 소리도 하며 춤도 추고 잘 노랏스면 그 얼마나 유쾌하겟슴닛가. 그러나 七星門과 토성밧게 사는 가련한 빈민동포들이, 이와 가티 더운 날에 피죽 한그릇을 잘 어더 먹지 못하고 박아지쪽과 오망자루를 둘러 메고 이집저집으로 유리걸식하다가 기진맥진하야 땀을 흘리고 나무그늘에서 느러저 자는 것을 보면 소주생각도 닭찜 생각도 다 어듸로 다러나고 맘니다. 간 곳마다, 날마다 뵈이는 이 비참한 동포들의 생활문제를 어늬 날에나 원만히 해결할가. 春坡동모 이 牧丹峰은 平壤의 중요지대인 까닭에 이 세상에 이름이 놉흔 이만치 經亂도 또한 만이 하얏습니다. 과연 牧丹峰은 冒亂峰이올시다. 高句麗時부터 烽燧臺를 峰上에다 설치하고 사방으로 오는 적을 警備함은 물론이고 高麗時에 妙淸의 난을 격고 李朝에도 彼유명한 壬辰亂과 최근의 日淸戰爭을 다 져것슴니다. 特히 日淸戰爭시에는 淸軍이 이 牧丹峰을 점거하야 포대를 築하고 사력을 다하야 日兵을 방어하다가 日兵의 元山, 朔寧 兩支隊에게 占奪되고 패전하얏습니다. 지금까지도 석벽과 토대간에 日軍砲丸에 세례를 바든 흔적이 만히 잇습니다. 眞 소위 아해들 싸홈에 어른의 코가 터진다고 淸國과 日本이 싸우는 바람에 얼토당토안은 朝鮮平壤의 牧丹峰이 엇지하야 그 禍를 당하얏습닛가. 비록 과거의 事라도 생각할사록 분통이 터집니다. 더군다나 금일에는 日本의 육군 제 6 항공대의 비행기가 더위에 消風을 하너라고 그러는지 平壤시민을 脅威하너라고 그러는지 날마다 늙은 솔개의 씩은 쥐 구하러 단이듯이 牧丹峰부근 공중으로 빙빙 돌아단님니다. 평시에도 이와 갓치하는 양을 보면 이 牧丹峰우에 또 포화가 떠러질 날이 잇슬는지 모르겟습니다. 春坡동모 牧丹峰 통신을 쓰고 붓을 더지랴 하니 牧丹峰 이약이가 또 한가지 생각남니다. 春坡도 전일부터 잘 아시는 바와 가티 이 牧丹峰은 남북 두 峰이 잇는데 전자는 文峰이라 하고 후자는 武峰이라 합니다. 俗傳에 平壤은 文峰이 놉흔 까닭으로 전일 外城에 文士가 배출하얏는데 성내 무사들이 文士의 기운을 抑制하고 자기들이 잘 되게 하랴고 武峰을 놉히고자 하얏스나 文士의 세력에 눌녀서 마음대로 놉히지 못하고 暗夜에 틈을 타서 땅을 파고 콩을 수백석 무든 뒤에 물을 부엇더니 밤새에 콩이 부러 峰이 놉하진 고로 文士들이 이것을 天의 조화라 하야 다시 文峰을 더 놉히지 못하고 지금까지 武峰이 놉흐며 따러서 平壤에 무사세력이 강대하야 젓다 합니다.

이 말이 비록 미신쟁이 풍수의 말과 비슷하나 전일 우리 朝鮮에서 京鄕을 물론하고 문무의 軋轢이 여하한 것을 가히 추측할 수 잇습니다. 그리고 牧丹峰은 명산인 고로 自來 시인의 題詠이 만히 잇는데 나보기에 제일 운치 잇고 청아하기는 근대 平壤시인 金一翁의 「靑黎山 杖皂紗巾, 萬仞山頭曲一身, 此時若有丹峰畵儂作誰家障*人」云云의 詩인 듯합니다. 또 한가지 생각나는 이는 靑友동모올시다. 靑友는 우리새에 다 아는 바와 가티 牧丹峰歌를 제일 잘 하지오. 春坡가 만일 牧丹峰의 여하한 것을 아시고 십퍼던 靑友동모의 牧丹峰歌를 한번 드르시오. 그 뚱뚱한 목과 큰 성대로 「牧丹峰아 牧丹峰아 네가 내 사랑이로구나」하는 시원한 소리는 550리 밧게 잇는 이 동모의 귀에 아즉까지 쟁쟁함니다. 이 동모를 위하야 소식 좀 전하야 주시오.

甲子. 7. 12. 平壤에서

靑吾

元山의 明沙十里

元山支社 金春岡

白沙의 靑松은 그림과 갓고

紺碧의 靜波는 風樂聲인 듯 明沙十里를 말하기 전에 나는 먼져 元山의 풍광을 간략히라도 말하야 두고 십흐다. 세계의 絶勝地라는 명칭을 엇은 金剛山의 地脉이 북방으로 흘너다 한 곳에는 元山의 풍광이 展開되여 잇다. 元山市街地 중앙에 웃득 솟은 압 남산우에 올나 眼眸를 동북간으로 放하면 1幅의 水彩畵를 펼쳐 노흔 듯한 그것이 서양인의 피서지로 저명한 明沙十里이다. 그 곳에서 連亘된 葛麻반도는, 虎島半島와 서로 끼여 안을 듯이 두 팔을 펼치고 웃둑이 셔셔 잇다. 그와 갓치 合하랴는 그 안에 縹緲의 一面波가 元山渡인데 煙波間에 격은 셤 셤이 点点하야 맛치 淸螺가 떠- 잇는 듯한 美景을 묻하는 중에 해풍이 서늘하게 불어오는 그 快味는 더 -말할 수 업는 풍광이다.

아 明沙十里白沙의 靑松은 그림과 갓고 紺碧의 靜波는 풍악과 갓고나! 내려 쬬이는 볏해, 반작거리는 白沙를 삽박삽박 밟아 해안갓가이 이르면 반쯤 웃는 海棠花는 사람을 반기는데 압혜 茫漠히 벗겨 잇는 洋洋한 滄波가 한 울에 連하얏슴에, 이, 이론바 上下天光이 一碧萬頃이다. 더위와 땀이 감히 범접이나 할가나. 몸이 날어 九霄에 소슬 듯 누구나 흥겨운 노래가 안이나올 수 업다.

여기서 불으면, 져기셔 대답할 듯한 黃土島(백만킬로 유명한) 가 바다, 우에 웃득 셧고, 좌로는 葛麻반도가 뻐더 잇스며, 右로는 城北浦가 한편을 끼여셔 흐른다. 해상전면으로 멀리 大小島의 상대한 連巒疊峰, 머-ㄴ 것은 翠黛語와 갓고 갓가운 것은 淡冶笑와 갓치 煙波가 洋洋하야 水天이 髣髴한데, 게다가 碧浪水禽 놉히 날아, 수평선을 그어서 가는, 그 모양은, 적이 白雲으로 化하는 듯하다.

투명한 淸波를 시원하게 끼여 안고

져 낙원으로 영영 잠겨가고 십흐다.

거울것치 투명한 淸波가 해안으로 몰려오다가 모진 암석에 부드치여 장고를 치는 듯한 소리를 내이고는 白玉가치 산산이 부서져 버리고는 한다. 슯으다. 이 장관을 보는 그 찰나, 나의 만신에! - ●鮮血은 그만 蕩散되여, 이 한울, 이 물에 同化가 됨인지, 한 다름에 뛰여 들어 일색의 碧琉璃를 내힘 끗끼여 안고, 져-낙원으로 영영, 가버리고 십흐다. 누가 안이 그려랴!

아-明沙十里! 아- 내 사랑!

仁川月尾島

三靑一客

仁川港에서 서쪽으로 건너다 보면 玉톡기 모양으로 죠구리고 잇는 조고만한 섬이 곳 月尾島인 것은 세상이 다- 아는 바이다. 月尾島는 仁川府의 자랑거리뿐 안이오. 京城과 仁川을 아울너 한가지로 사랑을 밧는 어엿뿐 佳人이 되야 잇다. 그는 등에다 仁川의 도회를 지고 압헤다 永宗諸島를 울타리하고 가운데는 仁川灣을 바다드려 四時長節 해상생활을 하고 잇는 海美人

이다. 봄에 사구라꼿으로 유명한 것도 특색이지만은 녀름에는 해수욕으로
사랑을 밧는 것은 더욱 특색이다. 京城과 仁川이 큰 도회안에 끼여 잇는 才
子佳人들이 히고도 맑근 옥 갓흔 살을 해수욕장에다 담거 노코 물오리 모양
으로 쌍쌍히 즐기는 것은 맛치 水宮龍王의 龍女들이 蓬萊方丈의 仙人을 마
져 천상의 연애를 늣기는 감상이 잇다. 月尾島의 자랑거리는 보는 사람의 눈
에 쪼차 이것이 죠타 져것이 죠타 각각 소견이 달을 것이지만은 나의 사랑하
는 月尾島의 특색은 왼통 그들의 소견과는 다르다. 나는 언제든지 月尾島를
볼 때에 늣기고 동경하는 것은 永宗島의 고흔 빗치다. 永宗島는 실로 月尾島
의 愛人이다. 月尾島의 특색으로부터 永宗島의 색채를 제하고 보면 그는 아
모 자연미가 업는 일개 구릉일 것이다. 그리고 月尾의 요리로는 맥주, 사이
다를 2층 양옥우에서 거울으며 바다를 구경하는 것도 한 靜致이겟지만 그러
나 그는 귀족적이며 부르죠아식이다. 민중과 한가지로 즐길 때가 못된다. 내
의 사랑하는 月尾島의 요리는 그와 갓흔 靑樓高閣에 잇지 안이하고 月尾島
北傾쪽에 게딱지모양으로 수십개의 茅屋이 바위틈에부터 잇는 그 속에 한
채의 濁酒屋이 가만이로 녕을 덥흔 정자 하나이 그것이다. 그 정자는 목수의
손으로 지은 것이 안이오. 술집 老婆가 자기손으로 맨드러 노흔 飮客에 休憩
處인데 그 정자에 올나 한잔의 濁酒를 마시고 나면 雨腋에서 쩔쩔한 청풍이
니러나 萬里天空을 향하야 멀리 날어가는 쾌감이 생긴다. 이것이 月尾島의
녀름 靜致 中-가장 특색 잇는 것인데 평생에 我自知하는 것도 또한 우연이
안이다.

釜山의 勝景

黃紀秀

釜山의 主山은 釜와 如하다 右로는 赤崎를 連하야 沒雲臺가되고 다시 西平 多大의 二浦를 成하고 左로는 海雲山이 入하야 海雲浦를 成하고 다시 岸下로 龍塘 冬栢 二島가 東西로 對峙하얏다 그 前面에 絶影島가 遮面하야 天然의 港門을 作하얏스니 이가 곳 朝鮮의 關門인 釜山名港이다.

압흐로 絶影島가 橫在하야 面을 遮하니 그 以內가 四十里의 周圍로 樹木이 繁茂하고 岩崖가 絶落하야 四時景概가 恰然히 俗을 脫한듯하며 明鏡과 如한 波面에 島影이 日月을 隨하야 映射함이 업습으로 絶影島라 稱하얏다 西南으로 靈山이 崎嶇하고 層層이 剝落하야 白浪이 掀天하는 最高處는 太宗臺라하니 新羅 太宗 武烈王이 曾히 此臺에 登하야 東南雲氣를 望하얏슴으로 是名이 有한 것이다 港內의 出入은 島西에 龍塘 冬栢 二島가 對立한 海門으로 由하는대 그 近傍에는 五六島가 有하니 이는 天然的 六個의 岩이 兀立하야 漲潮의 時에는 五島만 露立하고 落潮의 時에는 六島가 羅立하는데 糢糊渺茫한 海面에 五六孤島가 特立突兀함은 果是 天作의 奇觀이 안이고 무엇이냐 이밧게 松島가 잇스니 이는 港埠에 近하야 海底가 淺함에 싸라 海水浴場의 惟一한 適當處다 距今 三年前부터 公園을 建築하고 夏間으로는 每日 數千名의 遊客이 踏至하야 大盛況을 成하며 港西로 二十海角을 綠하야 沒雲臺가 되엿스니 山容도 雄偉하거니와 水勢도 浩蕩하도다 宣祖 壬辰 戰役에 禦侮將軍 鄭雲 氏가 舟師를 指揮하야 背山陣을 布列타가 勝利를 得치못하고 一身을 鴻毛가티 臺前碧波에 投하야 殉國의 義를 盡하던 處이니 一片短碣은 百世의 芳名을 遺傳함이요 烟波風帆이 眼前에 渺渺茫茫함은 坐한 天地의 廣闊함을 頓覺하며 東北으로

釜山鎭이 有하니 覆釜와 如한 奇形은 釜山의 名이 虛傳이 안이요 周圍

一千六百八十九尺高 十三尺의 高城은 開防을 嚴守하던 往背盛時에 水軍
節制使鎭의 形址가 宛然히 昨日과 如하고 그 近傍 東南으로 屹立한 것은 永
嘉臺라 하나니 宣祖 壬辰轉役에 僉使 鄭撥 氏가 兵窮矢盡하야 一死로 君臣
의 義를 報하고 다만 黑衣將軍이라하는 畏服的 ●稱을 後世에 遺하던 地이
니 日夕嗚咽하야 臺下를 衝激하는 惠湖萬浪은 當年의 義氣를 尙鳴함인가
하고 老樹斜陽에 依然獨立한 古壇은 鄭公의 勁節을 表함이며 坐東으로 殘
山을 綠하야 十五里를 海中으로 斗入하면

　海雲臺가 有하니 高치는 못하나 平坦하야 一區의 登臨●를 天作하니 曾
히 孤雲崔致遠先生이 逍遙하던 處로 遊賞하는 騷人損士가 千載에 寂寞치
아니하며 蒼松綠竹과 冬栢杜冲等樹가 四圍에 森森鬱密하야 四時長春의 色
을 帶하고 眠底에는 萬頃蒼波가 浩蕩無際하야 天高地廻한 感이 生하나니
詩에 曰

　　紅塵廿載久聞名 一躍鼇峯眼忽靑
　　不用燃犀窺海怪 應須鼓瑟感湘靈
　　雲開鸞鶴歸三島 天闊鵾鵬簸九溟
　　東望安期知不遠 丹成何日揷脩翎

이라 曹梅溪先生의 詩는 海雲臺의 地位景物을 描寫하엿다할거이오 그
臺後에는 藥泉이 湧出하니 山海의 精氣를 含蓄한 靈液임으로 消化不良其
他萬病에 神效가 多하야 遠近의 療養客이 絡繹하야 間斷함이업고다시 北으
로 蓬萊山勝景이 佳麗하니

　金井山은 梁山鷲捷山의 餘幹으로 東萊郡北에 蜿蜓盤據하야 淑氣를 鍾
毓하니 靈異도한것이나 明麗한것이니 그의 勝地됨을 專擅하는도다 北으로

　梵魚寺는 新羅興德王時元曉大師의 刱健한 것으로 宏然한 梵宮에 數百

의 僧侶는 梁山의 蓮度寺와 兄弟를 論할만한곳에 千手佛像과 五百羅漢의 列坐함은 莊嚴한 佛土를 築造함과 如하며 그 最上頂에

彌勒庵은 靈泉이 石函中에서 湧出하야 祈禱가 有할 時면 米紺水가 先湧하고 且水液이 味甘極冷하야 不換氷晶하니 果是山氣의 精靈이라하지며 東으로 望月臺와 積翠亭은 馬鞍嶺에 環繞하고 다시

東萊의 溫泉近郊

鶴巢臺가되여 弄珠山과 相連하고 그 下는 桃花洞이 別開하야 蒼松翠竹이 交暎한 中間에 芳春을 更逢이면 紅粧의 桃花는 仙源에 入한 觀이 有하며 그 洞中에 一茅亭을 建築하야 騷人韻士가 봄이되면 賞春詩를 詠하고 夏節이면 納凉句를 唱하야 新鮮한 空氣中에 病肺를 爽然케하며 南으로

涵星池는 滿池芙蓉이 蒼蒼한 蒹葭와 交暎하야 微風淡煙에 天然의 淨態를 粧出하며 來案五里許

金蓮峰은 摩訶叩利이 近하야 斜陽鍾聲은 塵夢을 頓醒케하며 南川流楊柳岸에

利涉虹橋는 利先禪師가 陰陽石으로 結構한것인데 千年을 經過한 今日에도 本形을 尙保하엿스며 坐東으로

鄭苽亭은 高麗時鄭敍氏가 譖言으로 放逐을 被하야 此地에 亭을 築하하 苽를 植하며 琴을 彈하고 歌를 作하니 그 歌詞가 極히 悽惋하야 當時樂府에 登하엿스니 今애도 高麗樂府를 考하면 그 歌詞가 尙存하엿스니 以上은 古來로 蓬萊八景이라 盛稱하는것이요 北으로 金井山下에

溫泉이 湧出하야 靈驗과 神效가 多함으로 療養客이 四方에서 雲集하야 往來가 陸續하며 宏大한 旅館과 華麗한 公園은 山下別乾坤을 排鋪함과 如하고 尖尖蹲蹲한 翠黛綠鼠이 二十里를 連亘하야 東萊城이되니 滄茫한 古歷史는 莨山古國의 年代를 可稽한곳이 昭然치못하고 新羅以降居漆山莨山

蓬萊等 名稱이 그 沿革을 傳하야 李朝에서는 東萊府를 設하야 府使가 管鎭하든 關門重地로

忠烈祠는 故府使宋象賢氏를 享祀하는 處이니 宣祖二十五年壬辰役에 宋公이 當時東萊府使로 在任하야 國境을 備禦라가 一夜에 全城이 陷落됨을 當하야

孤城月暈. 列鎭高枕. 君臣義重. 父子恩輕. 이라는 四句語를 그 嚴父께 遺報하고 毅然한 一死로 殉國의 大節을 立하니 그 後에 朝廷에서 忠烈의 諡를 贈하고 此에 祠를 建하야 春秋의 血祀를 奉하는 것이다 이만하면 釜山의 景이엇던고!

天下絶勝 義州 統軍亭

義州 崔뭉툴이

나는 人事엣말보다도 이말이 急합니다 「녀름에 對한 風景으로는 天下의 人이 天下의것으로 다-자랑 할지라도 義州統軍亭압헤는 다-鳳伏하리라고요」그텃치안슴닛가 나의 곳것이라고 誇張이안이랴 누구든지 한번식와서보서요 엇던가요 風景으로는 第一이요 歷史로도 第一이요 雄壯하기로도 天下第一일것이외다.

國慶一隅義州뒤 臣邑의 東北에 超然히 元立하야 압흐로 三千里綿●● 을 排列하고 뒤로 滿洲大原을 등지고안저 幾千幾百年에 天下人과더부러올고웃든 이 統軍亭이안입닛가.

義州統軍亭

여러분 넘우 氣막키게조흔닛가 말로는디-그러낼수가업습니다 누구든지 直接으로 보기겸에는 이 天下絶處인 統軍亭니약이논못할줄압니다 속는셈치고 한번오서서 해듯는아츰이거니 바람도라가는저녁에 一壺酒張氏로 統軍亭上이올나서서 압흐로 三千里半島를 내미러보고 뒤로 南滿洲大原을 드리미러보고 洋洋히 勢無窮한 鴨綠江을 굽어보시오 엇던가요 덥허놋코 오셧서 볼밧게는 他道가업습니다 혀가두텁고 붓이 鈍하야 아기자기 形容해 紹介치 못함만 遺憾입니다.

松都의 녀름

松都閑人

松都의 녀름! 松都엿다 松風이스르르돈다 山은 푸르고 물은 맑고 모래는 희고나! 觀德亭도한번 逍遙處요 善竹橋도 한잔마실곳이요 滿月臺도 한句읇을 곳이다 그러나 녀름의 景致로는 彩霞洞 扶山洞만다-못하다 善竹橋잠간 것처 彩霞洞에 濯足하고 扶山洞에거니려보자

善竹橋를 너스니 圃隱世子의 時나 읇고가자

가마귀사우는데 白鷺야가지마라, 성낸가마귀힌셋을세우나니,

靑波에 조히씨츤몸더럽힐가하노라.

=鄭圃隱母堂=

이몸이죽고죽어 一百番곳처죽어

白骨이 塵土되어녁시야잇고업고

任-向한 一片丹心이야가실줄이잇스랴

=鄭圃隱先生=

各地의 녀름과 그 通信 263

운치조흔 彩霞洞

洞口에서부터욱이진 綠陰은 푸른 遮日을 連해처 노흔것갓고 졸졸 흐르는 물소래와 새의 노래는 놀라오는손(客)을 한씃깃쌔맛는 듯하다 六角亭에 안저서 蓮塘求景하는 것도 조커니와 좀 더구석으로 드러가 第一瀑布로가서 濯足하는 것도시원한일이다 맑은 물은 멧길되는 대서바위틈을라서내려써러지며 一樹老松은 꾸불꾸불꾸부러저서 노리티의한울을 덥히주엇다

如干비가와도나무 아래에는 天下太平이다 참으로 그럴쯧한 노리터이다. 그러나 이 운치 조흔 놀이터는 뭇사람의 것이안이고 開城小불쪼아 朴宇鉉君의 私有專用物이되고말앗다 이곳에는 水君의 和式洋式의 別莊이잇다 近者에는 엇지된 細音인지저 無事奔走趙重應子와 彩霞洞이 네것이니 내것이니 닷틈이이러나서 結局半分하고 말엇다한다 모른다 불조아들의 作亂이야뉘알배리요 두어라 扶山洞만못하니거름을 옴기자

물노리터 扶山洞

綠陰은 욱어젓다 千初閣亭子마루아래로는 맑은 물이흐르고 亭子집웅쏙닥이로는 당태가튼 구름이흐른다 濯足會가 番番히열이여서 웬만하여서는 이노리터를 빌어놀기가어렵다 扶山洞줄기로 물 池塘이 無數히잇다 그리하야 一家族 쏘는 一洞里 쏘는 知友들씨리가진 飮食과 가진 果實을 갓추어가지고(或妓生도부른다)가서 沐浴도하며 노래도부르며 長鼓도두들기며 피리도불어 녀름의 쯔거운 날올시원하게 보내고논다 그리하야 이 줄기로가면 長鼓소래 노래소래로 야단법석이다 男子만이러케 노는 것이안이라 女子들도 自己네씨리여러가지 모양으로 물노리를 차려가지고논다 그리하야 물 池塘은 반다시 男물 池塘女물 池塘이 儼然히 區別되여잇다 松都의 녀름은 果然이 물池塘에 잇고나! 두어라 美酒佳肴업스니 空手去하자

大邱의 達城公園

編輯室諸位先生. 씨는 듯한 더위에 우리 讀者를 爲하야 八月納凉號準備하시기에 얼마나 애를 쓰심닛가각가하게시면 어름이라도 한덩이드렷스면-하나 그럿치는 못하고--.

자-이제 大邱風景觀風樓一枚와 大邱의 名物達城八景一張을 보내드리오니붓채질남아에 한번 逍風이나해보십시오

先生들도 아시다십히 大邱風景이란 達城公園外에는 다시업습니다 大邱의 녀름이란 이 達城公園한아로써치루어감니다 그런데 이 達城公園의 來歷을잠간말하면

大邱市街의 西北三里(朝鮮里)許에 二里周圍의 丘陵으로삼태기가티 西北은 高하고 東南은 低한곳이외다 本來-이곳에 三池九井이잇섯다하며 新羅時達弗城 高麗時太丘縣으로 城名은 達城---이러케내려왓는데 이곳에서 名人이 多出하얏다하야 達城君을 封하얏다함니다 裵氏徐氏는 그中名族이엿슴니다 이제 徐四建居正先生의 稱道한 達城十景을보여드리겟슴니다

大邱達城公園

南沼荷花 北壁香林 櫓院送客 桐寺歸僧 龜峀春震 隱庵暮鍾 琴湖泛舟 砧山落照 鶴樓明月 笠澤釣龜

이것이외다 그런데 十景中에 남南沼, 鶴樓, 笠澤等景致는 只今은업서젓습니다 櫓院이란 곳은 市內에서 約一里되는곳인데 往時新舊監司送迎處라하며 桐寺는 市內에서 約五里나되는데 바로 大本山의 한이며 龜峀는 市內에서 約十餘町밧게안되는데 자래바위라는 곳이며 隱庵은 大邱압 山琵瑟山中

의 隱寂庵이고 琴湖는 大邱名江琴湖江이외다

或! 餘暇잇스면 이 大邱의 名勝 達城十景을 直接차자주심이엇덜가요 이
만 것으로 녀 消息을 傳합니다

漢江에서

春坡

靑吾兄. 牧丹峰通信은 동무들과가티 자미잇게보앗습니다 씨는 듯 삼는
듯시루안에드러안즌듯하더니 五百里밧 牧丹峰바람에 몸이으스스 바로 이
몸이 牧丹峰쪽댁이에 낭큼을나선듯하얏소이다

그러나 暖爐속가튼서울의 복판에잇는이름은 今時곳 再湯三湯이나 겹집
어삼는 듯 쏘한 牧丹峰이 은근히 憧憬되야서「에라 百事라도 無可奈라」하고
곳쒀여 漢江을내다럿습니다.

靑吾兄. 淸凉里도조코 洗劍亭도조코 奬忠壇도 조흔데 왜 漢江直行이 되
얏겟습닛가 그는 牧丹峰代로 象頭山을 보기 爲함이며 大同江代로 漢江을보
기 爲함이며 綾羅島代로 栗島를 보기 爲함이안일가요 그럿치요 그리코 兄도
아시다십히 이고져곳하야도 서울의 代表的名地 더구나 녀름으로의 代表的
勝地는 漢江이안임닛가 山조코물조코바람조코---.

靑吾兄. 只今이바로 七月十六日下午七時三十分이은데 이몸은 小波小
川두 동모와가티 漢江鐵橋에쎄쳐고서서 牛山落照를바라보는 中이외다 쏘
다시 牧丹峰쪽댁이에서 멀니이 春坡를 그리우는 兄님의 그-老雀가튼 姿態
가눈에훨하게 그리워짐니다 그리고 엇던 平壤날탕이 兄님네겻들지내면서
小春兄의 웃고름 是非를 하는양어보이는 듯하구려.

靑吾兄. 大同江鐵橋에도 그 所謂「チョットオマッチ」라는 標가잇습니
싸? 늘보아 尋常하지만 오늘은 特히막걸네잔이나하고 興分된김에 쏘한 夕

陽의 落照를보며 百丈鐵橋에서 멀니 兄님을 생각하든 次이라 그런지 생각이 이리저리굴다가「人生의 無常」이라는데 끌녀 萬里水天이 은근히 憧憬되는 구려! 그러나 이것은 그런듯하단말이외다 念慮할 것은 업습니다.

靑吾兄. 우리는 象頭山을 가려하다가「안이쇠운쏠」이라는 生覺이 치밀이서「엑기 도라서자」하고 거름을 다시 洪●의 長安으로 向하얏습니다. 第一鐵橋를지내여 第二鐵橋로 닛가 아조이저버럿든 一輪明月이 終南山 쏙닥이로 불쑨치미는구려!「앗차 이엇다 漢江의 夜月 夜月의 漢江!」하고새삼스럽게 다시 늣기면서 도로거름을 도리켯습니다 다시 第一鐵橋로가게되얏습니다.

妓生 蝎甫 亂棒 乾達 江上에 둥둥씻는데웬 心術인지「月色이고 水色이고 쏠不見이라」고 쏘가슴이 북눅거려서 곳도리서고 말게 되얏습니다.

靑吾兄. 이것이 저 못생긴 不平일가요 남의 豪氣잇게노는쏠을보고 空然히 불둑거리는 것이----.

아마 그럿치요 사람놈들의 大槪는 제가 못하는 것이면 不平이지요? 그러나 그런것도 안이겟지요?

靑吾兄. 牧丹峰이 쏘보입니다 金剛山도 보입니다 더욱 海金剛이 보이는구려! 생각만하야도 서늘하구려!

靑吾兄. 남들은 쏠죠 아들은 避暑니 納凉이니 하고 金剛山에 간다함니다 三防, 釋王을것쳐서 海金剛을 씨고도라서 避暑를간다함니다. 그런데 우리는 밤낫 요모양이구려! 兄님은 그나마 峰仙樓도 볼수잇고 百祥樓도 볼수잇오겟지요? 아―나는……….

十三道의 踏査를 맛치고서

一記者
《개벽》, 1925년 12월

면적으로 보아 14,312方里, 행정구역으로 보아 12府 218郡 2島 2,507面 인 우리 조선의 全幅이 彼후계 全幅에 比하면 그다지 클 것은 업지만은 실지 에 답사를 하고 보니 과연 支離한 感도 업지 안코 困難한 사정도 또한 적지 안핫다.

癸亥 2월로부터 乙丑 12월 즉 今月까지 凡 3개星霜間에 風風雨雨를 무릅 쓰고 방방곡곡으로 行行한 우리 사원들의 苦勞는 얼마나 만핫스며 滿天下동 포의 감사한 애호원조는 얼마나 만핫스며 또 道號기사관계로 間題는 얼마나 多端하얏스랴. 비록 불완전하고 불철저 하나마 이제 예정한대로 其業을 畢하 게 되니 스스로 깃버함을 마지 안는 동시에 感慨가 또한 無量하다.

다시 붓을 잡고 默然히 안젓스니 삼천리 錦繡江山이 完然이 眼中에 배회 한다. 寄絶 怪絶한 金剛의 만이천봉도 회고 汪洋怒呼하는 碧海 黃海의 파도 聲도 들리며 萬瀑 朴淵의 壯快한 폭포성과 彩雲(唐津), 翠野(海州)의 淸閒 한 白鶴聲도 들린다. 佛國, 華嚴 등의 古色蒼然한 大사찰도 생각나고 晉州,

平壤의 佳妓, 名唱도 그리워진다. 砲烟彈兩裏에 생활안정을 不得하는 國境동포와 大地主, 대자본가 횡포하에 悲號怒鳴하는 南鮮農民의 동정심도 솟사나고 지방 청년이 畫宵로 고심노력하는데 또한 만흔 敬意를 표하고도 십다. 이에 나는 다시 생각나는대로 각 道에 대한 소감을 잠간 말하려 한다.

먼저 慶尙南北道로 말하면 인심 質朴한 것이 제일 좃코 한문학자, 白丁, 癩病者가 상당히 만흐며 宗家 富豪, 일본인의 세력이 큰 것도 놀날만 하다. 古蹟만키로는 慶州가 전국 중 第一이요, 기생 만키로는 昌原, 馬山, 晉州가 他道의 다음 가라면 스러할 것이다. 그러고 近來에 사회운동(특히 南道)이 격렬이 니러나는 것도 주목處이다.

忠淸南北道는 아즉까지 양반세력이 多大하고 鷄龍山부근에 미신자 만흔 것은 참으로 놀날만하다. 엇잿던 忠淸南北道는 무엇이던지 荒廢凋殘한 감이 퍽 만타.

江原道는 교통 불편한 것이 제일 고통이오, 山水의 천연적 경치가 조키는 전국 뿐 안이라 세계 無比할 듯 하며 생활樂地로는 江陵이 어느 道에서든지 其類를 못 보왓나. 思想으로는 嶺東이 嶺西보다 진보된 듯 하다. 그러고 승려의 세력 만흔 것은 누구나 놀날 것이오 인심 淳厚는 전국 중 제일일 것이다.

全羅南北道로 말하면 兩道가 공통적으로 토지가 沃膏하고 物産이 풍부하고 빈부현격이 심하며 남자는 擧皆 예술적으로 생긴 美男子가 만흐나 여자는 그리 美人이 적고 또 여자교육이 낙오되엿다. 그러고 모루히네 注射者와 癩病者가 만흐며 사치를 尙하고 노래를 잘 한다. 또 일본인의 세력이 多한 중 특히 北道에 朝鮮人의 조티 전부가 일본인의 소유가 되고 水利組合 만흔데는 놀낫다. 그러고 扇子, 漆器, 竹工, 기타 手工物을 잘 하는 것은 만흔 歎賞을 하엿다. 또 토지로 말하면 南道는 島嶼가 전국 중 제일 만코 北道는 전국 중 沃野가 제일 만타.

燈下不明 이라고 京畿道는 京城, 仁川, 開城, 江華 몃 곳을 除하고는 물질로나 사상으로나 富力으로나 각道중 제일 낙오된 것 갓다. 그런데 京城의 천연경치 조흔 것은 보편적으로 말하면 전국 어느 都會보다 조흘 것 갓다.

그 다음에 黃海道는 小麥이 전국에 第一 만히 나고 온천 만키도 제일이오 교통 편리한 것도 매우 조흔 일이다. 또 근래에 소작운동이 西鮮에서는 제일 격렬한 것이 한 주목할 일이다.

平安道-. 南男北女라 하지만은 서북 중에도 여자의 物色 조키는 아마도 平安道를 제일指를 屈할 것이다. 그리고, 第一 불상한 것은 국경동포가 독립군과 경찰대에 부댁겨서 생활안정을 못하고 驚弓之鳥 모양으로 漂泊생활을 하는 것이다. 또 일반의 생각은 너무 보수적이 되야 아즉까지 光武, 隆熙시대의 「嗚呼痛哉」를 부르면서 國粹主義를 만히 가진 것이 사상상으로 보와 낙오된 듯 하다. 또 平北에 天道敎세력 만흔 것도 주목할 만 하다.

咸鏡南北道는 전국 중 생활이 그 중 안전하고 여자노동이 全鮮 중 제일 잘한다 하겟고 또 교육보급도 아마 전국 중 제일일 것이다. 또 咸興에서부터 三水, 甲山, 豐山 등을 단일 때에 凡 1,800리餘를 도보하고 조선 有數의 高嶺인 靑山嶺, 雪梅嶺(凡 70리 無人地境)을 넘던 것은 제일 壯快하고 또 큰 기억이다.

이외에 자세한 것은 본지 각道 道號記事와 작년 八道자랑을 할 때 다 말한 것이닛가 별로 附言치 안커니와 최후에 사상 방면으로 보면 전남은 소작운동이 제일 결렬하고 全北은 노동운동이 비교적 진전되는 모양이요 江原道는 嶺西는 보수적이 만코 嶺東은 진취적이 多하야 신사상운동도 상당한 活氣가 잇다. 其外 咸鏡, 平安은 사상운동이 비교적 미약한 중 특히 平安道人의 보수주의가 鞏固한 것은 우에 말함과 갓다. 또 黃海道는 東拓의 세력 기타 日本人 토지가 多한 까닭에 그 반동으로 근래 소작운동과 사상운동이 비교적 진전되엿다. 또 踏查하는 중에 제일 끔즉하게 생각한 것은 全羅, 慶南, 忠淸, 江原(특히 洪川) 諸道를 다닐 때에 甲午혁명란에 동학群 만히 죽은 이약이와 平安, 咸鏡에는 己未운동에 天道敎人이 만히 죽은 이약이다.

八道江山 다 보고 나셔

朴達成
《신여성》, 1926년 3월

나는 이 문제를 발서 세 번재나 내세운다. 세 번쌘 안이라 압흐로 열 번
백 번 억만 번이라도 내세우기로 한다. 엇던 멋업는 친구는 「이놈아 쓸 것이
업스면 낫잠이나 자거라 시시펑덩한 수작을 느러노아 귀한 지면만 버리지
말고…………」 하고 비방하는 친구도 잇슬줄 안다. (동경의 D군이 그런 말을
하드라고) 그러나 세상에는 멋을 아는 친구도 잇겟다. 「여보 박선생님 그런
것 쉬지 말고 줄곳 내주시오 八도 녀성들의 성질과 심지를 알기에도 좃코 풍속
과 습관을 알기에도 좃코 권선징악(勸善懲惡)에도 좃코 안저서 八도강산을
보는 멋은 참말 좃소. 작구 내십시오.」 하는 친구도 열 명 스무 명만되지 안는다.

남이야 쓰라건 말라건 남의 명령 바다 붓대를 놀리는 것은 안이닛가 (엇던
의미에서 그럿키도 하지만) 내가 쓰고 십흔대로 쓰는 것이 쏘 이 문제이다.

閉門逐客是何事

문제를 한문식(漢文式)으로 거러노앗다. 쯧을 말하면 「문을 닷치고 손님

을 쪼처냄은 이 엇던 일인고?」 그것이다. 에전에 시인 김삿갓(詩人金笠)이가 개성(開城)에 갓다가 황혼(黃昏)에 쫓겨 나오면서 「문호는 개성인데 엇지 문을 닷치며 산명은 송악인데 엇지 섭피 업는고.」(城號開城豈閉門山名松嶽豈無薪)하고 욕을 하고 왓다고 한다. 맛찬가지로 내야말로 엇던 곳을 갓다가 엇던 녀성에게 문전축객(門前逐客)을 당하고 입이 실눅 쎗죽해본 일이 잇다.

개벽사 확장 긔성회(開闢社擴張期成會)일로 서선지방(西鮮地方)에 출장(出張)을 갓것다. 진남포를 단녀 평양을 단녀 대동군 재경리면 신중리(大同郡在京里面新仲里)에서 B라는 친구를 보고 그 친구의 소개로 평원군(平原郡) 엇던 곳의 김〇〇이란 사람을 차저보러 갓것다. 그는 평원군에서는 손꼽는 부자요 유지요 동경 류학생이라 한다. 차저가면 그닥 박대는 안이 하리라 한다. 이런 소개를 듯지 못해서 애쓰는 판이라 엇이 안이 갈 수 잇스랴.

석암(石巖)이란 정거장에서 내려서 十리가 훨신 넘는 그곳을 차저가것다. (그새 평양의 B군과 가티 갓것다.) 가면서 서로 이런 말을 하얏것다. 「집에 잇기나 한지? 잇다하고 그가 박대나 안하려는지? 부종시절(付種時節)이라 혹 농장에나 안이 나갓는지?」 이러케 의심 절반 미듬 절반으로 그곳을 차저갓섯다.

동구에 드러서며 보닛가 과연 어려슬 새 녯말에 듯든 바와 가티 산을 지고 들을 안은 한 곳에 크다란 촌락이 잇고 그중에 고래등가 가튼 긔와집이 지질펀펀하게 노여잇것다. 「과연 듯든 말과 갓구나. 쌀조아들이로구나. 저만한 놈의 집에서 박대야 할나구!」 하고 헛배를 불키면서 한거름 두거름 죄여 드러갓것다. 이집인가 저집인가 기웃기웃 문패를 검사하며 벙거지쌀리가 둘이나 왓다갓다 하닛가 숫개 암개 양아지 할 것 업시 개놈들이 란리가 난 것 가티 요란히 즈저대것다. 산애 게집애 할 것 업시 어린애들은 「순사」니 「관리」니 하고 다러나고 숨고 하것다. 결국 목뎍한 그 집은 차젓다. 입구(口)자 긔와집에다가 사랑이나 되ㅅ마루가 촌집하고는 그럴늣이 되얏다. 마당에서 머뭇머뭇하며 주인이 잇고 업는 동정을 살피노라닛가 저편 백양나무 밋테 모야 안저 솟곱작란하든 어린애쎄들이 긔척을 채고 하나둘 널어나 쥐 숨듯 바자 뒤로 내쌔군 하것다. 그중에서 나희 좀 드러보이고 좀 쏙쏙해 보이는 게집애를 붓잡고「이애 이댁 주인양반 게시냐.」하고 정말 어룬쎄 대한 것보다 더 공순하게 무러섯다. 그러닛가 그 게집애는 겻눈으로 슬적 흘겨보면서「믈나요.」하고 와닥닥 쒸여 대문 안으로 드러가고 만다. 그래서「촌어린애닛가 그러렷다.」하고 대문 밧게 갓가히 가서서 주인을 차즈려고 머뭇머뭇 하것다. 그리자 대문이 싸그덩 하고 반쯤 열니며 한 四十가량쯤 되야 보이는 부인 한 분이 머리를 반쯤 내밀고 내다보것다. 적삼고름을 푸러허치고 흐느럭흐느럭하는 젓통을 그대로 광고하것다.

그는 우리 一행을 보자마자 야차나 독갑이나 맛난 것처럼 밋처 말도 붓치기 전에 대문을 덜컥 닷고 도라서것다. 그래서 얼는 닥아서며「여보십시오. 주인양반 게십닛가.」하고 공순히 물엇섯다. 그는 아주 드러간 것이 안이라 대문을 닷고 대문 틈으로 우리의 동정을 살피랴든 터이것다. 단바람 톡 쏘는 말이「업서요.」그 말쑨이다. 그리고 아무 소식이 업다. 우리는 하두 어이가 업서서「참- 못생긴 녀자도 잇군 그럴거야 무언고.」하고 닭 쫏든 개모양으로 집웅만 처다보며 입맛만 다시것다. 개는 요란하게 즈저대것다.「에라 한 번 더 차저보자.」하고「여보십시요. 여보십시요.」하고 목청을 도도아 두세 번 불넛것다. 부인은 식그러워 그랫든지 우리가 용이히 안이 도라설 것을 알앗든지 대문간으로 가마가만 거러오는 듯하더니「주인 업서요.」하고 쌕 소리를 친다. 게시다는 말도 할 줄 모르는 셈이라. 그래서「어듸 가섯슴닛가?」하고 쏘 무럿것다. 성가신 듯 목 메인 소리로「악가 벌에(野) 나가드니 어디간지 몰나요.」하고는 대문을 탁 닷고 도라서것다. 우리는 입맛이 써서 다시 무어라고 말할 용긔도 업섯다. 그대로 도라서며「이싸윗 놈의 집에 오기가 불찰이지. 주인 잇스면 별수가 잇겠나. 그놈이 그놈이지. 그대로 가자.」하고 서로 중얼

대엿다. 그래도 하루 해를 색여 두 사람이나 애써 차저왓든 것이 하두 분하야 「여보게 긔왕이면 명함이나 한 장식 두고 가세. 왓다간 줄이나 알게.」 하고 씀즉이 마음을 너그럽게 먹고 다시 대문 밧그로가서 「여보시요. 여보시요.」 하 쏘 고함을 첫섯다. 그러닛가 이번은 그분인은 안나오고 악가 그 어린애를 내보내면서 「나아가 보아라 쏘 찾는다」 하고 소리를 발악 지른다. 「아나 이 명함이나 바다두엇다가 주인양반 드러오시면 드려라.」 하고 명함 두 장을 주닛가 그 게집애는 밋처 바다쥐기도 전에 다러 드러가고 만다. 그리고는 소식이 업다. 명함이나 뎐햇는지 즈저버리지나 안엇는지?

우리는 할 수 업시 도라서며 서로 이런 말로 써주고 밧고 하면서 숙천을 향해가섯다.

『여보게. 자네 어머니나 자네 부인도 저 녀자가튼가. 그럿타면 생장(生葬)이라도 해버리게.』

「엇지 그 녀쟈 쑨이겟나. 조선의 녀성이란 대개가 그럿치. 참 한심한 일이야.」

「여보게. 동냥을 못 주나 쪽박은 쌔지 말나고 천리불구하고 차저온 손님을 엇저면 그러케도 하나. 그싸위들 때문에 조선이 망햇느니…………남자들도 대개 그럿치만…………모르지만 자네 부인이나 자내 녀편네도 그럴 것일세……….」

「모르지 본데업고 드른데 업는지라 그럿키도 하렷다. 그것들을 엇더케 하나. 다 죽이지도 못하고 고치 만들기도 어렵고………….」

「여보게. 우리가 만약 그 녀편네나 그 산애나 그 집 자녀에게 대한 중대한 사명을 씌고 갓다하면 이런 경우에 엇지 되겟나. 즉 그 집에 대한 생명 재산에 관계된 것이라든지 쏘는 범위를 널려 국가 사회에 대한 중대 사건이라든지………….」

「글세 정면으로 쏙 나서서 어듸서 오섯스며 무슨 일로 오섯느냐는 말 한마디를 왜 못하겠나. 랭수 한 그릇을 왜 못주나. 안에 서서 미안하다는 말 한마디를 왜 못하겟나. 「오시면 엿줄게 오섯든 쯧을 말하라.」는 말을 왜 못하겟나. 녀자의 못난 탓도 탓이려니와 남자의 탓일세. 그런 말 한마디를 못 가리킨 것이 동경 류학이란 다- 무엇 말나죽은 것인가.」

「하하……………….」

勸入房中進茶菓

쏘 한문식 문자가 나왓다. 쯧을 말하면 「방 안으로 드러오라 권고해노코 차와 과자를 내이더라.」는 말이다.

이것은 뎡주군 림해면(定州郡臨海面) 엇던 촌에서 당한 사실이다. 그의 성명은 말할 것 업고 그저 오씨(吳氏) 댁인 줄만 알자-

곽산(郭山)에서 이란 친구 두 분과 동행이 되야 역시 필요한 일로 오씨 댁을 차저갓것다. 집은 그닥 크지도 안코 그닥 적지도 안은 즉 촌에서 양우작농(養牛作農)이나 하는 중산계급(中産階級)의 집이엿다. 대문 밧게 세 놈이나 벗티고 서서 「주인게심닛가」 하고 차젓것다. 개가 쇠리를 끼고 대문 안으로 드러가며 야단낫다고 더하것다. 조곰 잇더니 한 四十가량쯤 되야보이는 보기에 밉지 안은 부인 한 분이 대문간으로 나타나며 「밧갓 주인이 안게심이다. 어대서 오섯슴닛가.」 하고 손을 읍하며 공순히 뭇는다. 그래 우리는 쏘한 락심하면서 「네 안게서요. 한 사람은 서울서 오구요. 두 사람은 곽산읍내에서 왓슴니다. 주인 어룬을 좀 뵈이려고 왓더니 안게서서 못 보입고 가게 되얏슴니다.」 하고 중얼거리며 거니노라닛가 그 부인은 「대단히 미안하게 되얏슴니다. 못처럼 먼 길에 오섯다가 못 보고 가서서………… 밧 주인은 안게시지만 사랑으로 좀 드러 안즈시지오. 다리 쉬이나 좀 해서 가시지오.」 하고 사랑문을 여러잿치고 드러 안기를 권한다. 우리는 다리도 압흐고 주인 부인의 죠흔 쯧에 감사하야 「그러면 담배나 한 대식 피고 갑시다.」 하고 사랑으로 드러가 안저섯다.

책상머리에서 개벽과 어린이를 발견하얏다. 퍽도 반가웟다. 안방에는 신녀성이 잇는지 알 수 업섯다.

조곰 잇더니 그 부인은 쩡의 짓가튼 엽(葉)담배를 한 줌 쥐고 나오면서「신식 손님들이 이 담배를 피이실나고………….」하면서 담배를 권한다. 그리자 이란 친구가 목이 마른지라 헐떡거리더니 그 부인을 보고「미안함니다만은 랭수 한 그릇 주십시오.」하얏다.「네」하고 드러간 그 부인 약 十분이나 지체하것다.「우물이 쇄 먼가보이.」「우물을 파나보이.」하고 급한 성미에 서로 쑤군 쑤군 하노라닛가 이윽고 그 부인은「너무 오래서 미안함니다. 물이 숭겁고 흐려서 안되엿슴니다.」하고 크다란 반병드리에다가 정말 흐리고 누런 물을 써서 장반에 밧처 드려왓것다.「해변(海邊)인지라 물이 정말 몹시도 흐리군.」하고 한 복죽개 써서 마서보니 천만 쯧밧게 쭐물이엿다. 엇지도 고마운지 두 복죽쌔식 드리마시고 안즈니 속이 시원한 것이 통령환(通靈丸)이나 먹은 것 갓더라. (다과를 내엿다는 것은 감사한 싯테 과장한 말이고 실상은 이것 뿐이엿다.)

한 三十분 쉬여가지고 그 집을 써날제 부인은 마당 싯까지 나와 안령히 가시라고 주인 오시면 엿줍겟다고 하면서 몹시 미안해하더라. (이번은 이만)

東北巡行記

金亨俊
《농민》, 1930년 9월

今年의 夏休는 農村巡訪에 利用하자. 이것이 우리들의 巡講을 써나게 된 動機이엿다. 그리하야 東京에 잇는 留學生 네 사람은 夏期巡講團을 組織하여가지고 二隊로 分하야 京義線과 京咸線의 沿邊諸邑을 巡訪키로 되엿다.

七月 十四日 아츰 巡講團 第二隊인 우리 一行은 京城驛에서 小春 石靜 一堂 諸先生 餞別알에서 京咸線 直行列車에 몸싯게 되엿다. 南鮮 一帶를 襲擊한 暴雨는 다시 北鮮을 侵擊하는 셈인지 쏘다지는 소낙비는 車窓을 째려부시여 長久한 旅行을 써난 우리들의 근심을 저윽히 자아내게 한다. 不幸히 南鮮과 갓치 大洪水나 맛나면 엇절가. 아모래도 이번길은 失敗하는가보아 이런 근심을 하고 있는 가운데 언으듯 鐵原驛을 當到하엿다. 鐵原驛을 나리니 奇異하게도 비는 개이고 日氣는 晴朗하여진다. 驛頭에는 二十餘里 밧게 게신 金承煥氏를 爲始하야 數十餘 農民 同志들이 마저준다. 그분들의 引導하는대로 畝長面 大馬里란 農村을 차저들게 되엿다.

鐵原은 不二會社의 農場所在地이다. 十餘年傳부터 營利에 눈이 발근 그들은 朝鮮사람의 土地를 歇價로 買入하여 가지고 開拓에 着手한 結果 지금 三千餘 町步의 沃土를 가지고 잇다 한다. 그리고 그 地方의 住民들은 모다 他處에서 모혀든 移住民으로서 大部分이 不二會社의 小作人인대 그들은 一年間 지여노은 農作收穫物에서 會社의 農債 小作料 長利 農牛稅 家屋稅 肥料代 等을 다- 밧치고 나면 百分의 十五를 가지지 못한다고 한다. 이로서 그들의 生活狀態를 알아볼 수 잇다.

그러나 아즉까지 小作人으로서 이에 對한 自衛策이 업섯고 쪼 農民團體 한아가 生기지 못하엿다고 한다. 이에 늦긴 바잇는 當地의 申鎬星氏 外 諸氏는 鐵原郡 農民社를 組織하는 中이라는대 不遠間 創立大會가 열니리라고 한다.

午后 八時부터 數十餘 農民들과 갓치 談話會가 잇섯고 그 翌日(十五日) 邑內로 나와서 社會問題講演會를 열게 되엿는대 社會團體와 三新聞支局의 後援알에서 李應辰君은「歷史와 社會」란 題로 나는「舊生活과 新生活」이란 題로 盛況裡에 맛치엿다.

十六日 아츰 여러분의 餞送 밋테서 平康으로 向하엿다. 驛頭에는 暴雨가 나림을 무릅쓰고 나오신 全德三 李泰潤 先生을 爲始하야 地方有志 여러분이 마저준다.

平康은 朝鮮農民社에서 李晟煥輩가 反動을 하고 나간 後 多少問題가 잇든 곳이다. 그러나 李晟煥農民社에서 發刊한 朝鮮農民 六月號가 나온 것을 接하고 平康의 農民指導者들은 오히려 反感을 갓게 되어 그들과 斷然히 絶緣을 하고 朝鮮農民社의 直屬인 郡農民社를 創立하려고 準備하는 中이라고 한다. 그날 밤 講演會도 盛況으로 맛치엿다.

十七日 全德三氏와 갓치 元山을 向하엿다. 德源郡農民社代表 李錫保兄의 말슴을 들으면 이곳의 農民社勢는 倍前 늘어가는 中인대 前途가 有望하다

고 한다. 午後 八時부터 例의 講演會는 그야말노 大盛況이엿다. 暴雨를 무릅쓰고 聽講하려오는 大衆의 心境을 생각할 재에 오히려 講演하려든 우리들이 가슴압픈 刺戟을 밧앗섯다.

十八日 文川은 暴風雨로 因하야 또 그 우에도 警察은 廣告宣傳에 싸지 無理한 干涉을 하야 그리 盛況은 일우지 못하엿고 十九日에는 水亂을 맛내여 全市街가 一時에 水國化하는 바람에 새벽 두 時頃에 避難救命하노라고 逢變을 當하엿다. 왼종일 남의 집 웃방에 갓기웟든 것도 이번의 紀念이라고 할싸.

二十日 鐵道가 不通되여 途步로 高原으로 向하엿다. 高原의 水害는 酷甚하다. 市街의 三分一이 侵水되엿고 農作物의 被害가 莫大하다. 이런 慘景에서 講演할 勇氣가 生기치 안는다. 不得已 回路로 延期하엿다.

二十一日 永興으로 갓다. 永興은 朝鮮農民社에서 反動하고 黜出을 當한 李晟煥君의 出生地이다. 그러나 우리 農民運動에는 何等의 動搖가 업슬 쑨 안이라 오히려 倍前의 거름을 것고 잇다고 한다. 永興의 講演會도 盛況으로 맛치엿다.

二十二日 큰 秘密이나 숨어잇는 듯이 보히는 永興灣을 다시 도라다 보면서 定平으로 向하엿다. 驛頭에는 百餘 同志가 마저준다. 定平의 農民社運動은 그동안 沈滯狀態에 잇섯든 것이 다시 새로운 氣勢를 놉피게 되엿다고 한다. 이곳서 二日間의 講座는 퍽 滋味가 만아섯다.

二十四日 咸興으로 向하엿다. 車에 나리자 씩씩한 同伴들이 나와 마자주는 것이 반가웟다. 咸興은 李晟煥農民社의 策源地라고 한다. 그러나 實際로 알고 보니 아무 것도 업다. 百名에 갓가온 社員을 가지고 잇다하나 幹部들이 幹旋事業에 對한 不正處理로 社員들의 非難이 衝天하엿스며 將次 動搖될 危險性도 잇서 보힌다. 그리고 幹部間에도 相互反目까지 잇다고 한다. 不正當한 行動의 最后 決定은 그 以外에 아무것도 남을 것이 업슬 것이다. 그와

反對로 咸興農民社運動은 더욱 健實한 거름을 것고 잇는 듯하다.

咸興의 三日間 講座 及 講演은 圓滿 且 盛況이엿다. 新興 長津 等 二三百里의 遠距離에서 까지 途步로 오신 이가 만타. 赤熱에 넘치는 여러분의 態度에 謝意를 表할 쑨이다. 그리고 成川江邊, 萬歲橋의 夜景, 盤龍山의 아츰 景臺가 다시금 그리워진다. 同侔들의 周旋으로 內湖海岸노리도 窒素工場을 쓴깁픈 눈으로 凝視하든 일도 記憶에 사라지지 안는다.

二十七日 써나고 십지 안은 咸興을 뒤로 두고 東海岸의 맑고도 壯快해보이는 景色을 車窓으로 빗치여보면서 洪原을 向하엿다. 이곳의 講演도 圓滿히 맛치엿다. 農民社運動도 活氣 잇서 보인다. 精養으로 와게신 中央理事長 朴思稷 先生을 맛난 것이 반가웟다. 松島의 奇絶한 景色도 두고 써나고 십지 안엇다.

二十八日 北靑으로 갓다. 李晟煥의 亞將 李正燮君이 朝鮮農民社를 만히 誹謗하는 모양이나 아무런 動搖가 업시 健全한 步武로 發展된다고 한다. 北靑의 講演은 그야말로 人山人海를 일우엇다. 全春植氏 外 여러분의 厚待에 感謝하엿다.

二十九日 利原의 講演은 盛況裡에 進行되든 中 聽衆의 歡呼가 눈꼴시든지 臨席警察의게 中止를 當하고 말엇다. 그러나 講演은 다 하여가는 쌔이라 아무런 失敗가 업섯다. 이곳의 農民社運動도 前途가 有望하여 보인다. 十七 行署

八月 一日 廉碩凡氏와 갓치 城津으로 가서 一泊하고 翌日 吉州를 것치여 八日 旦에 明川 阿間으로 갓섯다. 이곳에서는 演士가 利原서 中止 當하엿다는 되지못한 口實 밋헤서 講演을 禁止하는 同時에 一種의 喊口令을 當하야 座談 한마듸 변변히 못하게 구럿다. 내 平生 阿間의 警察官갓치 無識한 者들은 對하여 본 일이 업다. 무순 重大犯人이나 맛난 듯이 不撤晝夜로 드리덤비는 쏠이야.

이곳서도 崔泰勳 金尙旭 外 諸氏의 努力으로 不遠間 農民社가 創立되리라고 한다. 新興氣分이 濃厚한 阿間의 運動은 前途有望하여 보힌다. 우리는 다시 더 北行하여야 無理한 禁止에 아무 것도 안 될 것을 쌔닷고 歸路에 登키로 되엿다.

八月 六日 歸路에 前日 水災로 延期되엿든 高原에 들니엿다. 이곳 亦是 李晟煥의 部下 鄭寅寬의 原籍地임으로 鄭君의 反動策畧이 업지 안엇스나 鋼鐵 以上으로 묵기운 大衆의 運動인지라 一個의 焦童에 不過한 鄭君의 策畧에 넘어갈 理가 잇스랴. 오히려 그들의게 刺戟을 받아 더욱 活氣를 씌우는 것 갓다. 이곳의 講演은 三日間 豫定이엿스나 第一日 그만 喊口令을 當하고 말엇다. 멀니 二百里 밧게서 오신 이들의게 未安하기 짝이 업섯다. 더욱이 너름 쉬ㅅ파리와 갓치 붓터 써러질줄 몰고 同居同寢하는 그 눈꼴신 것 쌔문에 이야기 한마듸 못하엿슴에랴. 오즉 高原의 所得은 여러 어룬들이 주시는 歡迎酒와 金觀河 先生의 腰折할 笑話 뿐이다.

九日 아츰車로 멧군데 名勝을 찻고 서울노 올나오기는 十一日 밤이엿다.

關西巡行記

金廷柱

《농민》, 1930년 10월

關西巡講의 使命을 씌고 巡程의 第一着인 黃州에 到着하기는 七月 十四日이엿다.

七月 十五日 갓흔 處女辯士인 承寬河(同行)兄과 第一次로 發聲하든 날이다. 黃州에서 中止를 當치 안흔 이는 李敦化氏 박겐 업다 한다. 民間 三新聞 支局과 黃州 靑年同盟의 後援 下에 黃州圖書舘內에서 講演은 開催되엿다. 雲集한 聽衆의 「올소」聲과 臨席警官의 注意連呼 밋헤서 緊張 且 盛況裏에 講演은 終業되려할제 承兄이 中止를 當하고 말엇다. 百戰老將들의 쓰거운 熱誠과 敏活한 活動은 黃州農民運動의 振興이 될 것을 豫言하고 잇는 것 갓헛다.

七月 十六日 中和 李德源氏가 驛頭까지 마저준다. 林禮煥 先生의 쓰테 발봇다리로 農村巡廻에 奔忙하시는데 對하야는 感激을 이기지 못하엿다. 이날 바로 鎭南浦로 向하엿다. 高周成氏를 先頭로 十餘분이 驛頭까지 마저준다. 鎭南浦는 靑年勇士들이 만흔 곳이니만치 그들의 言行一切가 實로 勇

快하여 보엿다.

七月 十七日 講演할 날이다. 承兄은 一次中止를 當한 演士라 不許가 되고 나만이 許可가 되엿다.

聽衆은 實로 立錐의 餘地가 업섯다. 講演은 對內로 하엿다. 그것은 四圍의 不利를 째닷고 對外에서 對內로 方向轉換을 한 것이엿다.

七月 十八日 江西 數三 同志가 車部까지 마저준다.

講演은 對內講演이엿다. 이날 저녁은 基督敎人이 多數入場한 것이 特色이엿다. 그런데 講演 中 突然 臨席警官으로부터 「金先生」소리가 낫다. 八字에 업는 先生 소리엔 깃벗스나 쏘 무슨 命令이 나릴까 하고 눈을 크게 쓰고 잇노라니 아니나 다를까! 對內講演에 웨 社會問題를 말하느냐는 質問을 한다. 할 수 업시 講演은 臨時中止하고 警官講習을 한참 식이고 보니 時間上 損害莫甚이다. 地方巡講을 目的하는 이는 반듯이 아러둘 일. 當地農民運動도 相當하엿다.

七月 十九日 平壤 江西에서 午后에 自働車로 平壤을 向하엿다. 未安한 것은 汽車로 到着될줄 알고 李根燮氏가 汽車 發着時間마다 드나드섯다는 것이다. 저녁에는 外城에서 講演을 하엿는데 大盛況이엿다.

七月 二十日 平壤 一占山 一滴 一水朶花 一硝石 그 어느 것이 아름답지 안은 것이 업다. 그야말노 山水가 다 天然的 藝術品이다. 講演은 저녁 八時 半부터 例의 對內講演을 하엿다. 멀니 江東에서 百餘里를 徒步로 來參한 二十餘 同志를 爲始하야 滿場 盛況裏에 進行 中 承兄이 쏘 中止를 當하고 警察署行까지 하엿다. 참말 怒여운 일이다. 그러타고 엇지 할 수도 업섯다. 農民運動은 다른 社會運動과 氣勢를 競爭해가며 勿論 잘 되고 잇다.

七月 二十一日 順安 金光俊 金宣 兩氏 外 멋분이 驛頭까지 마저준다. 講演한다는 것을 미리 新聞에까지 發表하엿슴으로 안 할 수 업는 것이 當地로서의 나의 事情이엿다. 中外支局의 後援으로 講演은 大盛況이엿다.

基督敎를 써려 부시는 버릇은 順安서도 못 노앗다.

七月 二十二日 安州 安州農民社 理事長 李基煥氏를 爲始하야 十餘분이 車部까지 마저준다. 安州는 鄭應璉 金一大 其他諸氏를 爲始하야 關西民衆 運動家의 出生地다. 講演은 警察의 一切集會禁止란 嚴令下에 못하고 마럿다. 未安한 것은 价川에서 일부러 五六 同志가 來參하엿다가 所志를 達치 못한 것이엿다. 말나는 講演은 그만두고 모혓든 同志들은 淸川江邊 川遊會로 方向을 轉換하엿다. 包客性만코 快活하신 金光浩 先生의 愁心歌 一曲과 춤 한 가락은 鬱憤한 一行을 慰撫하시는 衷情이엿든 것을 잘 알 수가 잇섯다. 當地農民運動은 社員이 八百餘名이나 되야 實로 健步로 進展되는 中이다.

七月 二十三日 本來 安州 日程이엿는데 萬事不如意로 某學生과 同伴하야 博川으로 向하엿다.

七月 二十四日 博川 道가 다른 平北싸이니만치 여러 가지 條件付로 講演은 許可되엿다. 中外 朝鮮 兩支局의 後援下에서 講演은 始作되엿는데 廣告가 느젓슴에도 不拘하고 聽衆의 雲集한 것은 當地의 新記錄이라 한다. 兩人이 다 注意를 바다가면서 講演은 無事히 終了되엿다. 注意라야 慣習的 注意니 만치 무섭지 안엇다.

博川農民運動도 퍽 잘 되여 나간다.

七月 二十五日 嶺美 苦熱임에도 不拘하고 遠村男女가 多數 來參하엿다. 이날 저녁 講演 亦是 大盛況이엿다. 農民運動의 區域으로 보아서 成績이 良好한 便이다.

七月 二十六日 定州 同窓生 金龍善 外 諸氏가 驛頭까지 마저준다. 朝鮮農民社가 天道敎靑年黨과 法的 關係를 매즌 後 第一次 全郡農民社代表大會를 하로 압두고 大會 準備에 奔忙 中이다. 크는 호박에 針질하는 우리 朝鮮사람 더욱이 일한다는 者中에 만히 잇는 것을 늘 늣기는 바어니와 이런 무리는 定州에도 出沒하고 잇다. 所謂 社會公論을 代表한다는 新聞支局(東亞中外)

들은 針小棒大가 新聞의 使命이요 職責인 줄 아는가보다.

七月 二十七日 定州 全郡農民社代表大會이다.

이날의 몃가지 逸話나 紹介해보려 한다. 이날은 마츰 장날이다. 某新聞支局을 本部로 하고 贊成하는 사람 안는 사람 아는 사람 모르는 사람 할 것 업시 農民社大會에 오는 사람이면 데려다가 랭면冷麵 한 그릇 식으로 買收하려다가 失敗한 무리들 某洞農民社 代表가 反動派에 가본 즉 대모테 眼鏡의 洋服쟁이만 모혓섯는데 그들이 農民에게 利益이라곤 줄 것 갓지도 안엇서 도로 왓다는 말 大會場에서 農民社 分裂을 策動하던 首腦者 李貞根君이 祝辭인지 한다고 서투른 雄辯(?)으로 法的 關係 云云하다가 一般이 激憤하는 바람에 魂飛魄散하야 쥐구녕을 찻든 꼴 趙振錫君이 過去엔 朝鮮農民社 至今은 反動派農民社 前何心! 後何心! 해서 民衆 속히는 者라고 주먹 洗禮를 주려는 바람에 定州 안에서는 발길 둘 곳이 적어젓다는 것 東亞支局記者 某君이 天道敎 宗理院에 質問하러 왓다가 혹 쎄러 왓다가 혹 부치고 가는 格으로 金炳淳君에게 逢辱하고 가는 꼴 이 꼴 저 꼴 實로 우습다고도 못하겟다. 最後로 한 가지 滑稽는 그들은 農民運動은 始作도 하기 前에 農民指導者記念碑 세우에기 눈이 모으로 서서 뎀빈다는 것이다.

零落되여가는 社會엔 百鬼 出沒하는 貌樣!

同行 承寬河兄의 祝辭와 講座는 大歡迎을 바덧스며 定州農民社 理事長 金公善氏의 慷慨한 開會辭는 滿場 聽衆이 눈물을 지여 내엿다. 社員이 九百餘名 中 今般 脫退한 社員이 七十五人이다. 全朝 模範인 定州農民運動에 實로 好事多魔格이다. 金公善 白重彬 田贊培 諸氏의 活動에 所向無敵일줄 밋는다.

七月 二十八日 郭山 承兄의 故鄕이다. 우리들 맛는 同志들과 承兄의 親戚들이 驛頭까지 마저준다.

當日 마츰 郭山農民社全郡大會다. 大會에 參席하야 서투른 솜씨로 爲先

祝辭 한마디를 하엿다. 大會는 和氣滿面裏에 一瀉千里로 進行되엿다. 밤엔
例의 講演會가 열니엿는데 金炳淳兄을 加하야 合 三人이 出馬하야 大盛況
을 이루윗다. 農民社員 百七十餘名 嶺美와 가치 區域이 좁은데 比하야 大振
이엿다.

七月 二十九日 宣川 宣川에 이르니 宣川農民社 理事長 崔英植兄을 爲始
하야 五六분이 驛頭까지 마저준다. 이날은 늦게야 到着한 關係로 外上밥을
먹고 마럿다.

七月 三十日 前日 許可하여서 廣告까지 하엿슴에도 不拘하고 所謂 道의
方針이라는 口實로 講演을 中止하여달라는 請託이 왔다. 여러 가지로 交涉
하엿스나 終是 不成功에 끗치고 對內로 講座를 하고 마럿다. 農民社員은 五
百餘名 四圍의 事情이 困難한 宣川서 大成積이라고 안이할 수 업다.

七月 三十一日 鐵山 車中에서 往年 孫義菴 先生의 逢變과 最近에 생긴
事件 等을 聯想하엿다. 車輦舘에서 下車하야 院長 鄭龍赫氏를 訪問하고 臨
時車로 同乘하야 鐵山에 當到하니 男女 四十人이 盛大히 마저준다.

豫想 以上으로 男女 數百名이 모히엿다. 炎熱은 酷하여가고 彈壓은 甚하
여 가는 셈이다. 承兄에게는 對內對外를 勿論하고 緘口令이 나리고 나는 겨
우 對內만을 許한다. 四圍의 事情에 依하야 承兄이 回程케 되니 爾後론 單騎
獨步가 될 것이다. 千里他鄕에 故友를 離別하는 듯 感慨無量!

八月 一日 內修團에서 주시든 冷麵과 뒷고개 및 懇談會와 압 滴水場의
野遊會는 永遠한 紀念이엿다.

當地農民運動은 將來가 매우 有望하다.

八月 二日 新義州 國境 初行인 나는 여러 가지로 好奇心을 못니겻다. 車
中에서 刑事님이 不問曲直하고 트렁크를 열나고 덤비는 꼴은 國境이 아니면
보지 못할 꼴이엿다. 文振三 金聖珏 두 분이 驛頭까지 마저준다.

旅舘에 座를 定하니 憲兵隊 警察部 警察署 等 눈 쓸 사이 업시 들어덤빈

다. 講演은 一切集會禁止라 하야 不能! 以上 두 분과 安東 구경을 써낫다. 東洋第一의 稱이 잇는 鴨綠江 鐵橋를 踏盡하야 安東市에 드러가니 저자의 이 꼴 저 꼴이 世界의 植民地 列强의 角逐場이 되엿든 것도 偶然한 일이 아닌 것을 늣것다.

八月 三日 義州 이번 巡講隊의 着義를 機會로 하야 農民講座를 열기로 하엿다는 通信은 中央에서도 잇섯고 義州서도 接하엿다. 單獨히 義州行 自働車에 몸을 실으니 平素에 專問이 아닌 農民講座 一身兩役 三日間 망신이나 아니할싸 疑問이엿다. 義州農民社 理事長 金成玉氏를 爲始하야 崔安國 白世明 兩氏가 車部싸지 마저준다. 遠近 各地 農民指導者 數百名이 모혓는데 豫定의 講座時間은 當하엿다. 許可는 하여놋코 原稿에 말성이다. 三日間에 原稿 三回를 提出하엿는데 最後에는 日本文으로 提出하엿더니 다시 時間을 쓸고 條件이 盡한 貌樣인지 全體가 不穩하다는 前後 矛盾된 口實로써 不許라고 한다. 國境官吏의 無識 無責任한데는 놀나지 안을 수 업섯다. 署長을 訪問하고 責任을 質한 즉 上部의 命令이란 武器를 내세운다. 義州警察의 獨特한 取締方針에는 驚愕不已한다는 最後의 말에는 그도 거북하게 듯는 貌樣이엿다. 罪悚한 것은 幹部 諸氏의 代講하시노라고 努力하신 쯧과 聽講員 諸氏의 期待를 저바린 것이다. 最後日 저녁 農民大將으로 構成된 懇親會의 興味는 다른 사람은 想像도 못할 만하엿다. 農民社員은 三千餘名! 그야말로 놀낼 數字이다.

八月 六日 國境道路는 山外山重複 渡水複渡水다.

朔州다! 遠近 各村에서 모혀든 群衆은 數百名인데 미리부터 經驗이 만흔 우리는 率先하야 講演은 그만두고 對內講座를 하기로 交涉하야 보앗스나 亦是 그쪽이다.

泰嶺長江을 넘고 건너 數百里 길을 머지 안타고 온 聽衆들의 落望回程하는 光景! 내가 무슨 罪나 지은 것갓치 마음이 압헛다. 殺人犯가치 나를 싸르는 저들의 꼴!

이것이 우리의 處地인 것을 잘 아럿다. 當地農民社員은 八百餘人 이곳이야말로 우리 運動의 獨舞臺다.

八月 八日 歸城 自働車 不通으로 中路에서 一泊하고 夕陽에야 到着하엿다. 그날은 그대로 投席하얏다.

八月 九日 當局에 交涉한 結果 多幸히 對外講演이 許可되엿다. 오래간만에 言權을 어든만치 氣萬丈이엇다. 講演은 大盛況이엿스며 이날 저녁 歡迎會는 官民一致의 異彩를 呈하엿다. 農民社員은 七百餘名이나 된다. 그런데 陰害 重傷 거짓말 全業輩의 其一인 韓長庚君이 民衆의 無知를 奇貨로 하야 虛言妄談을 허투루 날니며 다닌다는 消息이 傳해진다. 나는 그를 맛나려고 하엿스나 元體 君의 出沒이 潛行的이엿슴으로 맛날 수도 업섯거니와 쏘한 窮餘一策을 試하고 잇는 그들에게 同情心이 發하야 積極的 進擊을 中止하엿다.

八月 十日 泰川 泰川은 講演못한다는 通知를 미리 發한 關係上 集會는 업섯다. 邑近 男女 數十분을 뵈엿슬 쭌이다. 泰川農民社員이 千餘名! 小邑에 잇서서 實로 大多數이다.

八月 十二日 寧邊 自働車에 몸싯고 九龍江을 건너 藥山 밋도라 鐵甕城中 도라드니 同志 親友들이 多數 出迎하엿다.

寧邊은 中和敎事件의 總本營이니만치 講演은 어림도 업다. 쌔마춤 地日紀念을 機會로 모힌 男女 諸氏에게 非公式間에 意思를 傳햇슬 쭌이다. 寧邊의 農民運動은 一時 沈滯狀態에 잇섯스나 最近에 張學秉 吉允箕 諸氏의 猛烈活動으로 着着 成績을 나타내고 잇다.

農民巡講咸南行

金炳淳

《농민》, 1931년 6월

咸南巡講의 途에 登하기는 五月 十四日 午後 十一時엿다. 이는 한울과
쌍이 맛붓튼듯 캄々하고 暴雨는 막 퍼붓듯 雨下如注! 會寧行 列車에 몸을
실으니 汽車는 소리々々 지르면서 暴雨와 大夜를 突破한다.

車쏙 한 모퉁이를 占領하고 안즌 나의 머리는 시집가는 새악씨의 머리와
갓치 煩惱되기 始作한다. 編輯이 奔忙한 關係로 充分한 講材를 못 가젓것다
가는 地方의 一般 程度을 모르겟다 言論取締 程度를 모르겟다 보내는 이와
맛는 이들은 莫大한 企待를 가저슬 것이요 내의 使命도 多大한 能率을 내여야
할 것인대 今次의 巡講이 엇지될넌지! 눈감고 아무리 썩 잘 생각하려하야도
더욱 막연할 쑌이다. 에라 그만두어라 가보아야 할 일이다 하고 斷念하얏다.

信用잇게 닷는 車는 얼마나 왓는지! 드럿든 참이 쌔칠 쌔는 아직 未明이엿
다. 車窓에 이마를 쏙대고 내다보니 한울 우에서 泰山喬岳이 왓다갓다하다
가는 汽車가 돈넬로 드러가고 돈넬을 나왓다가는 쏘다시 돈넬로 드러가군한
다. 이것은 三防藥水 近方을 通過하는 瞬間이엿다.

大夜는 漸々 깨여지기 始作하나 暴雨는 그냥한 모양! 저기가 어대요? 同乘車客에게 물은즉 그것이 釋王寺입니다 한다. 松蟲이가 天下 솔을 다- 먹어도 我太祖의 심은 솔은 神聖不可侵인가 보다? 鬱々蒼々한 松林도 조커니와 골작이々々々 松林을 안고 도는 雲霧! 그야말로 仙境의 一場面이 나타낫나 보다. 無情하게 닷는 車는 釋王寺도 물너친다. 安邊平野를 通過할 째에는 논에 던지 개천에 물이 넘치고 개고리 소리 놉아잇다. 農村의 自然味가 電氣 갓치 感醉된다. 午前 六時 半 元山 下車

元山(十五日) 어제 밤 始作한 비는 한모양으로 雨下如注 農村의 社員은 한 분도 오지 못하고 市內社員의 四十餘名 會合으로 開講되엿다. 三四時間으로 講座는 마치고 올대 갈대 업스니 會合하얏든 社員들과 世間談이나 하게 되얏다. 元山은 李錫保氏 外 勇將 鬪士가 만흐나 모다 生活難에 걸니여 活動의 餘裕를 주지 못하는 것이 大遺憾이다.

文川(十六日) 午前 六時 半에 出發하야 川內里로 갓다. 降雨는 그저 한모양! 天地는 五里霧中에 잠기엿다. 二三日의 續雨는 及其也 大漲을 내고야 마랏다. 十二時頃에야 조금 晴天이 되는 모양이나 百餘里를 遠距한 社員이 오기는 不能으로 되얏다. 그러나 洪水째문에 山을 돌고 山을 넘어 몃十里를 苦行하야온 社員을 볼 째에 나는 感激不已하얏다. 午後 一時 開講하야 四五時間을 지나 閉講! 聽講員은 百餘名= 文川社勢는 大々的 發展 中인대 그것은 指導者 여러분의 畢死的 努力과 理事長 趙軫元氏의 끈임업는 意誠의 功績이라 하겟다.

高原(十七日) 오늘은 雲捲晴天! 나라갈 듯 輕快하고 山川風土를 마음대로 보게 되는 것이 滿身 愉快 金泰鎰 先生과 갓치 高原으로 갓다. 午後 一時 開講- 三時間餘로 講座 終了. 農繁期임으로 圓滿한 會合은 못 되야스나 指導者層으로 七十餘名의 會合- 高原社勢는 엇더한가? 高原은 金泰鎰 金達鉉氏 等과 갓튼 百戰老將이 잇겟다. 劉載舜 趙德龜氏 等과 갓튼 猛將이 잇겟다.

其外 勇將級은 其數不知! 高原 全郡이 社勢의 雰圍氣에 쌔와 잇다.

高原은 지금으로부터 十四年前 東拓(四字略) 쑤리 박은 곳이다. 千餘町步의 耕地를 占領하야스며 三千餘의 小作人을 가지고 잇다. 지금으로부터 午年前 一九二六年에 東拓의 無理한 搾取로 因하야 金達鉉 趙德龜 兩氏의 指導下에 小作組合을 만들어 東拓과 抗爭하야 勝戰의 功을 일운 珍事가 잇다. 當時 小作組合은 三十二支部를 두고 大々的 發展을 하다가 時運時變에 싸라 右兩氏는 朝鮮農民社指導原理로 農民運動을 展開하고 잇다.

(十八日夜遊의 하로) 오늘은 日氣도 조커니와 日割上 休息日이다. 梁泉寺 求景을 써낫다. 山川을 直觀 農村을 踏破! 무엇이라 抱措할 수 업거니와 새로운 늣김이 만타. 梁泉寺에 다々르니 寺刹이야 무엇 新奇함이 잇스랴만은 萬歲樓가 거룩하고 玉泉이 흐르는 것은 義人狹士가 한번 消風할 만한 格을 가지고 잇다. 玉泉에 발을 싯고 萬歲樓에 登臨하니 멀니 永興灣이 展開되고 三浦平野가 넓어잇다. 萬歲樓上 一盃酒는 世間塵念이 슬어지는 듯! 자리를 온기여 松下의 晩餐會가 열니엿다. 山菜野菜의 맛은 世俗珍味에 比할 바 안이더라. 醉興 自然興이 다- 일어나니 遊客이 忘歸家되엿다. 그러나 어둠이 座席을 占領하니 不可抗力이로다. 藝術的 거름으로 歸邑하얏다.

永興(十九日) 金泰鎰 劉載舜 兩氏와 同行하야 永興으로 갓다. 午後 二時 開講 同五時에 閉講- 亦是 農繁期임으로 盛大한 會集은 못되고 五十餘名의 會合이엿다. 永興社勢는 압프로 無限한 發展性을 가지고 잇다. 根氣잇는 張承漢氏와 勇氣잇는 金成洛의 合力이며 特히 年老한신 이들이 率先猛運動은 不遠한 將來에 大成績이 잇슬 것을 自信하얏다.

永興은 李朝太祖의 出生地로 山明水麗하고 平野는 넓은데 山에는 松林이 차고 野原에는 桑木栽培가 盛況이다. 龍興江은 攸々히 흘려잇고 濬源殿을 싸고 잇는 松林은 千秋에 靑々하다. 永興까지 와서야 關北 經濟와 關北 風俗을 알만한다. 咸鏡線이 늦게 開通된 關係도 잇겟지만은 資本主義가 그리 發達되지 안어스며 外國人商權의 獨占이 적다. 男女間 儉素하야 國産을 愛用하는 것은 關北의 特色이엿다.

(二十日) 오늘의 日割은 定平이여스나 定平事情에 依하야 中止하고 午後 四時에 金成洛兄과 갓치 咸興으로 向하엿다. 會寧行을 잡아타니 時期는 正히 旅行에 適宜한 孟夏이요. 쌔는 바로 夕陽이엿다스피- 드로닷는 車는 永興平野도 永興山川도 뒤로 물녀치고 다시 展開되는 것은 定平平野이다. 멀니 東南으로 海潮가 나타나고 西北으로 重々 疊々 휘둘은 山은 아마 白頭山 來脉인가보다. 重々 靑山에 煙霧로 彩色하고 그 우에 夕陽 洛照가 幻燈하니 그림잇듯 別天地인 듯! 金津江이 맑게 흘음이여! 渭水가 안이면 滄浪水라. 銀빗갓튼 細모래장판! 白鳩는 어대가고 潔白과 沈黙이 남아슬 쑨이다. 定平平野와 咸興平野가 連接하야스니 通稱 咸興平野라고 한다. 咸興平野는 關北의 第一位요. 朝鮮의 第三位라. 다음은 咸興이요 하는 成洛兄의 말에 바라보니 盤龍山과 咸興市가 漸々 가까워 온다. 한번 望見함에 咸興이야말노 近代的 都市로 具體化하얏다. 同六時 四十分 咸興驛에 下車하야 數三十 同侔의 반게에 마저줌을 밧엇다.

咸興(二十一日) 十二時 正刻에 開講- 이날은 咸興高普學生 示威運動데- 不安의 中에서 午後 五時 開講- 聽講員은 二百餘名- 모두가 鬪士의 氣像! 咸興人士는 조쏨도 헐하야 보이지를 안이한다. 적어도 百파-센트 以上으로 된 人物들이다. 人物評에「咸興얄게」는 現代化하고보니 鬪士로 昇格되얏다. 게다가 組織生活에 統制와 訓鍊이 잇스니 咸興의 陣營이야말노 金城鐵壁! 韓忠赫 先生 外 여러분 元老의 指導下에 鋼鐵갓흔 猛壯鬪士가 一系勿亂하게 動하고 잇는 것은 可히써 大事를 즐일만하다. 咸興은 大都市이면서 商權을 外國人에게 그리 掠奪되지 안은 것은 關北人士에게 贊揚을 올니는 바= 午後 七時頃 三十餘 同侔의 別會合이 잇섯다. 談話를 하여가며 술을 마서가며 노래를 불녓다. 舊式노래 新式노래 洋노래 興味가 津々! 鬪士의 會合이

라. 멋대로 마음대로 數三時間의 快樂!

(二十二日) 午前 九時에 咸興名物 萬歲橋를 求景하고 盤龍山으로 거름을 온기엿다. 盤龍山에서 四圍를 한 번 바라고는 맛은 初面人士에게는 限업는 愉快를 준다. 城川江이 맑게 흐르고 平野가 넓고 멀니 東海를 바라볼 적에 數百漂母의 쌀내 소래가 盤龍山에 反響할 적에 모든 것이 趣味가 잇고 모든 것이 興味를 준다. 盤龍山 松林이야말노 人間의 秘密을 만히 감추고 잇다. 이곳저곳 靑春男女의 獨唱合唱! 우슴소리는 만흔 興味가 쏘다지는 모양이다. 우리 三十名 一行도 一盃酒로써 盤龍山 松林味를 맛보게 되얏다. 領士의 不滿을 늣겨 安全地帶를 다시 擇定하야 幸樂이 萬々! 마시고 노래 브르며 노래 브르며 춤을 추니 瞬間의 地上樂園이 되얏다. 盤龍山의 瞬間樂園 그 亦 短命이라. 塵世로 발길을 돌녀 咸興驛을 나갓다. 驛에서 洪原 理事長 朴周爕氏를 맛나 洪原同行이 되얏다.

洪原(二十三日) 十二時 正刻에 開催- 午後 四時 閉講- 聽講員은 六十餘名- 洪原은 朴周爕 金文基 朱源植氏 外 여러분 老壯鬪士가 熱誠으로 活躍하고 잇다. 洪原은 咸南의 公園이라 일홈하며 松島는 咸南 十大景의 一位를 占하고 잇다. 北으로 鶴頭峰이 놉하잇고 洛々 長松 휘드러진 가지 白鶴업는 것만이 遺憾이라. 思郎山 絶符岩은 傳說잇는 有名한 景致이요. 海岸을 나아가면 松島를 爲始하야 穿島, 竹島, 瓦島 等은 造物主의 特製品으로 萬古의 神秘를 가지고 잇다.

(二十四日) 午前 九時 發車로 北靑에 向하엿다. 獨行 北靑에 山名도 모르고 水名 모르지만은 景致에 醉한 몸은 世俗事情을 다- 이저버럿다. 左便은 靑山이요 右便은 碧波로다 日本의 瀨戶內海를 볼 째 天然의 景을 讚美하얏더니 그것은 咸鏡線을 通過하야보기 以前 늣김이엿다. 泰山喬岳이 屹立하얏다가는 海岸 疾走하는 모양! 奇岩 怪石 우둑々々 海波가 滄々! 山 돌아 쏘 山이오 돈넬을 지나면 쏘 碧波라. 十二時에 北靑着.

北靑(二十五日) 午前 十時 半에 開講- 午後 四時 閉講하엿다. 北靑은 猛
虎갓흔 일군이 多出하는 地方이다. 姜信敎 先生을 爲始하야 老年側의 獨活
動이 잇고 全春植 朴榮敏 李春國 安壽鉉 申鳳云氏 等을 將頭로 하고 各地에
散在한 靑年猛將의 不斷한 活動은 범잡는 氣勢를 가지고 잇다. 北靑은 經濟
界로 第二 開城이라 한다. 東拓도 不景氣로 侵入치 못하얏고 日中商人이 적
기로는 全朝에 第一될 듯하다. 北靑의 經濟的으로 特殊한 點은 잠간 보아도
勤儉性 男女共同生産 積小成大하는 根氣 等을 發見할 수가 잇다.

利原(二十六日) 朝飯 後에 北靑 여러분과 함게 大成學校 鄕校 老德書院
等을 求景하고 十二時 二十五分 發車로 利原에 向하엿다. 午後 二時 利原着
午後 三時에 開講하얏는데 當局의 時間制限으로 五時 三十分까지로 마추엇
다. 聽講員은 百餘名! 모다 쑥쑥한 靑壯年及이다. 利原은 多驗德高하신 여
러 어룬네가 게시고 場面人物로서 金剛赫 金洸 金炳吉 外 多數한 勇將이 잇
고 各里에서 活動하는 新進鬪士들은 모다 精兵으로 되야잇다. 社勢도 大振
이거니와 人物도 充分하다. 利原은 三面 一郡으로 된 적고도 얌전한 고을이
다. 邑內라고 하는 것은 新作路邊에 썩 전써리만 하고 望京樓에 올나서면 一
邑 全體가 다 보이는 초라한 고을이지만 景致로는 八景이 俱有 하고 그中 에
도 南松亭 學士臺갓흔 것은 놀나온 絶景이다.

端川(二十七日) 午前 五時에 起寢하야 十餘 同德의 同行으로 徒步 五里-
松端 六時 發車로 端川에 向하엿다. 端川驛에 下車하니 百餘名 出迎- 市街
로 行列할 째 一種의 示威運動이 되얏다. 十二時 正刻에 開講 午後 五時 半에
閉講- 聽講員은 百五十名- 閉講 後에는 院長 薛雲龍 先生과 함께 市街를 求
景케 되얏다. 端川 經濟界에도 外國人 勢力이 侵入치 못한 것을 볼 째에 朝鮮
人 生命이 關北에 남아잇다는 것이 늣겨진다. 뒷山에 올나가 四圍를 바라봄
에 北으로 泰山이 우렁차고 東南으로 屈指의 平野! 西南으로 南大川이 흐르
고 一望無際한 東海의 滄々! 이와 갓흔 地理에 짜르는 端川人士의 性格이

强하고 闊狹함을 於斯에 可知- 端川의 우리 勢力은 關北에 잇서 屈指의 陣營이요. 그 陣營 속에는 左衝右突하는 老靑猛壯이 잇고 場面에서 活舞하는 精鍊鬪士의 氣勢는 火攻의 勢를 가지고 잇다. 밤에는 靑年會의 모듬에 若干의 이야기를 하고 남은 時間은 몃々 同伴와 갓치 愉快한 時間을 만들엇다.

新浦(二十八日) 이제는 預定 日割은 終了되얏다. 그러나 北靑서 臨時約定으로 回路에 新浦를 들니기로 하얏다. 午前 七時 發車로 新浦에 向하얏다. 新浦는 北靑의 한 地方으로 家戶가 千餘 魚産이 豊富 景槪가 絶勝한 浦港都市이다. 午後 二時 開講 同四時 閉講- 聽講員은 百餘名이엿다.

定平(二十九日) 定平은 制定 日割에는 事情으로 因하야 中止하고 改定된 日割이엿다. 十二時 正刻에 開講 午後 三時 半에 閉講- 聽講員은 百餘名- 定平은 運動的 氣分이 强한이 만큼 一般社員의 活動力이 銳緻하고 思想的 進步가 高級이니 만큼 警察取締가 날카러워젓다. 周圍가 不利한 中에서도 우리 社勢는 勇往邁進으로 나아간다.

(三十日) 元山으로 向하얏다. 午後 二時 着 松濤에 가서 東海물에 발을 싯고 海風을 이고 松風을 마시다가 精養 中에 잇는 錫保兄과 談話하다가 元山으로 도라와 一泊.

(三十一日) 午前 十一時 侍日禮式을 보고 二三人作伴하야 元山名物 明沙十里 海棠花를 싸라갓다. 明沙도 조커니와 海棠花도 조흘시고 海棠花도 조커니와 東海를 쓸어오는 海風! 창자를 슷는 듯 海水가 쒸여드니 世間疲腦가 스러지는 듯하더라. 午後 二時에 京城行을 잡아타고 釋王寺로 向하얏다. 松船旅舘에 投宿.

(六月 一日) 밤비는 개이고 한울은 말겻는대 朝陽은 松林새이로 金彩갓치 비치우고 松林사이에서 지저귀는 뭇새 소리는 起寢을 再促하는 듯! 흘녀가는 石溪에 洗面하고 朝飯 後에는 自然 求景을 써낫다. 太祖大王手植松碑閣을 지나면 斷俗門이 잇다. 그야 勿論 佛敎의 文句이지만 정말 이 門을 지나

면 人跡이 씬어지는 自然天地이다. 昇仙橋를 지나 藥泉 附近에 일을 째에는 鬱々滄々한 松林! 人跡이 씬어지고 前後左右가 모다 自然! 아아 大自然에 눌니운 나는 넘어도 적어지고 넘어도 弱하야진다. 올녀다보면 한울이 돈닙만콤 팍알만콤 그야말노 破天荒! 五里長松을 지나면 釋王寺- 案內者의 案內를 밧더 一々히 求景하고 驛으로 나아가 京城行 汽車를 잡아탓다. 京城驛에 到着하니 午後 八時 半- 쏘다시 紅塵萬丈의 구렁 쏙으로 드러왓다.

  씃으로 咸南 여러분에게 한 말씀 드립니다. 여러분이 사랑하고 念慮하야주신 德澤을 입어 健康한 몸으로 無事히 歸社하얏습니다. 今番 巡講이라고 하얏지만 別로 效果를 내지 못한 것이 퍽 未安합니다. 今番에 여러분의 사랑도 만히 밧고 求景도 잘하엿습니다. 간 곳마다 弊害를 만히 씨친 것은 더욱 未安한 일이요. 처음 對하는 同伴들은 熟面이 되기 前에 日割關係로 作別케 된 것은 무엇보다도 섭々하얏습니다. 來々 만흔 사랑을 밧겟습니다.

北國行

金炳淳

《농민》, 1933년 5월

三月 一日 出發 四月 一日 歸社.

朝鮮里數로 往復 四千餘里

區域 元山, 文川, 高原, 永興, 定平, 咸興, 新興, 東上, 洪原, 北靑, 利原, 端川, 城津, 吉州, 明川, 淸津, 鏡城, 會寧, 鍾城, 慶源.

巡回講座의 사명! 알여고 하며 배우려고 하는 數千數萬 農民동무를 對할 次第이외다. 나는 그들에게 무엇을 줄 것인가? 어떻게 하면 그들의 欲求에 應할 것인가? 나는 그들에게 줄 것이 잇던가? 나는 그들에게 줄 것이 잇소이다. 知識을 준다는 것보다 技術을 가라친다는 것보다 나는 「우슴」을 줄 것이외다. 이 우슴은 現實的 우슴이 아니라 未來의 우슴이외다. 同志로서 만나는 깁붐이외다. 우리의 目的을 생각하는 깁붐이외다. 그리고 나는 今番에 그들의 서른 事情 억울한 事情을 보겟나이다. 그들의 惡戰苦鬪爭을 배우겟나이다. 이러한 情緖로서 三月 一日 밤 十一時發 會寧行 列車에 몸을 실엇나이다.

三月 二日 午前 六時 半 元山에 下車하얏소이다. 元山 동무들은 모두 勞

働生活임으로 밤으로 集會가 되나이다. 座談의 形式으로 이야기를 하고 다음은 問答式을 取하엿나이다. 問答이 展開되는데서 興味가 津々하얏스며 元山동무들의 進步地位가 잇음이 如實하게 나타나는 것이외다.

三月 三日에는 文川이오. 場所는 川內里외다. 十二時에 開講하야 午后 二時에 閉講하얏소이다. 文川은 希望이 滿々하외다. 웨냐하면 많은 經驗과 굳은 誠意를 가진 老年側의 直接 活動 又는 後援을 하는 것이며 進步的 果敢的 靑年層이 活動하는 것과 또는 少年會가 如實히 자라고 잇사오니 運動의 뿌리는 깊이「밑층에 밖고 잇읍니다.

三月 四, 五 兩日은 高原이외다. 高原의 指導部隊는 果然 자랑할 만하여요. 老年活動家이며 靑年들의 敬慕를 받는 金泰鎰 先生 앞에는 靑年將校의 格을 가진 勇敢한 많은 鬪士가 陣容을 짓고 잇나니 天下는 오히려 겁나지 않을만 하외다. 二日間의 講座는 預定대로 맞치고 떠나는 六日에 高原共生組合이 開店되는 것은 깊은 늣김을 주나이다.

三月 六日은 永興이외다. 永興의 指導部에는 異狀이 생겻다고 할 만하오니 指導者들의 陣營을 지키지 못하는 것은 永興의 遺憾이외다. 그러나 永興이 捲土重來할 氣勢를 보앗소이다. 當日은 日氣 險惡하야 寒雪狂風이 砂石을 날님에도 不拘하고 多數 젊은 동무가 來聽하는 것은 陽春에 새엄이 터지는 듯하는 感이 잇으며 그리고 其某氏를 出馬케 하는 作戰計劃을 하는 것은 不遠에 大勢를 振作하리라고 늣겻읍니다.

三月 七, 八日은 定平이외다. 定平의 氣勢를 본 나는 놀내며 또 깁벗음니다. 定平 여러분은 언제 그렇게 活動하엿든가. 何必 定平이라고 社勢發展에 有利한 條件을 가진 바는 아니어니 여기서 定平 여러분의 惡戰苦鬪를 늣겻소이다. 陣營을 실펴봄에 피가 뛰는 靑年社員이 넓은 講堂에 차고 또 남아스니 正히 太平洋의 洋洋한 물결을 바라보는 것과 같사오며 初春의 추운 講堂에서 떨니는 것을 잇고 이야기를 듯는 것은 나는 도로혀 未安을 늣겻나이다. 二日

間의 講座는 如實히 맞주고 여러 동무들과 作別하얏나이다.

三月 九, 十 兩日은 咸興이외다. 咸興은 指導者들이 不斷히 社員에 對한 指導訓鍊이 잇어 比較的 進步한 地位에 잇음으로 講座는 하로에 끝막기로 妥協하고 一日의 休暇를 얻엇읍니다.

仝十一日은 新興이외다. 午前에는 朱鼎源 先生의 案內로 市街地와 周圍의 山川風景을 보앗나이다. 新興은 名稱 그대로 新興都市인것 만큼 市街地가 新鮮味의 快感을 주오며 咸興이 隣近인 것만콤 文化發展도 相當하외다. 그러나 新興이 活氣를 띄게된 것은 水電會社의 工事때문이엇든 바 이제 水電工事도 끝나고 本土에 일을만한 特産物도 없음으로 더 發展될 可望은 없는 듯하외다. 十二時에 開講하야 午后 二時에 閉講하얏나이다. 新興의 社勢는 여러분 百戰老將과 靑年鬪士가 作戰計劃을 하고 잇사오니 많은 希望이 잇는 것이외다.

仝十二, 三 兩日은 東上이외다. 東上行에는 咸興에서부터 여러 同무들이 근심, 걱정을 주는 것이외다. 新興 여러분은 더욱 걱정을 하십니다. 그것은 東上을 가기에는 天險地帶를 넘게되는 바 所謂 잉그라이를 타게 되는데 잘못되면 生命을 일허버린다는 것 또는 東上이라는 곧은 高原地帶이며 寒帶인 까닭으로 凍死의 념녀가 잇다는 것이외다. 그러나 平生에 苦難을 興趣로 삼는 나는 恐怖心이 없지 않이하면서도 어서 當하야 보아스면 하는 興味를 가지게 되엿소이다. 十一日 午后 五時에는 松興行 汽車를 타게되야스니 이 鐵道는 前水電會社의 鐵道이오. 지금은 新興鐵道株式會社의 經營인 輕便鐵道입니다. 늦게 이 車를 타게 되는 것은 新興서 當日에 東上에 가서 講座를 할 수 없음으로 中途 松興서 자고 가야 됨으로써 이엇읍니다.

松興에 下車하야 開城旅舘에 投宿하얏나이다. 駐在所 巡査가 차저와서 人事 後에 來日은 東上가는 잉그라이가 없다고 합니다. 그 理由는 이날 午后부터 强風이 大作하야 넘우 추운 까닭이라는 것이외다. 벽녁같은 이 말은 計

不入量하고 萬事가 다- 틀녀지는 것 같습니다. 다만 心祝하는 것은 이 바람이 자고 日氣가 溫和하야 잉그라이가 넘어가게 되얏면 하얏스나 웬일일가요. 旅窓寒燈에 외로히 누엇노라니 바람은 더욱 地動치듯 집이 흔들흔들 합니다. 何如間 未來事는 알 수 없는 것임으로 主人에게 아츰을 일즉히 하고 잉그라이 通不通을 아라달나고 付託하고 就寢하얏나이다.

　十二日 아츰이외다. 잉그라이가 넘는다고 主人은 말합니다. 물이야 불이야 아츰을 먹고 잉그라이를 탓습니다. 問題의 天險地帶를 넘게되얏음니다. 올녀다보니 海扳 六千尺의 白岩山은 한울에 다엇음니다. 잉그라이가 무엇인가하고 궁금하얏드니 이것보시오 이러함니다. 土木工事하는데서나 鑛山에서 使用하는 밀鐵道와 같음니다. 複線으로 된 軌道가 잇고 事板이 잇음니다. 事板 우에는 뻰취(椅子)를 노앗습니다. 乘客은 그 뻰취에 걸어앉음니다. 가기는 쇠줄로 달아올님니다. 山上에는 回轉所가 잇어 回轉하면 하나는 올나가고 하나는 내리감니다. 나도 다른 사람들과 같이 뻰취에 걸어앉엇음니다. 乘客들을 둘너보니 모두 털帽子, 털목도리, 털신을 신고 가죽 掌甲을 껴스며 或은 外套 或은 支那을 만드러 입엇는대 눈 두 알만 반짝반짝 함니다. 얼는 보면 熱河討伐軍과 같소이다.

　나도 新興 金泰鍊 先生의 걱정 하야주신 목도리를 감엇나이다. 果然 춥습니다. 乘客들의 말을 드르면 올나가면 더욱 춥고 嶺을 넘어가면 말할 餘地없이 춥다고 합니다. 잉그라이는 움즉이엇음니다. 登山하기 始作합니다. 춥고도 엄마엄마 함니다. 잉그라이가 빗탈을 돌아갈 때에는 右便은 喬岩이 靑天에 닿엇고 左便는 萬丈絶壁이외다. 잉그라이는 한박휘만 脫線되면 地獄에 直行하는 것이외다. 잉그라이는 中途에 내리오는 것고 어겨감니다. 처음에는 異狀하게 생각되엇스나 料量하야본 즉 線과 距離를 맞추어 그렇게 할 수 잇을 일이외다. 잉그라이는 돈레루(隧道)로 드러감니다. 一號 돈레루 二號 二號를 지냄니다. 山勢에 따라 돈레루도 잇을 일이외다. 잉그라이는 停車함니다. 이 곳은 待合室이 잇고 밖구워타는 곳입니다. 車를 밖구워타는 理由는 다른 것이 없고 海拔 六千尺의 高를 단겨번에는 단겨올니기가 거북하닛가 回轉所를 두 군데를 둔 것이외다.

　短距離間 平坦한 곳이라 自動車가 밀어줍니다. 잉그라이를 가라타니 잉그라이는 鐵橋를 건늡니다. 이런 泰山에 鐵橋가 웨잇을잇가? 江을 건너는 鐵橋가 아니오. 골작이를 건느는 鐵橋웨다. 잉그라이는 絶壁으로 올나감니다. 아니 絶壁이라는 것보다 幾何學 先生이 黑板에 그려놓은 直角線과 같은 곳으로 올나감니다. 내의 머리 우에서는 엉덩이도 움즉々々하고 신발도 왓다 갓다함니다. 그것은 잉그라이가 까구로 선 까닭이외다. 이제서야 심상치 않음을 깨닷고 뒤를 돌아보앗읍니다. 文字 그대로 魂飛魄散이외다. 내가 科學을 믿고 運命을 否認하지만 이 곳에서는 半科學 半運命的 信念을 가지게 됨니다. 勿論 이 잉그라이가 科學으로 올나가지만 쇠줄이란 그것이 物質인지라 끈어질 때가 잇을지니 今番에 끈어질지는 알 수 업읍니다. 지금은 東上을 가는 길인데 東上 廉斗鉉 先生을 뵈옵게 될가? 말가? 하는 늣김이 잇소이다. 잉그라이는 또 내리온 것과 억어감니다. 올나가는 잉그라이는 停車함니다. 또 異常합니다. 이것을 아지 못하고는 가슴에서 불이 날듯 함니다. 그래서 다른 승객에게 무러보니 車머리에 앉은 이가 運轉手라고 하는데 그이는 車를 運轉하는 것이 아니라 事故 잇을 때 車를 停車케 하고 發車케 하는데 設路와 並行하는 電線이 잇읍니다. 運轉手는 막대 끝에 쇠꼬즌 것을 들고 잇다가 그것으로 電線을 따리면 그 信號에 따라 回轉所에서는 回轉을 停止하며 또 따리면 回轉하야 發車한다고 함니다. 每日같이 타는 다른 손님들은 怡然한 態度를 가지지만은 내의 肝은 컷다 적엇다 呼吸을 함니다. 肝이 呼吸하는 밖에 추위가 어디로 간는지 이마에 땀이 남니다. 줄만 끈어지면 卽死라는 것을 생각하기 때문에.

　칠성판에서 뛰어난 復活이외다. 도마에서 뛰어난 생선이외다. 白岩山上

에 올나왓나이다. 左右山川을 바라보니 一萬山은 읍하야 절하고 구름 조각
은 발길에 채우나이다. 몸이 高位에 서게 되니 天下를 號令할뜻 胸襟도 넓어
지고 나 호울로 깨끗한 듯이 神仙같기도 하외다.

北쪽 東上面을 바라봄에 白雪이 滿乾坤한데 生後 처음 맛보는 强風이 嚴
襲하나이다. 이곳에서는 또 車를 가라타고 내리감니다. 東上이 춥다더니 果
然 虛言이 아니외다. 金泰鍊 先生이 주신 목도리가 내의 生命을 救援합니다.
그러나 발은 깨어지는 듯 터지는 듯 하외다. 잉그라이에 나려 輕便鐵道를 連
絡하는데 한 停車場 사이는 線路가 눈보태에 무처서 徒步를 합니다. 다음 驛
에서 輕便車는 기다립니다. 잡아타고 東上으로 가게되얏습니다.

東上講座는 全日 十二時에 開講하야 午后 五時까지 翌十三日 午前 十時
부터 仝十一時까지로 끝내엇음니다. 東上社勢는 大盛況이외다. 東上이야
말로 農民社化가 되얏습니다. 預定의 二日 講座를 遺憾이나마 圓滿히 하지
못하고 이날로 出發케 되는 것은 이날 떠나지 않으면 洪原 講座가 不能한 까
닭이외다. 驛에 나아간즉 車는 延着이외다. 오늘도 많은 社員이 聽講을 왓는
데 驛에서 人事兼 作別兼 하게 된 것은 不朽의 遺憾이외다. 延着된 汽車는
잉그라이에는 連絡이 되얏스나 咸興行에 連絡을 시키지 못함으로 松興 開城
旅館 신세를 또 한 번 지게 되얏소이다.

十四日 午前 八施 發車는 北行에 連絡이 되지 못함으로 混合車를 타고
가게되야 洪原에는 午后 四時에야 到着하게 되얏습니다. 그러나 洪原서는
社員集會를 못하얏습니다. 웬일입닛가? 講座公文이 洪原에는 가지 않엇음
니다. 이것은 永遠히 풀지 못할 數學問題입니다. 어대서 잘 못되얏는지오.
幹部 여러분과 하로밤 談話로 지낼 뿐이엇음니다.

仝十五, 六 兩日은 北靑이외다. 그러나 北靑은 當局으로부터 하로만을
許하얏슴으로 十五日 當日로 講座를 끝내이고 十六日은 十二時車로 利原에
向發하얏나이다. 利原幹部들은 日割을 잘못 解釋하야 利原 日割에 召集한

것이 아니라 端川 日割에 召集하기로 公文을 發하얏스니 이것도 넌센스의 한 種類라 할 것이외다. 不得已 端川은 二日間이니 하로식 平均分配하기로 端川에 通知하얏슴니다.

南鮮巡廻를 맞히고

金公善

《농민》, 1933년 3월

　　南鮮巡廻의 길을 나서기는 一月 卄七日 卽 陰正月 初二日 밤이엇다. 南
行列車의 客이 되야 左沉々右泰夜의 어둠 속을 달니면서 오고가는 生覺은
무섭게도 칩던 京城은 뒤로하고 千里 南國을 向하느니만큼 明日이면 溫和한
南天의 氣候에 나의 한겨울 조리던 氣運도 펼 것이요. 새움을 트는 草木도
볼 것이다. 또는 陰曆으로 설 名節이니 만큼 南國의 名節 氣分이 어떠한 것도
보리라 하는 生覺을 하면서 졸며 말며하는 동안에 汽車는 어느덧 검은 帳幕
속을 벗어나서 黎明의 南國山川을 달니고 잇다. 벌서 三浪津이다. 이곧서는
晋州行을 박궈타야한다. 그래서 車에 나리니 意外에도 左右山川에는 白雪
이 滿乾坤이오. 쌀쌀한 찬바람에 全身이 덜덜 떨닌다. 出發時의 推想은 크게
誤算이엇다.

　　晋州行은 없어서 馬山行을 탓다. 말노 듯고 글노 보던 洛東江을 건널제
左右村落에 竹林이 눈에 뜨인다. 果然 南國의 感이 잇다. 그러나 積雪의 下에
無息이 嚴々하게 묻히여잇는 麥芽는 處地가 異常한 나의 心境의 其 어느 모

통이를 甚히 아프게 한다. 馬山港着은 午前 十一時頃이다. 驛前 都一旅舘에서 點心하고 零時車로 出發하야 午後 三時 晋州에 着하니 黙菴 申鏞九 先生과 院長 金永善, 理事長 朴台弘 諸氏가 驛頭까지 出迎하섯다. 市內 甲乙旅舘 投宿할 때 밤에는 當社幹部 金義鎭氏 宅에서 分外의 厚待까지 받엇다.

卄九日이다. 이날은 맞흠 侍日임으로 晋州 宗理院에서 侍日을 보고 여러분 社員도 맞나고 下後 三時에 出發하야 山靑郡 丹城을 向하다 當地에 到着하니 金尙根, 吳弼壽, 柳永鉉, 柳泰漢 諸氏가 出迎한다. 그런데 이곧에 到着하자 不快한 消息이 들니는 것은 當地 警察署에서 累次 農民社 幹部를 불너서 農民社를 解散하라고 强要함으로 不得已 郡農民社를 解散形式을 지엿스며 農民共生組合도 所在地인 丹城駐在所의 干涉으로 亦是 看板을 떼엿다는 것이다. 이 消息을 드른 나는 이날 밤새도록 한잠 못잣다.

翌日은 이- 事情을 알어보기 爲하야 山靑郡內를 委往하야 警察署長을 訪問하고 其 事情을 무른즉 署長은 決코 그런 일이 없고 다만 其 幹部間에 不正事件이 잇서서 幾日間式 檢束하엿던 일은 잇섯소. 그러닛가 不正事件으로 因하야 社員들이 自進하야 解散한 貌樣입니다. 當局으로서는 社의 解散 如何를 干涉한 일은 없섯소 한다. 그래서 나 亦是 그러하면 다시 組織할 밖에는 더 할 말이 없다고 하고 丹城으로 廻還하야 柳泰漢氏 宅에서 자고 翌朝는 또 丹城駐在所 首席을 委訪하고 貴下가 農民共生組合의 看板을 떼라고 하얏다니 그런 일이 잇슴닛가 하고 무른즉 그 亦 自己는 그런 일이 없고 全部 本署에서 한 일이며 그래서 自己는 其 內容도 仔細히 모른다고 한다. 도모지 엇지된 曲節을 알 수가 없다. 그래서 署長은 絶對로 干涉한 일이 없다고 하더라는 말을 한즉 그는 그러면 다시 本署를 가보라는 말까지 한다. 已往 아모데서도 干涉한 일이 없다는 바에야 다시 갈 必要도 없고 또 時間도 없고하야 그냥 나와버렷다. 그러닛가 山靑의 일은 다시 組織하는 外에 다른 것은 없다. 이곧서 午前 十一時頃 出發하야 晋州로 廻還하얏다. 여기서 社幹

部에 對해서는 累次 解散을 强要햇슴에 不拘하고 筆者에게 對해서는 署長 所長이 서로 稱托하는 것은 한便 不快하면서도 한便 權威도 느꼇다.

二月 一日이다. 午前 晋州의 名勝古蹟을 求景키 爲하야 朴台弘氏 同伴의 晋州 南江을 沿하야 有名한 矗石樓와 또 義妓 論介를 말하는 義岩이며 論介 祠堂을 求景하고 山城을 돌아 彰烈祠며 城址를 보고는 同下午 二時車로 泗 川郡 舒川에 當到하니 이곧은 우리 農民共生組合이 잇는 곧이라. 이곧에는 벌서 院長 姜淇秀氏며 理事長 崔見淳 組合幹部 朴允安 崔永俊, 河錫柱 外 諸氏가 苦待하고 잇다. 여러분과 같이 組合에서 밤을 지낫다. 그런데 不幸히 感氣가 들녓섯다.

翌二日은 郡社所在地인 同郡 三千浦 通梨琴里로 갓다. 이곧은 社員 十 餘名이 모혀서 기다리신다. 暫間 이약이하고는 몸이 몹시 困하야 洞內 金卿 鎭氏 宅에 가서 누엇다.

二月 三日 이날은 南海를 갈 날이다. 그러나 感氣가 甚하야 꼼작 못하고 苦痛을 하얏다. 主人宅에서 와 洞內 張台永氏가 藥을 지여오느니 미음을 쑤 느니하고 크게 受苦들을 하섯다. 어찌도 未安한지 모르겟다.

二月 四日이다. 感氣는 여러분의 誠意잇는 看護로 조금 나엇다. 그래서 간신히 出發하야 三千浦에 와서 南海行 汽船을 탓다. 처음으로 南朝鮮 海上 에 떳는 만큼 求景도 많을 것이나 몸이 困하야 꼼작 못하고 앉엇엇다. 航海 中 眞木이란 곧에서 意外에 朴希昌氏를 맛낫다. 南海의 船所라는 곧에 배를 나리니 金春權 鄭世基 兩氏가 이곧까지 나오섯다. 그래서 院所在地인 伊於 里에 當到하니 鄭在模, 鄭薰道氏며 멀니 南道서 오신 金明軫 孔昌烈氏와 其 他 여러분이 昨日부터 苦待하고 게시다. 반갑게 맞나 若干 이약이하고 밤은 鄭在模氏宅에서 잣다.

二月 五日이다. 午前 八時發로 露浪津에 오니 이곧은 忠武公 李純信의 忠烈祠가 잇는 곧이다. 津頭에 잇는 舍字는 비록 아모 말없이 잇스나 三百年

前의 넷일을 힘잇게 말하는듯 千里遠客의게 異常한 感懷를 暗示한다. 時間이 없어서 暫時라도 拜觀치 못한 것이 千萬 遺憾이다. 鄭薰道氏가 이곧까지 나오섯다. 이곧서 또 배를 타고 다시 三千浦로 왔다.

暫間 時間이 잇슴으로 市內 崔鳳健氏를 訪問하야 많은 厚待까지 받고 곧 固城으로 向하얏다. 固城에 着하니 下午 五時다. 이곳은 男女道人 三十餘名이 會集하야 苦待하신다. 暫間 農民社에 關한 이약이를 하고 아직 完快치 않은 몸을 院에서 위엿다.

二月 六日이다. 亦是 靈山까지가 路遠함으로 早朝 出發하얏다. 途中 馬山에 나렷다가 靈山에 當到하니 下午 三時頃이다. 河尙俊氏宅에서 留하며 石占采 崔鶴洙 諸氏의 厚待를 받었다.

二月 七日은 昌寧에 잇는 共生醫院長 河道仁氏와 같이 昌寧에 當到하니 金性守氏 外 諸氏가 반갑게 맞아준다. 翌日 저녁은 外村에서 오신 各里社幹部들과 社일을 이약이하고 地方의 活動狀況과 該地風俗 等을 問答하얏다.

二月 九日이다. 여러분과 作別하고 永川行 途中 大邱에 暫間 나렷다가 곧 永川에 當到하니 下午 五時頃이엇다.

二月 十日 今朝는 李蔡逸 車致俊氏가 來訪하시고 또 이날이 永川郡農民社大會임으로 李海錫 金永學 諸氏는 奔忙한 貌樣이다. 下午 五時頃 大會가 끝남으로 여러분과 暫間 이약이 하엿다. 社의 氣勢가 上堂히 振作될 것같이 보인다. 밤은 全錫祚氏 外 諸氏의 招待까지 받엇다.

二月 十一日은 李海錫氏 同伴 尙州에 當到하얏다. 黃信五氏 宅에 留하며 여러분 社員과 이약이 하얏다.

二月 十二日은 尙州를 떠나 鳥致院서 李海錫氏를 作別하고 淸州에 向하얏다. 淸州驛에 나리니 벌서 池晶河氏가 나오섯다. 城南旅舘에 行裝을 두고 宗理院을 가니 韓昌諸氏 外 數十餘名이 苦待하신다. 暫間 社의 일을 이약이 하얏다.

二月 十四日이다. 오날은 歸社할 날이다. 그래서 行裝을 收拾하고 떠나려 할 때에 金永植氏가 點心을 주서서 잘 먹고 同下午 五時車로 歸社하니 今番 巡廻가 日數로 十九日間 地域으로 十一介所엿스며 따라서 본 바와 늣긴 바도 적지 않으나 紙面關係로 이만한다.

外眼에 빛인 朝鮮,
千八百九十八年 露文豪 가린의 朝鮮紀行

가린, 金東進 譯

《동광》, 1931년 2월

露西亞帝國主義의 東方經營은 建陽元年 즉 西曆 1896년을 전후하야 其
銳鋒이 半島를 침략하얏다. 高宗의 俄館播遷 등 당시 半島의 政界는 累卵의
위기에 임하얏을새 露國은 東海의 寶庫라고 하는 朝鮮의 각종 利權을 획득하
고저 虎視耽耽하야 北邊에 要人의 出入이 無常하얏다. 이때 露國文豪「가
린」氏의 政府의 특별한 依囑을 받고 極東露領 滿州 及 朝鮮의 사정을 고국에
소개하고저 1898년 9월부터 10월의 두달 동안에 咸北의 豆滿江岸을 沿하야
白頭山麓을 踏破하고 鴨綠江을 下航하야 滿州로 들어갓다. 이 글 一篇은 「가
린」씨의 그 紀行으로 그 緻密한 觀察과 暢達한 文章은 당시 朝鮮의 官情과
民俗을 충분히 描寫하얏다. 氏는 朝鮮紀行外에 朝鮮傳說集을 이 紀行文과
合輯하야 1916년版 당시 露國의 유일 최대한 文藝雜誌「니봐」에 발표하얏는
데 최근 勞農聯邦에 잇는 某友로부터 其單行本(古本)이 寄送되어 왓음으로
이에 飜譯한다.

港口의 아침 風景

1898년 9월 3일 오전 7시 우리가 탄 크지 안은 汽船은 방금 海參威를 出帆하려고 한다.

우리는 「쁘셰트」까지 이 汽船으로 航行하고 거게서부터 陸路로 「노보키엡스크」-「크라스노예 셸로」村은 지나서 朝鮮으로 들어가고저 한다.

아침이다. 海參威의 높은 고개를 넘는 태양은 海面에 자욱히 내려 덮인 우유빛 같은 안개속으로 투명한 光彩를 던지고 잇다.

선창에 淀泊한 우리배를 향하야 여기 저기로부터 조그마한 삼판과 從船이 모여든다. 同夫人한 軍人, 日本人, 中國人의 배사공, 運搬夫, 旅客 할 것 없이 그들의 소음과 목멘듯한 굵은 소리가 잠을 방금 깨는 항구의 아침 공긔를 날카롭게 한다. 不動의 姿勢, 沈黙, 偉驅의 무수한 軍艦이 혹은 히고 혹은 검은 舷側을 높다랗게 항구를 威壓하고 잇다.

港口의 아침 風景! 南方의 色彩, 南方의 아침, 南方의 方言, 衣服, 또 한편엔 海上의 浮城, 이 여러 가지가 한데 어우러진 곳에 남국의 情趣가 橫溢한다. 警察은 中國人 旅客의 旅券을 검사한다. 中國人은 출입할 때마다 五 「루불」의 稅金을 바처야 하는 법이다. 만일 納稅證印이 旅券에 捺印되지 안앗으면 乘船시키기를 안음으로 다수 密航者의 阿鼻 呼喚의 혼잡과 참상은 이루 형용할 수 없다. 數人의 警官이 密航者의 무리를 이편에서 쫓아 내면 저편으로 蝟集한다. 어떤 사람은 무릅을 꿀고 애원도 한다. 이런 때에 警官의 어깨가 한번 웃슥하면 벌서 그 주머니에는 몇 「루불」식의 현금이 들어간다. 이러케 하야 證明書 한 장도 없이 법망을 뚫고 출입하는 자 600,300으로 헤일 수 잇을 것 같다.

發錨를 信號하는 세번재 鍾이 울자 警官이 사다리를 내리엇다. 이 순간에 中國人의 密航者는 潛水夫가 수중에서 솟아오르듯 이 구석 저 구석에서 수없이 나타난다. 從船에 내린 경관들은 그들 密航者에 대하야 高聲으로 위협하나 그들의 兩眉間에는 만족의 喜色이 漂動한다. 이 광경을 目睹한 乘客중의 한 將校는 憤慨하기를 마지 안으며 嚴律로 懲治함을 주장한다. 그러나 배는 벌서 岸壁을 떠나 둥그런 浦口를 나아간다. 丘陵의 都市, 고개뒤에 또 山, 가을 아침, 새파란 하늘 속에 저 산과 고개가 잠들어 잇다.

港口를 나서나 獨逸, 將校는 얼마 전에 東方을 旅行하든 그 나라 「헨리」親王의 漁獵하든 곳이라는 점을 가르친다. 무수한 魚貝와 사슴 42頭를 捕獲하엿다는 功名談도 나온다. 그러나 汽船의 動搖가 심하야 豪氣를 뽑든 그 將校들을 비롯하야 乘客의 다수가 船室로 살아지고 말앗다.

極東露領의 最南端의 港灣인 「뽀셰트」灣내에 들어 갓을 때부터 배의 動搖가 조금 나아진다.

웬 뚱뚱한 露國人 하나가 나를 보고 내 旅行目的을 잘 알고 잇으니 무엇이든지 가르켜 주마고 한다. 그는 朝鮮에서 畜牛를 貿易하는 商人으로 거리를 得하야 上海에 數軒의 家屋을 가지고 잇다고 한다. 「뽀셰트」陸上에는 兵營 비슷이 지은 붉은 벽돌집이 兀立하고 반듯이 거재는 雙頭鷲紋이 빛을 發한다. 埠頭에 내릴제 그 뚱뚱한 商人은 朝鮮에선 절대로 武器를 携帶치 말지니 그 나라 사람들로부터 盜賊의 오해를 사기 쉬우며 또 그 백성을 경시하는 빛을 外貌에 나타내지 말고 꼭 우리나라 사람들과 같이 接觸하라고 하며 또 朝鮮에는 호랑이와 표범이 많아 山中에서 만날는지도 모르되 사냥을 잘하면 귀한 가죽을 얻을 수 잇다고 한다.

「노보키옙스크」는 순전한 軍事都邑이다. 큰 건물이라고는 步砲兵의 營舍요 行人의 대다수도 軍人이다. 우리는 조고마한 家屋을 얻어가지고 降雨로 인하야 수일간을 屋內에 蟄居하며 旅行券 手續같은 것을 마치엇다.

傳聞되는 朝鮮事情

이 新開拓의 原始地에 완전한 도로와 橋梁이 설비되어 잇을 리가 없다.

河川도 저가고 싶은 곳으로 뚫이고 우리 旅舍의 뜰안도 幾條의 小川이 橫流하야 濕氣와 汚穢로 견딜 수가 없다.

비에 막혀 逗留하는 동안에 數人의 同行이 붙엇다. 한 사람은 젊은 天文學者요 한 사람은 그의 助手요 또 한 늙은 鑛山家, 그의 同行, 그 밖에 두 사람이다.

鑛山家는 西伯利 北方「야쿳크」洲와 東方「육홋스크」洲를 探險하고 朝鮮으로 가는 길이요 그 동행자는 늙은 獵夫로 朝鮮事情이 가장 精通한 사람이다. 그는 오래 朝鮮에 여행하야 淸人 馬賊과도 잘 사귀고 조선 官憲과도 意思가 상통함으로써 朝鮮의 國禁 地下의 寶庫를 採掘할 同道人이 되엇다고 한다.

그는 朝鮮事情이라 하면서 이러한 말을 한다. 조선 官憲은 슬쩍 어르만지기만 하면 된다. 淸廉치 못한 도야지같이 주어 먹지 못하는 것이 없으니 鉛筆도 먹으며 칼도 삼킨다. 그러나 백성에 대한 그의 명령은 절대 신성하야 하느님과 마찬가지라 하며 官憲의 橫暴를 열거한다.

한번은 朝鮮內에 여행할 때에 말 몇 匹을 얻어 두엇는데 약조한 翌日 未明에 馬匹이 오지 안음으로 알아보앗드니 地方官이 가지 못하게 한 것임으로 그를 尋訪할제「코냐크」한 甁을 선사하엿으되 좀처럼 듣지 아니하야 하루를 허비하엿으며 자기와 계약하얏든 馬夫들은 볼기를 맞앗다고 한다. 官憲의 苛斂誅求가 심함으로 人民은 財物을 숨기나니 계란 한개라도 잇냐고 물어보면 의례히 없다고 하되 잇는 것을 찾아내가지고 대가를 지불하면 百拜謝禮한다고 한다.

이 朝鮮通은 朝鮮에 土地와 가옥을 사두엇는데 이는 그가 아직 독신자라 장차 朝鮮 婦人에게 장가 들기 위함이라하며 朝鮮 부인을 讚美한다. 어여쁘고 키가 크고 목소리가 아름다운데 방천개로 물동이를 이고 가는 것을 보면 무한히 아름다워 보인다고 한다.

潔白하나 懦弱한 民族

「노보키옙스크」地方官으로부터 午餐의 초대를 받아갓드니 내 座席 옆에 地方判事가 앉앗다. 그는 35세의 젊은 紳士로 둥그런 얼굴에 조그마한 안경을 쓰고 이 지방 犯罪傾向에 대하야 말하기를 殺人과 掠奪이 제일 많으며 犯人은 馬賊이 首位요 그 다음이 露國 兵卒이라고 한다. 『그러면 被害人은 누군가요?』하고 물엇드니 그는 『露國人도 잇으되 다수는 朝鮮人이요』하며 이와 같이 설명한다.- 우리는 朝鮮人이 白衣에 이상한 말총帽를 씀으로 「白鳥」라고 부르지요. 그런데 4년 전에 이 근처 山路에서 露國 兵丁이 4人의 「白鳥」를 射殺하고 財物를 掠奪하얏는데 그 犯人을 재판할 때에 그 답변이 웃읍지오. 朝鮮人은 靈魂은 없고 빈 김(氣)뿐이니 죽여도 하느님의 罰을 받지 안는다고 요-.

그 범인 20人을 엄벌하얏음으로 범행이 좀 줄엇으나 아직까지 성냥을 請하다가 돈지갑을 빼앗으며 닭알 돼먹기가 일수랍니다. 그럼으로 이 無法한 軍卒밑에 怯弱해진 朝鮮 居留民들은 軍卒이 오기만 한다면 집을 버리고 산중으로 移徙한답니다.

나는 判事에게 『그러면 나는 장차 朝鮮에 들어가 어떠한 태도를 가질가요. 傲慢해야 될가요?』하고 물엇드니 그는 대답하되 결코 不遜한 태도를 가지면 아니 된다. 無賴漢들이 그런 행동을 가지고 다님으로 露國人의 名譽를 더럽힌다고 한다.

判事의 말이 그치자 내가 소개된 警官은 또 이러케 자기의 朝鮮人觀을 말한다. 朝鮮人은 유용한 國民이되 勇敢치 몯하며 어린애 같이 착하되 瀨惰하고 熱이 없어 보인다. 그러나 재미스럽고 潔白한 民族이라고 한다. 그와 같음으로 그들의 범죄라고야 兒戲에 불과하며 항상 軍人과 馬賊에게 침략을 당하야 그 생활은 疲弊하얏다고 한다. 그러면서 내가 銃器를 携帶하되 隱匿할 것을 재삼 勸告하니 惡人으로 談解를 받아 그 사람들과 접촉함에 큰 불편이 잇을 것이 念慮되는 까닭이라 한다.

9월 10일. 오늘이야 겨우 길을 떠나게 된다. 오후 4시반에「노보키엡스크」
를 떠나 期鮮 國境인「크라스노예 셀로」로 향한다. 地平線으로 바라보이는
것은 푸른 바다가 아니면 붉은 禿山뿐이다.

서편 지평선상에는 黑雲이 내리 깔리어 마치 泰山喬嶽같이도 보이고 異
常한 짐승이 목을 길게 빼고 大洋을 삼킬 듯한 形狀으로 보인다. 太陽은 그
최종의 光線으로 이 密雲의 젖가슴을 부둥켜 안고 잇다. 東方 海上은 식검어
게 흘러간다. 멀리 수평선상에는 이상히 푸르고 붉은 몽롱한 城壁이 나타나
잇는데 거기는 船艦이 遊泳하고 樓閣이 浮動한다. 光線은 점점 둔해가고 黃
昏의 帳幕은 검푸러간다. 大地우에선 어데로부터서인지 밤의 찬 긔운이 솟아
처량한 기분이 왼 몸을 엄습한다. 그러나 그러나 저 落照밑에는 平穩과 靜肅
이 잇는 듯 하다. 구름 사이로 새어 흐르는 한 두줄기의 光線 - 그것은 찬란한
金色, 土耳基玉, 붉은 딸기를 한테 용해한 그 빛이다.

朝鮮 移民 村落

우리의 騎隊는 이 대자연의 품에 안기어 長蛇의 列을 지어 南으로 진행한
다. 어떤이는 총을쥐고 어떤이는 칼을 들고 英國式 帽子에 마치「自然과 人
生」이라는 雜誌의 표지그림 그것과 같이...

移住 期鮮 農夫의 가옥에 당도햇다. 돌을 얹은 집용, 집과 따로 떠러저
서 잇는 나무 굴둑, 白紙로 받은 窓戶, 이것을 둘러싼 울타리, 朝鮮人은 그
안에 제 몸과 그 家族과 風俗을 抱擁한다. 어찌 이 秘密에 대한 異常의 흥미가
없을고.

집집마다 말탄 사람의 키보다 높이 솟은 삼(麻)과 수수(高粱)밭이 잇다.
하늘에는 蒼白한 초생달이 어느덧 솟아 잇다. 하늘은 金剛石같은 별과 이 초
생달로 우리를 안아 준다. 산길은 가다가 물 속으로 들어간 곳도 잇다. 速步로

앞을 재촉하는 우리 중에는 잘못하야 물속에 빠젓다가 기어 나온 사람도 잇다.

豆滿江邊에 잇는 中國 滿洲의 유일한 東方 開港場인 「항시」라는 곳을 通過하얏다. 「항시」는 貿易이 殷盛하야 해마다 번창하다고 한다. 沿路의 村落은 깊은 잠에 잠기엇다. 밤이 깊어서 「자레치야」村에 당도하야 「니꼴라이」라는 사람의 집에 投宿하얏다.

主人은 露國에 歸化한 朝鮮人이다. 그는 우리를 그 방으로 인도하야 쉬게 한 후 朝鮮 반찬에 쌀밥과 茶를 대접한다. 집은 방마다 따로히 出入口가 잇는데 그 면적은 1平方 「사젠」(7尺4方)에 불과하고 窓戶는 한 「알신」(2尺5寸)의 높이를 넘지 몯할 듯하다.

빈대는 없느냐고 물엇드니 조금 잇다고 한다. 잇거나 말거나 피곤한 몸이라 누으니 잠이 들엇는데 잠들기 전 처음에는 이 환경이 夢幻같이 어슴푸레하다.

外眼에 빗인 朝鮮,
露國文豪 가린의 朝鮮紀行(二)

가린, **金東進 譯**
《동광》, 1931년 3월

九月 十一日

쾌청한 아침이다. 나는 붓을 들고 내 눈앞에 전개된 이 家屋의 광경을 기록한다.

窓과 門의 구별이 없이 대개 한『아르신』의 높이에 裝飾한 종이로 발랏으며 그 밖에는 한『아르신』폭의 마루가 잇다. 첨아 높이는 한『사젠』가량인데 집웅은 잔돌을 올리고 색기로 그물을 떠서 덮엇으며 煙筒은 첨하 높이보다 더 높은 네 조각 板子로 되엇다. 採煖은 방바닥에 火坑을 뚫고 불을 때는데 三冬엔 그것으로 防寒이 될 것 같애 보이지 안는다. 울안은 두 부분으로 논아 잇다. 하나는 厩舍같은 더러운 곧이요. 한편은 居室이 잇는 정한 곧인데 여기는 花階도 잇어 알지 못할 紅白의 草花가 競艶하야 遠客의 눈을 慰安한다. 울타리에는 붉은 苦草와 누른 옥수수와 흰 마눌이 걸려 잇다.

울타리 밖에서 보면 수양버들의 흰 닢이 해빛을 받아 銀같이 번쩍이는 것을 볼 수 잇다.

사람은 머리 복판에 뾰죽한 상투를 짯다. 어린애 같이 넓고 순한 얼굴 그

외眼에 빗인 朝鮮, 露國文豪 가린의 朝鮮紀行(二) 317

빛은 짙고 눈은 가는 一字 눈이다. 눈두덩은 높다.

그는 書卓에 의지한 사이에『니끼따, 알력세이비치』가 거이 죽는 듯한 소리를 지른다. 모든 사람이 놀래어 일어나 보니 그는 좁은 마루에 그 뚱뚱한 몸을 누이엇다가 잘못 굴러서 떠러진 것이다. 一同이 呵呵大笑.

그러는 사이에 行馬의 준비가 되엇음으로 우리는 三隊로 논이어 醫師가 거느린 一隊는 朝鮮 慶興으로 직행하고 우리는「크라스노예, 셀로」로 향하기로 하고「자려치야」村을 떠나『뽄찬기』河谷을 진행한다.

沿路에 移住 朝鮮 농부의 田庄뿐이다. 혹은 조를 심고 혹은 燕麥을 심으고 혹은 옥수수나 콩을 심엇는데 콩은 이것을 原料로 醬을 만든다고 한다.

이 지방의 年事는 최근 3년의 흉년을 겪은 뒤에 큰 豊年으로 萬頃의 豊田이 眼前에 황금을 깔아 놓앗다. 藍靑色 높은 하늘을 우르러 보며 馬嘶聲을 들을 때에 遠客의 恨懷가 깊을 뿐이다. 더욱 通譯 金氏로부터 산중의 王이라는 호랑이 이야기와 朝鮮人의 習俗을 들으며 알지 못할 나라로 끌려가는 疑懼의 憧憬에 잠기게 된다.

白鳥로 誤認되어 총을 맞아

이 지방은 15년 전에 비로소 開拓된 곳이다. 그때 移住 朝鮮人의 개척할 때의 곤란은 도저히 後人의 추측도 밎지 못할지니 그들은 饑寒을 못 이겨 妻와 딸에게 부끄러운 職業을 시켜 糊口를 햇다고 한다.

그러면 이 地方의 朝鮮 女子의 풍기가 좋지 못한가 하면 그러치는 안으니 生活의 安定을 얻음에 따라 貞節을 지키게 되엇다고 한다.

이 地方 朝鮮人에게는 苟酷한 義務를 지웟섯으니 그는 1,500戶에 대하야 200露里(1露里는 9町 45間)의 道路를 修築시키는데 그 부담이 매년 6,000「루불」이상에 달함으로 屢次 그 輕減을 진정한 결과 減稅되어 면제된 돈으로 지금은 學校를 경영한다.

밭에 나가 보리마당질을 하는 白衣人들이 遍野하엿다. 멀리서 보면 꼭 들우에 나려 앉은 白鳥와 갓다. 白鳥에 彷徨하기 때문에 큰 참극도 잇엇다니 그 이야기를 들으면 이러하다.

1892년 늦은 봄 解冬이 되자「크라스노예셀로」부근「센데눕」이라고 하는 못가에서 朝鮮人 玄某의 僵屍가 발견되자 열여섯살 먹는 그 아들이 찾아가 그 시체 우에 업드려 울 때에 어데서 총알이 날라와 그의 얼굴을 꿰엇음으로 그 자리에서 즉사하엿다. 發射者를 探査하야 보니 露國軍人으로 그는 池畔의 白鳥인 줄 誤認하고 사격한 것이라고 하엿다. 그 후부터는「白鳥」에 대한 실수가 없어젓지마는 이때부터 백의인은 露國 兵卒을 두려워하게 되엇다고 한다. 우리는 이날밤 아름다운 長江, 豆滿江邊의 天幕에서 지나기로 하엿다. 이 江은 朝鮮과 滿洲와 朝鮮과 露國의 境界로 돌로 만든 경계표가 잇다.

우리는 여기서 하로 동안 晴雨計를 검사하고 또 天體를 관찰하여 또 다른 사람들은 江口의 형상을 촬영하엿다.

부근의 朝鮮人은 매우 친절한 태도로 우리와 접촉한다. 여러 가지 물건을 조금 값이 비싸게 팔고저하는 意思도 잇으련만 매우 愉快하다. 실상은 우리와 같은 遊歷者를 좀처럼 만나기 어려울 터이니...

나는『뽀드고롯스키』村에 잇는 學校를 參觀하엿다. 教師와 學徒가 다 朝鮮人이다. 教師의 월급은 15「루불」이라고 하니 이와 같이 물가가 비싼 곧에서는 生活이 農夫보다도 窘塞하리라고 생각된다.

學童들은 열심으로 공부하며 그의 習字의 筆法은 훌륭하다. 朝鮮人은 매우 有用하다는 感想이 일어낫다.

校舍는 금년에 신축한 것으로 彩光이 잘 되어 깨끗한 氣分이 일어난다.

저녁에 내가 天幕으로 돌아오니 많은 朝鮮人이 모여 온다. 그 중에는 35, 6세 가량 되어 보이는 새카만 瞳子에 짧은 手足을 가진 사람이 잇는데 그는 教師가 내게로 보내준 이로 朝鮮 일을 잘 아는 有識한 사람이다. 그는 내 앞에

좋그리고 앉아서 朝鮮 이야기를 한다. 다른 사람들도 靜肅히 앉아 그 말을 듣고 잇다가 혹 그가 잘못 말할 때는 訂正도 하고 또 서로 言爭하기도 한다.

나는 그러는 사이에 10여종의 朝鮮 傳說을 기록하엿다. 그리고 그 有識한 朝鮮人은 나의 勸告를 받아 나와 같이 朝鮮으로 나의 傳說 蒐集과 朝鮮研究 旅行에 보조를 하기로 되엇다.

虎豹等 猛獸들의 習性

일반 朝鮮人의 意見을 종합하면 露領에 거주하는 사람은 그 本國에 잇는 同胞보다 그리 福된 생활을 누리고 잇다고 한다. 만일 朝鮮 官憲이 越境을 금치 안코 自由로 移住를 許하엿으면 그간에 발생한 殺傷의 慘事가 없이 朝鮮人은 좀 더 幸福스러웟을 것이라고 한다.

朝鮮人뿐 아니라 中國人도 그러하니 中國人의 죄인을 斷髮만 시키면 석방하더라도 本國으로 逃走할 염려가 없으니 이는 其國法으로 編髮치 안은 사람은 斬하는 까닭이다.

豆滿江畔 경계표 옆에 一棟의 茅屋이 잇으니 一人의 젊은 露國 將校와 수명의 兵卒이 守直하고 잇다. 그 將校는 이처럼 적막한 곧에서 오직 植物採集과 사냥으로 소일하고 잇다.

太陽이 꺼진 후의 풍경! 長江은 靑山을 다라나는 호랑이의 얼룩과 같으며 水面은 자주빛갈을 품어 놓앗다. 여기 저기 朝鮮 漁舟 등불이 반짝이며 검푸른 하늘엔 두루미 소리가 처량하다. 물우에선 鴈鴨이 울고 이 희미한 夜光에 번쩍인다. 露領 江岸의 最終夜다. 나는 神話를 듣는 것처럼 종용히 호랑이와 표범 이야기를 듣는다. 호랑이는 敵을 잡아 먹을 때에 고양이가 쥐를 어루듯 그 앞에서 뛰어도 보고 누어도 보고 꼬랭이로 치기도 하고 노려보기도 한다. 이 機會를 朝鮮 獵夫는 이용하야 「槍을 받아라」 하고 고함을 치며 槍을 내지르면 호랑이는 입으로 받아 물자 목구멍이 뚫리어 죽어 버리고 만다.

豹는 樹蔭이나 岩石 뒤에 埋伏하엿다가 덤벼든다. 그러다가 사냥군에게 섯불리 맞으면 죽은 듯이 너머젓다가 달려들기가 일수라고 한다.

호랑이와 표범이 다 불을 무서워한다. 그럼으로 朝鮮人들은 싸우지 안코 오직 驅逐만 할 때에는 횃불을 들고 鉦을 치며 고함을 지르면 다라난다고 한다.

九月 十四日 午前 六時. 해는 아직 올라오지 안앗으되 東天이 밝아온다. 흘러가는 물소리 홀로 깨끗는듯 朝鮮人의 流筏이 지치는 듯이 흘러간다.

우리는 천막을 걷고 旅具를 정돈한 후 나는 우리 일행을 3隊로 논앗다. 1隊는 會寧으로 직행하고 1隊는 慶源으로 가고 나는 먼저 豆滿江口「가사케위치」灣으로 가기로 하여 출발하엿다. 江上의 冷風이 선들선들 한다. 하늘엔 黑雲이 뭉게뭉게 떠 단닌다. 칩다. 속이지 못할 가을 새벽이다. 나루배는 30尺 길이나 되고 넓이는 8, 9尺이나 되는데 300「뿌드」의 무게를 積載한다. 사공은 두 사람으로 두 개의 櫓를 젓는다.

배가 언덕까지 닿지 못함으로 우리는 발을 빼고 건넛다. 언덕에 朝鮮人이 많이 모여 貨物 運搬을 自願하지만 미리 준비시켜 두엇든 2臺의 牛車에 짐을 실엇다. 車의 構造는 2輪車인데 소굴레는 코를 꿰어 使役한다. 積荷 一「뿌드」(4貫400匁) 每1露里에 1「코페크」를 받는 것은 아무리 이런 때라도 비싸기 짝이 없는 값이다.

商人들이 換錢를 요구하기에 時勢대로 兩換하엿더니 1『루불』에 대하야 葉錢 500닢을 준다. 葉錢은 銅製다. 露貨 2「코페크」와 3「코페크」 자리의 中間型이나 될만한 것으로 中央에 구녕을 뚫어 색기로 꿰어 가지고 단니게 만들엇다. 불과 6「루불」을 교환하엿지 마는 큰 짐이 되어 운반에 걱정이 된다.

朝鮮 國境 渡越엔 귀치안은 수속도 없엇으며 兩國 官憲으로부터 하등 旅券의 提示의 요구도 없엇고 오직 朝鮮 境內에 훨신 들어가서 國境 守直官에게 우리의 入境을 통고하엿을 따름이다.

過路의 草屋이 그림과 같이 업드려 잇다. 얼마하지 안해 露領「가스케위치」灣이 바라 보인다. 29년도 이 바다 앞에서 海參威의 巨商「쿤스트 알베스」商會의 所屬船이 破船하자 사람만 艱辛히「뽀드」로 구제되어 海參威도 돌아갓다가 얼마 後에 船主와 遭艱處에 와서 보는 船體도 없어지고 積荷는 전부 朝鮮人에게 奪去되엇다. 그런데 웃으운 것은 荷物은 대개 海中에 遺棄하고 오직「윗트카」술만 奪取하고 多額의 露國 紙幣는 전부 壁이나 窓戶에 붙여 두엇섯더라고 한다.

船主가 朝鮮 政府에 탄원한 결과 慶興監理와 小吏 수명이 免職되고 其後 수년만에「고사니」(高山?)村에 잇는 國境 守直兵 4人을 사형하엿다고 한다.

丘陵 새에 끼인 10여戶나 됨즉한 조그마한 村에 이르러 其中에 가장 淨潔한 집을 빌어 짐을 내리고 나와 金通譯은 浦口를 구경하러 나갓다. 해변 가장 높은 언덕에 오르니 朝鮮 사람들은 이곧을『얀지』라고 부르는데 여기 烽火臺가 잇어 邊境에 事變이 돌발하면 烽火를 들어서 서울까지 신호를 한다. 臺엔 痕跡만 남앗는데 돌 틈에 무수한 뱀이 우물거린다. 朝鮮사람은 길고 黑褐色 빛이 나는 놈을 朝鮮 뱀이라고 하고 灰色빛이 나는 놈은 淸國 뱀이라고 하는데 둘이 다 毒蛇나 淸國 뱀이 더 독하다고 한다.

烽火臺 밑에는 조그마한 돌무뎀이가 잇으니 이는 祈禱하는 곧으로 아이가 앓든지 불행이 잇을 때에는 돌을 잡고 쌀을 가지고 巫女로 하여금 祈禱케 한다.

마을 옆을 지나가며 여러 가지 朝鮮 禮儀를 보앗으니 어떤 집 옆을 지날 때에는 下馬를 하여야 되고 심한 者는 鐙에서 발을 빼게 한다. 부인네와 만날 때에도 이러한 禮儀가 필요하거니와 또 同等人끼리 만날 때에는 땅에 내려 절을 하여야 된다.

旅舍로 돌아 왔다. 방바닥에는 흙을 바르고 돗자리(莚席)를 깔앗다. 다리를 겨우 펼만한 방 두 間을 얻어 茶를 끓여 마시고 저녁을 먹엇는데 主人에게

茶를 권하니 매우 깃버한다. 주인은 良順한 사람이며 客을 待함에 친절하다.

李舜臣의 碑閣?

밖에 나갓든 金通譯이 돌연히 나를 부르기에 나가 보앗더니 그는 어떤 古碑閣옆에 서 잇는데 이 碑閣은 벽돌로 쌓고 집웅은 蓋瓦를 덮엇으며 三面이 모두 견고한 벽이요. 정면만 겨우 출입할 만한 입구가 잇다. 碑面은 漢字라 읽을 수가 없으나 通譯의 飜譯하는 바에 의하면 이는 300년 전 朝鮮英雄 李舜臣의 勝捷 紀念碑로 稀代의 그 功勳을 紀念하기 위하야 건립한 것이라 한다. 이러한 偉人의 紀念碑임으로 그 閣의 입구를 좁게 한 것은 後世의 參拜人으로 하여금 崇敬의 念을 일게 하고저 한 것일가 한다.

碑閣을 구경하고 旅舍로 돌아오니 뜰에 55, 6세 되어 보이는 偉軀의 朝鮮人이 섯다. 그는 사냥군으로 집은 露領 「크라스노예셀로」에 두엇으되 露國法은 鹿類의 狩獵을 금함으로 朝鮮에 건너와 사냥을 한다. 그 일생에 猛虎 9頭와 大熊 21頭와 사슴 7頭와 무수한 豹와 노루를 잡앗다고 한다. 朝鮮의 「삼손」이다. 무슨 재주로 그러한 猛獸를 잡노냐고 물엇더니 「그럭 저럭 잡지오」 하며 터벅터벅 돌아가고 만다.

뜰 안엔 數多한 아동이 모엿다. 대개 얼굴이 넓고 눈이 작다. 顔面엔 활기가 적고 愁心이 띄어 잇으며 무엇을 생각하는 듯한 용모다. 나는 그들에게 가지고 잇든 「비스케트」와 砂糖을 논아 주엇다.

14,5인이나 될가? 洞里애가 다 모인 줄 알앗더니 두 집 애라 한다. 그러면 이와 같이 朝鮮人은 多産인가 들으니 왕왕이 10人 이상 15人까지 낳는 부인이 잇다고 한다.

문밖에는 무섭게 醜한 얼굴을 가진 두 사람이 서 잇다. 癩病患者라고 한다. 이 洞里에 두 사람이나 잇다고 함으로 朝鮮에 이런 病人이 많은가 하고 물엇더니 상당하야 때때로 徒黨을 지어 가지고 돌아단닌다고 한다.

사나이 글과 녀자 글

「가스케위치」灣의 시찰을 마친 후 慶源을 향하야 오후 5시에 이 小村을 출발하엿다. 河川과 沼池에는 물오리가 새카맣게 수면을 덮엇다. 물에는 水禽, 山에는 猛獸, 나는 아직 이와 같은 곧을 보지 못하엿다.

도중에서 村民 수명과 동행이 되엇다. 이 말 저 말 交談하는 끝에 그들은 現王朝에 대하야 실망을 품고 잇음을 알앗다. 國王의 「에고이즘」에 대하야 불평을 가지 엇으며 또 그 世子 되시는 이는 肉體上 不健全한 이라 한다.

그리하야 백성들은 國王의 庶生의 王子에 기대를 붙이고 잇다.(譯者=義親王인 듯). 그 王子는 22세로 방금 日本에서 교육을 받으신다고 하며 日本 미카도께서는 그 따님을 王妃로 주신다는 말이 잇다. 王子께서는 至極히 총명하시며 내외의 智識을 구비하시엇다고 한다.

朝鮮의 文字는 두 種類가 잇다. 하나는 사내 글이요. 하나는 女子 글인데 사내 글은 漢字요. 女子글은 朝鮮文이다. 朝鮮文은 全國民의 반수는 안다.

土地에 대하야 이아기햇다. 土地는 廣大하다. 面積의 단위는 가리(耕)인데 一日耕은 800평방「샤찐」(1샤찐은 약 7尺)이요. 우리의 1「제샤찐」(제샤찐은 2,400平方샤찐-즉 1町1段5畝)의 가격이 250兩이다. 1兩은 20「코페크」니 露貨로 환산하면 1「제샤찐」에 50「루불」이다.

이 地價는 이 地方 咸鏡北道의 시세요 南方은 高價라 한다. 耕地의 수입은 1「제샤찐」의 면적으로부터 100兩 즉 露貨 20「루불」이요. 作物은 大麥, 燕麥, 大豆, 蕎麥, 大麻 등으로 耕地는 쉴새없이 여러 가지 作物을 季節에 따라 代播한다.

地面은 고랑을 지으니 이는 溫氣 때문에 模樣이다. 播種은 4월 中旬에 하고 수확은 9월 중순인데 마침 이때가 秋이다. 이 지방에 大地主는 없고 대개 평균이 2, 3「제샤찐」식의 토지를 가지고 잇으며 이에 따라 賣買는 殆無한 세음이다.

우리의 行路는 江邊물이 찔벅거리는 곧으로도 뚫리고 山頂 높은 石逕으로도 되엇다. 겨우 말 하나가 통행할 만한 險峻한 길이다. 鞍裝에 앉아 가기가 고통이다.

호랑이 못 나오게 呼角을 불어

十「웨르스트」나와서 同行들을 작별하니 우리 일행만 남앗다. 산길에 잠긴 우리는 어느덧 夕陽을 맞이 하엿다. 어두컴컴한 平野 우엔 農夫들이 부지런이 일을 하고 잇다. 어둠을 뚫고 10「웨르스트」나 더 갓을까 엉뎅이는 까부는 말안장에 벗어지고 왼 몸이 풀어지어 노곤하기 짝이 없다. 그런데 동행중의 一人이 없어젓음을 발견한 우리는 오든 길을 다시 도리켜 소리를 지르고 호각을 불어 신호를 하엿으나 踪跡을 알 수 없다. 깊은 산중에 밤까지 깊엇으니 나그네의 근심이 더욱 깊다. 신비한 蒙幼國을 방황하듯이 한참 허덕거리다가 깊이 잠든 조그마한 村落에 들어서 하로밤을 새이기로 하엿다. 10戶가 될까. 그러나 잘만한 방이 없음으로 우리는 그들에게 古邑까지 데려다 주기를 원하엿다. 村民들은 처음엔 우리를 의심하엿으나 金通譯의 釋明이 奏效하여 村民 數人은 소를 타고 앞장선다. 山이 험하야 범이 나온다고 그들은 路上에서 高聲을 發하고 우리는 호각을 불엇다. 나는 처음에 그러케 요란스럽게 할 필요가 없다고 거절하엿으나 村民과 通譯에게 說服되어 그대로 따랏다.

새벽녘에 古邑에 도착하여 旅舍를 정하고 比較的 평안히 피곤한 몸을 쉬엇다. 아침에 일어나 어린애들에게 砂糖을 논아주고 주인에겐 장작 값으로 15「코페크」13兩의 馬糧값으로 20「코페크」닭 한 머리 값으로 20「코페크」우리 일행 13人分의 宿泊料로 그 대가를 지불하엿더니 謙遜한 주인은 엽전의 半額을 돌려주면서 굳이 사양한다. 이 곧 通貨는 엽전 외에 露貨와 日本 銀錢을 사용한다. 露貨 1「루불」과 日本 銀錢 1원에 480分이 時勢다.

傳說의 豆滿江畔,
露文豪 가린의 朝鮮紀行에서(三)

가린, 金東進 譯
《동광》, 1931년 4월

九月 十五日

古邑으로부터 慶源까지는 三千里다. 露國里數로 15「웨로스트」이나 步數와 시간으로 보아 10「웨르스트」밖에 되지 안을가...

도로는 豆滿江邊으로 통하는데 沿路의 경치가 좋다. 兩岸엔 넓은 沙洲가 200「사젠」에 미칠뜻하니 楫의 通航에 불편이 많겟다. 對岸은 淸國땅인데 山岳이 원형극장같이 둥그러케 돌고 최고봉은 雲霄간에 솟아 잇다.

태양은 값비싼 波斯絨緞빛같이 찬란한 빛을 수면에 던지고 잇다.

江上엔 漁夫의 小舟와 獨木舟가 점점하다. 연어(鮭)가 많이 잡히기로 유명하다는데 漁撈는 전부 朝鮮人의 것이다. 魚産이 풍부함으로 그들의 생활은 裕足할 뜻하나 그러치 못하다는 것은 飮酒가 과도하기 때문이다. 그들은 술일홈을 「토주」(土酒)라고 부르는데 무한히 嗜好한다.

여게서도 癩病患者를 만낫다. 「장시」와 「가미치」라는 5, 6戶식 되는 마을을 지나 慶源邑을 바라 보앗다.

慶源邑으로 들어감

邑의 주위는 15, 6尺의 높이나 됨즉한 石城이 잇고 城門은 넷이 잇다. 朝鮮의 築城法은 의례히 이와 같이 東西南北의 四方에 1개식의 문을 두어 이리로 통행하게 한다.

문을 드러서니 戶數는 140-50이나 될까. 대개가 茅屋에 진흙으로 벽을 발랏으며 市街 中央에 大家가 잇으니 이는 兵營과 監理營門이라고 한다. 監理는 地方의 最高行政官으로 절대한 권력을 가지고 잇다. 그는 村落의 首長인 風憲을 지휘하며 都邑의 武士首領인 座首와 기타 名譽잇는 지위를 가진 사람을 호령한다. 이와 같음으로 富豪들은 그에게 재물을 바친다.

몬전 보낸 선발대가 정해놓은 가옥에 드럿으나 통조름같은 좋은 食糧은 벌서 會寧으로 실어내고 朝鮮안에선 다시 구할 수가 없음으로 3일 이내에 會寧에 도달할 일정밑에 총총한 여행을 하여야 되겟다.

그러나 비상한 경우에는 食糧難에 빠질 理는 없으니 기장(麥)밥도 잇고 닭과 계란 옥수수도 구할 수 잇으며 생선도 잇다. 오히려 探險隊를 위하야는 식량을 携行치 안음이 편리할는지 모르나니 만일 우리가 200露里나 되는 白頭山 정상을 올으게 된다면 모든 荷物을 내어버렷을 것이다.

곤한 몸을 쉬려 하는 참에 監理로부터 警官이 와서 날더러 직접 旅行券을 가지고 監理에게 오라고 한다. 나를 직접 호출하는 것은 아마 賂物을 요구하는 것일 것 같애 매우 불쾌한 생각이 이러남으로 내 대신으로 隊員중의 一人과 金通譯을 보낼 때에 내 사진이 붙은 旅行券을 제시케 하얏다.

약 반시간이나 되야 2人이 도라와서 하는 말이 監理는 조고마한 사람으로 두 사람을 방안에 청하야 의자에 앉인 후 遠來의 손을 후히 대접치 못함을 謝하고 자기는 倫敦에 가 잇든 慶源監理「朴義秉」이라는 名啣을 내어 주더라고 한다. 나는 다행히 내 추측이 杞憂에 도라 갓음을 기뻐하얏다.

촉지늪의 傳說 靑龍 黃龍

이 지방에 이러한 자미잇는 傳說이 잇다. 옛날 500년 전 李氏가 朝鮮國王
에 등극할 때 朴哥와 李哥라는 두 영웅이 잇엇다. 둘이 다 慶源郡 사람으로
李氏는「솔뫼」朴氏는「남뫼」라는 村에 살앗다. 두 사람이 다 산신령의 精을
타고 孕胎된지 12朔만에 출생하니 어깨밑에 날개가 도치엇으며 나자마자 어
머니의 젖은 먹으되 그 出沒의 형상이 보히지 안케 다니며 젖을 먹고는 仙師
한데 가서 兵學을 배호기 시작하얏는데 둘이 다 얼골이 백옥같이 히고 머리털
도 老人과 같이 銀髮이엇다고 한다.

離乳期를 지나서부터는 두 父母는 그 자식의 얼골도 구경할 수가 없엇는
데 몇해 후에 나라에 큰 戰亂이 이러나서 새임군을 세우게 되자 백성은 필경
李氏를 推戴하여 왕위에 오르게 하얏다.

그런데 李氏가 王位에 오르기 몇날 전에 그 李氏의 亡父는 夢現하야 李氏
를 보고하는 말이『來日 밤을 자지말라. 촉지늪(沼)우에서 靑龍黃龍이 어우
러저 싸흘 터인데 黃龍은 네 애비요 靑龍은 朴의 아버지이니 만일 싸호다가
黃龍 – 즉 내가 지는 듯하거든 활로 靑龍을 쏘라」하는 부탁을 하고는 사라지고
말엇다. 現夢한 아버지의 말을 명심한 李는「촉지늪」에 나가 보앗더니 과연
靑龍黃龍이 꼬리를 치며 싸호다가 필경엔 靑龍-즉 朴의 아버지가 목이 상하
야 떠러지엇는데 떠러지는 것이 바로 늪우에이라 大地가 진동하는 큰 소리가
나며 땅이 꺼지어 촉지늪과 豆滿江이 통해지고 마럿는데 후에 사람들이 이
江을 촉지 江이라고 일커럿다고 한다. 그런데 싸흠에 패한 朴氏는 그날 다음
날 밤에 그 아들에게 現夢하야 가로되『불행히 내가 싸흠에 패하야 네가 나라
를 얻지 못하얏스나 500년후엔 자연히 네게 王位가 도라올 터이니 얼마동안
몸을 숨기고 잇스라. 만일 李氏에게 알려지면 大患이 잇스리라』고 가르치고
는 사라지고 말엇다. 아버지의 가르침을 받은 朴은 즉시 行色을 감추어 깊은
山寺로 드러가 숨어 버렷는데 때가 벌서 504년이나 되엇으되 아직 朴氏는

출현하지 안음으로 사람들은 이제나 저제나하고 그의 출현을 기다리고 잇다고 한다.

그런데 이상한 것은 豆滿江口서 멀리 日本海中에 섬하나가 잇는데 그 섬에선 날이 흐리면 이상한 소리가 남으로 호기심을 가진 사람들이 간혹 찾아가기도 하나 누구든지 한번만 갓다가는 다시 나오지를 안는다고 한다. 사람들은 이 섬에 그 朴氏가 잇다고 믿는 모양이다.

朝鮮의 氏族制度는 대단히 복잡하다. 通譯 金氏는 古邑출생인데 어데가든지 그 同系의 성씨를 가진 사람들은 親兄弟와 같이 그를 대접한다.

豆滿江을 끼고 行進

우리는 監理에 대하야 傳說이며 또는 地理와 모든 사정에 정통한 引導人을 周旋하야 달라고 부탁하얏더니 그는 露語까지 통하는 사람을 얻어주마고 함으로 믿고 잇엇으나 정작 온 사람을 보니 아모 것도 알지못하는 맹추이다.

우리는 巫人과 감옥구경을 하려고 하얏엇으나 警察의 妨害로 보지 못하고 會寧으로 출발하기로 되얏다.

金通譯도 이 地方地理에 생소함으로 監理가 보낸 引導者에게 여러 가지 사정을 무럿으나 그는 露語도 모르는 체 하고 또한 이야기 거리도 잘 하지 안는다. 아마 監理로부터 箝口令을 받앗는지 모르나 묵묵히 길만 간다. 나는 그에게 露語를 할 줄 아느냐고 무럿더니 머리를 내여 흔든다. 아는 듯 하면서도 모른다고 대답함이 殊常도 한데 혹은 監理가 우리 일행의 행동을 감시하기 위하야 보낸 것일는지도 몰라 우리는 그에게 葉錢 100분을 주어돌려 보내려고 하얏다. 그러나 그는 혼자 가기가 무섭다고 拒逆하다가 「다우리」라는 村에 도착하야 다시 葉錢 100枚를 주어 간신히 떼엇다.

沿路의 朝鮮 農夫들은 산간에서 흐르는 조고마한 溪流도 버리지 안코 재치잇게 인용하야 水車를 돌린다.

길은 다시 險峻한 懸岸위로 기어오른다. 우리는 여긔서 마지막으로 豆滿江과 석별하고 방향을 돌려 豆滿江의 支流인 가무리의 沿岸을 弓形으로 돌게 되엇다.

이틀동안 親愛하든 溶溶한 豆滿江畔의 嶄巖에 올라 우리는 一眸下에 收覽되는 山容水態를 바라 본다. 落照가 西山에 걸리엇는데 하늘엔 黃金가루를 뿌린 듯이 찬란하다. 정숙한 自然의 「파노라마」이다.

滿洲 皇帝 發源之地

「다우리」라는 마을에서 온 朝鮮 사람들과 이아기를 바꾸게 되엿다. 그들은 멀리 南方을 가르치며 會寧郡이 저기라고 한다. 다시 손을 돌려 「항송데」라는 못을 가르치며 그곳은 滿洲族長의 發祥地라고 한다.

滿洲皇帝의 發源地가 여기라 하면 그 陵는 왜 奉天에 잇을가?

「淸人은 朝鮮人의 덕택밑에서 사는 세음이지오」 하며 짧은 저고리에 낭테는 넓고 모자는 좁은 갓을 쓰고 긴 담배대를 물은 老人이 쭈구리고 앉아서 넷말을 시작한다. 다른 몇 사람도 역시 그 모양으로 앉아서 그 노인의 말을 엄숙한 태도로 경청하다가 혹은 訂正도 하며 千年 묵은 옛 기억을 새롭게 한다. 노인이 말하는 一片의 傳說- 분명히 이는 傳說에 끊치지 안는 그들의 信仰의 一端이다.

하늘은 자주빗 絨緞을 까른 듯하다. 古老의 神話같은 傳說을 듯는 우리는 우리가 앉은 바위가 산우에 놓인 것이 아니라 豆滿江上의 彩雲에 둥실 뜬 것 같은 기분이 난다. 구름밖엔 連峯이 疊嶂하고 幽谷엔 蒼靄가 糢糊한데 2, 3茅屋이 暮煙에 잠겨 잇다. 평화스러운 山村의 상징이다. 어데서 우렁찬 소 우는 소리! 고요한 공기를 흔든다. 우연한 過客인 우리도 千年 전 사실에 想到하매 밑없는 구렁에 떠러진 듯한 感慨가 깊다.

山蔘과 三兄弟의 傳說

千年 전의 傳說을 信仰같이 이야기하는 朝鮮 사람들은 지금도 마치 어린 애들 같이 英雄의 출현을 바라고 잇다. 행복을 渴望한다. 豺狼과 진애의 危脅 밑에서도 그들은 견고한 信仰으로 그들을 구해 줄 英雄이나 神의 출현을 믿고 잇다. 木乃伊같이 냉정한 그 얼골에 아득한 희망이 漂動하는 것이다.

日沒은 완전히 되엇다. 선선한 저녁 바람이 선듯부터 昏暗을 내려 덮으니 신비의 思索도 그 속에 덮히고 말엇다.

前進을 재촉하는 우리는 途中에서「朝鮮人은 돈을 사랑하느냐」고 무럿더니 그 대답이 옛날 3兄弟가 山中에 드러가 人蔘을 캐어가지고 도라오는 길에 慾心에 눈이 어두어 伯仲의 두 兄弟는 막내동생을 죽이엇다. 셋재를 죽이고 남은 두 형제는 제가끼 생각하기를 저 혼자 산삼을 가젓으면 巨富가 될 것이 아니야 하는 욕심이 또 생기어 서로 陰計를 꾀하자 長兄은 그 동생을 때려 죽이려고 洞里로 술을 사오라고 하야 보내 놓고 오는 길에 邀擊할 준비를 하야 놓앗다가 계획대로 때려 죽이고 만족하야 동생이 사가지고 온 술을 마시엇 더니 저마자 죽어 버렷는데 그 술에는 둘째가 맏형을 죽이려고 毒을 탓든 것이다. 이리하야 3형제는 自滅하야 버리고 귀중한 山蔘은 썩어버렷음으로 이것이 前鑑이 되어 朝鮮人은 財物보다도 兄弟愛가 더 깊어젓다고 한다.

이 말이 한 이야기에 불과하겟지마는 사실 朝鮮人은 兄弟의 敦睦이 매우 도타운 모양이다.

가팔嶺을 넘어서,
露文豪 가린의 朝鮮紀行(四)

가린, 金東進 譯
《동광》, 1931년 5월

九月 十六日

비가 보슬보슬 내린다. 駄馬는 떠내보내고 나는 茅屋에 드러앉아 창문을 여러제치고 원고를 쓴다. 창밖엔 옥수수와 高梁으로 앞이 맥혓다. 高梁밭 사이에 水田이 잇으나 풍작이 못된 듯하다.

시원한 바람이 말른 풀 향기를 안아다가 내 얼골에 끼얹는다. 우리가 탄 말은 좋아라고 옥수수대를 뜯어먹는다.

下人은 물오리를 구하야다가 기름에 복구엇는데 山中별미다. 첨하밑엔 매(鷹) 한 마리가 매여 잇다.

이집 주인은 매사냥의 名手라 한다. 그러나 요새는 換羽期가 되어 사냥하지를 못하고 잇다. 獵期는 11월부터 4월까지라고 한다. 사냥하는 법은 獵犬으로 하야금 꿩을 날리고 매로 하야금 차오게 한다.

주인은 매사냥으로 유명할 뿐 아니라, 이 동리의 洞長이다. 몸은 호리호리하게 생기고 얼굴은 柔順한데, 수염이 드물게 낫다. 이 노인이 우리의 앞길을

引導하게 되엿으나, 한 시간 전에는 떠날 수가 없다 하니 그 이유는 洞中재판
이 잇기 때문이라 한다.

逃走한 少婦의 裁判

洞中재판이라는 말에 호기심이 벗석 생긴 우리는 재판구경을 懇請하얏
더니 다행히 허락되엇음으로 나는 金通譯과 동행하야 구경하기로 하얏다.
재판받는 사람은 누구냐고 물엇더니 16세의 少婦로 남편한데 매를 맞고 다라
난 것을 붙잡아다 놓은 뒤에 시비를 판단하는 것이라고 한다.

이윽고 法廷이라는 茅屋을 찾아가 보앗다. 家屋의 구조는 보통 가옥과
차이가 없다. 방안에는 8人의 裁判官이 앉앗고 그 뒤에 9人의 노인이 앉앗으
며 그 앞에는 나무로 깎아 맨든 案床이 놓여 잇다.

그 옆방엔 16세라 하나 나이보다 늙어 보이는 被告와 그 남편이 앉아 잇다.
남자의 나이는 20세라고 한다.

나는 드러가면서 長靴 버슬 것이 염려스럽더니 다행히 면제되고 모자만
벗엇더니 통역은 모자를 쓰는 것이 禮儀라고 주의함으로 다시 썻다. 아닌게
아니라, 裁判長 이하가 모두 갓을 쓰고 잇지 안는가.

여게 잇는 朝鮮사람들의 얼굴은 빛이 검어 보이며 윤곽이 넓고 수염이 적다.

눈동자는 대개 온순해 보이고 얼굴은 취한 사람도 잇으나 伊太利 美男子
를 연상케 하는 우아한 사람도 잇다.

재판의 광경을 절반쯤 보다가 도라와서 行李를 收拾하고 주인 노인의 歸
還을 기다려 길을 떠낫다. 도중에서 노인으로부터 판결을 드르니 결국 남편의
과실로 인정되어 棍杖 10度를 집행하얏을 뿐 도주한 其妻에 대하야는 하등의
형벌을 가하지 안엇다고 한다. 이 말을 듣는 우리는 의아한 생각을 풀 수 없어
「그러면 그 女子는 어떠케 하느냐」고 무럿더니, 노인의 대답이 「남편을 벌한
것은 안해를 잘못 가르치어 동리를 소란케 한 죄를 처벌하얏을 뿐이요 그 안해

에 대한 處決은 그 남편의 의사에 맡길 뿐이라」고 한다.

刑을 받은 남편은 것지를 못함으로 馬車에 태우고 그 안해가 護從하얏으며 이로써 그 여자도 改心하얏다고 한다.

「그러면 그 여자가 다시 도주하면 어찌 하느냐」고 무럿더니 그는 「그때에는 혹독히 처벌하야 다라나지 못하도록 한다」고 한다.

山靈堂에 祈禱

비는 악수로 퍼붓는다. 비라기 보다도 물을 내려뿜는다는 편이 옳을 것이다. 외투도 새여 온 몸이 홈박 젖엇다. 朝鮮人의 雨衣는 麻皮를 벗겨 엮은 것인데 매우 技巧잇게 된 것이나, 고순도치의 털같애 보인다.

暴雨에 새로 생긴 急湍激流가 돌을 굴리고 길을 막는다. 行路難을 嘆하지 안을 수 없다.

가파랍게 내려 깎인 듯한 「가팔嶺」이라는 고개를 艱辛 艱辛히 넘을 때에 날은 저문다. 우리의 길 引導人은 더 전진치 못하겟음을 선언하니 그 이유는 말이 「냄새」를 맡고 꼼작하지 못하는 까닭이라고 한다.

「냄새」를 맡다니 무슨 냄새란 말이오? 하고 너머 이상하고 마음이 죄여 무럿더니 그는 서슴지 안코 「호랭이 말이오」 하면서 이 고개는 밤중에 통행하는 사람은 絶無하고 白晝에도 2人 이상식 떼를 지어 단니는 곳이라고 한다.

우리는 억지로 끌다싶이 그를 재촉하야 전진을 계속하얏다. 이런 때에 나에게도 祈願이 일어남을 깨다랏다. 朝鮮人은 고개위 山靈堂에 여러번 허리를 굽히어 깊은 골 높은 고개를 무사히 넘게하야 줌을 축수한다.

가팔嶺山中에서 玉皇上帝 이야기

九月 十七日

가팔嶺 아래 「발개리」라는 동리, 金희봉의 집에 피곤한 몸을 쉬엇다. 동리

앞에는 濁流가 成川하야 물소리가 요란하다. 山谷에는 안개비가 자욱하야 아직 쾌청되지 안엇다.

流聲과 鳴湍을 듣는 것이 高架索의 勝景을 연상케 한다.

十餘人의 마을사람이 찾아와서 말동무가 되어 준다. 그들도 나와 더부러 회담하는 것을 희망하는 모양이어니와, 나도 어린이와 같이 순진한 그들로부터 奇談, 說話를 경청하는 것이 매우 흥미잇다.

화제는 宗敎談을 중심으로 각종 설화를 涉獵하얏다. 儒敎, 薩滿, 山岳崇拜등 朝鮮사람의 常識的으로 아는 이야기가 내 귀에는 몹시 신기하다.

수많은 화제 중에서 가장 나에게 감흥을 준 것은 많은 死後論이니 朝鮮人은 영혼輪廻說을 믿고 잇다. 즉 사람에게는 三魂이 잇는데 第一魂은 死後 즉시 세 천사가 내려와 그 魂을 天上極樂으로 불러간다. 極樂의 주인은 玉皇上帝는 그가 지상에서 행한 善惡을 심판하야 그 功罪에 따라 혹은 極樂에 永生을 누리게 하고 혹은 다시 사람으로 환생케 하고 혹은 畜生으로 變生하기도 한다. 叛逆의 죄를 지은 자는 永劫에 畜生으로 輪廻한다.

第二魂은 肉身에 附隨하야 地下 즉 地獄으로 가는데 이것도 세 使者가 잡어간다. 第三魂은 공중에 浮游하면서 항상 자손을 보호하는데 이 魂은 한 使者가 불러간다.

埋葬은 대개 수일 혹은 수십일을 經由한 후에야 행하나니 이는 玉皇上帝의 심판 여하로 다시 환생을 기대할 수도 잇는 까닭이라하며 그 환생은 3, 5, 7 등 奇數日을 택한다고 한다.

薩滿과 卜術 혹은 豫言者나 曆官이 發靷日을 택하는데 이 때문에 富豪중에는 3개월이나 殯室에 시체를 安置하여 두고 그동안 생시와 같이 獻饌한다.

또 묘지들 택함에 가장 위치가 좋은 名山으로써 하나니 이는 第三魂의 안녕을 꾀하는 것으로 一族의 榮枯盛衰가 이 묘지 여하에 잇다하야 地官으로 하야금 선택케 한다. 그럼으로 朝鮮의 山林은 대개 小區域식 各人이 분할하야 가지고 잇으니 이는 장차 그 陵墓를 파기 위함이다. 그러나 名山을 求得함은 極難한 일이라 이 때문에 관을 파가지고 이 산에서 저 산으로 전전하고 잇다.

昨日 로상에서도 관을 이송하는 것을 目睹하고, 그 사람들에게 옴기는 이유를 무럿더니 그들은 대답하기를『우리집 어린애가 알튼 중인데 巫人에게 무럿더니 6개월 전에 사망한 그 祖父의 墓地 탓이라 名堂으로 遷葬하라고 함으로 吉日을 택하야 遷對하는 것이라』고 한다.

第三魂 즉 공중에 浮動하는 魂을 위로하기 위하야 산중의 山神堂 또는 城隍堂에 돛을 잡고 쌀밥을 지어 가지고 巫人으로 하야금 祈願케 한다.

인류의 생사는 冥府의 主人(閻羅大王)의 主管이라고 한다. 그 大王은 萬人의 성명을 기록한 長冊을 가지고 잇어, 그 長冊에 그 수명이며 生後의 선악을 기록하야 둔다. 그런데 閻羅神도 과실이 잇던지 어느 때 明川 朴某의 魂이 使者에게 붙잡혀 閻羅廳에 갓섯는데 대왕은 長冊을 閱讀한 후, 端川 朴某를 잘못알고 불러간 것이 판명되어 죽엇던 明川 朴某는 회생하얏다고 한다.

비는 폭주한다. 어제 종일 젖은 옷에 濕氣가 배여 불쾌하기 짝이 없다. 성냥도 濕하야 일지 안는다.

나는 집주인을 보고 이 집에는 시체를 두지 안엇섯느냐고 무럿더니 2년 전에 喪事가 잇엇으며 바로 몇 일 전에야 脫喪하얏다고 한다. 나는 그 시체를 어느 방에 두엇섯느냐고 다시 무럿더니 시방 내 침대 놓인 곳이 그 곳이라 한다. 病名은 天然痘.

한 幅의 그림

여러 사람들에게 謝意를 표하고 길을 다시 떠낫다. 小川에는 물이 불어 濁流가 滾滾하다. 안개는 점점 걷치고 검떤 하눌도 훤하게 터 온다. 길은 疎林과 稚樹새이를 羊腸같이 누비는데 듣건대 이 山林이 往昔에는 喬木이 參天

하야 白日이 昏暗하든 것이 近年에 이르러 火田을 起耕하기 때문에 이 모양이 되엇다고 한다. 지대가 급경사인데 여기에 보섭을 넣는 才操는 사람이 아니라, 山羊이나 豹狼이 아니면 어려울 것이 아닐가?

한 2露里쯤 거러와서 江을 渡涉할새 우리 안전엔 奇觀이 연출되엇다. 마츰 江畔에 30여명의 朝鮮人이 群集하엿기에 무어냐고 무럿더니 내일이 秋夕節임으로 제물을 준비하기 위하야 소를 잡는 것이라고 한다. 대개 웃동을 벗어 靑銅色의 피부를 노출하엿는데 팔둑과 억개에 筋肉이 불룩거리는 것이 모두가 力士다. 쭉 둘러앉은 그들의 앞에는 각기 한목식의 고기덩이가 놓여 잇다.

渡涉에 꽤 곤란을 당하얏다. 激流기 때문에 駄馬가 中流에서 미끄러지는 등 야단법석이 이러낫다. 일행중 어떤 사람은 携行하든 철학서적을 流失하얏다. 도저히 우리 一隊의 힘으로는 만족히 건늘 수가 없음으로 소잡는 사람들의 助力을 빌기로 하엿더니, 그들에게 약간의 보수를 주엇지만 순식간에 종료하엿다.

山葡萄가 시컴엇케 익엇다. 보승보승한 송이를 따서 입에 넣어 보니 송이는 비록 적으되 맛은 꿀같이 달다.

鑛山家의 同行者는 근처 산중에 山羊이 棲息한다는 말을 듣고 사냥을 떠난다. 갈 때에 모리軍으로 몇 朝鮮人을 얻으려 햇더니 恐怖를 느껴 躊躇한다. 통역으로 하여금 무섭지 안타는 것을 타일러 간신히 따르게 하얏다.

中流에 너머진 말을 건지노라고 두 朝鮮人은 벌거벗고 땀을 흘린다. 더러는 우리짐을 나르노라고 右往左往한다. 또 강언덕엔 많은 朝鮮人이 둘러앉아 긴 담배대를 퍽퍽 빠라 새파란 내를 내뽑는다. 한 폭의 그림이 아니고 무어랴! 나는 사진기를 끄어 내어 이 光景을 필림에 넣엇다. 朝鮮사람들은 사진기를 보고 깜작 놀래엇으나 통역의 설명으로 안심하고는 외양을 단정히 차린다.

촬영후에 귀엽게 생긴 어린애들에게 砂糖을 노나 주엇다. 그 중에 가장 어여뿐 兒孩가 잇기에 그에게도 노나주엇더니 내종에 드르니 그는 아동이면서도 벌서 장가는 들엇다고 한다. 그는 旣婚者의 表證으로 머리에 草笠을 썻다.

參天한 一株의 喬木밑에 天幕을 치고 이 냇가에서 하로밤을 쉬기로 하엿다. 近洞 사람들이 하나 둘식 천막으로 모혀들기 시작하는데 그 중에는 露國 神父가 쓰는 것 같은 넓은 冠을 쓴 사람도 잇으니, 이는 이곳 양반이라 하며 白笠을 쓴 사람도 잇으니 이는 喪人이라 한다. 朝鮮人은 상복에 백색을 사용한다. 머리위로부터 발끝까지 백색이다. 이 뿐 아니라 朝鮮人은 일반으로 백색을 애용하는 경향이 잇다.

老學者를 만나서

저녁 후에는 다른 동리사람들의 來訪도 받앗다. 其中에는 유명한 學者도 잇음으로 나는 통역에게서 배운 예의대로 두 손으로 그의 두 손을 잡아 上席의 의자에 앉치고, 약간의 물품을 기증하고, 또 모힌 사람 전부에게「콘냐크」를 대접하엿다. 비록 몇 잔식 들지 안엇으나 이것으로 그들의 혀끝을 얼리기는 충분한 모양이엇섯다.

이 兩班學者님은 모든 사람의 존대를 받는다. 그는 조곰 痲痺 된 語調로 現下의 시국에 大不滿을 토한다. 이전에는 官職은 그 智識과 名望에 따라 주엇섯다. 그러다가 기후에는 금전으로 벼슬을 사게 되더니 요새는 서울 사람들기리만 해 먹게 되어 다른 사람들은 벼슬맛을 볼 수가 없이 되엇다. 憤慨하며 貧乏에 長歎한다.

그러고 그는 긴 한숨을 내어쉬며『어찌 해 다른 나라 사람들은 富饒한데 우리는 貧乏할가요?』하며 眞摯하게 뭇는다.

나는 이 대답을『나의 관찰에 의하면 朝鮮人은 天然的 富者는 잇으되 科學的 富者가 나지 못하는 까닭이요, 技術을 몰으면 현대에서는 富者가 될 수 없소. 가령, 우리가 徒步로 여행하면 一日에 20露里를 못가되, 기차는 능히

千露里를 닷지 안슴니까? 設使, 그런 철도가 잇다기로니 使用法을 모르면 역시 마찬가지가 아니겟소. 朝鮮사람은 매우 유용한 才質을 가지고 잇는 國民이니 배우기 시작하면 日本人이 歐洲人을 배우는 것 같이 진취할 수가 잇으리다. 더욱 北邊은 露國과 인접하엿으니 朝鮮人의 희망만 그러타면 우리는 형제의 分誼로 朝鮮에 新智識을 傳授할 것이외다』라는 긴 설명으로써 하엿다.

그 學者는『우리는 所願하는 바외다. 그러나 남들이 다 우리 같아야지오』하며 朝鮮의 소위 學者들을 비난한다.

朝鮮學者는 오직 漢文을 숭상함으로써 만족한다. 朝鮮文字는「女子의 글」이라 하야 당초에 배우지를 안음으로 그들은 다수의 朝鮮文만 아는 민중 사이에서 호울로 무식한 자가 되는 것이다.

이 老學者에 대한 여러 사람의 恭敬은 비상하다. 무엇이든이 줄 때마다 반드시 兩手로써 하고 나에게서 대접을 받을 때에도 일일히 그의 허락을 받는다. 동행한 20세의 그의 아들은 항상 꾸러앉어 그 長竹에 담배를 담어 두 손으로 바치고 술은 한 잔도 받지를 못한다.

長竹의 香嗅-내 소년 때에 小露西亞의 祖父의 집에서 지나든 인상이 난다.

老學者는 우리 천막을 하직할 때에 두 손으로 내 왼손을 잡아 손바닥을 이윽히 드려다 보더니 내 壽가 90을 넘겨 살리라고 한다. 이것은 손바닥이 잡은 금을 보는 觀掌術을 그가 볼 줄 아는 것이다.

金通譯의 하는 말을 들으면 會寧으로 가면 유명한 卜術이 잇는데 그는 능히 과거 미래의 吉凶禍福을 아라낸다고 한다.

老學者와 구든 約束

九月 十八日

새벽 네시반에 눈이 깨여 이러낫다. 四面은 아직도 캄캄하다. 천막밖엔 守直하는 朝鮮사람 두명이 紅炎이 늠실거리는 화투불엽해서 무엇이라고 떠들고 잇다. 그 음성은 높고 語調는 速하나 물결소리같이 은은히 들린다.

다섯시반에 동녁이 터 온다. 우리 천막은 골작우니에 첫음으로 아직도 어두운 긔운이 가득하다. 그러나 열분 면사포를 씨워 놓은 것 같이 점점 투명해오는 大氣중에 흐르는 강물, 은윽한 골작우니, 잠자는 茅屋, 일폭의 名畵같은 맑고 아름다운 曉光이다.

어제 朝鮮사람들로부터 오늘이 명절이라고 들엇더니 名節답게 상쾌한 기분이 떠올르는 날이다. 명절은 어느 나라에서든지 기뿐 것이다. 나 어린 때에 名節을 즐기든 생각이 솟아난다.

여섯시쯤 되어 벌서 동리 兒孩들이 모혀 든다. 어제와 달리 그들은 白色 혹은 紅色, 藍色의 울깃불깃한 새 옷을 입어 몸을 깨끗이 하엿다. 그 중에 어룬 한 명이 석겨 왓는대 백지로 만든 食紙를 덮은 두소반에 名節음식을 차려 가지고 왓다. 음식의 종류는 朝鮮식 흰 떡과 누런 떡, 삶은 돼지고기, 저린 외(瓜), 무 김치, 익힌 生鮮, 소창자국, 개장국, 술, 수정과, 菜蔬 등 10수종의 진미로 나는 감사하야 일일히 賞味하엿다.

건너다 보이는 저편에 어제 왓든 老學者도 소반에 무엇을 가지고 온다. 그를 발견한 농부들은 우리에게 하는 말이 「兩班」은 벌서 1895년 乙未年에 勅令으로 그 社會的 階級이 소멸되엇지마는 이러한 僻地에선 아직도 兩班이 남아 잇으나 서울같은 大處의 兩班階級은 庶民과 차별이 없이 된 지가 이미 오래다고 한다.

본래 朝鮮「兩班」은 그 종류가 넷이라 한다. 하나는 村落兩班, 하나는 都邑兩班, 하나는 地方兩班, 하나는 서울양반인데 서울양반은 政府高官으로 皇帝의 賜爵을 받은 자를 이름이요 地方兩班이라는 것은 지방에서 官吏의 職에 잇는 사람이요. 鄕村兩班이라는 것은 혹은 軍職도 잇지마는 하등 權別가 없다.

蒼苔낀 골작우니 길을 더듬어 그 學者가 서 잇는 집으로 갓다. 그 집은 蓋

瓦를 덮엇는데 蓋瓦貌樣이 淸國의 그것과 흡사하다. 집을 뺑둘러 울타리를 하엿는데 호박과 누런 옥수수와 草綠色 담배와, 붉은 苦草가 듸영듸영 달려 잇다. 東國의 밝은 경치다.

주인은 우리를 영접하며 「이것은 林檎이요 이것은 櫻桃외다」 하면서 우리에게 그 田園을 구경시킨다. 도라다 보니 四面이 골작우니인데 석벼리를 갈고 잡곡을 심엇다. 산속엔 멀구 넉굴과 櫻桃나무가 잇다.

나는 주인 學者에게 향하야, 『시기가 옵니다. 그대의 힘으로 골작우니를 開墾한 것과 같이 朝鮮民族의 奮鬪努力은 능히 朝鮮을 가멸(富)게 할 수가 잇겟습니다. 그러나 이 과정을 결코 淸國의 결과없는 學文을 修得하야서는 不可하니, 모름직이 현대 新科學을 닦아, 果園을 조성할 줄 알고 산중에서 보물을 채굴할 줄 아는 技術을 연마함이 朝鮮을 가멸케 하는 첩경이지오. 그때까지는 朝鮮人은 오직 선량한 民族으로 잇을 것이오, 祖先의 墳塋만 지키는 선량한 민족일 것이외다. 그러나 선량한 민족에겐 侮蔑이 잇을 뿐이지오』

老學者는 공손히 허리를 굽히어 내 말에 讚意를 표하며 도중까지 餞送한다. 山村에 사는 이 老學徒를 대하매 나는 『동키호테』의 생각이 불연듯 난다. 그와 相別함에 임하야 朝鮮禮儀대로 下馬하야 두 손으로 친절히 그의 손을 잡엇다. 그는 감격하야 『나는 생전에 그대를 다시 한번 뵈엇으면 하오』 한다. 나는 이 학자의 衷情으로 우러나오는 要望에 『만일 내가 다시 와서 뵈옵지 못한다면 내 아들이라도 대신 보내리다』 하고 구든 約條를 남기고 앞길을 재촉하엿다.

會寧城內의 하로밤,
露文豪 가린의 朝鮮紀行(五)

가린, 金東進 譯

《동광》, 1931년 6월

9월 18일. 2露里의 널비나 됨즉한 골작우니를 거르면서 서너 마을 지낫다. 골작우니도 돌바탕이지만 훌륭히 開墾되엇으며 오히려 灌漑水가 충분한 탓으로 水田이 많이 둘렷다. 그러나 土薄한 탓인지 寒氣따문인지 발육이 불량하다.

明節쇠는 광경이 處處에 전개된다. 村村마다 처녀들은 추천을 뛰고 젊은 이들도 삼삼오오 作伴하야 거닐고 잇으며 어룬들은 성묘에 겨를이 없는 듯이 산 우엔 白衣가 點點하다. 朝鮮의 墳墓에 대한 관념은 대단하야 만일 타인의 묘지를 侵하면 死로써 嚴刑한다. 1년에 몇 차레식 잇는 謁墓의 제사는 모든 음식과 과실을 바치고 또 술을 따르는데 3盃를 墳上에 끼엇는 법이라 한다.

문득 어떤 집 앞을 지날 때에 어떤 사람이 뛰여 나오며 우리를 부른다. 그는 露西亞말로 문안을 하고 우리를 자기 집으로 초청한다. 그는 오래동안 露領에서 노동하든 사람으로 매우 반갑기는 하나 석양까지 會寧邑에 드러가야 되겟음으로 압 路程이 총총하야 호의를 감사히 여겻을 뿐이다.

侍從을 듯는「비비크」는 무엇을 생각하는지 빙그레 웃는다. 이 사람은 豐沃한「하리꼽」縣의 태생으로「똠스키」縣에서 생장하얏기 때문에 小露西亞 婦女의 방언을 쓴다.

나는 그에게「어떤가 朝鮮도 살기 관찬치?」하고 무럿더니 그는 다시 빙그레 웃으며『무어가 좋아요, 이런 산골이? 우리「똠스키」縣은 넓은 벌이 끝이 없는데요』

『집은 어떤가. 자네 곳 보다 정하지, 사면이 녹음이오...』

『글세 그러나 여게는 가축이 없지 안습니까? 우리 고장은 양도 잇고- 다 잇는데 여게는 소 뿐이니까...』

『그러나 여기는 방이 논히여 잇지 안은가. 그러나 露西亞 農家는 통한 방에서 뒤끓지 안는가?』

그는 다시 빙그레 웃으면서『그까지ㅅ게 방이오? 닭이 장이지오』

7척 長身의 그는 귀밑까지 찌여진 입을 비쭉이며「나는 살기 실소, 淸國도 이렇겟지오」하며 향수에 빠진 모양이다. 그는 금년까지 나와 여행을 하는 동안에 한번도 유쾌한 빛을 가질 때가 없엇다. 이만큼 그는 감상적 인물이다.

月夜의 傳說

오늘 우리 일행은 12시간에 百韓里를 踏破하엿다. 황혼에 최후의 나루를 건늘 때의 山谷의 장려한 景色이 황홀하엿섯다. 山頂과 峽谷이 한 가지로 玲瓏한 天鵝絨의 장막을 친 것 같이 奇異하엇다.

어둠이 내려 덥히면서부터 북풍이 선 듯 불더니 한기가 엄습한다. 中空에는 어느덧 은반 같은 明月이 청량한 빛을 발하고 잇다. 우리는 長途의 여행에 극히 피곤하야 정신을 차릴 수 없는 머리 속엔 오직 수면이 가득할 뿐이다. 朗朗한 월광에 어느 덧 물체가 빛이니 이것이 會寧城門이 아닌고 하는 생각이 솟아난다.

馬匹도 종일 먹지를 못하야 길가에 잡초는 물론, 나무가지까지 물어뜯는다. 朝鮮馬의 胃腑의 强健이란 놀랄 수밖에 없으니 路國말이 건초와 꼴을 먹는 것과 같이 옥수수 대로부터 못 먹는 물건이 없다. 그러면서도 난폭한 취급을 받는다. 露國農夫가 馬匹을 부리듯이 음성을 높이어 질책하고 잇다.

한 골작우니를 지날 때에 우리길 안내인은 이 산 속에 구렝이(大蛇)가 산다고 하여 손으로 그기리를 형용하는데 기리가 15, 6尺됨즉 하다.

나는 그더러 제 눈으로 보앗느냐고 무럿더니 그리 큰 것은 보지 못하엿으되 4, 5척 되는 놈은 보앗다고 한다. 말을 드르니 구렝이는 뱀 같이 생긴 놈 외에 악어같이 네발 가진 놈도 잇는데 구렝이에 대한 전설도 많다. 어떤 놈의 머리는 사람 모리 같이 생기기도 하엿는데 이 놈은 장성한 처녀를 퍽 사랑한다고 한다. 이에 대한 전설은 大同小異하게 방방곡곡에 전해 잇는 모양이다.

구렝이는 겨울에는 동면하고 春夏秋期에 跋扈하는데 野鼠와 뗙자구를 捕食한다고 하며 독소를 가젓다고 한다.

가장 독한 놈을「굴뱀」이라고 하야 땅 속에 구덩을 파고 여러 놈이 同樓하는데 만일 한 놈을 건드리면 많은 놈이 共同一致하여 대적한다고 한다. 하나 이 놈은 그리 크지 안어 3척 내외에 불과하며 색은 토색과 같은 보호색을 가지고 잇다고 한다.

이런 말 저런 말을 드르면서 슬금슬금 거른 것이 어느 덧 會寧城內에 도달하엿다.

성문은 석회를 발라 히다. 虹門의 넓이는 2「사젠」이나 된다. 성문으로부터 성벽이 蓮하야 시가를 繞回하엿다. 성의 높이는 2「사젠」이나 될까. 동서남북의 4변에 각 1門式이 잇어 城外와 교통을 하게 만드럿다.

나는 門通으로 성안을 드려다 보앗다. 거게는 아지랭이가 끼인 것 같기도 하고 白玉世界가 전개된 것도 같아 朦朧한 깊은 구렁이로 굴러 드러가는 듯한 느낌이 일어난다. 幻影같은 동방의 건축이어!

그러나 문을 뒤로 두니 벌서 여기는 夢幻境도 아니오. 백옥세계도 깨뜨러 저 버리고 오직 전답이 즐펀할 뿐이요. 도로 좌우에 회색 말뚝을 100개로 세일 수 잇는 것은 전관장의 덕을 頌하는 기념비다. 이러한 畦畔을 것기 한참만에 야 겨우 인가가 잇는 시가에 도달하엿다. 시가라야 다른 촌락과 같이 납작한 茅屋이 比隣하야 농가보다 도리어 물결하다. 내가 탄 말이 지나가매 길이 막 힐 지경이며 내 머리는 첨하 밑에 부드친다. 아직 초저녁이라 여덟 시도 못 되엇음즉 한데 路邊에 잇는 점포를 비롯하야 왼 읍내가 죽은 듯이 잠을 잔다.

이 자는 밤에 우리는 어데서 하로 밤을 셀고? 어느 집에 이르러 대문을 두드럿더니 그 집 주인이 나와서「우리를 위하야 郡守는 客舍를 준비하엿으 리라」고 한다. 이 기쁜 소식을 드른 길 인도인은 몸이 뜬 듯이 압장을 서서 닷더 니 이윽고 요란한 소리가 나며 黑團領입은 使令이 마중 나와 우리를 인도한 다. 골목을 몇 고비나 돌앗을까 한 군대에 이르니 크다란 집이 나타나는데, 이것이 客舘으로 군수가 우리 일행의 숙소로 정해 둔 곳이다.

어떠케 饑渴과 피로가 심하든지 저녁을 치우자마자 자리에 누엇다. 곡조 에 변화가 없이 길게 느리는 東邦의 가요가 바람결에 날려 온다.

9월 19일. 이상한 소음이 점점 가까와 지더니 우리 여관 앞엔 무슨 사변이 돌연한 듯이 喧騷하다. 잠결에 놀라 깨어 통역으로 알아보게 하엿더니 군수 의 행차가 우리를 尋訪하는 것이다. 아직 여섯 시가 좀 지낫을까. 우리는 아직 寢衣에 드럿섯음으로 통역으로 하여금 무례를 謝하는 동시에 장차 官衙로 방문할 의향이 잇다는 것을 전달케 하엿다.

군수는 우리이 사정을 諒察하엿음인지 멀리 온 珍客에게 경의를 표할 겸 인사 겸 왓섯노라고 문안을 하고는 還行하엿다. 그가 돌아선 후에 그 행렬을 보앗더니 선두에 선 십 수명의 使令은 만세를 呼唱하는 듯한 소리를 길게 빼 며 그 뒤에는 노년의 군수가 흰 옷에 갓을 쓰고 4人轎 우에 앉엇으며 4人轎에 는 豹皮를 얹엇다. 그 좌우로는 眉目이 究麗한 두 소년이 陪從하니 이는 副官

(通引인 듯)이라 한다. 또 그 뒤에 십 수인의 使令이 호위하는데 선두에 선 使令의 萬歲聲 같은 소리는 앞길을 틔우는 呼令이라 한다.

군수의 행차에는 반드시 이러한 의식이 필요하다. 서민은 그를 대함에 鞠躬拜禮로 恭待하여야 한다고 한다.

오후 2시나 되어서야 駄馬가 도착하엿음으로 우리는 옷을 갈아입고 郡守 訪問을 나섯다. 우리 선두엔 警吏가 인도하고 뒤에는 어린애들이 달렷다. 沿路에는 많은 사람이 睹列하야 우리를 구경하는데 그 중에는 혈색 좋고 얼굴빛이 흰 부인도 끼워 잇어 그 행색이 유난스럽게 다르다. 미상불 이상한 생각이 없지 아니하야 통역에게 물엇더니 그는 웃으며 하는 말이 그 여자는 과부라 한다. 그러나 이 과부는 보통 과부와 다르다하니 그는 이전 郡守의 애첩으로 수청들엇던 기생이라 한다.

나는 통역에게『기생은 도회지의 상민계급에서 택하지 안느냐』고 물엇더니 그는 잠시 沿路 綴ㅁ衆과 문답을 하더니 상민계급만이 아니라 농촌에서도 巫人이나 卜術에게 問卜을 하야 만일 夭逝할 운수라 하면 身數를 때기 위하야 妓籍에 넣는다고 한다.

우리는 군수의 善政碑가 나열된 길을 누비어 한 큰집에 이르럿다. 이 집은 건축의 기교가 淸國式을 모방한 듯이 盖瓦를 덮고 門樓가 잇다. 樓上에는 大鼓가 잇는데 이는 城門의 개폐를 신호하는 것이라 한다.

內衙에 잇던 군수는 우리를 보고 마중 나와 中門을 열고 안으로 인도한다. 이 中門은 군수 외에는 하인이든지 임의로 출입을 못하는 禁域이다. 군수의 인도대로 높은 계단을 올라가 크다란 방에 들어가니 중앙에 흰 床褓를 덮은 탁자가 잇고 그 四圍에는 一座式의 의자가 놓엿는데 그 중 두 개에는 豹皮가 깔리엇다. 군수는 이 두 자리에 나와 광산기사를 앉히고 남어지 두 자리에 통역과 자기가 앉앗다.

군수는 우리를 보고 遠路의 피로를 慰하고 朝鮮의 풍토와 민족이 어떠냐고 묻는다. 나는 그의 호의를 사례하고 朝鮮은 공업의 발달로야 장차 번영할 수 잇으리라고 하엿다. 군수는 내 말에 『무엇보다도 신교육이 필요하지요. 우리 셋재 아들은 벌서 1년째 「뻬떼르부르그」에 유학 중이외다. 朝鮮은 불행하야 타 강국의 침략만 없으면 능히 자립할 수 잇소. 朝鮮人은 강하지 못하야 겨우 淸國의 羈絆을 벗어나니 또 日本의 憂患이 잇소. 그는 탐욕이 잇고 허식을 좋아하오』하며 그는 日本人을 혐오하는 표정을 眉宇에 가득히 그린다. 아마 그는 이 때문에 관직에서 몰려날지 모른다. 그러나 그는 매우 솔직하다. 珍客인 우리를 보고저 많은 사람이 창 밖에 蝟集하엿다. 손고락으로 창을 뚫고 그 구멍으로 드려다 보는 사람도 잇다.

『이 애는 내 둘재 아들이오. 셋재 첩의 몸에서 나온 애요』하며 그는 그 아들을 내게 소개한다. 이전에는 朝鮮에 庶子와 嫡子의 구별이 嚴然하엿다고 한다.

庶子의 待遇

옛날 어떤 大臣이 嫡子가 없어 家督을 그 甥姪에게 상속시키기로 정하고 그 축하로 잔치를 베풀엇을 때에 貴賓顯紳은 물론, 황제까지 來臨하엿섯다. 그때 열살 된 그 庶子가 賓客의 앞에 나아가 『여러분 보십시요. 제가 우리 아버지의 자식이 분명합니까. 분명치 안습니까』하고 당돌히 물엇다. 만당의 빈객들은 무슨 영문인지 모르고 평범히 『너는 네 어룬의 자식이 아닐 수 잇느냐』하매 그 소년은 다시 언성을 높이어 『내가 우리 아버지의 자식이 분명 하달진대 어째 아들의 권리를 박탈하야 사촌에게 주고저 하나이까. 내 사촌이 내 아버지의 아들은 아니겟지오』하엿다. 그 아버지는 너무 민망하야 『그런 법이니 어쩌느냐』하엿더니 그 소년은 『그러면 법률은 누구가 기록한 것이겟습니까』여러 손들은 서로 바라보며 苦笑를 不禁하면서 『사람이 법을 맨들엇지』하고 어이없이 대답을 하니 그 소년은 뒤를 이어 『그러면 여러 손님이 사람일진대

不公한 법률을 고칠 수 잇지 안켓습니까?』하고 추궁하야 滿座를 정색케 하엿다. 이때에 황제께서『오 그놈 어린것이로되 기특하다』하시며 서자를 박대하는 법을 고치게 하니 그 뒤부터 서자의 대우가 평등히 되엇다고 한다. 『양반계급은 소멸되엇다니 사실인가요』하고 물엇더니 군수는『계급은 의연하되 그 특권은 1895년(乙未年)에 박탈되엇습니다』한다.

노예제도는 어떠냐고 물엇더니 아직 잇으되 없애려고 준비 중이라고 한다.

이러한 담화가 교환되는 사이에 식탁에는 붉은 약과와 밝아코 흰 강정과 木棗와 淸國式 薑餅 等 같은 甘菓와 生麵과 茶와「코냐크」술이 준비되엇다. 이 술은 그 瓶을 보아 露國人의 손에서 나온 것임이 분명하다.

우리는 携行한 선물―50本의 呂宋煙과 100本의 卷煙과 呂宋煙 넣는 舌盒을 기증하엿다.

그는 매우 감사한다. 나는 그에게 촬영을 권하엿더니 만족한 빛을 보이며 그 부인과 모든 첩과 그 자녀와 官妓와 많은 하인과 같이 박힘을 소원하기에 광산기사로 촬영케 하엿다.

우리는 새 引導人 구햇다. 이 사람은 전설도 잘 알고 글도 잘 읽는다. 朝鮮 說話集7冊을 삿으니 이는 도중에서 읽고저 하는 것이다.

저녁때 군수는 다시 우리를 來訪하엿다. 靑紗籠, 紅紗籠에 불을 밝히고 위풍당당히 來駕하엿음엔 송구한 생각이 없지 안엇다. 우리는 門前에 그를 영접하야 실내로 인도하고「코냐크」를 따르고 과자를 내엇더니 그는 단 것을 좋아하지 안는다고 술만 마신다. 이윽고 몇 잔이 거듭되어 陶然한 醉色이 漂動하더니 천만 의외에도 露西亞말을 한다. 놀램을 금치 못하야 배운 곳을 물엇더니 그는 일즉이 海參威에 갓던 일이 잇어 그때 기차도 타 보고 海參威知事와 午餐도 같이 눟앗다고 한다. 이러한 관계로도 그러하려니와 그는 성의 잇는 親露黨으로 그 반면에 日本을 매도함이 지당하다. 그는 會寧近傍에서 발견된 석회의 灰塊를 견본으로 가지고 와서 우리에게 보이며 露國의 힘으로

會寧과 四街里間의 炭坑鐵道의 速成을 바란다고 한다.

군수가 還行한 후에 우리는 朝鮮式으로 저녁을 먹엇다. 반찬은 7楪이라 하야 닭백숙과 쇠고기 전골과 너비아니와 백반 등 7종인데 여게다 빵을 섞어 먹으니 별미다.

9월 20일. 오전 여섯 시. 벌서 數多한 아동의 눈알이 창을 뚫고 드려다 본다. 더 잘라야 그 설레에 더 잘 수가 없다. 아이들은 귀엽다. 그러나 이상한 악취가 코를 찌른다.

왜 이리 어린이들을 정하게 해 두지 안을가.

어제 저녁 연회 후에 상당한 盜難이 잇음을 발견하엿다. 차 술도 잃고 통조림도 없어진 것이 많고 탄환도 더러 없어젓다. 朝鮮에 들어온 후 아직 잃은 물건이라고는 하나도 없엇는데 畢竟은 도적을 맞앗다. 그러나 좀도적이 없는 나라가 어데 잇을라구. 英京倫敦大路에서도 도적을 만나지 안느냐. 거리에 나가서 풍경 2, 3點을 촬영하엿다. 店房과 국수집도 박고 어린애를 등에 업고 가는 부인도 박앗고 상반신을 벗어 놓고 일을 하는 부녀도 박앗다.

異國情緖

어느 塵房을 보니 어떤 어여뿐 젊은 부인이 백색의 허리 들어나는 그 服色을 하고 솜을 산다. 한 손에는 꿰인 엽전을 들엇다.

어느 집 뜰 안에서 遮日을 첫다. 이는 大祥祭事를 지내는 것이라 한다. 이날에는 隣里親戚이 모이어 먹고 마시며 故人을 기념한다고 한다.

이곳 상인도 가치 다리하고 태연히 앉아 잇는 모양이 露國 商人과 마찬가지로 금전 외에는 모든 것을 멸시하는 듯 하다.

南門 밖을 나서니 젊은 아낙네들이 높은 동이에 물을 담아 이고 들어온다. 길에서 지나치는 사람마다 우리에게 상당한 경의를 표하며 어린이들은 낮은 소리로 「아라사 아라사」 하며 우리를 유심히 본다. 한 노인이 우리 앞에 버리고

서서 고성으로 무슨 말을 한다. 통역에게 물엇더니 아라사 사람은 順良하되 露國兵丁은 불량하다고 한다.

會寧의 인상은 이것뿐이다. 千戶에 6,300의 인구와 100頭의 牧牛와 50頭의 牝牛와 30의 馬匹과 1,000頭의 도야지가 잇는 會寧에 소맥 7「뿌드」와 계란 7개를 구하엿을 뿐이다.

다시 馬上의 人이 되어 남문에서 會寧과 작별하엿다. 물동이 이고 오락가락하는 젊은 안악네를 보며 異國情緖가 더욱 戀戀하다. 山腹에 묘지가 많다. 其中에는 石像을 세운 곳도 잇다. 朝鮮里數로 3,000리나 됨즉한 곳에 「碑거리」라는 洞里가 잇다. 「碑거리」는 명칭과 같이 비석 많은 거리라는 말인데 新舊 사또가 遞迭될 때에는 이 거리에서 황제가 親授한 印符를 교환한다고 한다.

碑거리를 지나서 부터는 「쵼강물」이라는 비단결 같이 아름다운 시내를 끼고 간다. 산밑을 지나면 玉蜀麥밭이 나오고 그것이 다하면 조 밭이 벌려진다. 조 밭이 그치는 곳은 숲이 되고 숲을 지나면 垂楊 느러진 防川이 전개된다. 수정같이 투명한 수면에 버들가지 너울너울 춤을 추는 광경은 완연한 一幅名畵다.

會寧서 80리 되는 山腹에 업드린 조그마한 「쵼골」이라는 부락에서 날이 저물엇다. 宿營을 준비하는데 농가의 墓煙에 어두움을 재촉한다.

어느덧 遠近洞里 사람들이 모여 들엇다. 그 중에 20세 가량 되어 보이는 청년이 향토미가 농후한 설화를 들려준다. 이아기 끝에는 吟詠하듯 노래를 불르기도 한다.

朝鮮人은 아직 「호머」시대를 벗어나지 못하엿다. 그들은 아직 신화적 설화를 듣기 좋아하고 말하기 즐겨한다. 그러나 그들의 이아기는 대개 祖先의 이아기와 행복의 기대뿐이다. 자기의 행복을 위하야 祖先의 백골을 移搬함에 힘듦을 개닫지 못하고 吉日을 택함에 예언자 방문하기에 겨를이 없다.

산에는 멀구와 林檎과 배(梨)와 외앗(李)이 성숙하고 지하에는 金銀銅鐵 石灰이 무진장으로 매몰되어 잇으되 朝鮮人은 이에 욕심을 내지 안는다. 오직 그들에게는 說話와 행운을 필요하게 여긴다.

卅年前의 白頭山 踏破記,
露文豪 가린의 일기에서(六)

가린, 金東進 譯

《동광》, 1931년 8월

1898년에 露 文豪 가린은 露政府의 밀령으로 조선의 북부 두만 압록의 변경을 踏破햇다. 이것은 그 일기에서 譯出한 당시의 국경 광경이다.

九月 二十一日. 우리 探險隊는 벌서 출동하얏다. 농가에서는 집집마다 추수해 들이기에 분망하다. 아츰 天氣가 晴朗하야 심신이 상쾌하다. 많은 아동들이 벌서 모이어 떠드는데 其中에는 불상한 나병환자가 잇다. 여기서는 이러한 환자를 격리시키지 않고 건강한 사람과 같이 둔다.

沿路의 山腹에는 성묘하는 白衣群이 흐터젓다. 길은 오르기만 한다. 도중에서 헝겁과 淸國 술을 적재한 牛車 數三을 추월하니 棉布는 露領에서 수입하야 들여오는 것이다.

茂山嶺 정상에는 산신당이 잇다. 주위가 6척이나 됨즉한 교목밑에 蓋瓦 덮은 堂宇가 잇고 그 안에는 갈색지에다 황색 얼골에 흰 수염과 흰 눈섭이 난 노인이 푸른 옷에 누런 장갑을 끼고 검정 木靴를 신고 의자에 한 손으로

호랑이 머리를 쓰다듬는 것을 그려 붙이엇다.

이 그림은 會寧 부근에 사는 화가가 1898년 3월에 그린 것이라고 한다.

산신당 토벽에는 많은 낙서가 잇다. 其中에는 露字로「1889년 3월 8일 웨떼르고프」,「1890년 3월 25일 웨떼르고프, 네오위우스, 크루소프」,「1886년 2월 26일 데사노」라고 씨워 잇다.

이것은 모두 나보다 먼저 이 고개를 踏破한 사람들의 遺痕이다. 나도「1898년 9월 21일 가린」이라고 기록하얏다.

오늘 아츰 떠난 곳에서부터 11露里가량이나 되는 곳부터는 인적 未到한 곳같이 잡초가 황량하고 행로가 험준하다. 20露里되는 곳에 이르러서 비로소 數三 人家를 맛낫다. 이 부근은 마적의 출몰이 빈빈하야 조선인은 매우 무서워 하는 곳이다. 실상 조선인은 겁약하야 100인이 뭉처가다가도 數三인의 마적을 만나면 몸에 지닌 물건을 모두 내어버리고 다라난다고 한다.

淸人은 세상에 약한 인종이다. 그러나 조선인보다는 강하다. 조선인은 전쟁에는 不適한 사람같다. 그들의 전설에 의하면 영웅의 행동을 美仰한 것이요 推獎한 바이나 근세의 조선인의 실제는 소아와 같이 유순하고 嬰弱하다. 나의 從卒「비비크」는 조선인의 이 약점을 이용할 염려가 많음으로 항상 그가 조선인에게 대하야 물품 매입에도 간섭치 못하게 하고 부녀를 희롱함과 조선인의 감정을 살 행동을 하지 못하게 엄중히 감시한다.

삼림은 양호하지 못하다. 燒殘된 것이 아니면 腐朽한 것 뿐이다. 立木은 楊柳科에 속한 것과 침엽수나 낙엽송이 대개요 적송류는 드물다.

날이 저문 뒤에 茂山의 끝인「챠뿔령」고개를 넘어「석사리ㅅ골」이라는 산촌에 이르러 밤을 지나기로 하얏다. 촌의 주위는 자욱한 수목 뿐인데 저녁의 찬바람이 우렁차게 운다. 무서운 바람 소리! 어떤 여객은 이 산골에서 4, 5일을 묵으면서 바람자기를 기다렷다고 한다. 그러나 이 모양으론 바람이 좀처럼 잘 것 같지가 않다.

窮村이요 貧家다. 高架索의 茅屋이 연상된다. 치위는 4도, 건초도 없고 燕麥도 없다. 사람을 10리나 보내서야 겨우 2「뿌드」의 燕麥과 25束의 藁草를 구해왓다. 우리는 이미 10여일재 馬鈴薯와 麵麭를 먹지 못하고 지낫다.

우리 주막 내실에는 어여뿐 부인이 從僕을 대리고 들엇다. 이것을 발견한 從卒「비비크」는 前正校「베세딘」을 보고 단장을 하야 將官같이 보이도록 꿈이라고 권한다. 이 여자 때문에 실내의 汚穢와 피곤 때문에 원기가 沮傷되엇든 일행에 웃음판이 버러젓다.

이 여자는 會寧邑에 사는 班家의 부녀요 從僕은 15세 소녀로 남부 조선에 大旱이 들엇을 때 팔려온 것이라고 한다.

이 부인행객은 의복이 단아하다. 허리에 은령을 찻으니 이것은 일종의 패물이라고 한다. 여자답게 생긴 여자다. 그 승마에는 평좌할 안장이 실려잇고 그 우엔 서양식 양산이 놓엿다. 이 밖에 또한 젊은 남자행객도 들엇으니 이도 의복 범절이 정하다.

나는 통역으로 하야금 이 청년의 젭업이 무엇이며 생활이 어떠냐고 묻게 하얏더니 그는 회녕 근처에서 二日耕의 田庄으로 생활을 유지한다고 한다. 그 수입으로 부족치 않으냐고 하얏더니 「무얼요 좁쌀 얼마와 이러한 의복이면 넉넉하고 갓은 일생을 두고 쓰는 것이니까요」 하며 尋常히 대답한다.

九月 二十二日

우리는 다시 행진을 시작하얏다.

한 고개를 넘으니 골자구니요 거기는 茅屋이 點點하다. 산비탈은 급경사인데 전면이 개간되어 잇다. 무슨 재주로 보섭을 넣엇는지 감탄을 할 수밖에 없다.

조갈 마한 나루를 건느다가 조선 농부가 사용하는 보섭을 보앗다. 그 모양이 露國의 그것과 흡사하다. 농구는 전부 조선제를 사용하얏으나 최근에는 일본품이 수입되기 시작한다고 한다.

노상에서 茂山 방면으로부터

白楊材를 적재

하고 오는 牛車를 만낫다. 조선인은 白楊木으로 관을 짜면 백골이 썩지 않는다는 미신을 가지고 잇기 때문에 이와 같이 白楊材의 移搬이 빈번한 것이다.

나는 길압잡이군더러 천지의 창조를 누가 하얏느냐고 무럿더니 그는 하늘은 옥황상제가 지은 것이오 땅은 사람이 만든 것이라고 한다.

옥황상제는 누구가 만든 것이냐고 재처 무럿더니 「사람이 생기는 것과 마찬가지로 되엇지오」하며 명확한 대답을 하지 못한다. 우리 일행이 한 적은 부락에 들어 갓을 때에 조선 사람들은 내가 발한 질문을 화제로 하야 서로 다토다가 결국 존경을 받는 듯한 사람이 나서서 땅은 스스로 생기고 하늘과 사람은 옥황상제가 지은 것이라고 대답하얏다.

석양에 茂山이 바라보엿다. 「茂山」은 그 字意가 산이 깊다는 것이니 아닌 게 아니라 준령이 疊嶂하고 巒嶽이 巍峨하야 과연 茂山이다.

어느듯 황혼이 시야를 덮어 버린다. 이런 산중에 사찰이 하나 잇음즉 한데 하나도 보이지 않는다. 「웨 조선은 산중에 사원이 없느냐」고 압잡이에게 무럿으나 그도 피곤한 듯이 「없어요. 없어요」할 뿐이지 이유를 대답하지 않는다.

茂山邑에 당도하야 어느 큰 집에 하루 밤을 쉬이게 되엇다. 蓋瓦집이요 또 청결한 방 넷이 준비되엇으며 방의 창호도 회색 견사지를 발러 상쾌한 기분이 떠오른다. 일행도 기뻐 떠들며 구경군도 소란하다.

얼른 저녁을 먹고 취침하여야 되겟으나 할 일이 태산같다. 技術 보고도 적어야 되겟고 일기도 써야 되겟고 천문관측도 하여야 되겟으며 조선의 신비한 전설도 수집하고 호랑이와 마적의 소굴인 압길-백두산이야기도 들어야 뇌겟다.

「이봔, 이똬나세프」가 황급히 뛰어 들어와서 마필 5두는 蹄鐵이 탈락하얏고 2두는 등이 상하얏으며 馬糧과 육류도 떠러지엇고 또 일행은 內衣의 세탁을 요망하니 1일간 체류할 필요가 잇다고 보고한다.

세탁은 아직 냉수가 90도에 불과하니 아직 차서 못 빨 리는 없겟으나 다수의 의견이 휴식을 바람으로 하로동안 체류하기로 결정하얏다.

九月 二十三日

오늘은 茂山에서 쉬이는 날이다.

아츰에 명함을 장관에게 보냇더니 그는 우리를 초대하고저 모든 준비를 다하고 기다린다고 한다. 巷說을 들건대 이 장관은 청렴하야 뇌물을 탐하지 않고 또 재판을 공정히 하기로 유명하다.

장관의 저택을 방문하얏더니 생활이 매우 質素하야 보이나 인품은 체구가 늠름하고 眼光이 炯炯하야 풍채가 당당하기 짝이 없다. 나는 알지 못할 일종의 경애를 감하얏다.

실내엔 의자가 없어 우리는 불편한 평좌를 할 수밖에 없엇다. 식탁에는
닭이 백숙과
조선 국수와 김치 같은 일상 食物이 놓엿다. 차와 기타 단 것은 권해 주지를 않는다. 우리는 약소한 기념품을 증여하며 장래 우리의 통과한 것을 기념하도록 말하얏더니 그는 사의를 표하며 벌서 우리의 行程을 위하야 모든 준비를 하야둔 것을 말한다.

茂山에서 백두산 가는 길은 보통 조선 도로에 비하면 이상적이라고 할 수 잇으며 교량도 가설되어 잇다고 한다.

나는 그의 정치적 의견을 두드려 보앗더니 그는 자기 개인의 의견이라고 하며
『조선인은 전쟁에는 부적당한 인종이니 인자하고 평온하다. 그러나 행복

스러우니 이는 적은 것에 만족할 줄 아는 까닭이다. 금전은 반드시 인류에게 행복만 齎來하는 것이 아니니까요』하며 미소하는데 그 紅骨皓齒와 炯炯한 眼光이 매우 好男兒일뿐더러 열정적 성격의 소유자임을 엿볼 수 잇다. 그는 다시 말을 이어

『일본은 조선과 同系의 민족이나 부패하얏다고 아니할 수 없으니 그들은 허식과 貪慾이 많다. 그러고도 富하지 못하나 露國은 富하고 국민이 강하다. 북부 조선의 주민은 露國의 덕을 입음이 많다. 조선이 자신을 위해서는 軍備가 필요치 않고 오직 인류애가 귀여울 뿐이나 마적을 방어하기 위하야만 다소의 軍備가 소용된다고 한다.

茂山에는 400호, 1,500여의 인구가 살며 牛 300두와 馬 100여 두가 잇다. 주민의 반분은 농업이요 餘他는 관청 종업과 상업이요 또 그 남어지는 무직자이다.

우리의 압길 두만강과 압록강변에는 무한한 곤란이 가로 놓엿다. 가옥도 없고 寒氣도 심하고 마적, 맹수 같은 험난이 잇다. 그러나 하늘이 우리를 보호할 것이다.

九月 二十四日

昨日은 종일 일을 하얏다. 글도 쓰고 시가도 순회하얏다. 시가는 역시 좁고 더럽고 구멍 가가가 잇을 뿐이다.

오전 7시에 장관이 내방하얏다. 그는 四人轎도 타지 않고 軍奴使令이 소리도 웨치지 않는다. 그는 이미 신법을 준수하기 때문에 질서 잇음과 靜穩함과 겸손함을 좋아한다.

昨日의 나의 요청에 의하야 그는 백두산 가는 노정표와 조선 토산을 朝鮮紙로 포장하야 가지고 왔는데 표면에는 漢文으로『光明의 始初』라고 썻다.

나는 그와 기념 사진을 박고 피차의 행복을 축수하며 헤여젓다.

금일부터 駄馬는 한데 뭉치어 가기로 되엇으니 이는 중도에

마적의 災厄을

조곰이라도 피하기 위함이다.

또 다시 두만강변으로 나섯다. 여게서부터는 강이 아니고 小川이다. 폭이 불과 25「사젠」에 지나지 못하다. 江岸의 小路는 험난하야 때때로 수중을 渡涉하기도 한다. 兩岸에는 樹林이요 그 새에 각색 草花가 수를 놓앗다. 두만강의 우렁찬 물소리가 갈색 天鵝絨을 깐 듯한 하늘로 스며 드러간다.

對岸 淸領엔 沃野가 즐펀하다. 이 땅은 전부 조선 농부가 淸國人의 토지를 빌어 起耕한 것으로 소작료로 10束에 6束을 바친다. 이와 같이 조선인은 淸人 지주의 利慾에 희생이 될 뿐 아니라 마적의 침략까지 無常하야 越境 조선인은 생활에 安睹를 얻지 못한다.

沿路의 조선 농민은 俄羅斯를 신뢰한다. 만일 俄羅斯이면 능히 마적도 섬멸할 수 잇을 것이라고들 하야 俄羅斯를 신뢰함이 두텁다.

路程은 淸領을 걸음이 보다 편하다고 한다마는 우리는 마적의 화를 면하기 위하야 할 수 잇는 대로 조선 땅을 것기로 하얏다. 淸國 땅은 평탄하지마는 조선편은 험하야 駄馬도 傷하고 우리 일행도 발을 다치어서 할 수 없이 對岸으로 건너갓다.

저녁 노을은 이상하게도 찬란하다. 오색이 영롱한 것이 신비의 奇觀이다.

어두운 뒤에 寒氣는 심하다. 中路에 한 농가를 얻어 야영하기로 하고 우선 馬糧부터 주엇다.

부근에 사는 조선인 십 수명이 회집하야 우리 일행을 환영하며 이 땅은 淸領이라 하나 실상은 조선 소유이니 조선 내지를 여행함과 같은 안심을 가지고 잇으라고 한다. 어쩐 곡절인지 몰라 반문하얏더니 그들의 대답이 두만강에서부터 150리는 조선 땅인데 마적에게 沃土를 侵奪되엇다는 것이다.

아마 50露里의 국경 중립지대를 말함인 듯 하다. 중립지대를 淸人이 무법

히 빼앗은 모양이다.

조선인들은

백두산 소식을

말해 준다. 정상에는 일대 호수가 잇어 압록, 두만, 松花의 삼대 강의 수원이 되엇다고 하니 아마 이 호수는 필시 往昔의 분화구일 것이다.

이 호수는 신비하야 그 주위 10露里는 항상 뇌성과 같은 소음이 끄칠 때가 없으며 사람은 그 정상을 바라볼 수는 잇으되 가까이 갈 수는 없으니 만일 사람이 가까이 하면 陰風이 大作한다고 한다. 웬 바람이 그러케 이러 나느냐고 무럿더니 그 대답인즉 호수에 큰 용이 잇어 제가 서식하는 곳을 사람에게 보이고저 하지 안는 까닭이라고 한다.

九月 二十五日. 아츰의 기온은 영하 2도나 되는 치위다. 오전 7시가 되도록 아직 짐도 싸지 못하고 출발 준비도 차리지 못하얏다. 강 건너로부터는 벌서 조선인의 군중과 아동들이 달려와서 소란스럽게 떠들고 잇다. 그러나 언제든지 부녀의 자최는 보이지 않는다. 땅 우엔 안개가 자욱하고 하늘은 흑연을 덮은 듯하다.

우리를 포위한 조선인들은 입을 벌리고 우리를 바라본다. 나는『당신들의 눈동자는 우리 눈으로는 다투지 못하오. 우리에게는 여자의 밝은 눈동자가 당신들을 대신하얏으면 얼마나 유쾌할는지 모르겟소』하는 말을 통역으로 하야금 전하얏더니 일동이 大笑爆笑하야 갑작이 웃음판이 버러젓다.

필경 우리는 떠나지 않을 수 없엇다. 나는 심중으로 詩趣가 가득한 조선과 작별하고 마적의 나라...황색『이야불로』(악마)의 왕국인 老大國의 요람지로 드러가는데 대해서 일종 공포와 애수를 느끼지 않을 수 없엇다.

九月 二十五日. 강 하나를 새에 두고 저쪽은 산악지대인데 이곳은 오곡이

풍요한 沃野다. 금년은 稀有한 풍작으로 굉장이 높은 高粱과 누런 玉蜀黍와 조(粟)와 대두가 성숙하얏다. 나는 이런 곡물 30여 종을 수집하얏다.

1露里도 못와서 우리는 다시 조선 땅으로 건너왔다. 강을 끼고 거러가는 길에 호피를 지고 오는 포수를 만나니 그는 조선 음력 8월 14일 즉 약 1주일 전에 사살한 것이라고 하는데 기리가 꼬리를 내놓고 2「아르신」이나 된다.

포수에게서 드르니 이 호랑이는 두만강 가에서 김장 배채를 씻는 부인을 문 것을 동리 사람들이 모리를 하다가 那終에 이 포수의 손에 사살된 것이라 하며 잡은

호랑이 가죽은

법에 의하야 원님께로 바치려 가지고 가는 길이라고 한다. 관아에서는 그 호랑이 가죽의 값을 지어 일부분은 官庫수입으로 하고 일부분을 상금으로 내린다고 한다.

나는 茂山 군수에게 이 호피의 양여를 懇望하는 편지를 써서 보냇다.

朝夕은 한랭하지만 낮에는 殘暑가 30도 이상이다.

高山 幽谷을 跋涉함에 人馬가 한 가지로 피곤하야지고 24露里(60리 가량)를 다 오지 못아야 날이 저물엇다. 예정한 「잡네」동까지 돌파치 못하고 농가 2, 3호가 잇는 적은 산중에 露營하게 되엇다.

해가 지기 무섭게 한기가 엄습한다. 오늘의 落照는 다른 날과 같이 영롱한 색채가 보이지 않고 뽀얀 노을이 서산의 윤곽을 딸기 빛으로 그릴 뿐이다.

그림책 끼고 나서 北으로 千里길!

– 漁村 婦女의 生活을 엿보며

崔永秀

《신가정》, 1934년 8월

내 책상 옆 들창을 가볍게 흔드는 것은 신록이 보내는 훈풍의 한 줄기요. 그 소리에 움즉이는 것은 내 약한 마음속의 방랑심이외다. 그리고 우연하게도 마든편 벽에 지도(地圖)를 한번 또 한 번 거듭쳐 훑어보는 것은 눈동자의 무력한 소행이외다.

뼈를 깎는 듯한 유리쪼각을 긁는 듯한 도회지의 음향을 머–ㄹ리 피하고 싶은 것은 때로 도회인의 마음속에 이는 소원이 어니와 혹 자기도 모르게 가슴을 뚫고 흐르는 방랑심은 젊은이의 흙이 가지는바 감정의 작란일 것이외다.

얽매인 환경을 덮어놓고 용감히도 손가방을 들고는 북행렬차에 몸을 실기는 지난 六월 二十三일 밤 열시 四十분이었읍니다.

행여나 그 많은 사람 중에 낯이라도 익은 사람이 있어 내 팔을 넌즛이 붙잡고 「어델가슈?」 하고 물어줄 사람이래도 혹이나 없나?……하는 이런 부질없은 생각도 나기는 하였으나 그것은 그대로 부질없은 생각에서만 그치고 나는 내 적은 손가방과 나란히 자리에 앉었읍니다.

기차는 갑니다. 온갖 것을 다- 버리고 혼자서 암흑의 궤도를 다름질합니다. 허구헌날 다녀서 이제는 서투르지 않다는 것을 자랑이나 하는 듯이도 달아납니다.

푹- 푹- 푹푹푹!

쉭- 쉭- 쉭!

만일 기계(機械) 끼리만 모여서 「올림픽」대회를 한다면 아마 이 기차는 마라손 선수로 일등을 할 것입니다.

북으로- 북으로- 자꾸 자꾸 갑니다.

자리자리마다 피로한 인생의 곤한 잠이 그들의 죄 없는 코를 울려놉니다. 밤은 깊어 모든 사람은 각각 제멋대로 꿈나라에 여행을 가시는 모양이었으나 난 웬일인가 잠이 오지도 않고 들지도 않습니다. 애를 쓸스록 오히려 잠은 보이지 않는 곳에 영원이 숨고만 것 같았습니다. 마즌편에는 六척이나 되는 거인의 청인이 한 두 치 가량이나 입을 버리고 코ㅅ구녕을 늠실거려가며 식식하고 꿈같은 잠에 취한 채 앉아 있읍니다. 잠을 잃은 내 눈은 인사도 없고 이해상관도 없는 그 청인에게 원망의 시선(視線)을 쏘아보냅니다.

못자는 자기보다도 잘자논 그가 미웠던 모양입니다.

창 밖에는 비가 오는가 봅니다. 유리창으로 비ㅅ방울 가로세로 제모양대로 흘렀다 얽혔다 뛰었다 하는 것을 보니 곡마단(曲馬團) 같기도 합니다.

아마도 유리창의 곡마단이 내 잠을 찾어다 주었음인지 깜빡 잠이 나를 사로 잡아버리고 말었읍니다. 그러나 자면서도 기차타고 가는 꿈을 꾸었으니깐 자나 안자나 매일 반인 셈이지오.

기차 안에 앉어서 기차타고 가는 꿈을 멋없이 꾸다가 문득 놀라 눈을 뜨매 새벽 네시- 차는 지금 검불랑(劍拂浪)을 지나 삼방협의 높은 고개를 허우적대며 올라가는 모양입니다. 비에 씻긴 초목이며 바위가 시원하게도 창에 나타납니다. 저편 자리에 선잠을 깨인 듯한 늙은이의 기-다란 하품소리가 들려옵니다. 마즌편에 앉었던 청인이 깜짝 놀라 깨며 눈을 동그랗게 뜨고는 창밖과 내 얼굴을 번갈러 바라봅니다. 과연 차를 탄 사람들은 퍽 부지런한 사람들인 것을 느꼈읍니다.

창밖을 내다보매 산과 나무와 강- 이런 외계의 모-든 풍경이 다름질하야 가면서 내 눈 앞에서 자랑하는 듯하더니 차가 문득 서매 오직 온 것은 기차하고 나 뿐이었읍니다.

원산엡 온 모양임니다. 아츰 해가 높다랗게 떳읍니다. 피서객인 듯한 남녀가 내립니다. 밖에서는 「뻐스」두 어대가 번갈러가며 뿡뿡거립니다.

기차는 그대로 또 갑니다. 세상에 말 잘 듣는 것은 아마 기차요. 게으름 안 피는 것도 기찬가 봅니다.

촌가(村街)로 기차는 지나갑니다. 어린아이들은 매일 만나는 기차연만 퍽 반가이 대합니다. 간난애를 업은 촌녀가 싸립문 앞에서 우둑허니 차꼬리를 바라봅니다. 그 풍경은 남이나 북이나 같은 모양이죠-.

한참 모내기에 바뿐 경치가 보여집니다. 차차 익숙지 않은 풍경화가 차창에 나타납니다. 거리며 일터며 어딜 보아도 여자가 많습니다. 아니 전부 여자 뿐인가 봅니다. 밭을 보아도 논을 보아도 장을 보아도 거리를 보아도 모두 수건 쓴 여자들뿐입니다. 서울여자들에겐 꿈에도 있을 수 없는 풍경이외다.

「과연 당신네들이 실제 남녀동권운동자들이오. 참으로 여성해방운동자들이외다-.」라고 감탄하면서 서울거리로 비단옷입고 다니며 여성해방 농촌 사업 남녀동권 등의 여성운동을 뾰족한 입으로만 까고 다니는 그네들이 이가 갈리게 미워보였읍니다.

팔과 발을 걷고 그 뜨거운 볕을 받아가며 지렁이, 검저리 우물거리는 논물속에 들어서서 억세게 일하는 그 여인들의 앞에서는 과연 머리가 제절로 숙여집니다. 그리고 이상한 것 아니 처음 보는 것은 함지박을 물에 띄워놓고 그 속에 궁뎅이를 바치고 앉어서 모를 심는 모양은 이상하면서도 「과연 그럴 듯

하군.」하는 감탄을 금하지 못하였읍니다.

기차는 갑니다. 혹은 논 속으로 혹은 굴 속으로 혹은 촌 앞으로 혹은 동해안의 넓은 바다를 보여주며 북으로 북으로 달아납니다.

열시 반이나 된 모양입니다. 서울서 약 천 리- 삼호(三湖)라고 하는 어촌(漁村)이오. 어항(漁港)인 이곳에 나렸읍니다.

삼호는 함경남도(咸南) 홍원(洪原) 땅으로서 동해안 중에서 명태와 증어리(鯔魚) 많이 나기와 또 증어리 기름(鯔油) 많이 생산하기로 유명한 곳이기 때문에 이곳에서 어촌 부녀의 생활을 엿볼 수 있겠다는 마음으로 갈 줄만 아는 기차를 내려버렸읍니다. 차에서 내리니 먼저 반가이 나를 맞아주는 것은 비린내였읍니다. 두어 번 재채기로 비린내에 답례를 하고 시가지를 향하야 즈름길을 터벅터벅 걸어갑니다. 정거장과 시가지가 약 五리나 떨어져있는 것 같읍니다.

삼호여관에서 잠시 쉬어 이곳 지국장인 박선생의 어촌 부녀 생활상의 이야기를 듣고 바다바람을 쏘이러 「큰두네미」라고 부르는 도래(磯邊)로 나갔읍니다.

×

서울서는 八十도가 넘었느니하고 더워 더워하며 법석을 치더니 이곳에선 아직도 더운 줄을 모릅니다. 크고 적은 섬 기변(磯邊)에 부디치는 물결 바람에 첩석이는 배ㅅ바닥, -보이느니 들리느니 시원한 것뿐이외다. 더욱이 낙조(落照)의 해변이란 아름답기도 하거니와 바닷가에 멋대로 나와 노는 거이랑, 조개랑, 새우랑 볼 때 과연 바다란 신비(神秘)스럽기도 합니다.

증어리(鯔魚) (속층 이와시라고 하는 것) 잡으러 나가는 배가 아홉 사람의 어부를 태워가지고 나가서 혹은 이틀 사흘 혹은 나흘 만에 돌아오면 그 배에 관계하는 여자 수十명이 몰켜 나와서 맞습니다. 그런데 배가 모래 있는 곳까지 못 오니깐 약 다섯 여섯 칸 가량 남겨서 닷을 놓습니다.

그러면 여자들은 조금도 서슴지 않고 그대로 물속으로 들어가서 산같이 잡아온 증어리를 함지박으로 담어냅니다. 여자들이 들어가는 물의 깊이는 뱃곱을 넘을만한 정도입니다. 그들은 증어리를 나르면서 노래를 부릅니다. 바닷가에 물결은 철석이는데 정어리 나르며 부르는 그들의 노래는 결코 무미한 것이아니오. 오히려 듣기에도 귀한 서정의 곡조였읍니다. 그 노래는 이러합니다.

정어리배 들어왔다
무삭이라 어서가자
한님두님 빨리이여
다루통을 빨리채자

알방각씨 실나르듯
아장아장 나러보자
한님두님 자조부니
움쑥움쑥 통이찬다

집에서는 엄마엄마
우리아기 울겠구나
채든통을 빨리채고
우는애기 젖먹이세

또 저녁을 마치고 해변으로 나가보면 저물어가는 해안에 부녀들이 광주리나 함지박을 들고 물속으로 들어가서는 왔다 갔다 하면서 무엇인가 잡어냅니다. 그것도 불이 거이 젖있는데까지 오는 데에 옷 입은 채 들어가는 것이며 그리하야 그들은 조개(大蛤)를 줍는 것이외다.

혹은 도래(磯邊)로 나가서 저녁이면 물가으로 나오는 방게를 잡는다든가 또는 해삼을 잡는 것까지 모두가 부녀들이 하는 일이오 직무이라 합니다.

그리고 이곳이 자랑하는 온유공장(鰮油工場)엘 가봐도 서너 사람의 남자를 제하곤 전부가 여자들 뿐임니다.

이와 같이 잠시 동안에 나의 눈에 비최는 모든 정경은 모두가 여자로서 일하는 것 외에는 아무것도 없었읍니다. 더욱이 나이 二十세 안팎의 처녀들이 팔다리를 걷고 다니며 일하는 양은 씩씩도 하거니와 그대로 모셔다가 서울 부녀들 더욱이 머리 하나 빗는데 몇 시간씩 허비하며 두께분을 바르고 나대니는 처녀들이나 그나마도 못하고 마루에 나와 앉었다가 두부장수만 들어가도 안ㅅ방으로 뛰어들어가는 처녀들에게 보여주고 싶었읍니다.

마침 내가 간 날이 장날이었읍니다. 그리하야 장엘 나가보매 거기에도 사고파는 사람이 전부가 부녀들뿐이어서 구경하는 나 자신이 오히려 수집고 어색해 보였읍니다.

두부, 생선, 떡, 기름, 나무, 소채, 과일, 자리, 고초가루, 엿- 등등 없는 것이 없고 또 그것이 전부 그들 부녀들의 손으로 제조 생산되어 또한 그들의 힘으로 운반, 매매되는 것에는 놀라지 않을 수가 없었읍니다.

장작이나 솔잎나무같은 것도 마차에 잔뜩 실고 등에는 어린애를 업은 여인이 소를 끌고 나와서 그것이 팔리면 갖다가 부엌에 까지 내려놔주고 마당에 흘린 것을 전부 쓸어주고는 다시 소를 끌고 돌아가는 것은 참으로 이곳이 아니면 볼 수 없는 일이외다.

그렇게 일을 하면서도 자식을 기르고 남편을 돕고 집안을 다스려 나가는데는 조곰도 빠짐이 없을 뿐만이 아니라 남편에게 절대 복종하는데 있어서도 두말할 것이 없다하니 놀라지 않을 수 없거니와 내가 결혼하지 않은 친구에게 「장가를 들려거든 북쪽 색씨에게 드시오.」라는 엽서를 띠운 것도 이날 밤이었읍니다.

　이튿날- 비린내 나는 시가를 떠나 마즌편 바다ㅅ 속에 솟은 커다란 석-
전초도(前椒島)로 똑딱선을 달렸읍니다.

　그곳에 나리니 과연 그것은 그림에서 보는「나포리-」의 풍경과도 같이 아
름다운 섬이었읍니다. 이상이 선 바위, 곱게 핀 해당화, 굴같이 뚤린 곳으로
드나드는 물결, 유리창 속같이 환히 드려다 보이는 바다ㅅ속, 쥐어도 남지
않는 고운 모래- 그것은 과연 환상하던 선경이오 몽상하던 천당인가 싶으매
거기에 살고 거기서 죽어 그곳에 파묻히고 싶었읍니다. 그러나 그러한 생각의
꼬리가 채 보이기도 전에 다시 시내로 돌아오니 때는 저녁-. 또한 해삼, 조개를
잡으러 물 쏙에는 수십 명의 여자가 들어서서 있는 것이 마치 선녀가 내려와서
목욕하는 듯한 새로운 감상을 가져옵니다.

　사흘째 되는 날- 홍원으로 들러서 돌아오려던 풀란을 밤사이 나리는 비로
인하야 찢어버리고 그곳을 떠났읍니다.

　어촌 부녀들의 씩씩한 모습이 돌아오는 길손의 눈에 비최입니다. 비는 여
전이 쏟아집니다. 해안의 기선(汽船)이「부-」하고 기적을 울립니다.

　처량하면 서로 시객이 아니로되 음악가가 아니로되 시상(詩想)과 악상
(樂想)을 자아내는 것 같습니다.

　함흥에서 내렸읍니다. 함경남도에서는 제일 큰 곳이니만큼 그대로 지날
수가 없었읍니다. 퍽 발전할 길이 많고 또 퍽 깨끗한 도회지였읍니다.

　이곳 여자들은 대개가 어여쁘며 그리고 점포(店鋪)에도 나와 서서 고객을
맞이하는 양이 실천적 교양이 풍부한 것 같았읍니다.

　그리하야 나는 북도여성의 건실적이로 실천적이고 노동적이며 경쾌적인
특증을 완전히 발견할 수가 있었읍니다.

뛰- 기차는 또 갑니다. 갔다 오고 왔다갈 줄만 아는 기차는 사흘 전 내가 어둠 속에서 지나던 곳을 오늘 또 어둠 속에서 지나던 곳을 오늘 또 어둠 속에서 지나갑니다. 이날은 바로 음력으로 五月 보름날! 둥그런 달이 기차에게 지지 않겠다는 듯이도 같이 다름질칩니다.

참으로 맑으나 오히려 숭칙한 밤이외다.

몸이 몹시 피곤하였던지 눈이 감깁니다.

내일 아츰 여섯시 반까지 편안히 자려고 새우같이 사지를 옴크렸읍니다. 기차는 달과 함께 여전히 달아납니다.

北行千里

- 平壤敎區十週年紀念披露宴에 드림

金榮九
《가톨릭조선》, 1937년 5월

出發

지난해 八월 十五일 성모 몸소 승천 축일에 겨우 미사를 마치고 오전 七시 차로 집을 떠나니 나의 일생 가장 먼- 려행이다. 수양의 길이랄까 연구의 길이랄까?

그리고 三伏이라 사람마다 피서를 가니 나 역시 서늘한 仙境을 찾는 신선의 길일까? 아니다. 옛 글에 『但能心靜卽身冷』이라 하였으니 마음이 고요하면 몸이 절로 시원할 것이다.

피서도 한갓 미친 세상의 유행일 따름이다. 나는 단연 時代病인 流行을 떠나서 학업의 길에 나섰다. 大學 參觀의 目的으로!

大田行 列車에 몸을 실고서 좌우를 바라보니 눈앞에 전개되는 것은 오직 넓은 들뿐이다. 萬頃벌은 넓고 江景들은 크다.

내 三十年 平生의 살아오던 沃溝平野도 참으로 끝없는 벌일러니 車바퀴 구름에 따라서 살든 곧 눈 익은 평야가 살아지니 갑작이 나는 내 자신이 나그

내의 외로옴을 깨다렸다.

　내 집없는 외로운 몸의 나그내 신세
　어딜 간들 발뻐칠 곧 없으랴마는
　정붙이고 살든 곳을 내고향이냥
　떠나려니 마음 섭섭 외롭습니다.

　결국 다 두고 제홀로 가는 것이 사람인 것이다. 깃드리든 움집을 버서나면 살든 땅도 두고 정든 사람도 바리고 내겐 지금 한 벌 속옷을 넣은 가방이 있다. 그리고 다섯 자 남짓한 내 몸뚱이를 두른 검은 옷 그 다음은 머리 웋에 박아지 모자가 언처있을 뿐이다. 이것이 내 三十年 평생의 남겨주고 간 유물의 전부이다. 공산에 한줌 흙이 되기 전에 나는 이것만 정리하면 그만일 것이다. 가련한 인생이다.
　아득한 滄海一粟의 적은 존재다.
　이따위 五尺 단신의 부생이 살려고 물고 뜨드며 박차고 싸우고 싀기하는 꼴이 가소롭다. 나는 웋에 노래를 다시 불렀더니 멜낭콜릭한 기분이 나의 마음을 사로잡는다.
　나는 이 길이 기약 못할 떠남이 아니오 다시 못 올 길이 아니언마는 내 마음이 작고만 허무감에 사로잡힘을 깨다렸다.

　來與白雪來하고 去隨明月去를
　去來一主人이 畢竟在何處山고?

黑衣 손님

論山驛은 지났다. 줄곳 무덤 속으로만 드러가는 듯한 생각이 옛날 淸虛의 글을 외이며 人生?하고 가엾은 人生문제를 두서없이 생각하면서 외ㅅ톨밤 처럼 앉었으니 뜻밖에 알 듯 모를 듯한 黑衣의 손님이 나를 반긴다.

사람마다 덥다는 三伏임에도 불구하고 흑색장의(黑色長衣)의 남다른 禮服(이것은 가톨릭 神父들의 正服이다)을 보고 직각적으로 경성교구의 一部 가톨릭 戰野를 맡은 젊은 투사임을 알었다.

나는 당장 이러서서 같은 제복의 손님과 手人事를 교환한 후 서로서로의 方向과 出發點을 알린 다음 이야기를 시작했다.

무릇 사람이란 아모리 머리가 투철하다는 이라도 「驚界」로부터 사색(思索)을 얻는 法이오. 一과 二의 대조로부터 優劣을 분간하는 것인지라 우리의 이야기도 이 범위를 버서나지 못하였다. 예컨대 그 쪽은 어떻다는 둥! 우리 쪽은 이러저러한 것이 특색이라는 둥의 이야기! 그로하야 가톨릭 조선의 사회적 입장과 그의 환경은 여하하다는 둥 가톨릭에 대한 사회적 인식은 그에게서 기대하는 사회의 요구는 어떠하다는 둥! 비상시에 처한 가톨릭 교역자들로써의 각성할 것은 무엇이라야 한다는 둥의 횡설, 조선 가톨릭의 희망과 포부는 「何者」이라야 할 것이라는 따위의 수설을 떠러놓으니 벌써 大田驛이다.

大田驛! 이는 釜山이나 京城 方面의 손님은 반드시 車를 갈아타야만 하는 京釜線 中央의 큰 驛이다. 거기서 超特急 히까리에 몸을 옮겨 실고 또다시 이야기는 게속되었다.

그는 좌담에 능하다. 사회상식이 풍부하다. 신진인물이다. 敎情을 말하고 國情을 論함에 맥힐 것이 없다. 도도천언의 열변이다. 자기의 론조로 남의 신망을 끄으는 힘이 있다. 나는 끝으로 조선 가톨릭의 정신개조의 긴급문제를 말하고 때가 비상시인지라 강력정책의 채용의 필요를 말했다.

논 얻으려고 영세하려는 그런 격의 구식 정신을 고처야만 쓰겠다는 말이다.

천주교회는 한말로 밥 주고 못 주고 돈 주든 교회가 아닌 것인 줄을 먼저 가라칠 것이 필요하다. 교회란 신도들의 힘으로 유지되는 것이다.

기적일성이 우리에게 경성역에 다다랐음을 가르켰다. 여기서는 또한 잠간의 길동모! 영원의 일동모! 같은 뜻의 말벗인 흑의의 손님을 보내야만 쓴다.

폭양 아래 검은 그림자는 개찰구 밖으로 사라졌다. 나는 또다시 섭섭과 외롬의 분위기에 사로잡혔다.

北關 탐험도 내 홀로의 독주연이 되는 셈이다. 실로 사막을 헤메이는 길손의 쓸개 맛을 보는 것 같다. 일로써 능히 가신 손님의 사귐의 敦厚를 알 것이다. 그와의 사귐은 一日이 못 되는 참으로 짜른새다.

『友誼는 오래야만 안다.』는 것이 철측이라면 나와 그와는 十年에 얻을 交分을 단 세 시간에 맺은 셈이다. 정말 같은 뜻의 스람일사록 사괴기 쉽고 갈리기 어려운 일이다.

참으로 떠난 손님은 기발한 호인이다. 그는 나에게 잠간 동안에도 많은 인상을 남기고 가버렸다. 그와의 갈림은 참으로 섭섭다! 理에 밝은 나는 情에 또한 弱한 모양이다.

생각하니 실로 인생은 물에 뜬 꽃잎이다. 그들의 존재는 귀엽기도 할 때가 많다. 그러나 만나고 갈림은 덧덧치 못하다.

오! 바람따라 합하다가 물에 밀려 난호이는 행색이여! 古漢詩에 이러한 글귀가 있다.

野孤泉上柳花飛 逐水東流便不歸
花水悠悠兩無意 因風吹落偶相衣

바람에 몰려 돌아 만난 존재여! 하고 눈을 감으며 無名詩人의 기막힐 글이 생각난다.

衆鳥同枝宿 天明各自飛

人生不如此?

글귀는 생각을 버서나서 돌아오지 안는다. 如何間 要를 다한 名句이다.

저물어 한 가지에 깃들던 새도 날이 새면 날아가고 그만이로다. 사람도 이와 같이 우연히 만났다가 제 목적에 갈리는 법이니 갈림이 모름직이 슯음이 아니라 생각하면 이것이 도로혀 當然일런지도 모른다. 世上은 한갓 사파의 무상만이 아닐 것이다. 無常에 당위가 있고 悲觀에 도로혀 積極의 人生이 있으나 哲學이 말하는 矛盾的 眞理가 참의 참이 아니뇨?

釋迦는 느낌이 많은 사람 이였었다. 고로 그는 무상에서 虛無 以上을 더 말할 수도 없었다.

그러나

그리스도는 人生에게 더구나 悲觀人生에게 『사랑』과 『순정』을 가라치섰다.

그리스도는 神이오 釋迦는 사람이다. 어찌 그리스도를 그에게 비기리오? 純全한 冒瀆이다. 天譴을 못 면할 죄악이다. 하날을 따에다 비하는 모양으로 크나큰 죄악이다.

거기에는 밝고 히기 눈(雪)보다 太陽보다 더한 理由가 있다.

이런 明白한 사실을 모를 정도로 미련한 자는 없을 것이다.

참인지! 그리스도의 가르치신 『사랑』과 『순정』의 길이여! 모도가 변하고 제대로 바꾸고 때를 따라 달라지는 전면 무상의 世上에도 기리- 또 떳떳이 남아있는 바는 오직 『사랑』과 이 『순정』일 따름이다. 정말 이 사랑과 순정으로 인하야 애오라지 슯음의 함정에서 눈물의 골작이에서 죽어야 할 인생에게도 끓는 피가 있고 바른 리치가 있고 親舊가 있고 민족이 있고 나라가 있는 법이오. 긴장의 인생이 있고 事業人生의 象牙塔이 있는 법이다.

결국 경성역을 나선 흑의의 그 손도 이 거룩한 事業人生의 터를 닦으려 나를 떠난 셈이다.

開城驛을 지나며

옛날 松都! 王建都터 開城을 바야흐로 지내려한다. 책상머리에 앉어 역사책에서만 보고 알고 배우고 듣든 문허진 성터를 그린지 오래건만 갈 길이 바뻐 못 보고 지나니 섭섭하기 짝이 없다.

五百年 都邑地를 匹馬로 도라드니
山川은 依舊하되 人傑은 간데없네
어저버 太平烟月이 꿈이런가 하노라.

옛날 高麗사람 吉再가 말하고 이곧을 지나다가 가슴 벅찬 懷古感을 것잡지 못하야 이 노래를 읊었다 하거니와 이제 나는 鐵馬를 타고 지나니 실로 今昔의 感을 禁치 못하겠다.

이곧 敎會訪問도 歸路에 미루고 잠간 역두에 나서니 金瑢鎭氏와 그 가족이 나를 반긴다. 氏는 이곧 胎生으로 數十年前에 南下하야 滯在 群山 十餘年間 敎會와 社會 方面으로 공헌이 큰 人物이다.

나와는 親誼가 남다른지라 지금 오히려 청탁을 하나 나그내의 使命을 어길 수 없어 歸路를 약속하고 北行을 계속했다.

플라트홈을 나서니 松嶽山 뒷꼴이 綠陰에 잠겼다.

綠陰의 松京은 꾀꼬리의 소리판이다. 꾀꼬리와 松京은 떠날 수 없는 關係가 있는 存在物이다. 꾀꼬리 우는 그 소리 麗朝의 운명을 제홀로 슲어하는 吊哭과 같음으로써다. 고로 옛날 女流歌人 雲楚가 曰

盡日黃鸝啼不住

聲々宛是哭高麗

하였다.

거기는 滿月臺가 있고 松岳山이 있음으로 아직도 그 이름이 남았거니와 이곧의 人情과 人心을 풍자하든 不遇詩人 金삿갓의 글이 우습다.

邑號開城何閉門 山名松嶽豈無薪

黃昏逐客非人事 禮儀東方子獨奏

그는 請하야 쪼껴났고 나는 請하는 者! 있으되 갈 시간이 없다. 그는 不遇 이였거니와 나도 結果 一般의 不遇인 모양!

沙里院! 古漢詩에 十里江山和睡遇라더니 차창에 조을면서 沙里院을 지 났다.

黃海道 가톨릭 自治의 本京! 朝鮮自治의 가톨릭의 선구의 이곧을!

눈을 들되 지나온 勝景은 무를 곧이 없구려! 이 驛을 떠나면서부터 同大學 강사로 가는 大邱新校 朱在用 神父를 만났다.

同氏는 二三日前에 이곧까지 와서 오늘 聖母祝日도 이곧 대성당에서 보고 오는 길이라고 한다. 담화에 장하신 신부는 장거리 차길이 피로한 필자를 많이 수양시켜주신다.

神父는 영남 태생으로 北道進出은 이것이 처음이라고 하며 갈망의 여행 이라고 한다.

神父는 조선 사학계에 숨은 權威家이오 또 平壤은 元來 朝鮮史의 발상지 인 만큼 이번 여행은 실로 그를 위하야 意義가 있음을 알 것이다. (次回)

北行千里(續)
- 平壤敎區十週年紀念披露宴에 드림

金榮九
《가톨릭조선》, 1937년 7월

躍進 가톨릭平壤의 全貌

平壤은 一名 柳京이라고 옛날 檀君조선의 王儉城이오 箕子朝鮮의 서울이엇든 만큼 西京이란 이름도 있다. 한말로 물색 좋고 古蹟많기론 朝鮮 三千里에서 첫재다.

고로 平壤은 그대로 산 歷史요! 詩요. 그림이다. 이곧의 絶勝을 말하는 高麗 金黄元의 글을 보라. 長城一面湧〃水『大野東頭點〃山』이 詩는 오늘도 練光亭 사이에 삭이여 있거니와 平壤의 勝景을 잘 말하는 글이다.

錦繡山이 있고 牡丹峯이 솟고 大同江이 흐르고 浮碧樓가 뜨니 어찌 그림이 아닐 것이며 九月山이 있고 五更樓가 있는지라 어찌 詩가 없으랴.

『五更樓下夕陽斜 九月山中春草綠』이란 말은 이로해 생긴 글이다. 옛날 어떤 詩人이 五更樓 앞을 지나다가 夕陽이 비낀 것을 보고 첫 章을 짓고 對句를 얻지 못하야 애쓰는 中에 하로는 봄빛이 무르녹는 九月山 속에서 濯足노리 갓다가 다음 對句를 얻었다는 말이 있다.

大同江과 浮碧樓는 정말 얼마나 달콤한 情緒를 世人에게 남기는 것이며 綾羅島와 버드나무는 얼마나 낳은 諸子佳人의 눈물의 離別을 보았던고! 大同江과 浮碧樓를 노래하던 靑春芳情도 지금은 시든지 오래거니와 綾羅島의 淸流壁을 싯처가는 銀波 金波를 바라보면서 兩岸에 둘러선 綠楊의 그늘 밑에서 情든 벗 보내는 離別의 詩도 있다.

大同江上送情人 楊柳千綠未繫人

平壤은 이처름 景致로 보나 역사로 보나 古蹟으로 보나 눈물로 보나 情緒에 장한 곧이다. 그러나 나의 이 紀行曲은 이따위 버들의 平壤? 古蹟의 平壤! 역사의 平壤을 말하려함이 아니라 오직 宗敎의 立場에서 가톨릭 平壤을 禮讚하려 함이다.

平壤과 가톨릭

平壤을 일러 所謂 新敎의 예루사름이라고 한다.

가톨릭보다 프로테스단이 더 알리어진 셈이다. 要컨대 眞品의 비단보다 人造絹이 더 알리어진 셈이다. 太陽의 밝은 빛보다 그늘진 달빛을 더 좋와하는 色忘患者的 變態다. 그들 直營의 專門, 中學이 있고 小學, 幼稚園이 있고 養老院, 病院이 있는지라 事業이 많고 活動이 壯한 그들의 形式主義가 自己批判이 없고 그 思想에 질정이 없는 過渡期의 조선인의 心理에 多少 꽂불을 지른 셈이다. 그러나 그의 歷史를 보아 그 亦 그리 깊지 못하다.

그 敎派가 朝鮮傳來된지 수년이 못되는 當初부터 이 물색 좋은 平壤을 가진 둔갑의 獨舞臺를 삼았던 모양이다. 平壤의 가톨릭은 그에 比하야 歷史는 짧지 않지만 一般의 聲援은 十數年前까지는 別로 없었다.

眞理는 모름직이 最後勝이다. 太陽이 한 번 뜨매 사특한 빛은 반다시 제스

사로 물러가고 마는 法이다. 時間에 매달린 人生! 黃金時代가 가면 반다시 沒落時代를 피치 못하는 것이 時代準則인 모양이다. 實로 오늘날 平壤의 프로테스단은 비탈길을 것고 있지 않은가. 平壤의 가톨릭은 오늘까지 沈默을 지키고 있었다. 남이 形式을 자랑할제 自己는 스사로 內健에 邁進하고 있었다.

남이 看板을 높이 달고 나팔을 불 때 가톨릭은 안을 단속하고 自重을 힘썼다. 남의 批評에 오르기 前에 自己批判의 解剖刀를 들었던 셈이다. 고로 프로테스단의 오날의 욕망도 一時의 일이 아니오. 가톨릭의 오날의 發展도 偶然의 付할 일이 아니다. 그리스도의 말슴하신 첫재가 말재되고 말재가 첫재된다는 말슴은 이것을 두고 하신 聖訓이시다.

가톨릭平壤의 오늘은 正히 大建의 地盤을 쌓은 그리스도의 王都라. 옛날 로물노와 레무스 쌍동이 총각 놈들이 활 쏘고 범 잡던 로마를 오날 가톨릭 永城을 만드신 그리스도는 옛날 東洋一角에서 檀君箕子가 선꿈꾸던 이곧을 永遠의 皇城으로 삼으섯다는 것은 天主의 攝理가 아니면 모를 일이다.

나는 平壤을 가톨릭朝鮮의 王儉城이라고 하고 싶다. 平壤은 朝鮮內의 가톨릭 五敎區 中에 끝으로 생겨난 막내동이다. 막내동이만큼 天父의 눈에는 귀염성스런 어린 존재다.

실로 敎區創立의 十年이 못 되는 짧은 時日에 빛난 업적이 호화판을 짓는 少壯敎會이다.

생각하면 米係프로테스단의 무대인 이곧은 같은 米國人係의 메리놀 傳道師들이 맞게 된 것도 우연의 일이 아닌 主의 攝理이다.

敎勢 실로 長足의 발전이다.

敎區創立은 지금부터 근 十年 전 一九二七년이엇고 初創時는 平壤敎區 三府 三十三郡에 信徒 四千여에 지나지 못했던 것이오. 전교 신부는 겨우 四五人 以內에 不過하였던 것이 十年 後 오날은 그 數가 一萬八千에 달하니 그 발전을 능히 짐작하리로다.

이곳의 일군들은 모도가 이 시대에 불가결의 가톨릭 人員들이오. 모두가 경탄할만한 활동가들이다.

가톨릭朝鮮의 王儉城! 平壤敎區의 敎政十年史가 이같이 빛남은 該敎區에서 活躍하는 布敎隊員의 기발한 活動의 成果임은 틀임없는 事實이다.

무엇보다도 조선의 가톨릭 認識의 社會化는 이 平壤敎區의 創立으로 劃期的 수확을 거두게 되엇다고 해도 過言이 아닐 것이다.

實로 百餘年前의 四大迫害는 布敎 가톨릭에 엄청난 상처이었음도 사실이오. 五十年間의 布敎自由의 時代는 致命的 傷處를 나수고 헐린 福音의 터를 다시 수참하는 修養과 靜養의 대로도 바뿐 시절이엇든 것은 사실이지만 至今까지의 敎布方式은 과한 沈滯的이였었고 部屋的이였음은 거짓 아닌 사실이었다.

고로 우리의 信仰 亦是 潛在的이요 消極的이엇고 精神 또한 依他的이오 分裂的이였었다.

한말로 제 이마에만 성호긋고 제만 성사보면 그만이엇던 것이다. 布敎隊의 聖職員 亦是(과한 말슴인지 모르나) 聖事執行의 알뜰한 기게노릇만 하면 그만이엇던 모양이다. 비록 往々이 위대한 先人들의 聖다운 힘씀이 없었던 바는 아니었으나 因習에 젖은 傳統的 雰圍氣를 버서나지 못했던 만큼 이 時代의 朝鮮人의 要求와 그들의 타고난 天性에는 아모른 새로움도 뵈여주지 못하는 존재이였고 心靈 兩方의 기갈을 풀어주기에는 그것이 너무나 뵈인 現象인 것은 事實에 뚜렷이 나타나는 것이다.

王儉城의 일꾼들은 時代의 要求를 알았다. 조선人의 天性을 남몬저 깨다랏다. 그들은 布敎에는 後●었으나 時代洞察엔 先驅이었다.

時代에 處한 가톨릭이 황달든 時代에 감습함은 不可다. 그러나 時代를 理解치 못하고 時代相을 응용치 못함은 잘못이다. 옛날에 葉錢지고 정강이말로 千里를 것든 그 시절에 비하야 지금 젊은이들은 걸핏하면 自動車를 몬

다. 飛行機를 달린다는 것을 개탄함은 天堂길이 바쁜 野黨의 하품에 不過일
것이다.

午前에 佛國記者團의 拜謁時에 敎皇聖下께서 말슴하시기를 『朕은 諸子
- 그 職에 充實하기를 付托한다. 바오로 宗徒께서도 이 時代에 게섯더면 記者
가 되섯으리라고 朕은 믿는다.』 하섯다 하거니와 모름직이 自由布敎의 오늘
時代를 잘 應用할지언정 어찌 二十世紀에 또다시 가타곰바(塹壕)를 팔 必要
가 있으리오.

一言으로 平壤 가톨릭은 時代를 잘 아는 敎區다. 그리고 그를 善用하려는
어진 工場이다.

그들은 現象에 立脚하야 새로운 出發을 試驗하는 眞實한 가톨릭의 勇士
들이다. 그들은 時代要求와 社會要請에 對辯할 武器로 가톨릭運動의 힘찬
烽火를 들고 나선다. 敎義의 聲明을 發하야 가톨릭에 對한 社會의 非難과
先入見的 誤解 一掃에 努力하는 一方! 積極的으로 가톨리시즘의 社會的 再
吟味를 促한다.

平壤敎區는 朝鮮內 가톨릭運動의 先驅의 位에 있다. 실로 참된 가톨릭的
宗敎背景에서 그들은 組織과 團体訓練에 成功하고 있다.

如斯한 少壯敎區의 빛난 活動과 業蹟은 옛 꿈을 아직도 깨지 못한 元老敎
區인체 하는 者들에게 상당히 앞은 철퇴와 警鐘쯤은 되고도 남을 것이다.

建設에 장하고 組織에 能한 新進敎區여- 敎育熱에 불타고 社會奉仕事業
에 알뜰한 이쪽 敎區여- 웬만한 곧이면 養老院! 幼稚園! 施藥所! 病院 等의
施設이 힘찬 히망을 뵈이고 있다. 단체로는 幼年잔으로 少年小女! 靑年 壯年
婦人會에 이르기까지 조직이 빛나고 활동이 아름답다. … 가톨릭 朝鮮의 시
대적 活氣는 王儉城에서만 볼 수 있는 줄기찬 動脈이다.

今日의 王儉城이여- 기리 가톨릭運動에 살아지라! 組織에 힘써지이다.

過去의 懷古와 現今 維持의 심심病을 고치지 못하고 전통과 인습의 하품

속에서 썩어지난 자- 반다시 여기 와서 운동의 秘法을 배홀지어다.

약은 선배들은 이것을 보고 조선의 환경과 이 民族의 실력의 尺度를 넘어선 헛수고라 할 자- 있을지 모르겠다. 실제 경험을 떠난 架空의 바벨이라고 할런지! 시대적 류행병을 따로는 가벼운 妄動이라고 할런지 모르겠다. 허지만 웋에도 말햇거니와 오늘까지 과거 그대로는 지날 수 없는 처지가 아닌가? 部屋的이오 沈滯的인 옛 탈을 벗고 分裂的이오 依他的인 精神을 淸算해야 쓸 때가 아닌가? 누구에게나 다같이 義務感이 있고 날카라운 良心이 있다면 애틋한 使命實踐의 白熱的 欲望은 반듯이 白晝太陽아래서 眞理를 전하고야 말리라!

오늘까지 가톨릭의 무거운 침묵을 깨트리고 새로움을 창조하고야 말리라 - 과거에 대한 값없는 한숨과 공허한 幻滅을 바리고 피와 땀과 기름을 요할 冒險的 實驗을 쌓고 말리라- 경험에 약은 사람은 活動熱이 없고 事業性이 不足하다- 언제나 경험論의 主唱派는 退嬰期의 老翁들이다- 그들의 存在는 임의 불 꺼진 재(灰)다. 힘없고 열없는 人間인지라 그들이 하나님같이 믿는 경험 그것이 神出鬼沒한 妙案은 절대로 주지 아닐 것이다.

경험에 所得이 있다면 朝三暮四한 꾀밖에 더 늘 것이 없을 테니 속지말거나 世上은 正理에서 구해질지언정 꾀로 건질 수는 없을 것이다.

뭇노라 오랜동안에 경험을 쌓았다는 분들! 오날 우리의 當面問題와 時代平安에 處한 敎會責務를 얼마나 굉장하게 저왔느냐? 말이다. 動乱의 社會와 時代變遷이 자못 深刻한 오늘에 處하야 宣敎師의 任務가 어찌 敎理傳受에만 끝일 바이랴!

오늘의 가톨릭운동의 平壤을 失敗의 前奏曲을 울리고 있는 곧이라 하자! 이것이야말로 敎會를 넘려하는 赤誠의 表인 만큼 戰線에서 넘어지는 敗戰兵을 사랑할지언정 누구나 利害만을 따지다가 찬물이 손싯는 二世의 바라도를 좋아할 者 있으랴? 남을 앞서지는 못할지언정 남의 힘쓸에 따라가기나 함이 바른 도리일지언정 嫉妬에 가까운 誹謗과 악평이란 칭찬 못 받을 죄악이다.

나는 以上과 같은 횡설수설을 이 귀한 지상에 떨게 됨은 누구를 비행기 태우고 또 다른 한쪽을 증거 없는 잘못을 타매하려는 바르지 않은 심리로 함이 아니라 다만 五百年前부터 나려오는 아름답지 못한 조선 사람의 根性을 빼지 못한 남어지 거룩한 眞理布敎에까지 미치지나 않였나하는 염녀에서 솔직한 警告의 말슴을 함에 끝일 따름이다.

오늘날 飛躍的 발전을 나타내는 平壤가톨릭은 今年으로 敎區創設十週年記念塔을 싼는다고 한다.

如斯한 호화판에 記念을 當하야 過去와 現在를 通하야 이 敎區가 完成되기까지 심혈을 한 偉大한 일꾼들의 거룩한 자최를 삶임도 意義있으리라고 믿는다. 고로 다음부터 中央과 地方의 各方面으로 巡廻하야 이 地方 일꾼들의 알뜰한 活動에서 나의 鈍感을 觸하며 많은 배움을 얻으려 한다.

文人이 본 南北 十六 都市의 印象

白鐵 외
《삼천리》, 1941년 3월

　　이번에 朝鮮문인협회의 문예강연회로 南北 各地에 多數한 문인이 講演
行脚을 하고 돌아온 바, 이렇게 다수인사가 여러 도시를 답사하여 본 예는
稀有의 일임으로 비록 시간이 短促하여 一瞥에 불과한 인상이겠으나 각 도시
의 문화적 體臭을 여기 傳하기로 한 바이다.

宣川의 一夜

每新學藝部長 白鐵

　　우리 일행이 宣川엘 들닌날 밤은 몹시 추운 밤이었다. 아마 전날의 눈온
뒤를 이어서 오는 대륙의 强寒이리라. 역에서 강연회장인 宣川會舘까지 가
는 동안 우리들은 몸이 떨려서 안접을 못 할 정도였다.

　　우리가 걸어가는 路上은 눈(雪)과 어름이 섞인 평판으로 몹시 미끄러웠
다. 빙판에 익숙지 못한 津田節子여사는 내 옆에서 몇 번이나 쓰러질 번 하면

서 戰兢하게 걸어가는 모양이 여간 동정이 되지 않았다. 나는 北편에서 나서 자란지라 빙판을 걸어가는 데는 상당히 자신이 있었으니까!

宣川에서 만난 인물로서는 군수인 某씨와 경찰서장인 某씨가 인상에 깊다. 兩씨는 물론 우리 강연 중 열심으로 전후를 들어준 분들이지만, 郡守 某氏는 그의 雄辯인 개회사와 폐회사 중에서 漢文의 名句를 인용하던 名調가 아직 내 귀에 익다. 가령 「大旱에 雲霓를 바란 것과 같이...」라던가 「暗夜에 明燈을 얻은 것과 같이」 등 우리를 환영하는 修辭로서 이런 형용구를 連해서 인용하였는데 그때마다 나는 미소를 금할 수가 없었다.

강연 뒤에 宣川 시내의 조그만 식당에서 간단한 歡迎宴이 있었는데 그 석상에서 술을 먹지 못하는 내가 불과 1, 2杯에 얼굴이 빨아케 되는 것을 보고 좌중의 한 분이 「아니 오늘 저녁 술은 白선생이 혼자 자신 것 갓군요!」 하고 이야길 하니까, 옆에 앉았던 서장 K씨가 그 말을 받아서

「白선생이 紅선생이 되였군... ....」 하고 절반은 호의요 절반은 조롱하듯이 별로 웃지도 않고 이야길하는 것이 웃읍기도 하고 밉쌀스럽기도 하였다.

翌朝에 일어나니 지금까지 속샤쓰를 입지 않고 겨울을 지난다고 뽐내든 내가 위선 前夜의 强寒 때문에 감기의 세례를 받았다. 그래서 다들 나를 놀녔다. 兪鎭午형이 조롱하듯이 「여보 그리다가 新 이솝 物語의 주인공 노릇하리다!」 하고 일동이 웃었다.

清州의 旅愁

延禧專門敎授 鄭寅燮

清州는 山間의 理想都이었다. 앞으로 無心江이 고요히 흐르고 뒤로 臥牛山(?)이 秀麗한 자태를 보이고 있었다. 安溫한 雰圍氣가 都心을 안고 있는 듯하였다. 敎育機關이 完備로 全鮮的으로 有名하다. 公會堂에서 開催된 講

演會에는 立錐의 餘地가 없을 만큼 大滿員이었다. 그리고 熱心으로 듣는 聽衆들의 얼굴을 보니 淸州는 아직도 淳朴한 人情味가 가득 찬 곳 같았다. 서울서 李軒求氏가 내려오는 줄 알고 먼저 百瀨氏가 다음에 나는 李氏가 올 때까지 말을 繼續하기로 되어 新體制에 對한 이야기를 하는데 하마나 하마나 하고 한 時間 半동안이나 끌어가도 結局 아니 오기에 할 수 없이 九時 半에 閉會하였다.

旅館에 돌아가니 百瀨氏와 둘이서 화로 숯을 동무 삼아 쓸쓸하였다. 하도 심심하기에 둘이서 거리로 나오니 눈이 나린다. 十時밖에 안되었는데 발써 거리는 죽은 듯이 商店 문은 닫처있고 사람들의 그림자도 거진 없다. 다만 우동집과 만주장수만이 불을 켜고 조우는 듯 가가를 지키고 있다. 淸州서 第一 繁昌하다는 거리는 좁기는 좁으나 어찌나 直線으로 길다란지 끝이 없다. 할 수 없이 어떤 시루꼬 집에 들어가서 배곯은 旅愁를 조금 덜고 旅館으로 돌아왔다.

市街地에는 別 名勝地랄 것이 없고 商工業이 크게 發展할 都市로는 보이지 않았다. 어디까지던지 敎育都市 그것으로서 그 본분일 것 같다.

國境의 新義州

普成專門敎授 兪鎭午

新義州는 그전 같은 「國境」이라는 긴장된 느낌이 별로 없었으나 그래도 눈 덮인 경치며 가지가지 密輸에 관한 에피소-드며 역시 국경도시의 感이 깊었읍니다. 물가통제 때문에 신의주는 물가는 헐하나 물자는 군색한데 반하여 對岸 安東은 물자는 풍부하나 그 대신 물가가 배, 3배나 된다는 府尹의 설명도 흥미 깊었읍니다. 가난한 신의주 안악네들이 30전짜리 양말을 세 켜레식 껴신고 안동을 건너가 팔면 1足에 1원 세 켜레에 3원 즉 2원여의 이익이 있다는 것입니다. 세 켜레를 다 벗어 팔고 돌아올 때는 어떻게 하는가. 설마 그 추위에 맨발은 아닐 것인데―이 점은 물어보지를 못해 지금것 궁금해 하고 있습니다.

木浦의 印象

梨花女專敎授 徐斗銖

社의 엄명이시나 내가 이 글을 쓰기는 주제넘은 짓 같다. 하룻밤 그도 겨우 강연을 위하여 묵고 도라선지라 遊記고 무에고 할 나위도 없는 일이다. 물론 영특하였더라면 走馬看山아닌 走馬燈모양 건 듯 지나고 만 곳이라도 허다못해 市街와는 사이를 수 십리 隔한 곳이라도 驛名, 港名이 같을진댄 삽시간에 心眼이 透視하는 셈인지 마치 몇 해 넘어 留連한 이상으로 정히 遊記가 아니오 정녕 留記를 미끈하고 굉장하고 현란하고 멋떠러지게 작만할만 하렸만 원통한 일이다하나 印象記 같은 것도 쓸 법되지 못한 鈍之鈍才이니 자못 처량할 정도의 거북한 노릇이 아닐 수 없다. 그러고보매 문화적으로 木浦·裡里 이야기를 할 미천도 없거니와 그「體臭」을 보고할 執脈도 배우지 못한 짓이고 오직 그양 그데로 무듸게 보여지고 느껴진 바를 勢 부득이 진열하노니 또, 대저 幻想한 故壘의 正能(?)에 대할 한갓 환멸 혹은 경탄의 표출이 되기 쉬운 것이 대개의 紀行錄이 가지는 성격일 터이므로 내 보고가 좋고 그르고 간 이 두 故壘의 진정한 값에는 벌써 공정가격도 있을 법하고―아지못계라 停止價値 이상의 야미가 있는지는 이 亦 무된 탓으로 我不知니, 오호라. 아, ―해서 아무런 가감이 있을 것도 아닐 것이 조고마케 안심된다.

木浦

儒達山이 아무리 거리 가까히 그 뼉다귀를 聳立시키고 바다가 아무리 多島海의 풍랑을 험상굳게 가저와도 바람도 세군, 바다도 거칠군 정도로 인상시키는 품은 同行 鄭형 같이 세계는커녕 이곳조차」처음인 나의 井蛙式 견문이

災殃함인지는 알 수 없었으나 결국하야 항구 木浦 而已었다. 이르는 바 문화를 모르는 나와 비등한 文化沒却都이었다. 문화와는 그날 날세와 같이 싸늘하고 쌀쌀하게 그날 바다모양으로 거칠게 퉁명스럽게 등을 대고 있는 듯 하였다. 바다를 面한 탓으로 그리고 둘레의 풍토가 穀産에 알맞은 탓으로 穀港되었을 뿐이며 이 항구엔 흔히 있기 쉬운 값만치 아니한 浪漫性조차 지나치게 없지 아니한가 하였다. 그렇지 아니할 듯하면서도 퍽 거칠게 자랐을 뿐이고 고생이는 그다지 없이품이 木浦이었다. 그러나 木浦는 그러해서 무방타. 좋다. 육지에 한정된 木浦란 장다리색시는 정열을 다해 바다를 凝視할진저.

公州의 一泊

李軒求

忠淸道에서 내가 오래두고 그린 곳이 公州었다. 거기는 나의 첫 愛人이 살고있는 듯한 剛烈한 憧憬을 가지게 한 곳이다. 山城(?)公園에서 내려다보는 그림과 같은 이 오랜 歷史의 都市의 風物, 錦江이 에워쌓고, 긴 土堰이 柳川과 더부러 閒悠하다. 어된지 때묻고 情붙는 이땅, 더욱 이곳의 자랑일—아니 古代朝鮮의 寶物인-王陵도 있고, 敎育施設도 相當하여 新興의 活氣는 보이지 않아도 안윽하여 옛날을 생각고 詩情을 그리고 이 속에서 하나의 想念을 찾기에 足하다. 이곳에 거믄고와 친하여 지내는 現代文化人도 있다는 것이 이곳의 자랑이기도 하다.

活氣없는 咸興

李石薰

咸興은 그 심장부—軍營通이 지난 봄 큰 화재로 거이 소실한 뒤, 겨우 일부분의 恢復을 보았을 뿐 아직 엉성하다. 거기서 양복상을 하고 있는 白露人미로-노프씨 夫妻는, 눈을 둥그렇게 뜨고 그때 혼난 얘기를 하며「빌로오-텐 아파-스노!」(대단 위험했어요)를 몇 번이나 거듭한다. 이 외로운 異國人—나라 없는 나그내가 다행히 재난을 면한 것은 애오라지 나의 기쁨이었다. 咸興의 거리가 활기를 잃은 것 같은 나의 선입견일까? 나는 옛 고향을 찾는 기쁨으로써 찾았건만, 웬일인고? 나의 마음이 쓸쓸함은 경애하는 韓雪野씨를 찾을 시간의 여유가 없었음은 유감이었다.

晉州와 矗石樓

金東煥

矗石樓西古將台
巍然千載絶浮埃
往年滄桑此舊村
居人筆鼓賞春盡

晉州갔던 날은 마츰 南方의 첫 눈이 얼는 녹고 난 뒤에 따뜻한 해볓이 이 千年古城의 樓臺를 녹일드시 쪼이고 있던 날이기에, 우리 일행 4인은 정거장에서 이내 자동차로 一路 矗石樓에 이르러서 기념촬영을 끗내고 다시 西將台에 가보았더니, 懸額에 이런 詩歌 一首가 있었다. 이 1首는 아마 왕년에 나보다 앞서 어느 歌客이 여기 발드려 놓았다가 이 1首를 짓고 갔음인 듯, 처음 오는 이 晉州城 시민 속에야 아는 知己 있을 리 있으랴만은 이 글쓴 선배는 적어도 나의 동무요, 또한 이만하면 진주성의 문화적 체취를 맡은 듯 만족하였다. 그래서 나도 居人筆鼓賞春盃의 情懷를 품으면서 나도 夜泊 晉州하였던 것이다.

光州의 香臭

鄭寅燮

光州는 퍽도 그리웠읍니다. 거기 아는 사람이 많아서 그런지 기대가 컸읍니다. 역사적인 전설적인 도시라기보담 신흥적인 상업도시같이 느껴졌읍니다. 마음이 폭신 안겨지는 듯한 안온한 맛은 없었읍니다. 總力大會가 열리는 날을 전후해서 갔으니깐 그런지 거리거리가 퍽도 뒤숭숭해 보였읍니다. 무슨 소학교 강당이던가 각 지방의 대표적 인사가 열심으로 강연을 들어주어서 기뻤읍니다. 泉旅館의 추억도 있거니와 光州의 인상은 비교적 좋은 편입니다. 다만 商品 陳烈官의 감독하는 內地人 여자 하나가 불쾌하게도 어찌나 인색한지 물건 사는 古新聞紙 한 장 때문에 싸운 생각이 사라지지 않습니다.

清津 · 羅南의 印象

李石薰

清津의 印象은 「다이나믹」이란 一語로써 다 한다. 움직인다. 활기있게 움직인다. 산이 헐리고 거리가 커지고 사람들이 4處서 모여들고—거리를 다니는 사람들이 모두가 혈색 좋고 씩씩해 보인다. 그 대신 교양이라던가 「인테리렌스」의 「90」 빗은 없어 보인다. 술집에 가도 양복에 「정어리」기름이 번드르해야 환영받는다니, 이것으로써도 新興 清津의 성격을 짐작할 수 있지 않은가? 거기 반해서 羅南은 너무나 정적이다. 잠자는 듯한 거리다. 이것이 한 府라 하니 그 대조의 극치에 놀라지 않을 수 없다. 羅南의 대부분이 兵營인데 어쩌면 그리도 조용할까? 가마귀 우는 소리 처량하다.

大邱將臺의 想望

金東煥

天道敎의 方定煥군으로부터 天道敎靑年黨歌를 지어달나는 依囑을 받고 그 由綠의 地, 大邱를 찾아 殉道하던 將台를 한 번 본다고 별러 온 지가 벌서 십 수년에 이번 걸음에나 기어히 발버보려 하였으나, 驛에 내리자 送迎人士의 설래에 그도 또한 기회를 얻지 못하고 그저 이튿날 새벽에 대구를 떠나고 만 것이 무한히 섭섭하였다.

그러나 이 都會의 문화적 체취을 맞기에는 거리에 일보 드려놓자 이내 알고 말었으니 그것은 누구나 상식으로서 서울의 西에 平壤이 있고, 서울의 東에 大邱가 있다고 자랑하는 말들을 하나, 이「東엣 大邱」가「西엣 平壤」보다 문화적 수준이 훨신 나즌 듯 한 느낌을 주는 것이다. 대구에 단 10인의 열열한 문화방면의 건설자가 있다면 未久에 평양을 따라가 주련만.

大田의 新味

鄭寅燮

大田서 막 내리니 各 方面이 大歡迎해 주어서 기뻐씁니다. 自働車로 都市를 一週했는데, 大田은 完全히 新設都市이어서 市街地 속에 無限이 發展할 수 있는 空地가 무척 많습니다. 그 만큼 째임은 없는 거저 평평淡淡한 곳인가 봅니다. 公會堂서 聽衆들은 純直해 보였읍니다. 旅舘은 過히 親切한 편은 아니고 自祝會를 무슨『레스토랑.』(?)에선가 열었는데 거기 正服 입은 九州에서 왔다는 鐵道局員 하나가 술에 취해서 곤드레만드레 時局談을 펼처 놓는데 大田같이 으수룩한 데니깐 그렇지 서울 같으면 벌써 콩밥이라도 먹을 사람이였다. 大田에서는 마음이 안정되지 못하는 듯한 어색한 印象을 얻었다.

新開地 裡里

徐斗銖

안윽한 新開地—군수영감님과 읍장어룬 실례합니다—이다. 그리고 옹기
종기는 아니다. 옹기중기 가까스로 모여서 사는 엉거주츰한 곳도 아니었다.
여러모로 보아서 이곳은 그리고 폭은한 맛이 들었다. 穀倉을 둘레에 가치고
철로의 요충이 우연히 된 까닭도 있겠지마는 木浦와는 달리 흙을 밟으면서
뻗을 장래성이 있어 보였다. 문화적 관심의 움도 자꾸 키를 老農的이면 착은
한 맛이 생길지도 모를 것이다. 그리고 新開地—상고도 아니하고 해서 어끄제
께의 新開地가 아닌지도 몰라 悚懼타—답지 않게 사람네들이 찹쌀맛이 돌았
다. 왼 거리를 다치고 公文的 自肅을 가장 경건한 척 하기 쉬운 날에 본 木浦를
다려온 까닭인지 퍽 훈끼가 돌아보였다. 그러나 거리의 복판에 색다른 그러나
고혼 사교기관이 즐비한 것은 퍽 신기하게 여겨졌다. 그러나 神奇는 神道는
아니었다. 裡里란 어디 태생인지는 모르나 순탄한 농촌 새아씨는 全州와 群
山을 지척 사이에 좌우에 둔 한 道內인지라 정신을 바싹 차려서 그 향할 바를
완전해야 될 것 같았다. 그러나 이 亦 이럴 뿐으로 裡里아씨가 늙다해 無妨하
며 좋다한다.

群山의 感懷

李軒求

群山!

거리가 째여저 있는 이 항구, 멀지 아니한 對岸에 長項이 보인다. 埠頭에
서서 일대의 港灣으로 똑딱거리는 한 척의 배를 통하여 느끼는 향수 속에는
이방인적 감회도 없지 않았다. 어두운 거리에는 문학을 알려는 불행한 여인도
있다 하고 名物이라고 자랑하는 술집아씨는 능히 20년의 연령을 카무플라—

쥬하고 그래도 그리운 것은 이곳에 사는 분들의 생활에 저저지지 못한 일, 또는 노동자의 생활 풍경이다.

城津과 東海岸

李石薰

오후 세 시를 지났을 무렵인데, 城津은 벌써 황혼이 지튼 것처럼 어슬어슬한 것 같다. 과연 緯度가 높은 北國임을 알겠다. 거리가 움푹 빠진것 같고, 나무없는 재빛 두던 저편으로부터 汽船의 뚜-뚜-하는 기적소리가 구슬프게 흘러온다. 거리의 인상이 內地의 어느 항구 거리를 생각케 한다. 읍사무소 앞으로는 물적은 시내, 거기 걸린 다리 물에 빛인 街燈 불빛은 퍽 인상적이었다. 城津 오기까지의 동해안은 참으로 좋았다. 群仙—雙岩—奇巖 일대가 더욱 인상깊다. 어떤 漁村은 松村 욱어진 묘지와 인접해서 바다까에 임해 있었다. 일생 바다와 싸운 사람들이 죽은 뒤도 물결소리를 조석으로 듣는 고나 생각하니 감회 깊었다.

馬山의 文化性

鄭寅燮

馬山은 바다 경치가 훌륭합니다. 산과 산에 둘려 싸인 호수와 같은 남국의 浦邊은 무슨 정담이나 가득 찬 것 같았읍니다. 舊馬山과 新馬山은 長鼓와 같이 가운데가 잘룩해서 연락이 좀 불편한 것 같읍니다. 관청은 대개 新馬山에 있고 주민은 舊馬山에 생활을 깃드리고 있읍니다. 그래서 그런지 관청과 민간의 문화적 交涉이 등한시되어 있는 것 같읍니다. 무슨 소학교인가 강당은 꽤 큰데 청중도 적었거니와 아무리 날이 춥다해도 그 곳 지도분자인 敎員들이

忍苦鍛鍊이 없이 연설보담 房 속 잡담이 좋은 모양이었읍니다. 특히 女敎員들은 일직이 도망들 가는 것 보니 시국에는 열성이 없는 모양이었습니다.

釜山의 潮風

金東煥

釜山에 내리니 潮風이 코를 찌른다. 「짠, 곡토」가 아니지만, 이 潮風에서 「조개」 내음새와 「바다갈메기」의 소리를 엿들엇다.

海雲台도 이 근방이라 하나 강연시간이 바뻐서 갈 생각을 못하고, 겨우 東萊溫泉에 가서 浴泉의 정취를 맛보았다.

나는 원래 「釜山」이란 이름을 즐겨하지 않는다. 釜山이라거나 鐵原이라거나, 元山이라거나 모다 향취가 없는 이름들이다. 그보다도 沙里院, 淸凉里, 三浪津 등이 얼마나 신선하고 詩趣가 있는가, 이 이름이 보여주듯, 釜山은 짐짝 우에 올러 앉었는지는 몰라도 문화하고는 인연이 먼 도시로 보였다. 이런 곳에 오래 발을 머물기가 싫어서 나는 이내 晋州를 향해 떠나고 말었다.

서경석
서울대학교 인문대학을 졸업하고 동대학교에서 문학박사학위를 취득하였다. 주요 저서로는 『한국 근대문학사 연구』, 『한국 근대 리얼리즘문학사 연구』 등이 있으며 국내 학술지에 70여 편의 논문을 발표했다. 『한국문학』 편집위원, 『대산문화』 편집위원, 한국언어문화학회와 우리말글학회 회장 등을 역임했다. 현재 한양대학교 인문대학 국어국문학과 명예교수이다.

김진량
한양대학교 국문학과를 졸업하고 동대학원에서 문학 석사 및 박사 학위를 받았다. 평론 "죽음, 그 환한 바깥"으로 2000년 〈문학과 창작〉 신인상을 수상하였으며, 「유비쿼터스 시대의 융복합교양교육 과정 모델 개발」, 「스리랑카 한국어 교육의 문제 개선을 위한 제안」, 「해외한국학의 현지화 연구」 등의 논문과 『인터넷, 게시판 그리고 판타지소설』, 『디지털 텍스트와 문화 읽기』, 『식민지 지식인의 개화 사상 유학기』 등의 저서가 있다.

김중철
한양대학교 국어국문학과를 졸업하고 같은 대학원에서 박사학위를 받았다. 「근대 초기 여행기에 나타난 활동사진의 비유에 대한 연구」, 「말하기, 글쓰기에 있어서 거짓과 진실의 문제」 등의 논문과 『소설과 영화』, 『소설을 찾는 영화, 영화를 찾는 소설』, 『영화에서 글쓰기를 보다』 등의 저서가 있으며 문학과 상상, 글쓰기와 인문 교양에 대해 탐구하고 있다. 한양대학교 연구교수와 한양사이버 대학교 전임강사를 거쳐 현재 안양대학교 부교수로 재직 중이다.

우미영
한양대 국어국문학과에서 공부했다. 근현대 한국 서사 문학을 텍스트로 삼아 여성·광기·장소·과학 등을 해명한 글을 발표했다. 제국의 도시 도쿄, SF의 상상력과 서사의 미래, 기후변화 내러티브 등을 탐색 중이다. 한양대 창의융합교육원에 몸담고 있다.

한양대학교 동아시아문화연구소 동아시아문화자료총서 2

근대 기행문 자료집 1
경성 · 전국일주

초판1쇄 발행 2024년 12월 30일

엮은이 서경석 · 김진량 · 김중철 · 우미영

주간 조승연
편집 · 디자인   오경희 · 조정화 · 오성현
                 신나래 · 박선주 · 정성희
관리 박정대

펴낸이 홍종화
펴낸곳 민속원
창업 홍기원
출판등록 제1990-000045호
주소 서울 마포구 토정로25길 41(대흥동 337-25)
전화 02) 804-3320, 805-3320, 806-3320(代)
팩스 02) 802-3346
이메일 minsokwon@naver.com
홈페이지 www.minsokwon.com

ISBN   978-89-285-2058-9 94910
SET   978-89-285-1219-5 94910